清史原来很有趣大全集

清史
原来很有趣 大全集

莫忆城◎编著

中国华侨出版社
北京

图书在版编目（CIP）数据

清史原来很有趣大全集 / 莫忆城编著. —北京：中国华侨出版社，2012.1
（2021.6重印）
ISBN 978-7-5113-1987-6

Ⅰ.①清… Ⅱ.①莫… Ⅲ.①中国历史—清代—通俗读物 Ⅳ.①K249.09

中国版本图书馆CIP数据核字（2011）第279751号

清史原来很有趣大全集

编　　著：莫忆城
责任编辑：高福庆
封面设计：阳春白雪
文字编辑：于海娣
美术编辑：宇　枫
经　　销：新华书店
开　　本：720mm×1020mm　1/16　印张：24　字数：324千字
印　　刷：北京德富泰印务有限公司
版　　次：2012年3月第1版　2021年6月第4次印刷
书　　号：ISBN 978-7-5113-1987-6
定　　价：68.00元

中国华侨出版社　北京市朝阳区西坝河东里77号楼底商5号　邮编：100028
法律顾问：陈鹰律师事务所
发 行 部：（010）88866079　　　　　　传　　真：（010）88877396
网　　址：www.oveaschin.com　　　　E－m a i l：oveaschin@sina.com

如发现印装质量问题，影响阅读，请与印刷厂联系调换。

前言

人性是推动历史发展的动因，以人为本，历史才有意义。每个历史人物身上都有很多可以评说的生动的故事，这些故事组成了丰富多彩的历史。有位西方历史学家说过："所有的历史都是思想史。"他觉得，只有透过历史事件，进入事件背后所隐含的思想，才能了解历史。我们选取中国历史上最有影响的几个朝代，如汉朝、宋朝、明朝、清朝等进行解读，深入到历史事件内部，用现代的视野，以故事说人物、以人物说历史、以历史说人性，用全新的观点、现代的语言，诙谐的文字，将这些朝代中的人和事真实地展现在读者的面前，以期帮助读者真正地了解历史，并以史为鉴指导未来。

清朝是中国历史上第二个也是最后一个由少数民族入主中原并建立的大一统政权，是中国历史上封建君主专制王朝中的最后一个，历经十三朝十二帝。其前身是1616年由努尔哈赤建立的后金政权，1636年皇太极将国号改为大清。1644年，多尔衮迎顺治帝入关，迁都北京，其后统治中国近300年。近300年间，有金戈铁马、王朝霸业，也有乱世奢豪、阉宦壮行。这一时期，统治者开疆拓土，巩固了中国多民族国家的统一，奠定了现代中国版图的基础，鼎盛时领土达1300万平方公里，疆域西跨葱岭，西北达巴尔喀什湖，北接西伯利亚，东北至黑龙江以北的外兴安岭和库页岛，东临太平洋，东南到台湾及附属岛屿钓鱼岛、赤尾屿等，南至南海诸岛。

这一时期，发生了或正史记载的，或民间流传的，或众说不一的，或争论不休的一系列故事：有改朝换代的血腥战争、尔虞我诈的宫廷竞争、空前绝后的开疆扩土、思想文化的钳制、此起彼伏的农民起义、西方列强的侵略压迫、开明人士的救亡图存、异域文化的西学东渐、维新人士的改良尝试……它达到了封建王朝的最高顶峰，却也成为了2000多年来中国专制帝制统治的最后终结。

读清史，可见改朝换代的血腥战争、空前绝后的开疆扩土、思想文化的钳制、此起彼伏的农民起义、西方列强的侵略压迫、开明人士的救亡图存、异域文化的西学东渐、维新人士的改良尝试……

读清史，我们看到了一个帝国由兴而衰、由盛而亡的背后故事——骨肉相残之痛、权宦迭起之恨、奸贼横行之怒、流寇殃民之殇，加之朝堂上纷纷扰扰的派系之争，虎视眈眈的强敌，曾经的锦绣河山终被弄得一败涂地，可悲可叹。

书写一部历史，不是为了向世人展现往昔的人情世故，叫人为王者感叹踌躇，而是为了与历史的人物身影交错，携手同游，共经盛世兴衰的波澜，体味人生的豪迈与遗憾，捕捉人性中的善与恶。《清史原来很有趣》正是这样一部书。

本书以人性解史，以趣味说史，将整个大清王朝将近300年的历史，分为"天朝上国初长成""跃马中原，扶摇直上""夕阳残照——在残败家园被辱的岁月"三个阶段，从努尔哈赤崛起于东北写起，从跃马中原到驰骋天下，从统一全国到丧权辱国、宣统退位出宫，记述了大清王朝近300年的历史史实，再现了清朝数百年间的各种风云际会，涵盖了政治、经济、军事、文化、科技、宗教、法制、外交等领域的历史大事和兴亡嬗变。

本书尽量避免枯燥乏味的叙述方式，在尊重史实的基础上，以幽默风趣却不乏智慧的语言，调侃轻松却不失庄重的语调，讲述中国300多年前的历史，并试图进入到历史事件背后，深度挖掘历史人物内在的真实情感，使读者与其产生共鸣。本书运用三维结构，用历史事件来展现人性的复杂和诡秘，透过历史的迷雾，解构历史中的人物，以人性洞察历史，还原历史的真相。

目 录

第一卷　天朝上国初长成

第一章　从奴隶到大汗，努尔哈赤的奠基路⋯⋯⋯⋯⋯⋯⋯⋯⋯ 2
爱新觉罗氏的始祖传说⋯⋯⋯⋯⋯⋯⋯⋯⋯⋯⋯⋯⋯⋯⋯⋯⋯⋯ 2
寄人篱下受人欺⋯⋯⋯⋯⋯⋯⋯⋯⋯⋯⋯⋯⋯⋯⋯⋯⋯⋯⋯⋯⋯ 5
血染古勒城⋯⋯⋯⋯⋯⋯⋯⋯⋯⋯⋯⋯⋯⋯⋯⋯⋯⋯⋯⋯⋯⋯⋯ 8
闪击图伦，首战告捷⋯⋯⋯⋯⋯⋯⋯⋯⋯⋯⋯⋯⋯⋯⋯⋯⋯⋯⋯ 12
出来混，总归是要还的⋯⋯⋯⋯⋯⋯⋯⋯⋯⋯⋯⋯⋯⋯⋯⋯⋯⋯ 16
因美女而灭的九部联盟⋯⋯⋯⋯⋯⋯⋯⋯⋯⋯⋯⋯⋯⋯⋯⋯⋯⋯ 19
不爱红颜恋江山⋯⋯⋯⋯⋯⋯⋯⋯⋯⋯⋯⋯⋯⋯⋯⋯⋯⋯⋯⋯⋯ 23
翅膀硬了单飞时⋯⋯⋯⋯⋯⋯⋯⋯⋯⋯⋯⋯⋯⋯⋯⋯⋯⋯⋯⋯⋯ 25

第二章　后金崛起，只玩真的不忽悠⋯⋯⋯⋯⋯⋯⋯⋯⋯⋯⋯ 29
七恨告天，师出有名⋯⋯⋯⋯⋯⋯⋯⋯⋯⋯⋯⋯⋯⋯⋯⋯⋯⋯⋯ 29
凭你几路来，我只一路去⋯⋯⋯⋯⋯⋯⋯⋯⋯⋯⋯⋯⋯⋯⋯⋯⋯ 32
迁都辽阳，紧逼大明⋯⋯⋯⋯⋯⋯⋯⋯⋯⋯⋯⋯⋯⋯⋯⋯⋯⋯⋯ 35
广宁之战尽取辽西⋯⋯⋯⋯⋯⋯⋯⋯⋯⋯⋯⋯⋯⋯⋯⋯⋯⋯⋯⋯ 38
半路杀出个程咬金⋯⋯⋯⋯⋯⋯⋯⋯⋯⋯⋯⋯⋯⋯⋯⋯⋯⋯⋯⋯ 42
努尔哈赤的最后一战⋯⋯⋯⋯⋯⋯⋯⋯⋯⋯⋯⋯⋯⋯⋯⋯⋯⋯⋯ 46

第三章　皇太极：聪明的"伐木人"⋯⋯⋯⋯⋯⋯⋯⋯⋯⋯⋯ 50
谁杀了努尔哈赤⋯⋯⋯⋯⋯⋯⋯⋯⋯⋯⋯⋯⋯⋯⋯⋯⋯⋯⋯⋯⋯ 50
伐木丁丁夺皇位⋯⋯⋯⋯⋯⋯⋯⋯⋯⋯⋯⋯⋯⋯⋯⋯⋯⋯⋯⋯⋯ 53

先稳住了再说 ·· 57
权利要实实在在地握在自己手里 ························· 60
欲擒故纵除隐患 ·· 63

第四章　崇祯：有心无力的帝王　67
年轻新帝有心机 ·· 67
袁崇焕怒斩毛文龙 ··· 71
糊涂帝王自毁长城 ··· 76
一两银子一片的忠臣肉 ····································· 79
无业"草根"闯京城 ·· 82

第五章　轮番上场唱主角　84
君王有罪无人问 ·· 84
草根皇帝不靠谱 ·· 87
左手借兵剿匪，右手开门揖清 ···························· 91
女人也有狠手段 ·· 95
当不了皇帝就掌控皇帝 ····································· 99

第二卷　跃马中原，扶摇直上

第一章　初来乍到有看头　104
闯王落跑留玄机 ·· 104
探究闯王死亡之谜 ··· 107
简单粗暴剃头令 ·· 109

第二章　有的不仅是好戏，还有问题　113
顺治之死，袈裟还是寿纱 ································ 113
康熙登基另有推手 ··· 117
降臣杀主，斩草除根 ····································· 118
亦正亦邪说鳌拜 ·· 121
十天还完八年受的气 ····································· 125
皇帝不放话没人敢行动 ··································· 128

第三章　平三藩，复台湾，定边疆 · 131
  早知今日何必当初 · 131
  敬酒不吃吃罚酒 · 134
  纯属正当防卫 · 136

第四章　打好民生牌 · 140
  康熙兼职搞水利 · 141
  六下江南，一举三得 · 144
  靳辅治河，百姓丰衣足食 · 146
  手工业的恢复和发展 · 149

第五章　雍正：承上启下的过渡者 · 152
  父皇驾崩永远有说头 · 152
  生母使绊子，难倒雍正帝 · 156
  作诗要小心，说话要留神 · 160
  十三弟的忠诚 · 164

第六章　巩固封建统治的最后努力 · 167
  摊来摊去不减负 · 167
  皇帝加班，谁敢偷懒 · 170
  贪官污吏要吃苦头了 · 173
  谁才是真正的凶手 · 176

第七章　康乾盛世不安稳 · 179
  侄子反叔叔 · 179
  最后的安稳民生 · 182
  准噶尔部终于消停了 · 185
  平定大小和卓 · 188
  土尔扈特部归国 · 192

第八章　风光背后有隐患 · 196
  乾隆身世之谜 · 196
  全面革新有鱼漏网 · 199
  大排场游玩，大手笔摆宴 · 202

第九章　有心无力的嘉庆················206
无力回天 ················ 206
死不瞑目 ················ 208
弹弓打皇位 ················ 210

第三卷　夕阳残照——在残败家园被辱的岁月

第一章　落魄挨打奈何天················214
鸦片贩子的克星 ················ 214
微焦再现虎门销烟 ················ 218
遮羞破布化炮灰 ················ 220
到梦醒的时候了 ················ 224
皇帝也无奈 ················ 226
一死百了 ················ 228

第二章　太平城的太平军················230
残疾君王有妙计 ················ 230
"四无"皇帝 ················ 232
封个王来当当 ················ 233
自欺欺人大同梦 ················ 235
天王梦碎了 ················ 237
惹不起，躲得起 ················ 240
回光返照，大势难返 ················ 242

第三章　签到手软的各色条约················246
中国商船，一个入侵的借口 ················ 246
卷土重来要你好看 ················ 248
可惜了那园子 ················ 259

第四章　清末"女皇"慈禧················261
贵人的那点心计 ················ 262
牝鸡司晨 ················ 264
女人来要权 ················ 267

暗箱操作清末政治 …………………………………………… 271

第五章　又一个傀儡 …………………………………………… 274
　　尚未破解的死亡谜团 ………………………………………… 274
　　被抱来的小皇帝 ……………………………………………… 276
　　被当皇帝很受挫 ……………………………………………… 279

第六章　洋务运动：未富未强先破产 ………………………… 283
　　洋务运动的兴起 ……………………………………………… 283
　　设同文馆，开展近代教育 …………………………………… 291
　　强军之梦，洋务派的奋争 …………………………………… 294
　　技术立国，学皮毛 …………………………………………… 297
　　安内攘外，师夷长技以自强 ………………………………… 300

第七章　海疆上的悲鸣 ………………………………………… 304
　　失落的亚洲第一 ……………………………………………… 304
　　未烧城门，先灭池鱼 ………………………………………… 308
　　真正是心口不一 ……………………………………………… 312
　　"以夷制夷"的计划落空 …………………………………… 314
　　这一天终于来了 ……………………………………………… 318
　　且战且求和 …………………………………………………… 321
　　马关改变了中国 ……………………………………………… 326

第八章　戊戌变法，近代化政治改革的尝试 ………………… 329
　　秀才们要造反啦 ……………………………………………… 329
　　且由他们闹去 ………………………………………………… 333
　　空欢喜一场 …………………………………………………… 335

第九章　大清帝国最后的岁月 ………………………………… 339
　　扶清灭洋，来自民间的反抗 ………………………………… 339
　　借力打力 ……………………………………………………… 341
　　大事不妙，赶快求和 ………………………………………… 344
　　一团散沙，义和团神话的破灭 ……………………………… 347
　　八国联军夺北京 ……………………………………………… 349
　　苦做了替罪羔羊 ……………………………………………… 352

第十章 封建挽歌，新世界崛起·················· 354
换汤不换药地玩新政·················· 354
光绪的死亡之谜·················· 358
慈禧之死·················· 360
一语成谶，大势已去·················· 363
大清掘墓人·················· 366
惨淡谢幕·················· 369

第一卷

天朝上国初长成

第一章 从奴隶到大汗，努尔哈赤的奠基路

从帐下奴隶到开国之君，从十三铠甲到千军万马，努尔哈赤用44年的时间完成了人生的蜕变。44年里，他是历史航船的舵手，斩冰破浪，激荡烟波，统建州，并海西，收野人，灭叶赫，结束长期以来女真各部落之间的混战，打造出一支足以与明朝相抗衡的锋利长矛。

爱新觉罗氏的始祖传说

明嘉靖三十八年（1559年），建州左卫苏克素护部赫图阿拉城（后改称兴京，今辽宁省抚顺市新宾县）中传来一声新生儿响亮的哭声，他的父亲、大明建州左卫指挥爱新觉罗·塔克世为自己的第一个儿子取名努尔哈赤。赵尔巽等在《清史稿·太祖本纪》中一本正经地写道："（努尔哈赤）孕十三月而生。"也就是说其母是怀孕十三个月方才生下他。

在满语里，努尔哈赤为"野猪皮"之意。虽然这个名字不怎么雅，但也能看出爱新觉罗家族那种剽悍的性格。爱新觉罗为"像金子般高贵神圣的觉罗族"之意，"爱新"意为"金子"，"觉罗"是地名，在今天黑龙江省依兰一带，是清太祖努尔哈赤祖先最早居住的地方。

作为一朝的开国之君，努尔哈赤的祖先自然也要找个有头有脸的人物。然而，祖辈生活在辽东地区的爱新觉罗氏为满族（满族旧称为满洲族，辛亥革命之后方才改称为满族），不像汉民族那样历史悠久，名人辈出，不愁认一个强大点的祖宗。满族人的前身是女真，女真的前身是黑水靺鞨，靺鞨再往前推，推到头也不过是夏商周时期的肃慎。加之在努尔哈赤之前，满族人并没有自己的文字，无法证明祖上曾经出过声名显赫的人物。清王朝又是取代了汉民族的王朝而建立，没法像李唐那样借光。思来想去，还是要从民间传说入手，去寻找一个能够让后人信服、能够赢得后人崇敬的祖先。这便是民间传说中诞生于长白山上的清始祖爱新觉罗·布库里雍顺。

很久以前，东北长白山上有一座布库里山，山上有一个湖泊，叫布勒瑚

里湖。也不知是何年何月，天宫里的恩古伦、正古伦、佛库伦三位仙女突然心血来潮，想要到凡间去玩玩。于是，她们想办法躲过了天庭守卫的法眼，偷偷溜到人间，来到布勒瑚里湖畔。

湖水分外清冽晶莹，对三个终日闷在天庭的仙女有着莫大的吸引力。合计一番，她们决定在湖里先洗个澡。

正在三位仙女玩得开心之时，一只喜鹊飞了过来，在三仙女中最小的佛库伦头上久久盘旋。佛库伦感到很奇怪，伸出手去想要摸摸这只看起来十分可爱的喜鹊。但没想到，喜鹊将口中衔着的一枚朱果吐到了她的手中，随后长鸣而去。

喜鹊留下来的这枚朱果色泽红艳，散发着一股诱人的香气，让佛库伦爱不释手。见两位姐姐有穿衣服离开的意思，就忙把朱果放在嘴里，匆忙着衣。忙中出错，佛库伦一不留神把果子囫囵吞进肚里。没过多大一会，佛库伦便感到有小腹下坠的异状，心知自己这是怀孕了。当两位姐姐要飞走时，自己的身体却沉重不堪，无法驾云飞升。

两位姐姐得知事情的来龙去脉之后，安慰她道："我们早已长生不老，时间的流逝对我们来说没什么意义。你就在这里把孩子生下来，等身子轻了再飞回去也来得及。"

就这样，佛库伦独自一人留在了布库里山上。

没过多久，一个长相奇异的男孩呱呱落地，生下来就会说话，迎风就长，没用多长时间，便长大成人。佛库伦给他起了个名字：爱新觉罗·布库里雍顺，将自己的身世和他的诞生经过详细地讲与他听，并告诉他："你是上天安排出生的人，你的使命就是平息天下的战乱。现在，你沿着这条溪水一直往下游，那里有你成名立业的地方。"说完这番话，佛库伦便消失不见了。

布库里雍顺划着母亲留下来的一叶独木舟，顺流而下，来到长白山东南一个叫鄂谟辉的地方，在溪水边用柳枝和野蒿搭起一座窝棚，暂时居住了下来。

在布库里雍顺居住的地方，有一座鄂多理城，也就是今天的吉林省敦化市。城里有三姓人家，各以姓为派别，形成三派，终日里为了争夺鄂多理城的控制权而打个不休。但三家实力差不多，谁也没本事把另外两家吃掉，更不甘心就此沦为人后。是故，这座小小的城里终日上演着刀光剑影的闹剧。

一日，城中有人去提水，发现溪边起了一座窝棚。那个时候交通极为不便，陌生人很少见，所以他很是惊讶。走近一看，见里面住着个相貌奇异、举止不凡的年轻人——布库里雍顺。

当下，布库里雍顺向来者介绍了自己，也将自己的使命告知。来者一听，满心欢喜，连忙奔回城里，找到仍在械斗的三家首领，将情况一一讲明，并说："我想他会公平解决我们之间的争斗的，为什么不去问问他呢？"三家首领听罢，又惊又喜，忙率一干人等来到了布库里雍顺的窝棚前。

见到布库里雍顺后，三家首领一商议，决定结束三家争斗，让这个上天派下来的使者担任城中领袖。众人用手臂结成人轿，抬起布库里雍顺，浩浩荡荡地走回城中。

从此以后，布库里雍顺便成了鄂多理城之主，娶了城中如花似玉的百里氏之女为妻。鄂多理城终于迎来了安定、平静的日子。

然而好景不长。布库里雍顺死后没过几代人，鄂多理城再次陷入危机之中。一次极大的叛乱，布库里雍顺的子孙几乎被斩杀殆尽，只有一个名叫樊察的小男孩逃了出来。当他逃到荒野上时，身后的追兵越来越近，眼见就要束手就擒，突然几只乌鸦落在他的肩膀上，追兵误以为樊察是一段枯树，从他的身边跑了过去。就这样，樊察才侥幸逃脱，将爱新觉罗氏的唯一血脉传了下去。

以上爱新觉罗氏的起源是根据清人所写就的《清实录》整理而成。从中可以看出，其神话色彩远远大于可以让人相信的历史事实。不过历史上确实存在过这个名叫布库里雍顺的人，当然他不是仙女的儿子，而是一个生卒年不详、曾任职元代首任斡朵里万户府万户的人，出生于黑龙江北岸的依里兰多里，另有一种说法是出生在海兰泡的薄科里山。无论是哪种说法，都离长白山十万八千里。就算是布库里雍顺后来搬到了长白山附近，那么也不能证明爱新觉罗这个姓是从他那里留下来的。因此，布库里雍顺是否为爱新觉罗氏的始祖，仍然悬而未决。

不管怎么说，传说中的清朝肇始算是出现了。自从樊察将那条唯一的血脉传下来之后，直到努尔哈赤身上，才算是让爱新觉罗这个姓氏找到了"金子般的高贵与神圣"。

寄人篱下受人欺

明万历元年（1573年），明抚顺游击裴承祖带着数十个随从来到建州右部都指挥使王杲（满语名为喜塔喇氏·阿突罕）的古勒城（今辽宁新宾）中。裴承祖叹了一口气，义无反顾地走了进去。

裴承祖此行是来向王杲讨要被绑架的大明人质的。说来话长，大明王朝在辽东采用的是对女真人进行分而治之的政策，一方面以海西女真哈达部贝勒王台压制建州王杲，却又并不正式向王杲授以官职。这就引起了王杲对朝廷的极大不满，经常纵容部落之人抢掠汉族人牲畜。

1570年，明朝廷为了息事宁人，特意在抚顺城设立抚夷厅，在周边地区开辟贸易，"自此开原以南，抚顺、清河、叆阳、宽甸，皆有市场，奉明约束"（明·陈建·《皇明从信录》卷三十三），让王杲以马换钱，想要借此来让王杲安分些，哪怕王杲经常用羸弱不堪的瘦马、病马来充当"贡马"，朝廷也忍气吞声，用高价收购。但王杲并不领情，抚夷厅内，索酒抢酒，每喝必醉，酒醉之后又大肆闹事，抚夷厅的明朝官员也不敢管，只得任他骂街耍酒疯。曾经有一个新上任的边官贾汝翼坚持要察看王杲带来的"贡马"质量，王杲大为不满，怀恨而去。不久便再次对汉族人进行掠夺。软弱的明朝廷不仅没有采取有效的反击措施，反而撤掉了贾汝翼的职务。这样一来，王杲更加有恃无恐。

两年之后的秋天，王杲部将来力红属下奈尔秃等四人入关降明。来力红前来索人时，被抚顺的裴承祖拒绝。虽然裴承祖后来在朝廷的施压下将奈尔秃等人送了回去，但来力红仍旧恨之入骨，并出兵攻入抚顺城，率人掠去明军五人。对此，右佥都御史巡抚辽东张学颜上奏朝廷："汝翼却杲馈遗，惩其违抗，实伸国威。苟缘此罢斥，是进退边将皆敌主之矣。臣谓宜谕王杲，送还俘掠。否则调兵剿杀，无事姑息以畜祸。"（民国·孟森·《清朝前纪》卷九）

这番措辞极为强硬，而朝廷则以此宣谕王杲，敦促其放人。然而王杲并没有把这份旨意放在眼里，依旧我行我素。裴承祖这才不得不"单刀赴会"。

同样是向对方索要俘虏，王杲的部将来力红好歹是全身而退，裴承祖并没难为他；而裴承祖此番来向王杲要人，却等于是自闯地狱。

王杲不仅没有将五个被俘的明军士兵还与裴承祖，反而将这个送上门来的冤家剖腹剜心处死，裴承祖所带来的数十名随从也无一幸免，尽皆命丧辽东。

忍无可忍已无须再忍。明朝廷对王杲所作所为的忍耐已到了极限，青萍之末的微风迅速化为逆转宇宙的狂飙，战争一触即发。

明万历二年，辽东都督佥事李成梁率领6万大军奉旨征讨王杲部落。除前因外，李成梁又声称王杲"负不赏之功，宁远相其为人，有反状，忌之"（清·黄道周·《博物典汇·清建国别记》）。李成梁乃一员名将，善于用兵。即使王杲采用"深沟坚垒以自固"（《明史·李成梁传》）的防御手段，坚守古勒城，依然没有挡住李成梁的一把大火，全军覆没。王杲运用李代桃僵之计，带着一干家眷侥幸逃脱，向蒙古方向狂奔而去。

古勒城破之时，李成梁部本已斩首1104名女真人，但李成梁在对一个16岁的少年挥刀时，却把手垂了下来。这个少年就是努尔哈赤。

王杲是努尔哈赤的外祖父。10岁的时候，努尔哈赤三兄弟不受继母待见，父亲便将哥仨送到王杲部做人质。按说都是血脉至亲，外孙子的到来应当是给老爷子增添天伦之乐的，但努尔哈赤之父、大明建州左卫指挥塔克世当时是明朝的官，与王杲这个部落首领正是对头，因此翁婿俩人闹得很僵，王杲也就迁怒于外孙子，将自己的这几条血脉看成奴隶。

虽然努尔哈赤在外公家是奴隶，但好歹也是个落脚之处，不至于无家可归。然而古勒城一战，王杲部落彻底覆灭，努尔哈赤再次陷入孤苦无依的境地。眼见李成梁对自己动了杀心，努尔哈赤连忙跪倒于地，抱住李成梁所骑战马的腿，放声大哭，再三请死。

如果努尔哈赤不去痛哭请死，李成梁是一定要斩草除根的；结果他请杀之言一出口，李成梁反倒于心不忍了。动了恻隐之心的李成梁偏腿下马，"怜之，不杀，留帐下卵翼如养子"（明·姚希孟·《建夷授官始末》），把努尔哈赤带到抚顺城中。

李成梁部驻扎的抚顺城建于明洪武十七年（1384年），其意为"抚绥边疆，顺导夷民"，正是中原的桥头堡，在战略上起到对辽东少数民族各部落群体的监视及反扑作用。因此，被朱明王朝视为关外地区的军事要地，其守将也自然是要千挑万选。李成梁镇守辽东30年，仅大捷就有10次之多，时有"东南戚继光，东北李成梁"之说，与抗倭英雄戚继光相提并论。后世清人所撰的《明史》中，也给了这个死对头以很高的评价："边帅武功之盛，（明）两百年来所未有。"可见其人在军事上确有造诣。

李成梁是朝鲜人后裔，高祖李英时迁到中国。大明王朝对他不那么待见，虽然李成梁有能力及军事素养，还是被派到这个苦寒之地来了。不过这对李成梁来说也算是因祸得福，《明史》中说他"全辽商民之利尽笼入己"，控制了整个东北地区的军事、经济，俨然一方军阀。

努尔哈赤的以退为进之术，保全了自己的性命，投身李成梁后，因"身长八尺，智力过人，隶成梁标下。每战必先登，屡立功，成梁厚待之"（明·管葛山人·《山中见闻录》），不可不谓是塞翁失马。

一天，李成梁的爱妾在给他洗脚的时候，发现了李成梁脚底板上有三颗黑痣，很惊讶。李成梁得意地说："这三颗黑痣可是富贵之兆。正是因为有了它，我才能当上如此大的官。"

他的小妾若有所思："那脚心上长了七颗红痣的又有什么福分呢？咱家小罕（努尔哈赤的昵称）的脚底板就有七颗红痣呢。"

李成梁听后大惊失色，几乎将洗脚盆踢翻：脚心长七颗红痣乃是天子之象，这个"野猪皮"表面上看来倒还本分，可没想到他脚底下踩着的竟是这么大的一座火山！前不久朝廷传来一道密旨，称据观天象，紫微星下凡，东北方有天子之气，着李成梁秘密查访，一有消息，即刻逮捕。

李成梁当下主意拿定，也不声张，而是命令下人连夜打造囚笼，准备天一亮就将努尔哈赤押解上京。

李成梁的小妾虽然不明白怎么回事，但善于察言观色的她见李成梁脸色有异，忽怒忽喜，再喜再怒，心知定会跟自己刚才说的话有关。平日里她与努尔哈赤的关系不错，见此情形，顿感后悔，于是偷来了李成梁的令箭，趁着夜色，跑到了努尔哈赤的卧室，告诉努尔哈赤李成梁要对他下手，让他赶紧跑，能跑多远跑多远。

努尔哈赤手持令箭，骑上一直伴随他的一匹青马，冲出李府，冲进了茫茫的夜色中。

血染古勒城

辽东，古勒城，满目疮痍。

一个精壮的汉子站立在大火过后的废墟上，眼望西南，双目尽赤，双拳紧握，良久，从牙缝中挤出一句话："此仇不报，誓不为人！"

此人乃建州女真右卫酋长喜塔拉氏·阿台，王杲之子，努尔哈赤的舅舅。李成梁的一把大火，烧毁了阿台的家园，也使得王杲打下来的根基不复存在。

当年王杲侥幸逃脱之后，带领包括阿台在内的一干家眷到了哈达部，想要在自己的好友海西女真哈达贝勒王台处暂且躲一下明军追杀的风头。见到老朋友来了，王台很是高兴，将王杲和其家眷安置好，并承诺说等风头过了，便亲自率兵护送王杲还归辽东，以帮助他再起东山，与朝廷相抗衡。接下来的数日，天天与王杲把酒言欢，一派和谐气象。

然而，表面上王台的殷勤厚待，实际上却是掩盖阴谋的烟幕弹。明军得知王杲躲在哈达部时，便密令王台交出王杲，否则，王台将面临城破人亡的结果。王台无奈，只得听从。又担心打草惊蛇，便采用这种日日款待的手段，将王杲原有的戒备心理予以打消，王杲对王台没有了一点防备之心。王台所苦苦等待的时机来了。

某日，王台又摆起盛宴款待王杲。心里已经十分踏实了的王杲很快就酩酊大醉，人事不省。王台趁此良机命手下将王杲捆了个结结实实，打算押解进京，交与明廷处置。

阿台闻听王台用奸计将父亲擒获，心知王台要将王杲送入京师领功，而此一去必是凶多吉少，遂决定以死相拼，救老父于危难之中。阿台虽武艺超群，却并不是一介莽夫。因此他没有大动肝火，凭借一身蛮力与王台争个鱼死网破，而是策划了详细的劫狱方案。

设计擒拿了王杲，王台自然也不能放过他的家人。哈达军丁整日严密地监视着阿台和他家人的住处，时刻防范他们做出不利于王台的举动。这样一来，局势就逼得阿台决不可鲁莽行事，若稍有不慎，得到的将是灭顶之灾。

经过周密的计划，阿台终于躲开了守卫的法眼，逃出被森严监视的住所，悄无声息地前往监押王杲的牢狱里打探，准备找个机会救出父亲。

然而老谋深算的王台早就猜到了阿台会甘冒奇险劫狱救父，在醉缚王杲当天，就以重兵押解，将其连夜送到明军的手里。明辽东守臣得到王杲后，即以槛车送至京城。之后，朝廷颁旨一道，将王杲凌迟处死。

尚在哈达部的阿台经过一番探询，方才得知老父早已被押解至京城处死，在自己羽翼未丰的情况下，只好强压满腔怒火，潜回已经成为废墟的古勒城。

重回故地的阿台在废墟之上再建古勒城，继承父志，欲称雄于建州。古勒城重修之后，阿台自封为王，昔日里被李成梁军击溃的王杲旧部也相继回归，投靠于阿台麾下；同时，阿台又将原建州左卫的部族陆续统一，实力迅速扩张。

为了进一步巩固统治力量，阿台与兄弟阿海、王太在与古勒城相望之处，另起一座沙吉城，两城互为犄角，打造了一个防御系统上的互保营寨。此外，阿台兄弟三人又进一步通过修建秘道、控制水渡等一系列手段进一步加强了两座城池的防御能力，只等着实力进一步壮大，以报杀父之仇。

在建州一方来说，阿台部的实力足以称王称霸，但与哈达部相比，实力仍逊色一筹。行事谨慎的阿台在磨快了刀之前自然不敢去啃这块硬骨头，而是先选择明朝与辽东的边境之处作为复仇之对象。

自万历十年（1582年）起，阿台对辽东之处大肆抢掠，稍有抵抗便挥刀屠杀。明军守卫伤亡惨重，对阿台闻风色变。同年，阿台终于找到了复仇之良机——王台死了。

有王台坐镇的哈达部内部团结，外部又受到明廷的保护，而他一死，哈达部内部为争夺继承权而大打出手，哈达部的力量受到极大的削弱，这就为阿台的复仇造就了天赐良机。阿台得知消息之后，立即联系到叶赫部酋长杨吉奴，商议与之共同出兵征讨王台之子虎尔罕。杨吉奴与虎尔罕早有罅隙，如今阿台主动相约联合出兵征讨，杨吉奴自然大喜过望。

哈达部闻听阿台与杨吉奴联军来犯，忙向明廷求援。明廷先是下诏喝止，但复仇心切的阿台根本不将这道旨意放在眼里。此举彻底激怒了明廷，命李成梁出兵讨贼，阿台大败，被迫撤回古勒城，继续寻机对明进行窃掠与屠杀行动。

此时的明廷已下定决心去除这一方隐患。由于古勒城和沙吉城防御系统的固若金汤，朝廷一时没有找到奏效的办法。这时，一个名叫尼堪外兰的人为负责此项军事行动的李成梁提供了足够的信息。

佟佳·尼堪外兰是苏克素浒河部图伦城主，向来受明廷的节制，算是明廷安插在辽东地区的间谍。辽东各部落一有风吹草动，他便要向明廷进行汇报，以辅佐明廷维护辽东地区的安定。

阿台欲报父仇而大肆抢掠、出兵哈达部之事自然难逃尼堪外兰的双眼；同时，嗅觉灵敏的他也意识到阿台这种公然与朝廷决裂的行径必会激起京师的怒火，而这，也正有他的用武之地。

尼堪外兰来到李成梁府，向李成梁表示自己愿意为进攻古勒城的明军提供帮助，愿意以一名向导的身份为明军打开通往胜利之门。

李成梁对此自然是求之不得，不过一个尼堪外兰还不足以保证胜利在握，他又找了两个人一同作为向导，这就是努尔哈赤的祖父和父亲觉昌安与塔克世。虽然塔克世是古勒城原城主王杲的女婿，与王杲之子阿台为姻亲，但这不过是由于早年间塔克世出于对自己部落利益的考虑而娶了王杲之女为妻，并不代表着姻亲关系的和谐性。一方是明廷的地方官，一方是建州女真的领头人物，算是冤家对头，再密切的关系，也不大可能消除这种来自骨子里的对比。因此，李成梁命令觉昌安和塔克世同尼堪外兰一起跟随明军行动时，觉昌安父子也就毫不犹豫地答应了。

1583年二月，在李成梁的率领、尼堪外兰等人的指引下，明军浩浩荡荡地杀奔古勒城。

阿台利用古勒城和沙吉城的互守之势，与明军展开了激烈的战斗。李成梁到底是一员军事素质极强的将领。他先兵分两路，将相距三里远的两城分别包围，切断了两城的互援之路。李成梁率一部攻打古勒城，令副将秦得倚攻打沙吉城。沙吉城一战即下，守卫沙吉城的阿海战死。而古勒城三面临水，一面靠山，易守难攻，明军伤亡惨重仍久攻不下。即使李成梁施火攻，也未损其分毫。李成梁一筹莫展，把尼堪外兰、觉昌安、塔克世三人叫过来痛骂一顿。

三人见李成梁拿自己当出气筒，虽有满腹委屈也说不出来，只得想法破城。按照李成梁的指示，尼堪外兰先行出动，在城门外许诺："天朝大兵既来，岂有释汝班师之理？汝等不如杀阿台归顺。太师有令，若能杀阿台者，即令为此城之主！"（《满洲实录》）

尼堪外兰承诺，谁能诛杀阿台，就让他代为古勒城城主，并又满口应承，大军进城之后只杀阿台一人，余者皆无罪。同时，觉昌安、塔克世父子利用自己与阿台的亲属关系进得城中，散布流言，"明军只诛杀阿台，其他人可以放心开门迎接明军"；"诛杀阿台，归顺尼堪外兰，可得荣华富贵"。

一时之间，古勒城中军心大动，虽然大多数人仍在负隅顽抗，但也有部分士兵开门迎明。

古勒城门轰然洞开，明军如流水般冲入城内。然而李成梁并没有信守不杀诺言，明军入城之后大肆杀戮。据《明史·李成梁传》记载，此役明军共屠戮1300余人（另有一说是2200多人），阿台在混战中中箭身亡。阿台之弟王太乘混乱厮杀之机，逃出城去，成为王杲、阿台家族中唯一幸存者，从而使得这一族能在女真动荡的社会中延续下来。

此役的重要性并不在于古勒城破、明廷的心腹之患阿台战死，而在于先大军一步进入城中的努尔哈赤的祖父觉昌安和父亲塔克世一并死在了明军挥起的屠刀之下。

相对于1300多个死者来说，两个人的死并不起眼，但努尔哈赤又怎会放过这个可以树立起自己实力的机会？祖、父之死，带给他的是莫大的悲伤，同时，也带来了改天换地、龙起辽东的机遇。

闪击图伦，首战告捷

京师，紫禁城。

万历皇帝朱翊钧面前的龙案上摆放着两份奏折，一份让人感到兴奋，那是李成梁上奏剿灭辽东大患阿台部的捷报；另一份则让人感到头疼，同样是李成梁所奏，但却是因古勒城一战，属于明军一方的觉昌安和塔克世被杀，其后代努尔哈赤向明朝廷索要赔偿的奏折。

以明廷眼下的国力，向努尔哈赤做赔偿只不过是九牛一毛而已。当时大明内阁首辅张居正刚刚辞世不久，明王朝的下坡路还没那么明显，国家实力仍在，真要是赔偿并不是什么大不了的事。然而，以天朝上国之身份向辽东的"化外之民"做赔偿实在是好说不好听。若是置之不理，谁又会知道那些人将会闹出多大的乱子来。万历皇帝左右为难，干脆把这事交给新上任不久的内阁首辅申时行。

申时行不是张居正，他没有前任乾纲独断的魄力，也没有雷厉风行的勇气。为了保证边疆的稳定，申时行起草了一份兼顾双方的奏折，请皇上准奏。万历皇帝觉得申时行的主意不错，就痛快地下诏给"债主"努尔哈赤了。

其实努尔哈赤并不指望朝廷会对其祖、父之死做出什么赔偿。对大明王朝来说，一个小小的建州左卫指挥，哪怕是父子两条性命，也根本不会在意。他们虽然做的是大明的官，但还有另一个身份，那就是建州女真的部落首领，这种身份才是为大明王朝所忌讳的。王杲、阿台都是明摆着的例子。即使没有犯边的意思，朝廷也会严加防范。

祖、父之仇自然要报，但自己的实力远远不够，强大如阿台者也没有抵挡住明军的刀锋，因此，伺机而动才是道理。他之所以向明朝索赔，实质上是在向朝廷表态：我努尔哈赤是朝廷的人。朝廷希望女真人自相残杀，以免势力坐大，那我就自相残杀给你们看看。而这背后，则需要朝廷的支持。在朝廷颁给努尔哈赤的圣旨中，他见到了这个希望。"明覆曰：汝祖、父实是误杀，遂以尸还，仍与敕书三十道，马三十匹，复给都督敕书。"（《满洲实录》）

归还遗体，30道敕书，30匹马，这就是觉昌安和塔克世两条性命换来的"国家赔偿"。马对于辽东地区来说并不是什么稀罕物，这些赔偿中，最值钱的就是敕书。

在明代，敕书是明朝政府发给女真各部酋长的一种换信。女真各部酋长凭此敕书，才可以到马市进行商品交易活动。到了万历年间，只有敕书持有者才能入京朝贡贸易，发放的敕书数就是朝贡的限额，朝贡贸易由此真正成为敕书贸易。明代的敕书几乎是一次性发放，因此属于稀罕物。最初发放时，建州女真总共才500道（海西女真有1000道），这次一下子给了努尔哈赤30道敕书，无异于给其部落一个生财之道，一个以辽东特产换钱、壮大自己的机会。

虽然朝廷已经用"误杀"一词来解释觉昌安和塔克世之死，也算是做出了很有"诚意"的赔偿，但这并不能消除努尔哈赤的复仇之心，因为复仇之外，他还有更大的野心。复仇，仅仅是他的第一步。

第一步向谁复仇？目标自然不可能是明朝。努尔哈赤现在的全部家当只有30匹马、一个龙虎将军的虚衔，外加父亲塔克世留下来的13副盔甲，用这点装备对明朝宣战，无异于以卵击石。于是，他将报复的目标最先锁定在炸开古勒城门的女真族图伦城城主尼堪外兰身上。

最初，努尔哈赤希望借明军的力量来处置尼堪外兰，曾对明军边将说："杀我祖、父者实尼堪外兰唆使之也，但执此人与我，即甘心焉。"然而边将则称："尔祖、父之死，因我兵误杀故，以敕书马匹与汝，又赐以都督敕书，事已毕矣。今复如是，吾即助尼堪外兰筑城于嘉班，令为尔满洲国主。"（清·佚名·《满洲实录》）话说得很不客气，并且警告努尔哈赤：尼堪外兰即将是满洲的领导，你努尔哈赤也不过是他的一个子民罢了。

努尔哈赤气急败坏地往回走，途中偏又遇到了尼堪外兰这个冤家，于是上前质问。最终，不但对尼堪外兰的质问没有得到结果，反而被其奚落了一顿。这下更加深了努尔哈赤对尼堪外兰的仇恨。回到其地，努尔哈赤联合沽河寨主常书等百余人，加上自己的30来人，于万历十一年（1583年）四月三十日晚向尼堪外兰所据的图伦城（今辽宁省新宾县汤图）发起了进攻。

努尔哈赤轻骑直进，直扑图伦。次日东方未明之时，已将图伦城围了个水泄不通。

见图伦城内已是插翅难飞，努尔哈赤吹响了攻城的号角。努尔哈赤的部下，与之自小长大的安费扬古一马当先，率一部人马在城墙之下搭成一道人梯，安费扬古顺着人梯一跃而上，数个守城的兵丁顿时倒在了他的刀下，余人纷纷跃上城头，一番血战之后终于将城门由内打开。在城外早已等得急不可耐的努尔哈赤，见城门洞开，立刻率领部下蜂拥而入。猛烈的攻击持续了不到一刻钟，便以图伦城守兵弃械投降而告终。

此役，努尔哈赤"得甲三十副，兵百人以归"（民国·汉史氏·《满清兴亡史》），取得了起兵之后的第一场大捷，但尼堪外兰却跑了。

在起兵之前，努尔哈赤曾密会了萨尔浒城城主诺密纳兄弟，并得到他们派兵相助的承诺，然而正式发起进攻时，却不见诺密纳兄弟的身影。出兵心切，努尔哈赤当时也未作他想。

如此机密的行动却被尼堪外兰事先得知了消息，是谁告的密？不言而喻。

当努尔哈赤尚在路上行军时，尼堪外兰已经带领家眷偷偷地溜出了图伦城,逃往嘉班城(今辽宁省抚顺市东大甲邦),努尔哈赤派弟弟舒尔哈齐直扑嘉班,尼堪外兰又仓皇向鹅尔浑(今辽宁省抚顺县河口台)狂奔而去,躲过了这一劫。

突袭图伦城,努尔哈赤打的是为祖、父报仇的旗号。然而实质上,尼堪外兰在古勒城之战中又有什么过错?阿台兄弟的行径让朝廷已是忍无可忍,古勒城本身就是一颗不定时炸弹,留着它只会让朝廷旦夕难眠、寝食难安,对维护边境之稳定更是一大祸患。这根眼中钉不予拔除,那只能说明朝廷的软弱与无能。朝廷下定了决心,尼堪外兰这样一个小小的部落首领又怎能有反抗的勇气?因此,攻打古勒城只不过是水到渠成之事,尼堪外兰在其中起到的作用,不过是顺水推舟罢了。

尼堪外兰不顾建州女真的利益而去投靠明廷,其实也是无奈之举。瘦死的骆驼比马大,明廷再弱,对整日里战乱不断、一盘散沙的女真部落施以镇压也易如反掌。辽东地区亦属于大明领土,《诗经》有言,"普天之下,莫非王土;率土之滨,莫非王臣",以此来论,尼堪外兰当向导也并不为过,就连觉昌安和塔克世也一样依附于明朝,努尔哈赤又有什么理由去指责尼堪外兰呢?

至于尼堪外兰炸开城门,实质上还是李成梁的安排。入城之后只杀阿台、不杀他人也不过是李成梁做出的承诺,一个小小的尼堪外兰又有什么能力去阻止?死于乱军之中的觉昌安与塔克世,也并非尼堪外兰亲手所刃,完全是因为巷战之中战况莫测,敌我难辨,努尔哈赤又有何借口去责备尼堪外兰?

正如前文所说,努尔哈赤闪击图伦城,不过是为壮大自己的实力找一个借口罢了。古勒城之战后,明廷亲口许诺立尼堪外兰为满洲之主,但尼堪外兰的实力却远远不够。努尔哈赤用尼堪外兰开刀,一方面是向明廷表示归顺,一方面又有示威之意,而他根本的目的仍在于统一整个辽东地区,用雄厚的实力与明廷对抗。

应该说,尼堪外兰是努尔哈赤崛起之路上一块可悲的垫脚石。正是踩着这块石头,努尔哈赤才建起了日后的广阔天地。

出来混，总归是要还的

抚顺城，如往日一般平静。但在抚顺守将裴松的眼里，风平浪静下翻滚着的是惊涛骇浪。掀起这个涛浪的不是别人，正是在他眼前唉声叹气着的尼堪外兰。

对尼堪外兰来说，抚顺城已是他最后的屏障。努尔哈赤闪击图伦之后，尼堪外兰便如丧家之犬，四处奔波逃命。他先是跑到了嘉班，结果舒尔哈齐紧跟着尼堪外兰追击到了嘉班。无奈的尼堪外兰又跑到鹅尔浑，靠着明军的保护才勉强过了几年安稳的日子（另有一说称尼堪外兰曾一路跑到了今天的黑龙江省齐齐哈尔城南地区）。

努尔哈赤岂会因此而善罢甘休？杀父之仇不共戴天，虽然明军对尼堪外兰大加袒护，但努尔哈赤哪里会将其放在眼里？报仇事小，以此为契机奠定下一统辽东的基础才是大事。尼堪外兰是朝廷钦命的满洲之主，唯有取而代之才有一呼百应的机会。虽然现在的他也算是一方霸主，但尼堪外兰一天不死，他就无法在这个位子上坐得安稳。这次，努尔哈赤的大军终于攻破鹅尔浑城，又岂能再让仇家逃出生天？

攻城之战中，努尔哈赤身先士卒，突入战阵，"为首一人穿青绵甲，戴毡帽，太祖（努尔哈赤）见之，疑是尼堪外兰，单身直入四十人中，内一人箭射太祖胸旁，从肩后露镞，共中伤三十处。太祖不怯，犹奋勇射死八人，复斩一人，余众皆散。"（清·鄂尔泰·《清太祖武皇帝实录》）

然而，尼堪外兰还是在乱军之中跑了，跑进明军的抚顺大营，请求抚顺守将裴松给予庇护。

裴松望着因惊恐而瑟瑟发抖的尼堪外兰，轻叹一声，心里感到好笑，但又有些可怜这个家伙。

塔克世死后，尼堪外兰本来是明廷要重点扶持的对象，然而就是这样一个堂堂的部落首领，却被一个只有十三副铠甲的努尔哈赤打得狼狈不堪。再加上尼堪外兰依附明朝，在女真部落里的口碑极差，古勒城之战后，努尔哈赤又大肆宣扬尼堪外兰对女真的背叛之举，更使得这位依赖于明朝的女真首领的声望一落千丈。努尔哈赤仅用百余兵力便将图伦城攻克、尼堪外兰事前得到消息却也无援来救便是明证。虽然当时的各个部落不愿意帮努尔哈赤，但对尼堪外兰也是嗤之以鼻，就乐得做个坐山观虎斗的看客。对于这样的尼堪外兰，明朝还有什么继续保护、扶持的必要？

已经失去了利用价值的尼堪外兰，在明朝的眼里，不过是一个累赘罢了。如何甩掉这个包袱，正是现在的裴松为之挠头的。

正在裴松想辙的时候，六名身上深深插着箭镞的汉族人跌跌撞撞地冲进了抚顺军营。这六人本已在乱战中中箭，被努尔哈赤所擒，"太祖复深入其箭，令带箭往南朝传信：'可将仇人尼堪外兰送来，不然我必征汝矣。'"（清·鄂尔泰·《清太祖武皇帝实录》）

裴松心里明白这只不过是努尔哈赤的大话罢了，以努尔哈赤现在的实力，还没有胆量跟大明王朝叫板。由于东南沿海的倭寇尚未肃清，朝廷方面现在也不想把过多的战力投入到辽东中来，因此，对努尔哈赤的这种非横跋扈，还是息事宁人的好，而且，也正好摆脱了尼堪外兰这个累赘。

不过，如果直接把尼堪外兰绑起来给努尔哈赤送去，朝廷的颜面又将何存？裴松躲开尼堪外兰，派人给努尔哈赤送去一个口信："尼堪外兰既然来了这里，岂有送出去的道理？你自己来杀他吧。"

努尔哈赤听了这话之后又惊又喜，但又不敢相信："汝言不足信，莫非诱我入耶？"从使者口中得到的答复是："若不亲往，可少遣兵去，即将尼堪外兰与汝。"

努尔哈赤虽然很想手刃仇人，但也不敢跟明朝兵戈相见，更不敢轻身犯险，最后派部将斋萨（另有一说是安费扬古）率40余人前往一探真相。

裴松派走了使者，回过头来对尼堪外兰说："我已经让努尔哈赤撤军了，鹅尔浑城还是你的，收拾收拾东西回家去吧。"

尼堪外兰将信将疑，但也不敢多说什么，只得战战兢兢地走出了抚顺城门。

刚刚走出城门，他便看到虎视眈眈的斋萨正横刀立马，其身后的40多个军士也都杀气腾腾，心中大呼不好，转身想要往回跑，发现城门紧闭，已是上天无路入地无门。

正当尼堪外兰无计可施之时，斋萨提刀赶到，只一刀便结果了尼堪外兰的性命，带着尼堪外兰的尸体凯旋。随即努尔哈赤在赫图阿拉城中将尼堪外兰的尸体剖腹挖心，祭奠祖父和父亲。

这一年是万历十四年，距离闪击图伦之战已经过去了三年。

大仇得雪，努尔哈赤却没有停下战车。他起兵的目的本来就不是为了报仇。

在以后的日子里，努尔哈赤由近及远，恩威并行，"顺者以德服，逆者以兵临"，将分散在建州的异己势力一个个削平。

万历十五年（1587年）八月，努尔哈赤派额亦都率军攻取哲陈部巴尔达城，随之亲领大军攻占哲陈部洞城（今黑龙江省黑河北白碇子南，一说在辽宁省浑河流域，根据努尔哈赤的出兵顺序来看，后一种更为可信），灭哲陈部。

次年，"苏完部主索尔果率本部军民来归……又董鄂部主……亦率本部军民来归……是时上招徕各路，归附益众"（清·王先谦·《天命东华录》），实力进一步壮大。

同年九月，努尔哈赤率兵攻克完颜城（今吉林省通化市及其西南地区），灭完颜部。

万历十九年（1591年）正月至万历二十一年，努尔哈赤兼并了长白部的纳殷部、珠舍里部、鸭绿江部。

至此，努尔哈赤统辖区域西起抚顺，东至鸭绿江，北接开原（今辽宁省开原市老城镇），南连清河（今辽宁省本溪市清河城），建州女真实现了统一，努尔哈赤走完了他统一大业的第一步。下一步，他的铁骑将要踏上另一片黑土——海西女真的部落。

不过，努尔哈赤最初是打着为祖父、父亲报仇的旗号而起兵，如今尼堪外兰已死，与远方的海西女真又没有什么血海深仇，贸然出兵只会引来明廷的反对，甚至是引火烧身。

就在努尔哈赤为出兵理由烦恼的时候，让人始料未及的是，海西女真率先点燃了战火。

因美女而灭的九部联盟

万历四十四年（1616年），蒙古草原。喀尔喀部首领莽古尔岱的宠妾、刚嫁来一年多的叶赫部"大龄女青年"（史称"叶赫老女"）——东哥病逝，时年34岁。这本是历史长河中微不足道的一滴水，却因为一段征战、一个人，而映射出一片历史洪波。

这段征战，就是女真族的统一战；这个人，就是努尔哈赤。

统一女真各部，这是努尔哈赤扩张的关键一步。统一女真的标志就是踏平海西女真的最大部落——叶赫，而东哥则是叶赫部落的前首领布斋的女儿、新首领布杨古的妹妹——全名叶赫那拉·布喜娅玛拉。历史的洪流将她推到时代的浪尖上，流溢出古希腊美女海伦般的炫目光华。

努尔哈赤与美女东哥之间没有荡气回肠的英雄气短，没有缠绵悱恻的儿女情长，有的只是一片金戈铁马的喊杀声和诡谲反复的政治手段，两个没有交叉点的人生共同导演了一段波澜壮阔的历史，引领着女真族走向统一。

自万历十一年，努尔哈赤凭借着祖、父留下的十三副遗甲起兵以来，直至万历十九年一统建州女真各部，历时9年时间，"环满洲而居者，皆为削平，国势日胜"（清·鄂尔泰·《清太祖武皇帝实录》）。接下来，阻挡他统一脚步的就是海西女真和野人女真。

海西女真别称扈伦四部，包括叶赫部（今吉林四平）、哈达部（今辽宁清河流域）、辉发部（今吉林桦甸县）、乌拉部（今吉林伊通县）四部。这是一块难啃的硬骨头，尤以叶赫女真部为最。

努尔哈赤所属的爱新觉罗氏族与叶赫那拉氏族之间的矛盾由来已久。据说早在元末明初时，叶赫那拉氏族与爱新觉罗氏族之间便发生过一场战争。

当时，爱新觉罗家族的头领为了使叶赫那拉氏臣服，指着大地说："我们是大地上最尊贵的金子（爱新觉罗是金子的意思）！"叶赫那拉的首领听了一阵大笑，指着天上的太阳说道："金子算什么，我们姓它（叶赫那拉就是太阳的意思）。"在那场战争中，叶赫那拉氏最后打败了爱新觉罗氏，成为当时女真族最大的部落。

历史的发展难以预见。叶赫那拉氏族和爱新觉罗氏族总是在敌人与朋友之间徘徊，是敌人的时候，难免要兵戎相见；是朋友的时候，便歃血为盟。是战是和，都视当时的情况和利益而定。这次亦不例外。不过，这次笑到最后的是主角努尔哈赤，叶赫那拉氏的东哥只是他扫平海西女真的一件工具、一个借口而已。

万历十九年，努尔哈赤迎来了海西女真叶赫部的两位使者宜儿当阿、摆斯汉，跟他们一起来的，还有一封书信：

乌拉、哈达、叶赫、辉发、满洲总一国也，岂有五王之理？尔国人众，我国人寡，可将额勒敏、札库木二处，择一让我。

——清·鄂尔泰·《清太祖武皇帝实录》

字句中挑衅之意跃然纸上。

努尔哈赤帐下诸将读罢，无不义愤填膺，怒火中烧，狼一样的目光扫得原本趾高气扬的宜儿当阿、摆斯汉两人双股战栗。

而努尔哈赤，却仿若无事人一般，只是淡淡地说道："我乃满洲，尔乃扈伦，尔国虽大，我不得取；我国虽大，尔亦不得取。况国非牲畜可比，焉有分给之理？尔等皆执政之臣，不能极力谏主，奈何忝颜来相告耶？"（清·鄂尔泰·《清太祖武皇帝实录》）

没过几天，宜儿当阿、摆斯汉又来到赫图阿拉城，这次与他们同来的还有哈达、辉发两部的使者。三部落公然联合起来，再次挑战努尔哈赤的耐心与勇气。

仗着三大部落做靠山，宜儿当阿、摆斯汉再次趾高气扬起来，此次带来的措辞更带有浓浓的火药味：努尔哈赤不答应割地的话，那么，努尔哈赤将要为建州承担被海西大军血洗的后果。

听罢此言，努尔哈赤大怒，拔剑斩案，势如雷霆，怒喝道：

"尔主弟兄，何常与人交马接刃，碎烂甲胄，经此一战耶？昔孟革卜卤、戴部叔侄自相扰乱，如二童争骨满洲儿童每掷骨为戏故云云，尔等乘乱袭取，何故视我如彼之易也，尔地四周果有边垣之阻耶？吾即昼不能往，夜亦能至彼处，尔其奈我何，徒张大言胡为乎？昔我父被大明误杀，与我敕书三十道，马三十匹，送还尸首，坐受左都督敕书，续封龙虎将军大敕一道，每年给银八百两，蟒段十五匹，汝父亦被大明所杀，其尸骸汝得收取否？"（清·鄂尔泰·《清太祖武皇帝实录》）

随即努尔哈赤修书一封，将这番强硬的措辞写上，命使者将之交到海西女真部落首领的手中。

努尔哈赤的态度让东哥的父亲、海西四部首领、叶赫部头人布斋十分恐慌。他向努尔哈赤讨要领土，实际上是在试探这个人是否会与明朝一样，是自己在海西女真的统治的又一大威胁。如今换来的是努尔哈赤的强硬，他也心知努尔哈赤绝不只是口头上说说而已。因此，先下手为强才是解除隐患的关键所在。

布斋更清楚的是，别说单凭自己的叶赫部，就算是整个海西四部，也不是努尔哈赤的对手，因此，他需要更强有力的支持。他的女儿东哥，便又一次成为了牺牲品。

东哥是名扬塞外的美女，据说任何语言都难以形容她的美之万一。她也因此成为叶赫部最具杀伤力的政治武器，而且屡试不爽。

东哥短短的一生中换了7个未婚夫，除去11岁时为父亲夺得海西四部（叶赫、乌拉、哈达和辉发）头把交椅"牺牲"一次外，此后六次许婚都与努尔哈赤有着直接或间接的联系。

为了巩固联盟、组建九部联军攻击努尔哈赤，布斋答应了海西女真乌拉部首领为其弟布占泰聘娶东哥的请求，征得了乌拉部的支援，于是，一场在统一海西女真中起到关键性作用的大战爆发了。

万历二十一年（1593年），九月，扈伦四部加上长白山的朱舍哩、讷殷两部，以及蒙古科尔沁、锡伯、瓜尔佳三部，组成多达3万兵力的九部联军，兵分三路向建州发起进攻。

面对来势汹汹的九部联军，努尔哈赤并未慌张。虽然以他的兵力来说，对抗三万大军实则以卵击石，但努尔哈赤深知，海西气势虽猛，但有一个致命的弱点，"打蛇打七寸"，只要将海西九部联军的七寸掐在手中，那么，纵使三万大军，也不过是小菜一碟。

九部联军在浑河北岸扎下大营，紧接着便向扎喀关（今辽宁新宾境内）、古勒山（今辽宁新宾县上夹乡古楼村西北）一带推进。

敌报传来，时近五更。得讯的努尔哈赤毫无惊恐之色。"'人言叶赫国不日兵来，今果然也。我兵夜出，恐城中人惊，待天明出兵，传谕诸将。'言毕复寝。衮代皇后（萨济富察氏·衮代，皇太极之母）推醒太祖曰：'今九国兵马来攻，何故盹睡，是昏昧耶？抑畏惧耶？'太祖曰：'畏敌者必不安枕，我不畏彼，故熟睡耳。前闻夜黑兵三路侵我，来期未的，我心不安，今日已到，我心始定。我若有欺骗处，天必罪我，我当畏之。我承天命，各守国土，彼不乐我安分，反无故纠台九部之兵，欺害无辜之人，天岂祐之？'言讫复睡。"（《清太祖武皇帝实录》）

努尔哈赤临阵之际仍可酣然入梦，实则是成竹在胸。三万大军虽来势凶猛，但终究是乌合之众。临时集合起来的联军各自为政，缺少统一的战前部属与作战计划，散沙一堆而已。建州兵虽少，但优势在于一心，只要并力出击，不愁不胜。

是故，古勒山一役，努尔哈赤以少胜多，歼敌4000多人，获战马3000匹。布斋战死沙场；东哥的第二任未婚夫乌拉部布占泰，尚未来得及成婚，便做了努尔哈赤的阶下囚。

此役过后，海西女真和建州女真的实力发生了根本性的改变。它打破了女真九部军事联盟，改变了建州女真和海西女真的力量对比，标志着女真力量的核心从海西转为建州。此战之后，努尔哈赤"军威大震，远迩慑服"。

九部联军虽破，但海西女真仍在。不荡平海西女真，统一大业就无从说起。努尔哈赤需要一个理由，需要一个让铁骑踏上海西女真领地的理由。

不爱红颜恋江山

那时雄心勃勃的努尔哈赤，乘着这如日方升的气象，想统一满洲，奠定国基，当命工匠兴起土木，建筑一所堂子，作为祭神的场所；工匠等忙碌未了，忽掘起一块大碑，上有六个大字，忙报知努尔哈赤。努尔哈赤不见犹可，见了碑文，暗觉惊诧异常。他却佯为镇定，仔细摩挲了一回，突然向工人道："这妖言不足信，快与我击断此碑！"确枭雄主口吻。看官！你道这碑文是如何说？乃是"灭建州者叶赫"六字。

蔡东藩先生运用小说家的手法，形象地概括了清朝的始与终：努尔哈赤正是因为灭掉了叶赫部，方才犁清了统一整个女真部落、奠定建立清王朝之基础；若干年后，又是叶赫氏，将大清帝国埋葬。蔡东藩这样写，只是为了增加演义效果而制造出来的噱头而已。不过巧合的是，清之兴，源于一个女人，一个姓叶赫那拉的女人——东哥；清之亡，也跟一个姓叶赫那拉的女人有关——慈禧。正是因为东哥，努尔哈赤的铁骑才踏上了海西女真的沃土。

努尔哈赤在古勒山大破海西九部联军，布斋战死，布占泰被俘，海西女真一时对努尔哈赤闻风丧胆。布斋之子布杨古害怕努尔哈赤为九部联军大举进攻一事而复仇，连忙提出将妹妹东哥（此时仅13岁）嫁给努尔哈赤为妻的条件，请求"联姻盟好"。努尔哈赤允诺，取代布占泰成为东哥第三任未婚夫，这也是两人人生距离最近的一刻。

努尔哈赤的允诺，并非贪恋东哥的美色，他早已经认识到东哥不过是一件可怜的政治工具，既然是工具，就要充分发挥她的作用，更何况这件工具不仅对叶赫部有利，也对努尔哈赤的统一大业有利。叶赫部是海西女真的首领，与它为敌相当于同时向海西四部宣战，这对于刚刚崛起的努尔哈赤来说是极不明智的举动。因此，不如顺水推舟，一方面缓和与海西四部的关系，另一方面则趁机摆平野人女真，壮大自己的势力。基于以上考虑，他释放了布占泰并与之联姻。

但东哥誓死不嫁杀父仇人努尔哈赤，叶赫悔婚，并以杀死努尔哈赤为条件向各部征婚。

美女的拒绝并没有让努尔哈赤恼羞成怒，他像一只老谋深算的苍鹰，冷静地观察着各部情况，寻觅攻击的时机。

机会让他等到了。几年后，哈达部发生内讧，叶赫贝勒金台吉趁机率兵将哈达部劫掠一空。哈达部向努尔哈赤求援，请求努尔哈赤出兵。这个消息很快就传到了叶赫。大敌当前，叶赫惊恐之下，又将东哥（芳龄17）推了出来，对哈达首领说如果哈达倒戈击杀努尔哈赤，就将东哥嫁给他。极具诱惑力的东哥不负众望，成功让哈达倒戈。努尔哈赤以此为借口，发兵讨伐哈达部，随即灭之。刚荣升为东哥第四任未婚夫的哈达首领赔了夫人又折兵，还搭上一条小命。

不久，辉发部亦发生内乱，拜音达弑叔自立，众多族人投靠叶赫。拜音达两次请求努尔哈赤出兵向叶赫索要逃众。叶赫仍以东哥（已25岁）为诱饵，将第五任未婚夫的"爵位"赐予拜音达，后者立刻神魂颠倒，当即撕毁盟约，向努尔哈赤宣战。努尔哈赤找到口实，挥师直捣辉发部，灭辉发，杀掉了刚定了婚约的拜音达。

海西四部仅存乌拉与叶赫两部，而且乌拉部布占泰与努尔哈赤又有联姻，叶赫感到孤立无援、恐慌至极，使出最后的杀手锏——东哥（此时已31岁），表示要东哥与布占泰重续前缘。痴情的布占泰受宠若惊，马上囚禁建州之妻，并以子女及17寨主之子为质，投向叶赫，唯恐叶赫反悔。色迷心窍的布占泰以为终于得到了东哥的旧船票，浑不知握住的是地狱的邀请函。努尔哈赤举兵荡平乌拉部，叶赫以布占泰失国无用，撕掉婚约。身兼第三任和第六任未婚夫两职的布占泰就这样被罢免，眼巴巴地看着近在眼前的美人，郁郁而终。

直到33岁，叶赫那拉氏"大龄女青年"东哥终于找到自己的"真命天子"，蒙古喀尔喀部首领莽古尔岱——当然也是政治婚姻，叶赫部为了联合蒙古部族制衡努尔哈赤——结束了长达21年的单身待嫁生活。可惜,红颜薄命,次年就魂断漠北。

任何一个王朝的开国都是一部武力征服的血腥历史,任何一个王朝都是建立在森森白骨之上的。女真的统一过程亦是如此。不同的是,因为有了"叶赫老女"征婚的闹剧,整个过程充满了戏剧效果。

东哥"找婆家"的过程,也是努尔哈赤逐步扩张的过程,在这个充满血腥、欺诈、背叛的过程中,看似东哥是叶赫部的最大政治王牌,其实她也是努尔哈赤的"战争工具",她就像努尔哈赤的前锋,为努尔哈赤敲开进攻的门。她的绣球抛向哪儿,努尔哈赤的兵戈就指向哪儿,战争就蔓延到哪儿。

与那些被东哥摄了魂魄的英豪不同,努尔哈赤对于这个"战争工具"有着清醒的认识,对她的掌控亦是收放自如,一切以取天下为重。因此,被东哥拒婚,他没有像刘备一样"怒而兴兵",当东哥最终嫁给莽古尔岱时更没有听从手下的怂恿出兵抢亲。他冷静地说:"我当事人都不急,你们急什么?"当时明朝为了制约努尔哈赤,开始与叶赫结盟,况且东哥的第七任未婚夫是蒙古部族首领,若出面干涉,肯定会影响两家的关系。这个男人的目光不会在一件政治工具上停留,他眼中看到的,只有天下。他要等待更佳的进攻时机。

4年后,风华绝代、迷倒万千女真热血青年的"叶赫老女"东哥早已芳魂归天,蒙古与叶赫的盟姻名存实亡。此时,努尔哈赤才摆出"将已聘之女另许他人"的借口,倾全国之师啃掉叶赫这根"硬骨头"。叶赫的做法"犹抱薪救火,薪不尽,火不灭",并最终引火烧身。

当东哥绚丽的嫁衣终于湮没在炎炎烈焰中时,她的生命结束了,但以她的名义而起的战争并没有随她离去,依然弥漫在叶赫、建州和明朝的上空。

翅膀硬了单飞时

大明辽东都督佥事李成梁面对着诏书,摇头叹息。香案之外站着的传旨太监满肚子的不耐烦,但面对眼前的这位封疆大吏、一方霸主也不敢表现出来，仍然赔着笑，悄声重复着："请李大人接旨。"

李成梁长叹一声，接过了圣旨，但他始终怀疑自己的耳朵是不是听错了，又展开来细读了一遍。事实证明，他并没有听错。

对于这道圣旨，李成梁早有心理准备，只是没想到会来得如此突然。犹记得万历十七年，巡按御史胡克俭在朝堂之上参了他一本，说他"先后欺罔状，语多侵政府"。这个时候的万历皇上已经不再视朝，朝政大权掌握在内阁首辅申时行手中。申时行是个老好人，任上不求有功，但求无过，他也心知有李成梁镇守的辽东无论内部有多么乱，总不会给明边的稳定带来太大的威胁。因此，胡克俭的弹劾被他留中不发，压了下来。

李成梁得知此事后，心里十分忐忑。他也知道自己在辽东的这些年俨然一方霸主，军事、政治、经济大权独揽一身，遭到了上面很多人的嫉恨，因此，他觉得很有必要入朝解释清楚。万历十八年春，李成梁亲赴京师，入朝述职。一番辩解，倒也打动了万历的心，但仍没有稳定住自己的仕途。

此时申时行已经卸任，继任为内阁首辅的是王家屏，时人称之为王阁老。王阁老可不像申时行那样是个善和稀泥的老好人，而是一个张居正似的人物，虽然他在政治上并不精通，但把敢于顶撞皇上这点学了个十成，而且他恪尽职守，秉公执法，支持言官直谏。当李成梁以为已经风平浪静之时，仍有大量的弹劾堆到了内阁的案头。

万历十九年的大明帝国，已经是一株开始腐朽的树，官僚腐败至极，财政危机非常严重，军备弛懈，士气积弱，战争频繁，天灾不断，正经历着由强盛转入衰亡的时刻。作为首辅的王家屏不可能视而不见，虽然他没有扭转乾坤的能力，但有只手补天的勇气。是年，御史张鹤鸣再上书弹劾李成梁，恰恰触动了王家屏的忧虑之处——他不能容忍一个独立于朝廷之外的人。于是，李成梁也就自然而然地被罢免了大明辽东都督佥事之职，调回京师。

明廷将李成梁从辽东调回京师，却没有一个如李成梁一般的人物来镇守边疆，辽东总兵换了一个又一个，均无法达到有效治理辽东之目的。而对于努尔哈赤的雄心壮志来说，此时的大明王朝，不过是抚顺城中的一只病猫罢了。

如此一来，统一海西女真之后的努尔哈赤也不必再想方设法找什么借口去对野人女真宣战，他可以明目张胆地出兵将野人女真纳入到自家的版图中去了。

明朝初期，"野人"一词被用来指代为女真人。到了明代中期，也就是建州女真和海西女真正式形成之时，"野人"又成为了除这两支女真人外的其他女真人的代称。其含义很明显，就是因为这部分女真人的社会经济和文化相对来说比较落后。近年来又有学者认为，是因为这部分女真人居住在比较偏远的地方，对明朝廷很少进贡而得名。

野人女真有很多分支，最为主要的两支是东海女真和黑龙江女真。东海女真居住在松花江和乌苏里江流域，以及乌苏里江以东的滨海地区，包括窝集部（黑龙江宁安县东北）、瓦尔喀部（吉林延吉以北）、库尔哈部（黑龙江中游、牡丹江下游一带）。黑龙江女真则主要居住在黑龙江流域，包括萨哈连部（今黑龙江省牡丹江地区）、虎尔哈部（今黑龙江省黑河市对岸）、使犬部（今黑龙江下游地区）、使鹿部（今库页岛-乌第河一带）、索伦部（今黑龙江嫩江市以西广大地区）等。

虽然野人女真分布广泛，但在经济、军事、政治上均处于尚未开化的状态，再加上群龙无首，最适宜为实力雄厚的努尔哈赤分别击破。

万历二十六年（1598年）正月，努尔哈赤的长子褚英、幼弟巴雅喇与部将费英东等人率领一千兵马，直取东海女真瓦尔喀部安褚拉库路（今松花江上游二道江一带），20余座屯寨及其所属的女真人民，尽皆纳入努尔哈赤囊中。

9年后，被乌拉部占领4年之久的东海女真瓦尔喀部蜚悠城众见努尔哈赤日渐强盛，断然抛弃了旧主子，投靠建州。以此为契机，努尔哈赤打响了乌碣岩（今朝鲜钟城境内）大战，大获全胜。紧接着，努尔哈赤名侍卫扈尔汉率兵1000人，前去进攻窝集部所属的㴲野路（今吉林珲春市东北），俘获2000余人和大量牲畜。从此，努尔哈赤"威行迤东诸部"，乌拉部再"不敢窥望其去留，兵锋所指，莫敢谁何"，东海诸部望风归附。

乌拉部臣服后，努尔哈赤又相继降服了东海女真的那木都鲁、瑞芬、宁古塔、尼马察四卫之首领。万历三十九年七月，努尔哈赤第七子阿巴泰协同将领费英东、安费扬古带领几千兵马，征讨乌尔古宸、木伦两部，俘获上千人。随即又将扎库塔城并入版图。

4年之后，努尔哈赤仅用了二千人马，便将窝集部的厄黑枯棱城（今乌苏里江以东滨海地区赫塔赫河地方）攻占，城中万余士兵成为俘虏，500户百姓归降。

至此，努尔哈赤基本实现了对东海女真的征服，并取代明朝政府，获得了对此地的实际管辖权。

次年七月，达尔汉、扈尔汉、安费扬古等在努尔哈赤的命令下率兵两千，向位于黑龙江中游的黑龙江女真萨哈连部发起了进攻，于兀尔简河"刳舟二百，水陆并进，取河南河北诸寨三十六处"。

等到了万历四十五年，努尔哈赤大军再度北上，进逼黑龙江下游和库页岛及附近岛屿，黑龙江女真诸部相继臣服。

自万历二十六年正月至万历四十五年，努尔哈赤的建州铁蹄用了近20年的时间踏平了野人女真的领土；自万历十一年至万历四十五年，努尔哈赤用了30余年的时间，将建州女真、海西女真以及野人女真的大部统一到了自己的麾下，"自东海至辽边，北自蒙古嫩江，南至朝鲜鸭绿江，同一言语者俱征服。是年诸部始合为一。"（清·鄂尔泰·《清太祖武皇帝实录》）基本上结束了女真社会的长期分裂、割据、动乱的局面，推动了女真社会的发展和满族共同体的形成，也使得辽东地区摆脱了明朝廷的统治，成为了一个独立于明王朝而存在的统一的政权。

努尔哈赤此时已经羽翼丰满，下一步，他的长矛将要指向腐朽的大明帝国，擎起敲响朱氏王朝丧钟的巨杵。

第二章 后金崛起，只玩真的不忽悠

日渐衰落的明朝已经无力约束辽东的出水蛟龙。一统辽东之后的努尔哈赤以"七大恨"告天，掀起以取代明廷、入主中原为目的的刀光剑影。萨尔浒，沈辽广宁，努尔哈赤和他的后金军以摧枯拉朽之势让明军陷入万劫不复。直到袁崇焕横空出世，后金势不可当的铁骑方才为之一滞。

七恨告天，师出有名

天命三年（1618年）正月十六日清晨，晨曦欲吐，红日未升，一轮圆月仍悬于西天。

有青黄二色气，直贯月中。此光约宽二尺，月之上约长三丈，月之下约丈余。帝（指努尔哈赤）见之谓诸王臣曰："汝等勿疑，吾意已决，今岁必征大明国。"

——清·鄂尔泰·《清太祖武皇帝实录》

由于《清太祖武皇帝实录》相对于后世康雍乾年间所修订的《清太祖高皇帝实录》更早，所以一向被史学界尊为最具权威性的对努尔哈赤生平的记述。不过从前文这一段文字来看，却颇有些传奇色彩。当然，这很好解释：日月同辉并不是罕见的现象，在某些特定的大气环境下，日月同辉确实可能会导致月中"青黄二色气"的自然景观，这不过是太阳光的折射罢了。而努尔哈赤正可借题发挥，表述自己征讨朱明王朝的决心，且以天命之由来堵住反对者的嘴。

努尔哈赤觊觎大明江山由来已久。早在其祖、父为辽军"误杀"之后，便心怀复仇之意，不过其时能力有限，也无法公开与明王朝决裂，只能在辽东地区祭起战旗，一步步地统一辽东，壮大实力。如今，整个满洲已经纳入爱新觉罗氏的麾下，而朱明王朝那边却已是夕阳落日，还有什么理由继续向明王朝纳贡称臣呢？

"朕与大明国成衅，有七大恼恨，此外小忿难枚举矣。今欲征大明。"

这是努尔哈赤在天命三年（1618年）二月提出来的，也就是后人所称的"七大恨"。他要讨伐大明。

是年四月十三日，努尔哈赤正式以"七大恨"告天：

我之祖、父，未尝损明边一草寸也，明无端起衅边陲，害我祖、父，恨一也。

明虽起衅，我尚欲修好，设碑勒誓："凡满、汉族人等，毋越疆围，敢有越者，见即诛之，见而故纵，殃及纵者。"讵明复渝誓言，逞兵越界，卫助叶赫，恨二也。

明人于清河以南、江岸以北，每岁窃窬疆场，肆其攘村，我遵誓行诛；明负前盟，责我擅杀，拘我广宁使臣纲古里、方吉纳，挟取十人，杀之边境，恨三也。

明越境以兵助叶赫，俾我已聘之女，改适蒙古，恨四也。

柴河、三岔、抚安三路，我累世分守疆土之众，耕田艺谷，明不容刈获，遣兵驱逐，恨五也。

边外叶赫，获罪于天，明乃偏信其言，特遣使臣，遗书诟詈，肆行凌辱，恨六也。

昔哈达助叶赫，二次来侵，我自报之，天既授我哈达之人矣，明又党之，挟我以还其国。已而哈达之人，数被叶赫侵掠。夫列国这相征伐也，顺天心者胜而存，逆天意者败而亡。何能使死于兵者更生，得其人者更还乎？天建大国之君即为天下共主，何独构怨于我国也。初扈伦诸国，合兵侵我，故天厌扈伦启衅，唯我是眷。今明助天谴之叶赫，抗天意，倒置是非，妄为剖断，恨七也。

——清·鄂尔泰·《清太祖高皇帝实录》

与任何一场"师出有名"的战争一样，每位征讨者都是搜罗罪状、寻找借口的高手。"七大恨"中，除去"杀我父祖"的血海深仇外，努尔哈赤又把"叶赫老女"这件过时的政治工具搬了出来，将"援助叶赫，致使我已聘之女转嫁蒙古"列为七大恨之一。

努尔哈赤之所以选择这个时间向明朝宣战，是因为此时的辽东内外形势都对其有利。

明军方面的抗倭援朝战争刚刚结束不久，无论是人力、物力还是财力都有极大的损耗；多次与叶赫部落作战的辽东守军是抗倭援朝战争中的主力部队，战争结束后的实力更是锐减。

外部军事实力已经如此堪忧，朝廷内部却腐败到了骨子里：封建官僚把军队粮饷纳入私囊，使得军队的装备陈旧不堪，军需严重匮乏，吃不饱肚子的士兵只能纷纷逃离军队，号称10万大军的辽东守军，实际人数不过三四万而已。就是这些人，军队长官也无心对其进行操练，军营之中本应终日不歇的金鼓之声，在辽东大营却几乎不闻，就算是有偶尔的训练，士卒们也打不起精神来，致使军队毫无士气可言。自李成梁卸任之后，辽军的军械从未被修缮过，刀枪剑戟，锈迹斑斑，遇到女真部落的挑衅，大多数情况下都选择了退缩让避，不敢正面迎击。这样的军队哪有战斗力可言？

在军力部署上，仅三四万人的军队，还分散在北起开原、南至鸭绿江口，以及辽东、辽西的120多处据点中，这就给对手留下了各个击破的余地。

当时除了后金政权和明王朝之外，还存在着一个第三方势力，那就是蒙古。此时，喀尔喀蒙古部落已经跟后金有了联姻的关系，科尔沁蒙古部落也已跟后金政权结盟，位于漠南的察哈尔部希望借明朝的力量统一漠南蒙古而跟明王朝保持着紧密的联系；同时，明王朝也企图把察哈尔部当做遏制后金发展的屏障。这样，蒙古方面就剩下察哈尔部是努尔哈赤的一个威胁。

还有一方力量不可轻视，那就是与中国只有一江之隔的朝鲜。明代之时，日本正值战国时期，日本关白丰臣秀吉大举侵略朝鲜，作为朝鲜宗主国的明朝出兵援助，双方形成了军事同盟关系。此时倭寇之乱未解，朝鲜仍需要来自明军方面的支援，因此对于后金政权，朝鲜方面也相应地采用了敌对政策。努尔哈赤曾一度想要与朝鲜结盟，但朝鲜国王光海君怕开罪明朝，只得暗中与后金往来。努尔哈赤对此却很不满意，以为"交则交，不交则已，何必暗里行走"，断然打消了与朝鲜结盟的念头，不过饱受侵略之苦的朝鲜也没有足够的军事实力成为后金的威胁，不足为患。

天时、地利、人和，天赐之良机岂可被蓄意已久的努尔哈赤所错过？后金与大明之间的战争一触即发，一场改天换地的大战即将打响。

凭你几路来，我只一路去

努尔哈赤在"七大恨"告天的前一天，即后金天命三年四月十二日颁布了旨在训练士卒、克敌制胜的作战方针。史书记载如下：

凡安居太平，贵于守正。用兵则以不劳己、不顿兵，智巧谋略为贵焉。若我众敌寡，我兵潜伏幽邃之地，毋令敌见，少遣兵诱之，诱之而来，是中吾计也；诱而不来，即洋察其城堡远近，远则尽力追击，近则直薄其城，使壅集于门而掩击之。倘敌众我寡，勿遽近前，宜预退以待大军。侯大军既集，然后求敌所在，审机宜，决进退。此遇敌野战之法也。至于城郭，当视其地之可拔，则进攻之，否则勿攻。倘攻之不克而退，反损名矣！夫不劳兵力而克敌者，乃足称为智巧谋略之良将也。若劳兵力，虽胜何益？盖制敌行师之道，自居于不可胜。以待敌之可胜，斯善之善者也。

这是他一生战争策略的总结。自努尔哈赤起兵以来，其所历经的大大小小的战役，无不是在遵循此作战方针而行之。面对着即将到来的明朝大军——一个前所未有的强大对手，努尔哈赤依然遵循着这种军事思想。

明军共集结11万大军兵分四路向赫图阿拉进逼，意欲会师于后金都城；而努尔哈赤手中总共只有4.5万人马，虽然在准备与大明军队正面交锋时便已经把军备准备充分，但相对于可以随时调拨全国武装力量的明政府来说，还有着天壤之别。与之硬碰硬，无异于以卵击石。

面对这种不利局面，努尔哈赤并不担心。范文程在了解了整个局势之后，提出一条"管他几路来，我只一路去"的作战方针，后金无须忌惮明军的强大实力，因为明军的内部矛盾，正为后金提供了各个击破的条件。

明军方面战略部署完毕之后，原计划于明万历四十四年、后金天命四年（1619年）二月二十一日兵出辽东，然而天公不作美，自十六日起普降大雪。

内阁首辅方从哲却无视天气状况，一再敦促杨镐出兵。

方从哲担心，一旦战况被拖延，那么庞大的军费开支势必会给本已千疮百孔的国家经济雪上加霜，只有速战速决才是正道。在这些朝中大员眼里，一个小小的后金不足畏惧，"数路齐捣，旬日毕事耳"（《清太宗实录》卷四），根本无须大费周章。而久经战场的杨镐方面清楚地知道天气因素会给作战带来什么样的不利影响，尤其是深入到对手所控制的范围中去；再加上粮草迟迟未与送到，更是无法出兵。

明军方面的文武双方各执一词，却没有想到正是因此而把出兵时间泄露给了努尔哈赤。努尔哈赤又让治下的汉族人充当间谍，深入明军腹地，把杨镐方面的作战意图、进军路线、兵力部署等各方面侦察得清清楚楚。如此一来，战端未开，明军就已失胜算，陷入被动局面。

再加上明军四路大军的将领之间早有罅隙，作为最高统帅的杨镐也无力约束，兼之明军战线铺开足有六百里之广，相互之间信息沟通不便，这对于分路配合作战来说是最为不利的因素。这一点，正是范文程提出"凭尔几路来，我只一路去"的信心。

努尔哈赤毫不犹豫地认可了这个作战方针，他称："明使我先见南路有兵者，诱我兵而南也，其由抚顺所西来者，必大兵也，急宜拒战，破此则他路兵不足患矣。"

明军西南路军由李成梁之子李如柏率领，努尔哈赤仅用500人便抵挡住了来自西南方向的佯攻；西路军则有杜松率队，4.5万（另一说为3万）正遇到努尔哈赤的主力部队，顷刻之间便灰飞烟灭，杜松中箭身亡。

西路军覆灭后，努尔哈赤率主力北上，在萨尔浒山（今辽宁抚顺东）直接面对马林的北路军，又形成了一场单方面的屠杀，马林侥幸逃脱。

而此时的东南路军统帅刘綎尚且不知道其他两路军均以战败，仍旧按原计划继续北上，恰恰陷入了后金军的包围圈。激战之后，刘綎命丧辽东。

李如柏方面被后金五百兵马阻拦在虎栏关（鸦鹘关东）之后，始终按兵不动。杨镐得知杜、马两路相继惨败，急命李如柏、刘綎军后撤，而刘綎尚未接到命令便已全军覆没，李如柏只得匆忙回撤。得知李部撤退的消息之后，努尔哈赤仅用了20名哨骑便将李如柏军搅得大乱，明军自相践踏，伤亡惨重。

此次大战自三月二日正式打响，三月五日宣告结束。不到5天的时间里，明军方面45800多名士卒战死，刘𫄧、杜松等300多名文武官吏魂归西天，马、骡等牲畜损失近3万匹；而后金军，仅付出了2000多人伤亡的代价。

萨尔浒之战对于作战双方来说都有着极其深远的影响。

明军方面，杜松与刘𫄧战死沙场，仅仅过了3个月，侥幸从萨尔浒战场上逃生的马林也死在了同样是与后金军交战的开原之战中，四位明军主将已去其三，仅剩下李如柏因为始终没有与后金军正面交锋而留得一条性命。然而战火没有烧掉李如柏，朝中政局却让他魂归西天。

萨尔浒之战结束后不久，监察官便对李如柏提出纠劾。原因是李如柏的父亲李成梁曾经把年幼的努尔哈赤收归帐中，厚待于他，甚至还有收其为义子的传言。所以努尔哈赤跟李如柏"有香火情"，否则"何以三路之兵俱败？何以如柏独全"？奏折之中已明显地透露出对李成柏通敌的怀疑态度。不过当时的万历皇帝对此不置可否，此事暂且风平浪静。然而过了一年半之后，辽东地区的局势更加紧张，这件事又被某些别有用心之人重提，重压之下，李如柏为表心意，自尽明志。四大军事将领的相继离世，对于本已风雨飘摇的明朝武装力量来说，无异于雪上加霜。

作为萨尔浒之战明军方面的最高统帅，辽东经略杨镐自然难辞其咎。杨镐在兵败之后引咎辞职，当时的朝廷还算是网开一面，让他"姑令策励供职，极力整顿以图再举"。然而没过多久，辽东的开原和铁岭又相继沦陷，杨镐最终被定罪入狱，崇祯二年（1629年）病死狱中。

兵败萨尔浒的消息传到京师之后，北京城的米价顿时暴涨。人们认为后金军即将打出山海关，进而围困北京城，从而开始纷纷囤积大米，以备不急之需，这就进一步破坏了明朝的财政。

从根本原因上来看，火器、兵力占优的明军之所以败在了一个本以游牧为生的政权手中，实质上是因为其官僚机构之腐败已经到了一个无可挽回的地步。这种腐败早已有之,只不过是萨尔浒将之彻底地暴露出来罢了。

萨尔浒之战对交战双方来说都极为关键。此战之后,明朝的实力大为衰弱,再也无力阻止后金政权的进一步发展,被迫由主动进攻转入被动防御。而明朝的对手——努尔哈赤的后金政权,则因此而实力倍增,随之而来的,是政治野心的大幅度膨胀。下一步,努尔哈赤的目光投向了另一处战略要地——辽阳。

迁都辽阳,紧逼大明

萨尔浒之战后,京师上下一片悲鸿,却始终没有拿出一个有效的策略来应对眼前的局势。万历皇帝朱翊钧依旧抱着"我死之后,哪管洪水滔天"的念头在紫禁城中醉生梦死,朝野内外则在党争之中争权夺势,内阁首辅方从哲生性懦弱,无力扭转颓势,只能听之任之,做些小修小补的工作。两个月的时间,就在大明王朝的一片混乱中过去。

不过朝廷中也不乏有识之士。后金天命四年、明万历四十七年(1619年)六月间,一封上书让熊廷弼走上了历史的舞台。

熊廷弼自万历三十六年起任辽东巡按,在白山黑水十余年的时间里,对辽东地区的局势可谓是了如指掌。在明与后金之间攻守局势发生逆转,杨镐入狱之后,被朝廷任命为辽东经略。熊廷弼上疏朝廷:

辽左,京师肩背;河东,辽镇腹心;开原又河东根本。欲保辽东则开原必不可弃。敌未破开原时,北关、朝鲜犹足为腹背患。今已破开原,北关不敢不服,遣一介使,朝鲜不敢不从。既无腹背忧,必合东西之势以交攻,然则辽、沈何可守也?乞速遣将士,备刍粮,修器械,毋窘臣用,毋缓臣期,毋中格以沮臣气,毋旁挠以掣臣肘,毋独遗臣以艰危,以致误臣、误辽,兼误国也。

此疏一上,正愁无计可施的朝廷欣然允允,当即赐予尚方宝剑,予熊廷弼以先斩后奏之权,全权负责辽东事务。

而这份重权,对熊廷弼来说,未免来得太晚了一些——后金已经把军事重镇开原纳入囊中。

　　赢得萨尔浒之战的胜利后，努尔哈赤按军功将战利品分发与诸贝勒，进一步刺激了女真贵族对明战争的野心。稍加修整、补充兵力完毕，天命四年（1619年）六月十日，后金军便对开原发起了进攻。

　　开原西接蒙古，东邻建州，北靠叶赫，实乃要冲之地，兵家必争之所。然而明政府所委任的开原守将却是努尔哈赤的手下败将马林。后金军仅用了6天的时间，便攻占开原城，让守将马林及其属下步了杜松、刘𬘓的后尘。

　　也正是因为这场战役，对杨镐还抱有一丝希望的明朝彻底断了念想，将之论罪下狱，让熊廷弼顶了上来。熊廷弼带着尚方宝剑来到辽东，驻扎沈阳，可迎接他的，却是已经占领了铁岭、打通通往沈阳道路的后金军。

　　七月二十五日，努尔哈赤统兵五六万人，围功沈阳北部的重镇铁岭。为避免与明军援军正面交锋，努尔哈赤许下重金，换来了铁岭守将丁碧的开门归降，兵锋直指沈阳。而此时，熊廷弼刚刚抱着朝廷的尚方宝剑在沈阳上任。

　　熊廷弼上任后，斩逃兵，修城堡，加强防务，招集散兵，整肃军令，操练士卒，一系列措施进行得倒也井井有条，辽东的形势渐渐有所好转。努尔哈赤那边也因为需要休养生息一段时间，而没有立即对沈阳展开军事行动。

　　就在辽东地区的局势渐渐向有利于明朝方面发展转变的时候，朝廷内部腐朽，让熊廷弼不幸沦为了党争的牺牲品。

　　万历四十八年七月二十一日，万历皇帝朱翊钧终于结束了他荒诞的一生，然而明朝内部的混乱形势并没有随着朱翊钧的龙驭上殡而消失，反倒是愈加恶化。泰昌皇帝明光宗朱常洛、天启皇帝明熹宗朱由校先后袭位，朝纲不稳，朝政大权被旷世阉佞魏忠贤窃取，自此形成了阉党与东林党两大派别，党争日趋激烈。为了壮大自己的实力，魏忠贤一度想要拉拢熊廷弼。谁知熊廷弼刚直不阿，断然拒绝曲意奉承阉党，魏忠贤大怒，给熊廷弼加上了"军马不训练，将领不部署，人心不亲附，刑威有时穷，工作无时止"的莫须有罪名。朝廷最后撤去了熊廷弼辽东经略的职务，由右佥都御史、辽东巡抚袁应泰接任。

袁应泰的长项在于后勤工作，治水理财都堪称大家，但指挥作战非其所长。熊廷弼在任时严肃军纪，而袁应泰却认为应该宽仁爱民，改变了熊廷弼所制定的许多军纪。适逢塞外天灾，蒙古部落纷纷逃往塞内，袁应泰动了妇人之仁，下令招降，将蒙古部落的难民安置在疗养和沈阳之内，每月发与口粮。殊不知，此举让大批间谍混入两大要塞，埋下了巨大的隐患。熊廷弼辛辛苦苦打造的防御体系全被袁应泰破坏殆尽。

明朝内部的动荡正给了努尔哈赤以发动进攻的良机。后金开始储备粮草，置备车营，打造钩梯，准备对明朝发动新一轮的进攻。

从后金天命六年，明天启元年（1621年）二月二十一日起，至三月二十一日傍晚，短短一个月间，沈阳、辽阳相继沦陷，见大势已去，袁应泰在最后时刻于辽阳城东北角正元楼上自焚殉国。京师北方的最后一块屏障就此灰飞烟灭。

拿下沈辽之后，努尔哈赤当即下了迁都辽阳的决定。

辽阳城地处辽东半岛中部，是一座拥有2000多年历史的军事重镇。南方群山将之环绕其中，太河诸水域自城中贯穿而过，依山贯水，乃天然之要塞，兵家必争之地。秦汉以来，历代王朝均在此处设立郡制予以管辖；到了辽金两代王朝，更曾将国都设立于此；到了元朝，设置辽阳行中书省，明朝时期则在这里设立了辽东都指挥使司。

辽阳所处的地理环境占据了很大的优势，再加上历代王朝的倾力打造，使得此处人丁兴旺，贸易兴盛，成为在明朝统治时期辽东地区的政治、经济、文化中心。在熊廷弼驻扎在辽阳的时期，在城边挖了数层城壕，各种火器沿濠边而列，四面城墙分兵把守。

同时，辽阳还是明朝与朝鲜和蒙古接壤的要冲地带。一旦为后金军所占据，就可以形成挟朝鲜、扼蒙古，与明朝分庭抗礼之局面。

因此努尔哈赤在攻占下辽阳之后大喜过望，连称"天既眷我，授以辽阳"。

喜悦之后，是努尔哈赤对迁都辽阳问题的考虑。他特意为此召集了贝勒诸臣会议，征求他们的意见："辽阳乃天赐我者，可迁居于此耶，抑仍还本国耶？"诸王臣俱以还国对。帝曰："若我兵还，辽阳必复固守，凡城堡之民，逃散于山谷者，俱遗之矣。弃所得之疆土而还国，必复烦征讨。且此处乃大明、朝鲜、蒙古三国之中，要地也，可居天与之地。"诸王臣对曰："此言诚然。"（清·鄂尔泰·《清太祖武皇帝实录》）

可以看出，女真人的贵族们最初并不愿意放弃旧都赫图阿拉，因为他们习惯于旧有的游牧习俗，作战对他们来说，不过是一种掠夺财富的手段罢了。但是，当努尔哈赤将自己的意图阐述明白之后，王公贝勒们方才认识到迁都的好处，点头应允。

后金天命六年、明天启元年四月初，即辽阳城被攻克之后不久，后金自赫图阿拉迁都至辽阳。从此之后，京师丧失了北方最后一块屏障，完全暴露在努尔哈赤的铁骑面前，明王朝的安全受到了严重的威胁。迁都辽阳，后金的政权中心进一步逼近明王朝，成为一支可以动摇明朝统治的强大力量。

广宁之战尽取辽西

天启五年（1625年）八月二十五日五更，熊廷弼高昂着头跪在京师西市的刑场上，胸前挂着一个执袋。刑部主事、监斩官张时雍问其袋中所装何物，熊曰："《辨冤疏》也。"张曰："君未读《李斯传》乎？囚安得上书？"熊曰："未读《李斯传》耳。此赵高语也。"张时雍无言以对，下令行刑。一代名将熊廷弼冤死法场，传首九边（九边指的是明朝在北方边境设立的九个军镇，初设辽东、宣府、大同、延绥四镇，继设宁夏、甘肃、蓟州三镇，又设山西、固原两镇，是为九边）。

熊廷弼为什么没有战死沙场，而是死在了明朝廷的法场？究其原因，还是辽东地区又出现了问题。

努尔哈赤攻取沈阳、辽阳之后，下一个目标便是广宁。

如果说辽阳是辽东的政治、经济、文化、商业中心，那么辽东的军事中心则在广宁。辽东总兵府便设在这里，而辽阳仅仅是副总兵府。因此，广宁是明朝在东北地区最高的军事机关驻地，是控制蒙古弹压女真的军事重镇。

沈辽丧失之后，明朝仅有剩此地可以用来与后金相抗。可以说，如果明朝失去了广宁，那么就等于彻底失去了在辽东、辽西地区的控制权。

更为不利的是，虽然颇有外交能力的王化贞替明朝暂时缓解了来自蒙古方面的压力，但广宁一旦失守，那蒙古方面将有很大的可能会与后金政权完全联合起来，要知道，当时的喀尔喀部已经表现出了与努尔哈赤结盟的意思，这对明朝来说是个极为不利的消息。因此，无论是对明朝来说，还是对后金而言，广宁都是一个极为重要的阵地。

当时驻守广宁的辽东经略熊廷弼和辽东巡抚王化贞之间却毫无默契可言。王化贞的目标是攻，声称要"一举荡平辽东"。他上任巡抚之后不久，便派干将毛文龙率200人走海路到达镇江（今辽宁丹东）沿海岛屿，开辟敌后战场。

明朝时期的镇江，是中朝边境、鸭绿江边一个举足轻重的军事要塞，是与朝鲜取得直接联系的一个要冲之地。可以说，谁占据了这块土地，谁就能得到来自朝鲜半岛上的承认，并取得其支援。天启元年七月二十五日，毛文龙通过侦查得知，此时属于后金政权的镇江城兵力空虚，几乎是一座不设防的要塞，便与生员王一宁计划突袭。

毛文龙事先收买了后金驻扎镇江的中军陈良策，让他当做明军的内应，自己则亲自率领220余人夜袭镇江城。此役，镇江游击佟养真及其子佟松年等60多人束手就擒，镇江城再属明廷。一时之间，全辽震动，镇江城周边的宽甸、汤站、险山等城堡守军相继向毛文龙归降，"数百里之内，望风归附"，"归顺之民，绳绳而来"。

此役在史学界被称为镇江大捷。镇江的收复对一直坚持抵抗后金的辽东汉民是个巨大的鼓舞。随之响应的还有汤站（今凤城县南30公里汤山公社所在地的汤山城子）、险山（今辽宁省丹东市凤城县东南大堡公社土城子大队所在地）、宽甸（今辽宁省宽甸县）等地，一时之间，反抗后金政权的星星之火燃遍了辽南各地。

镇江的大捷，让王化贞志得意满，他以为在自己出兵辽东之时，便可与辽东后方的毛文龙前后夹击，打后金一个措手不及。为了确保对后金作战的胜利，他又计划秘密策反已经降了努尔哈赤的李永芳，希望以里应外合之势让后金防不胜防。再加上经过王化贞的一番努力，察哈尔蒙古等部答应出兵40万以协助明军的军事行动，更算是锦上添花。

可以说，王化贞的这番部属是周密而详细的，所以他也就信心百倍地上书朝廷，称："愿请兵六万，一举荡平，臣不敢贪天功，但厚赉从征将士，辽民免赋十年，海内得免加派，臣愿足矣。即有不称，亦必杀伤相当，敌不复振，保不为河西忧。而臣将归老林泉，臣愿足矣。"

接着他又承诺道："仲秋之月可高枕而听捷音。"（《明史·王化贞传》）

然而长时间与后金打交道的熊廷弼却深知努尔哈赤的厉害。他依然坚持"三方建置"的既定方针，以积极防御为主，调动各方面大军，对后金政权实行三面合围，继而攻之，必会大获全胜。一旦此措施得以施行，那么努尔哈赤肯定不敢对广宁动兵，否则的话，他将受到来自海上的威胁。

然而朝廷却没有采纳熊廷弼的建议。首先，王化贞为朝廷画的这张大饼看起来是那么的可口，而熊廷弼的计划却无疑是慢工出细活，时间成本上让收复失地心切的朝廷难以承受，更不用说已经处于崩溃边缘的经济成本了。

其次，王化贞原是东林党人，善于结交政要，在朝中人缘颇好，现在又在极力巴结魏忠贤，有投靠阉党的倾向。而天启初年，正是这两个派别在左右政局。熊廷弼则是楚党之人，在天启初年早已没有多少政治地位可言，再加上此人生性暴躁，即使经历过一次罢官风波，也没改掉秉性，与朝中官员势如水火，也就没有够硬的后台做朝内支撑，自然无法让自己的策略付诸实践。

王化贞的"急"和熊廷弼的"稳"形成了尖锐的矛盾。将帅不合历来是兵家之大忌，而这一点，也正被休养生息十个月之久的努尔哈赤敏锐地觉察到了。

天命七年（1622年）正月十八，正是北国千里冰封的时候。努尔哈赤利用辽河水结冰、人马易渡的时机，率八九万大军向广宁发起了进攻。

此时王化贞的"周密"部属完全破灭：后金后方的镇江已经得而复失，毛文龙逃往朝鲜，腹背夹攻的可能性化为乌有；察哈尔部答应的40万大军仅仅来了一万，以多压少的希望破灭（此时的明军仅有10万人）；对李永芳的策反不仅没有成功，反而让自己的爱将、抵挡后金铁骑的先锋孙得功被李永芳策反，里应外合的愿望没有实现，自己却被从内部突破了。

如此一来，明军惨败，王化贞弃城而逃，与闻讯自山海关率兵赶来的熊廷弼在大凌河（今辽宁锦县）相遇。王化贞放声大哭，而熊廷弼却挖苦道："六万众，一举荡平竟何如？"王化贞无言以对。

见到大势已去，熊廷弼也无起死回生之能，只得掩护自广宁逃出来的军民退回山海关。

王化贞弃广宁而逃，被策反的孙得功占据广宁城，出城三里跪迎努尔哈赤。一时之间，努尔哈赤还以为明军有诈，因为广宁城到手得太容易了。

努尔哈赤将辽阳城的大福晋阿巴亥、众妃子以及众贝勒的福晋们等一干家眷接到广宁，统兵大臣等出城叩见。红毡一路铺到了衙门之外。巳时，"大福晋率众福晋叩见汗，曰：'汗蒙天眷，乃得广宁城。'众贝勒之妻在殿外三叩首而退。嗣后，以迎福晋之礼设大筵宴之。"（清·鄂尔泰·《清太祖武皇帝实录》）攻克广宁的欢庆气氛因这些女人的到来而达到了高潮。

紧接着，后金军又连取被明军所弃的义州（今辽宁义县）等40多座城堡。辽西之地尽入努尔哈赤之手。

由于广宁战败，王化贞被论罪入狱，熊廷弼被革职还乡。然而熊廷弼认为自己在广宁之败中并不存在过错，故意上书请罪，希望以此来让小皇帝重新任用自己，并采纳自己所提出的攻取辽东之建议。但他没想到的是，这正给了一向与熊廷弼不合的阉党以口实。他们以熊廷弼援救来迟为由，并罗织罪名，将熊廷弼与王化贞同罪下狱。

在魏忠贤的指示下，御史梁梦环弹劾熊廷弼贪污饷银17万，御史刘徽则称说熊廷弼家资百万。但直到抄家之后才发现，熊家的全部家底也不足17万。无奈之下，抄查者连熊廷弼的姻亲家一并抄了，但也没能凑齐百万之数。最后，"江夏知县王尔玉责廷弼子貂裘珍玩，不获，将挞之。其长子兆珪自刭死，兆珪母称冤。尔玉去其两婢衣，挞之四十。远近莫不嗟愤"。熊廷弼最终在王化贞之前被处死。崇祯二年（1629年），崇祯帝朱由检为其沉冤昭雪。

广宁之战，让努尔哈赤尽得辽西之地；熊廷弼冤死，又让努尔哈赤去除了心腹之患。后金政权的兵锋直指大明王朝的最后一处屏障——山海关，但此时的努尔哈赤却停住了前进的脚步。

半路杀出个程咬金

明天启二年，后金天命七年（1622年），山海关，一人，一马，单骑驰骋。

京师兵部此时却乱作了一团——兵部职方主事失踪了，兵部里外、京师城内找了个遍也没找到这位主事的人影，连他的家人也不知道他去了哪里。

这件事对一个帝国来说其实算不上什么，一个兵部职方主事不过是六品官，在兵部属于末等，按理说掀不起太大的波澜。但这位却非同小可，他乃是天启皇帝亲自破格从福建邵武（今福建省邵武市）知县提拔起来的京官。此人便是努尔哈赤一生之中最强大的对手——袁崇焕。

袁崇焕刚上任邵武知县不久，便在天启二年入京，接受朝廷的考核。他一边在尽着知县的责任，一边惦记着辽东的局势。"为闽中县令，分校闱中，日呼一老兵习辽事者，与之谈兵，绝不阅卷"（明·夏允彝·《幸存录》）。入京述职之际，他便借着地利之便，视察边塞，深入了解局势。

此时的辽东局势对大明王朝来说绝不容乐观，熊廷弼入狱之后，继任辽东经略的王在晋分析说："东事离披，一坏于清（河）、抚（顺），再坏于开（原）、铁（岭），三坏于辽（阳）、沈（阳），四坏于广宁。初坏为危局，再坏为败局，三坏为残局，至于四坏——捐弃全辽，则无局之可布矣！逐步退缩之于山海，此后再无一步可退。"

而自努尔哈赤向明朝开战以来，驻守辽东的总兵以上将领总共阵亡或被处决一共有14位之多。一时之间，辽东成了京官的禁地，谁也不敢接过这个烫手的山芋。

"时广宁失守，王化贞与熊廷弼逃归，画山海关为守。京师各官，言及辽事，皆缩朒不敢任。崇焕独攘臂请行。"（明·张岱·《石匮书后集》）

正是袁崇焕这个"攘臂请行"的举动，让朝中有识之士对其青眼有加。广宁失陷后的第四天，御史侯恂便上奏朝廷："见在朝觐邵武县知县袁崇焕，英风伟略，不妨破格留用。"（《明熹宗实录》）曾经因为广宁失守而抓住内阁首辅叶向高"衣袂而泣"的天启帝欣然允诺，授袁崇焕为兵部职方司主事，旋升为山东按察司佥事、山海监军。紧接着，袁主事便独自一人赶往山海关前线。

袁崇焕一人独骑返回京师后，将所视察的情况上报与朝廷，并称："予我军马钱谷，我一人足守此！"

袁崇焕的这句话让天启帝及朝中群臣大加赞赏，相对于王在晋的治辽策略来说，袁崇焕的话更易被朝廷所接受。王在晋被迫就任辽东经略时，提出的是"拒后金抚蒙古，堵隘守关"之策，也就是说要用大量的金钱去贿赂蒙古部族，希望借其力以抵抗后金。堵隘则是要在山海关外再建一道关城，称为重关，用来保护山海关。

王在晋的这个策略虽然在当时被朝廷采纳了，但压根行不通。首先，国家的财力已经无法支付如此庞大的费用；其次，蒙古对明朝阳奉阴违，时战时和，根本无法做奢望；第三，修筑重关固然起到了防御性的作用，但也意味着彻底放弃了关外，这并不是明朝廷想要的结果，而只是王在晋想要自己驻守的山海关更安全些罢了。

王在晋的建议提出后，朝中是非莫定，争论不休。兵部尚书兼东阁大学士孙承宗亲赴山海关考察，回京之后，当即劝谏皇上革去王在晋辽东经略之职。

天启帝虽然采纳了孙承宗的建议，但对辽东经略职位的空缺却毫无办法。这是一块烫手的山芋：熊廷弼之后的兵部尚书张鹤鸣诈病辞职，谢经邦拒绝受命，王在晋也是在群臣的举荐以及天启帝的威胁之下被逼上梁山，朝中实在是无人敢赴山海关。好在孙承宗毛遂自荐，天启帝欣然允许。

孙承宗上任后，便重用袁崇焕，构筑宁锦防线。

袁崇焕提出的守备方略和承诺，亦让天启帝大加赞赏，再升其为山东按察司佥事、山海关监军。

袁崇焕上任之前，特意来到关押熊廷弼的监牢中，"廷弼问：'操何策以往？'曰：'主守而后战。'廷弼跃然喜"。

"主守而后战"，正是袁崇焕所作的抗金策略。其后，他在《辽事治标治本疏》中又作了进一步的阐述："彼之远来，利速战，能战之兵，又利得战。臣只一味死守，令至无得而与我战，便自困之，唯困之乃得而与图之……盖日计不足，月计有余；月计不足，岁计有余。战则不足，守则有余；夺既有余，战无不足。不必侈言恢复，而辽无不复；不必急言平敌，而敌无不平，即以下手之日为结局之日可也。"

袁崇焕的认识和孙承宗的主张不谋而合，孙承宗在就任之后，提出要守住山海关，应当先守住关外，这就要求要在山海关的前沿——宁远（今辽宁兴城）固守。孙、袁二人意见一致，山海关三军用命，很快便修建起一座新的宁远城，成为关外的又一大重镇。

这样，一条以宁远、锦州为核心的"宁锦防线"，在孙、袁二人的努力下初步建立起来。加上努尔哈赤在攻破广宁之后，因为兵力不足的原因而没有驻守辽西地区，就连广宁城也毁弃，整个辽西的局势开始稳定。逃难的百姓陆续重返故园，一度荒芜的辽西又重新恢复了生机。

孙、袁二人在山海关处大兴防御措施，让努尔哈赤不敢轻举妄动，同时，努尔哈赤所施行的一系列政策的副作用开始显现出来，后金政权的统治出现了危机。

努尔哈赤迁都辽阳之后所做的"计丁受田"改革，从表面上看是奴隶社会向封建社会的一种转变，但其中有一个重要的部分就是圈地。

"（天命六年七月）十四日，一行将前往分田，故先期告谕各村曰：在海州地方取田十万日，在辽东地方取田二十万日，共取田三十万日，给我驻扎此地之兵马。"这道命令的初衷是用来安置从浑河上游、苏子河流域迁至辽东的满族八旗贵族、勋臣、兵丁及家属，但这就需要占用原来居住在辽东地区和海州等卫地区汉族百姓的30万日的土地。

从本质上来说，"计丁授田"的目的在于保持女真八旗的在政治、经济、军事上的优势，同时，将被占领地区的土地赐予八旗所有，也是为了激励女真人的战斗热情，维持战斗力，作为胜利者、统治者的后金政权，有理由在自己的土地上继续实行奴隶制的生产方式。只有被八旗圈完剩下的土地，才会给原来居住于此的汉族百姓重新分配。

土地是有限的。满足了八旗对土地的占有，就无法让世代居住在这里的汉族百姓拥有足够的土地，汉民从努尔哈赤手中得到的，只不过是八旗剩下的残羹冷炙。

在赋税方面，努尔哈赤所实施的每三丁种官田一日的劳役地租，每二十丁一丁当兵、一丁应役的耕战合一的做法，对他本人来说是一个从奴隶制统治理念到封建制统治理念的一个飞跃，但本质上却只能说是一个还没有完全摆脱农奴制度的封建社会初级阶段。这对于被占领区的、已经经历了千余年封建制度的汉民来说，是无法包容的历史倒退，汉民的反抗也就成为了大势所趋。逃亡、偷袭、暴动、暗杀、投毒……为了自身的利益，汉民们用各种手段反抗后金的统治。

面对反抗，努尔哈赤别无良策。作为女真人的天可汗，他必须要首先照顾到八旗贵族的利益，而这样一来，又无法兼顾汉民的利益。努尔哈赤找不出一个折中的办法来消除这个社会转型时期的阵痛，他只有采用粗暴而又简单的手段。后金天命七年（1622年）三月，努尔哈赤下达了一道"光棍盗贼尚无畏惧"的旨意，命令从此以后，绝对不允许女真人和汉族人有任何私下接触，更不能成为朋友；并且规定，女真人出门的时候，"务以十人结队而行。如此则光棍盗贼不敢起杀人之念矣。若结伙不足十人，而九人同行，见者即拿之，罚银九钱，八人者罚银八钱，七人者罚银七钱，一人者罚银五钱"。

同年六月十五日，努尔哈赤再次下令："凡诸申（指女真人）汉族人开设店肆之人，务将肆主姓名刻于石上或木上，立于肆前。若不书明肆主之姓名，则罪之。无店肆携物售卖之人，概行禁止。该无店肆携物售卖之人，以为不被查获，而多用药鸩人也。尤应晓谕我诸申妇孺，凡购食之人，务记肆主姓名。若不记取，而中毒身死，虽有猜疑，更向谁言？"

努尔哈赤所采取的这些措施，进一步激化了女真人与汉族人之间的矛盾，汉民的反抗不仅没有如努尔哈赤之所愿而有所收敛，反而更加激烈起来。努尔哈赤必须拥有更多的土地，才能够解决这个问题。他再一次把目光投向了山海关。

努尔哈赤没有想到的是，他迎来的，将是自己一生之中唯一的一场败仗，也是一生中的最后一役。

努尔哈赤的最后一战

天命十一年（1626年）八月，太子河，华丽的龙舟里，努尔哈赤躺在厚厚的毡毯上，眼望窗外的湛蓝天空，身上的毒疽隐隐作痛。"难道这就是天命？"壮志未酬的他心中无限遗憾，虽然完成了女真的统一，却无法见到攻破京师的那一刻，而这，恰恰是他起兵反明时的愿景啊。

为了这个愿景的实现，努尔哈赤穷尽了毕生的精力：谋建州，平海西，统野人，建立起属于自己的政权，打造出一支可以与明廷相对抗的尖锐长矛；战萨尔浒，迁都辽阳，尽取辽西，确立起自己在东北边陲的绝对统治权。为了进一步对大明王朝采取行动，他甚至不惜放弃辛辛苦苦建立起来的新都辽阳，迁都沈阳。

迁都沈阳，是努尔哈赤在一统辽东之后做出的又一大举措。"沈阳四通八达之处，西征大明从都儿鼻渡辽河，路直且近，北征蒙古三日可至，南征朝鲜自清河路可进"，这在战略角度上要比辽阳更为有利。

同时，"沈阳浑河通苏苏河，于苏苏河源头处伐木顺流而下，材木不可胜用，出游打猎山近兽多，且河中之利亦可兼收矣"，从经济利益方面来看，也是辽阳所无法比拟的。让努尔哈赤下定迁都决心的，更出于当时辽东、辽西的局势。

广宁之战后，后金的战线拉得过长，领地内矛盾纠纷不断，努尔哈赤无力维系后院的稳定，被迫做出了毁弃广宁、弃守辽西的决定。这就给了明廷以喘息之机。待到孙承受、袁崇焕固守宁远，后金政权感到了前所未有的压力，"公（孙承受）渐东，奴（努尔哈赤）惧，遂弃宫室而北徙于沈阳……自筑宫于瓮城，屡不就……"努尔哈赤弃守广宁的弊端显露出来。

另外，迁都辽阳之后，女真人和汉族人之间的矛盾进一步尖锐，努尔哈赤所采取的镇压手段只会激化矛盾。辽阳城已经是鸡犬不宁之地，丧失了一国之都的意义，努尔哈赤唯有再行迁都。

孙承宗毛遂自荐督师辽东的那一年，山海关马世龙等人频繁出巡被努尔哈赤攻取又弃守的广宁、三岔河一带地区。驻守在辽南的毛文龙，没有了山海关的后顾之忧，也活跃起来，对靠近三岔河一带的牛庄（今辽宁省牛庄镇）、跃州（今营口北牛庄附近）等为后金政权所据的各城不断骚扰。此外，麻羊岛守备张盘夜袭金州（今辽宁省大连市金州区），让女真人终日惶恐；复州（今辽宁省瓦房店市西北复州）的后金总兵刘爱塔偷偷地向登莱（今山东省登州和莱州）地区运送军备物资，并且希望把复州当成明军的内应，一旦明军向后金展开进攻，便与其里应外合等。毫无疑问，这些对后金政权的稳定都构成了极大的威胁。

除了来自明军方面的压力外，后金政权还面临着塞外蒙古各部的觊觎。这些不利之局逼迫努尔哈赤必须对他的战略防御问题进行重新考虑。因此，为了在战略上取得主动，他选择将后金的首府迁往沈阳，并将沈阳改称为盛京。

虽然迁都盛京，但后金政权的稳定问题仍然无法解决，汉民与女真贵族之间的矛盾也不会因为迁都而化为乌有。努尔哈赤能做的，只能迎着孙承宗和袁崇焕打造出来的铜墙铁壁进一步扩张领土。

恰在这时，明廷的党争给了他一个天赐良机。

孙承宗所经略的辽东，"在关四年，前后修复大城九、堡四十五，练兵十一万，立车营十二、水营五、火营二、前锋后劲营八，造甲胄、器械、弓矢、炮石、渠答、卤楯之具合数百万，拓地四百里，开屯五千顷，岁入十五万（石）"（《明史·孙承宗传》），逼得努尔哈赤不敢南侵；但他却没有抵挡住来自朝廷的攻击。

此时的明廷朝政大权已经完全旁落在了"九千岁"魏忠贤的手里，天启帝朱由校只知道在后宫当他的木匠，对朝政大事基本上是不闻不问，这更让阉党有恃无恐，大力排除异己。不幸的是，孙承宗正是阉党眼中的异己之一。

孙承宗经略辽东之后，一时间功高权重，誉满朝野。势力猖獗的魏忠贤和他的党羽自然不会错过这个值得利用的人，威逼利诱，魏忠贤动用了各种手段去拉拢这位封疆大吏。而孙承受对阉党深恶痛绝，对魏忠贤抛来的橄榄枝视而不见，这就让一向专横跋扈的魏阉对他怀恨在心。

明天启四年（1624年）十一月，孙承宗到蓟、昌西巡。此时恰临近十一月十四日，正值天启帝的生日，孙承宗便上书朝廷，希望入朝为皇帝庆贺万寿节，并打算借此机会当面向皇上汇报机宜。

把握朝政大权的魏忠贤在皇帝之前先得知了此消息，生怕孙承宗拥兵入京，做出对自己不利的事情来。于是"绕御床哭。帝亦为心动，令内阁拟旨。次辅顾秉谦奋笔曰：'无旨离信地，非祖宗法，违者不宥。'夜启禁门召兵部尚书入，令三道飞骑止之。（魏忠贤）又矫旨谕九门守阉，承宗若至齐化门，反接以入。承宗抵通州，闻命而返。忠贤遣人侦之，一襆被置舆中，后车鹿善继而已，意少解"。（《明史·孙承宗传》）

紧接着，魏忠贤和他的阉党党羽称孙承宗是"拥兵向阙，叛逆显然"，意图借此事来扳倒孙承宗，但天启帝不是不理朝政的万历帝，心中还有点分寸，对魏忠贤的攻讦没予理会。

次年，太监刘应坤在魏忠贤的委派下前往山海关犒军，带去帑金十万两，然而孙承宗一点也没给魏忠贤面子，鄙视之意溢于言表。

同年八月，马世龙轻信自后金逃归的"降虏生员"（其实是后金方面的间谍）刘伯镪的话，派兵渡柳河，袭取耀州，结果掉进了努尔哈赤早已设好的圈套，惨败而归。

柳河之败正给了阉党挤垮孙承宗的口实，以马世龙损失670匹马、大量甲胄等军用物资为借口，向马世龙发起了围攻，其根本的目的还是要弄倒孙承宗：弹劾奏折雪片一样飞向天启帝的御案。阉党的无耻手段让孙承宗大为恼怒，连上两疏称病辞官。天启帝拗不过孙承宗，只得应允。

孙承宗罢官，辽东经略一职再度出现空缺，魏忠贤趁此机会将自己的同党高第推上了辽东经略的位置。胆怯无能、对军事又一窍不通的高第抵达山海关后，将孙承宗所做的军事防御部署全部推翻，将锦州、右屯、大凌河、宁前诸城守军，连同器械、枪炮、弹药、粮料等后勤物资一并移到关内，绵延四百里的关外土地尽皆放弃。

高第的胡乱部署让朝野上下响起一片反对之声，袁崇焕更是怒不可遏，他在给高第的揭言中说："兵法有进无退，锦、右一带，既安设兵将，藏卸粮料，部署厅官，安有不守而撤之？万万无是理。脱一动移，示敌以弱，非但东奴，即西虏亦轻中国。前柳河之失，皆缘若辈贪功，自为送死。乃因此而撤城堡、动居民，锦、右摇动，宁、前震惊，关门失障，非本道之所敢任者矣。"

然而袁崇焕仅仅是一个监军，无力改变身为兵部尚书、手持尚方宝剑的高第的决策，更何况高第背后还有把持朝政的阉党撑腰。袁崇焕只能眼睁睁地看着高第将锦州、右屯、大凌河及松山、杏山、塔山守具的屯兵屯民尽皆驱赶入关，10余万石粮谷被抛弃。这次不战而退，闹得军心不振，民怨沸腾，刚刚振奋起来的士气又再次陷入低谷之中。

得不到上司支持、朝中又没有后台的袁崇焕不甘心就此放弃辛辛苦苦打造出的防线，决意死守宁远。在关外城堡撤防、兵民入关的不利情势下，袁崇焕率领1万余名官兵孤守宁远，抵御后金。

明廷因为内斗而产生的自我消耗给努尔哈赤创造了再侵朱明的良机。后金天命十一年，明天启六年正月十四，努尔哈赤率领10万八旗大军西渡辽河，直取孤城宁远。

10万士气高昂的八旗大军，一万多被朝廷弃之不顾的明朝军队；一位是积蓄了数年力量、一生未逢一败的后金国主努尔哈赤，一位是孤立无援、从未参加过战争的山海关监军袁崇焕。双方就在这样的悬殊中，于正月二十三拉开了战幕。

然而让努尔哈赤没有想到的是，历时四天的大战，竟然以自己的惨败而告终。

宁远一役，是后金与明王朝自交战以来的第一次惨败，对八旗军队的锐气是一个十分严重的挫败，自萨尔浒之战以来对明朝的连续攻势就此中断。对努尔哈赤来说，更是一个沉重的打击，"帝自二十五岁征伐以来，战无不胜，攻无不克，唯宁远一城不下，遂大怀愤恨而回"。（清·鄂尔泰·《清太祖武皇帝实录》）

鄂尔泰的记载只是说出了努尔哈赤心中的愤恨，却没有指出此役对努尔哈赤的更大影响，这个影响，成了一个千古之谜。

第三章　皇太极：聪明的"伐木人"

努尔哈赤神秘辞世，后金内部迷雾重重。皇太极脱颖而出，女真政权再起波澜。改革、汉化、剔除隐患，"伐木人"皇太极一步步打造着属于自己的时代，一步步进逼中原。但在明将袁崇焕精心打造的宁锦防线面前，皇太极依然铩羽而归，留下了又一段惆怅。

谁杀了努尔哈赤

后金天命十一年（1626年），盛京，天命汗努尔哈赤的葬礼。一位喇嘛、一位突如其来的吊唁者，引起后金国的一片混乱。这是奉袁崇焕之命的使者——谁也没有想到这个至天命汗于死地的仇人竟然派人来至灵前。是惺惺相惜还是另有他图？即使是努尔哈赤的继任者、在政治智商上更胜努尔哈赤一筹的皇太极，也看不出这个冤家的真实想法。

袁崇焕并没有与后金握手言和的打算，更不会与努尔哈赤有英雄相惜之意。之所以派使者前来吊唁，实际上还是要来探察一番努尔哈赤的死讯是真是假，因为这关系到明军下一步的军事行动。

努尔哈赤确实是死了。

努尔哈赤的死因究竟是什么？史学界众说纷纭。大致上分为两种：一是正史的记载——即《清史稿》和《清太祖武皇帝实录》中所说的因病于天命十一年八月十一驾崩于福陵隆恩门瑷鸡堡（今沈阳市于洪区翟家乡大挨金堡村）；另一种说法则是丧命于宁远之战时明军的红衣大炮下。

七月二十三日，帝不豫，诣清河温泉沐养。（八月）十三日（应当是八月初七，原文如此）大渐，欲还京，遂乘舟顺代子河而下，遣人请后迎之，于浑河相遇。至瑷鸡堡，离沈阳四十里，八月十一日庚戌未时崩，在位十一年，寿六十八。

——清·鄂尔泰·《清太祖武皇帝实录》

鄂尔泰并没有明确指出努尔哈赤是患何病而死，在赵尔巽的《清史稿》中，也大同小异："秋七月，上不豫，幸清河汤泉。八月丙午，上大渐，乘舟回。庚戌，至爱鸡堡，上崩，入宫发丧。在位十一年，年六十有八。"同样没有指出努尔哈赤的死因，只是说"不豫"，颇有种神秘莫测的味道。结合后世对几位清朝帝王的临终记载来看，更使得努尔哈赤之死变得扑朔迷离。

正史上的记载总会有"为尊者讳"的顾虑，纂史者碍于身份又不能信口开河，大多数情况下只能三缄其口。因此便可从中看出，努尔哈赤之死，绝不仅仅是因病而死那么简单。因此便产生了另一种说法，即努尔哈赤死于袁崇焕之手。

宁远大战时，手中只有2万余人、一座孤城的袁崇焕之所以能够击溃13万大军的后金军，除了用在战前所做的八条动员令来鼓舞士气外，更重要的是他所使用的11门红衣大炮（本为红夷大炮，是从葡萄牙采购而来，因清朝以少数民族入主中原，忌讳"夷"字，故称红衣大炮）等火器给了毫无精神准备的后金军以沉重的打击。

袁崇焕所使用的红衣大炮为英国制造的早期加农炮，炮身长、管壁厚、射程远、威力大，特别是击杀密集骑兵具有强大火力，是当时世界上最先进的火炮，也是后金军最大的克星。

据史料记载，"帝即令军中备攻具，于二十四日以战车覆城下进攻。时天寒地冻，凿城破坏而不堕。军士奋力攻打，宁远道袁宗焕、总兵满桂、参将祖大寿婴城固守，枪炮药罐雷石齐下，死战不退，满洲兵不能进，少却。次日复攻之，又不能克，乃收兵。二日攻城共折游击二员，备御二员，兵五百"，可谓是伤亡惨重。

威力如此巨大的红衣大炮，让后金军付出惨重代价，那么，亲临城下督战的后金军统帅努尔哈赤，在此役中受没受到来自红衣大炮的威胁呢？这个问题在明朝的史籍中语焉不详，后金以及后来的清代官方资料里更是只字未有，而野史中却给出了一个答案："炮过处，打死北骑无算；并及黄龙幕，伤一裨王。北骑谓出兵不利，以皮革裹尸，号哭奔去。"

红衣大炮打死敌人不计其数，还击中了"黄龙幕"，伤一"裨王"。后金军出师不利，只得用皮革裹着尸体，伴随着一路号哭匆匆撤退。

无独有偶，在《明熹宗实录》中同样记载了类似的事件：明兵部尚书王永光在汇报宁远之战的战况时奏称，明军前后伤敌数千，内有头目数人，"酋子"一人。高第则奏报，后金军队攻城时，明朝军队曾炮毙一个"大头目"，后金军用红布将这个人包裹起来抬走了，一边走一边放声大哭。

一个人的死能够让一支13万人的军队悲痛撤退的，还会有谁？恐怕只有努尔哈赤。

然而，在宁远之战后，史料记载，努尔哈赤还曾于"夏四月丙子，征喀尔喀五部，为其背盟也，杀其贝勒囊奴克，进略西拉木轮，获其牲畜"（民国·赵尔巽·《清史稿·太祖本纪》），如果说努尔哈赤死于明军的炮火之下，那么这个人又是谁？或者说，这几处来自于明朝方面的记载，又有多少可信度？

如果说努尔哈赤真的死在了明军的炮火之下，那么，他不可能"死而复生"，在数月后又去攻打蒙古。其次，击毙努尔哈赤，对于明朝方面来说是一个重大胜利，无论是袁崇焕，还是朝廷上下、文武百官都将对此事书以浓墨重笔，以激励军民的士气。但是，无论是袁崇焕本人报告宁远大捷的奏折，还是朝廷表彰袁崇焕的圣旨，抑或朝臣祝贺袁崇焕宁远大捷的奏疏，对努尔哈赤被击毙之事都是只字不提。

因此，可以得出这样的一个结论，即使是那个"酋子""大头目"确实是努尔哈赤，他也没有当场死去。

朝鲜人李星龄记载，在与后金作战之时，朝鲜曾派了一支军队配合明军抵抗后金军的进攻。随军的朝鲜翻译官韩瑗再一次偶然的机会中遇到袁崇焕，并博得了袁崇焕的好感。宁远之战，袁崇焕也将他带在身边。可以说，韩瑗亲眼目睹了宁远之战的全过程。

据韩瑗事后回忆：宁远告捷以后，袁崇焕派了一名喇嘛携带礼物到后金营寨中向努尔哈赤"表示歉意"："老将（指努尔哈赤）横行天下久矣，今日见败于小子（指袁崇焕），岂其数耶！"努尔哈赤"先已重伤"，这时备好礼物和名马，对袁崇焕的礼物表示"回谢"，请求约定再战的日期。结果未等再战，努尔哈赤便"因懑恚而毙"。

从此可见，宁远城下的炮伤是导致努尔哈赤去世的最重要原因。

天命十一年八月十一，努尔哈赤走完了他68年的不平凡人生。留给爱新觉罗家族和后金政权的，是一个足以与明廷相对抗的根基。努尔哈赤入主中原、跃马京师的宏图大愿，将留给他的子孙后代去实现。

伐木丁丁夺皇位

明万历四十年（1612年）十月初二，海西女真乌拉部，努尔哈赤的铁骑已经在此与乌拉兵对峙了三天。

这三天里，努尔哈赤四处放火焚烧乌拉部的粮草，意图将乌拉部困死在城中。乌拉兵白天出城与努尔哈赤部对垒，晚上则龟缩于城内坚守不出。城坚墙固，且有乌拉河（松花江上游，今乌拉街处）为天堑，努尔哈赤部一时倒也对乌拉部无可奈何。

此时，年仅20岁的努尔哈赤第八子皇太极与其五哥莽古尔泰按捺不住年轻人的血气方刚，双双请战，要求率兵渡河，对乌拉部发起猛攻。努尔哈赤干脆地拒绝了他们的请战："欲伐大木，岂能骤折？必以斧斤伐之，渐至微细，然后能折。相等之西，欲一举取之，岂能尽灭乎？且将所属城郭，尽削平之，独存其都城。如此，则无仆何以为主？无民何以为君？"

努尔哈赤的"伐木"理论对皇太极的一生都产生了重要的影响：稳步前行，步步为营。这种伐木理论给他带来的第一个好处就是让他在16位兄弟中脱颖而出，登上了后金政权的宝座。

努尔哈赤一生共纳娶16个妻妾（《清史稿》中记载为14个，两位从殉的庶妃未被列入其中），生下16个儿子，其中有能力继承汗位的有：长子褚英、次子代善、五子莽古尔泰、八子皇太极、十四子多尔衮，另外，他的弟弟舒尔哈齐的两个儿子——阿敏和济尔哈朗也是人中之杰，颇有才干。由谁来继承汗位，努尔哈赤一直没有定论。直到其临终时，也"为国事、子孙，早有明训，临终遂不言及"。（清·鄂尔泰·《清太祖武皇帝实录》）

然而鄂尔泰所记载的这个"明训"，其实指的是天命十一年六月二十四日努尔哈赤对八旗贵族的一次训话，也可看做是遗嘱的交代，关于身后之事，他只是说道："尔八固山（四大王四小王）继我之后，亦如是严法度，以效信赏必罚，使我不与国事，得坐观尔等作为，以舒其怀可也。"

可见，努尔哈赤并没有明确指出谁是汗位的继承人。

并不是努尔哈赤不去计划自己的身后事，而是实在不知道让谁来挑起后金这个重任才好。后金建国前，他曾想令长子褚英接班，后以忤逆罪将其囚于狱中，并处死；又有意让次子代善嗣位，但无果而终。直到天命六年正月十二日，努尔哈赤与代善、皇太极等儿子对天焚香发誓，让子孙互相辅佐，勿开杀戒；二月又令代善、阿敏、莽古尔泰、皇太极四大贝勒，"按月分直"，此举也表现出一种信号——汗位的继承人，将在这四大贝勒中选出。

努尔哈赤的弟弟、阿敏的父亲舒尔哈齐在早年时曾想挑战努尔哈赤的权力，后被圈禁至死。阿敏期间也犯过大错，虽然因为军功卓绝而幸免一死，但汗位却是与他无关了。

三贝勒莽古尔泰为衮代所生，衮代原是努尔哈赤堂兄威准之妻，威准战死后，改嫁给努尔哈赤。天命五年三月，衮代获罪，在《清史稿》中只有一句含糊不清的话："天命五年，妃得罪，死。"什么罪？不知道；怎么死的？也不知道。不过后来皇太极曾透露过：衮代被她的亲生儿子莽古尔泰亲手杀死。莽古尔泰弑母之事虽然赢得了努尔哈赤的信任，但名声毕竟不好，威望在兄弟和一干八旗贵族中极剧下降，可以说已经不再具备竞争汗位的实力。

除去已经退出汗位竞争的阿敏和莽古尔泰，在另外的两大贝勒中，最有继承汗位希望的要算是大贝勒代善。代善自小追随在努尔哈赤身边，与努尔哈赤一同四方征战。逐渐成长为努尔哈赤帐下的一员猛将。在攻打海西女真的战斗中，代善立下大功，一举成名，紧接着又在对乌拉部和叶赫部的征战中立下无数战功。天命元年，备受努尔哈赤青睐的代善被封为贝勒，位居四大贝勒之首，他光辉的军旅生涯便由此展开。当努尔哈赤完成辽东的统一，开始对明朝施以进攻之时，代善以独当一面的统帅身份参加了几乎所有的战役。那场决定历史命运的萨尔浒之战，也留下了代善的足迹。

然而，代善却没能获得继承汗位的荣耀。

后金天命五年三月，努尔哈赤的小福晋德因泽向努尔哈赤告发代善与继母大福晋关系非同一般："大福晋曾二次备办饭食，送与大贝勒，大贝勒受而食之。又一次送饭食与四贝勒，四贝勒受而未食。且大福晋一日二三次差人至大贝勒家，如此往来，谅有同谋也！福晋自身深夜出院亦已二三次之多。"（后金·《满文老档》）

努尔哈赤听到这话之后，连忙派四大臣向代善和皇太极求证此事，调查的结果确实如此。

"对此汗曰：'我曾言待我死后，将我诸幼子及大福晋交由大阿哥抚养……故大福晋倾心于大贝勒，平白无故，一日遣人来往二三次矣！'每当诸贝勒大臣于汗屋聚筵会议时，大福晋即以金珠妆身献媚于大贝勒。诸贝勒大臣已知觉，皆欲报汗责之，又因惧怕大贝勒、大福晋，而弗敢上达。汗闻此言，不欲加罪于大贝勒，乃以大福晋穷藏绸缎、蟒缎、金银财物甚多为词，定其罪。"（后金·《满文老档》）

虽然代善被努尔哈赤所谅解，但对他的名声却是一个严重的打击，这必竟是个难以启齿的丑闻。

不过此事疑点颇多：大福晋给代善送饭，代善吃了；给皇太极送饭，皇太极"受而不食"，一个身在深宫中的小福晋又如何知晓？可以推测出，此事的背后是皇太极在指使：既废了大福晋，让小福晋获得与努尔哈赤同桌吃饭的荣耀，又让代善声名狼藉，除掉登基路上最大的一个障碍。

四大贝勒已去其三，但皇太极还不能说自己已经汗位在握，他还有一个不可忽视的对手——多尔衮。

多尔衮生性聪明，颇得努尔哈赤的喜爱，更重要的是一点，多尔衮的母亲阿巴亥是一个不可忽视的力量。这个女人胸怀大志、足智多谋，她所生的十二子阿济格、十四子多尔衮和十五子多铎三个儿子在努尔哈赤的八贝勒中占据着强势，是一心要继承汗位的皇太极最大的拦路虎。对皇太极来说最可怕的，是努尔哈赤并没有留下由谁来继承汗位的遗言，而努尔哈赤死前四天里，身边只有阿巴亥奉命服侍。那几天，努尔哈赤针对汗位的问题究竟说了些什么，只有阿巴亥才知道，也正是如此，无论阿巴亥说什么，都具有很高的可信度。如果皇太极不将阿巴亥铲除，她就可以假托"遗命"，代努尔哈赤任用封、赏、贬、谏等大权，如此一来，哪还有他皇太极什么事？

阿巴亥再精明，也不会想到丧夫之日就是自己死亡之期。在皇太极等诸贝勒胁迫下，她于努尔哈赤死后次日为汗夫生殉。"……诸王以帝遗言告后，后支吾不从。诸王曰（略），于是，后于十二日辛亥辰时自尽，寿三十七。乃与帝同柩。（清·鄂尔泰·《清太祖武皇帝实录》）

在清代官书中，阿巴亥的入葬过程，仅有此寥寥几笔。

女真人对生殉有着严格的要求。被生殉的人，第一点必须是死者的妾室，正室在非自愿的情况下不得生殉；第二点要求生殉者没有未成年的幼子。对于阿巴亥来说，多尔衮和多铎尚属幼子，不合生殉的条件，而且自己大妃的地位身份又在后宫中最为尊贵，生殉之事无论如何也轮不到她的头上。

可事情毕竟发生了，不能生殉的条件恰恰成为了皇太极处死阿巴亥的理由：多尔衮、多铎兄弟二人尚未成人，更遑论战功，却与那些功名显赫的兄长们拥有同样多的属民及权力；而且，阿巴亥身为大妃，无论继承汗位的人是谁，都存在着受她牵制而且可能会随时被取代的危险。因此，皇太极等人便伪造太祖遗诏，逼迫阿巴亥生殉，除却一大隐患。

努尔哈赤死后后金皇宫中的政权之争就这样结束了。皇太极运用努尔哈赤的"伐木"理论，一步步地战胜了那些与之争权夺位的兄弟，登上了后金政权最高的宝座。在这场仅付出一条性命的宫斗中，皇太极的政治智商显露无遗。

如果说努尔哈赤的特点是"开创"与"坚韧"，那么皇太极的特点则是"文治"与"谋略"。下一步，皇太极将挥起利斧，砍向内政与明朝。

先稳住了再说

努尔哈赤葬礼上，袁崇焕所派使者的到来，引起了后金政权的一片哗然。任谁都会知道，这个冤家的到来，带来的绝不是悼念与眼泪，而是嘲讽和鄙视。更出乎所有人预料的是，就在大小贝勒们恨不得生食其肉时，后金新君皇太极对杀父仇人则坦然待之，并提出与明议和修好的建议。

皇太极害怕了？他究竟在做什么？

皇太极做出这个决定并非怯敌，而是综合考虑各种政治军事因素的结果。

首先，从努尔哈赤与袁崇焕宁远城楼的一战中，皇太极看到了大明王朝虽然内部已经腐如朽木，但外围仍有道坚固的"长城"需要突破，袁崇焕就是其一。即使能够突破，两强相争，损耗也极大。而此时，左右两边又有明朝的附国朝鲜和虎视眈眈的蒙古，与明直接以硬撼硬并非明智之举。

其次，努尔哈赤后期，特别是进入辽河平原以后，实行的那些错误政策，使得民族矛盾十分尖锐，有组织的武装暴动此起彼伏。面对辽东汉民的反抗，努尔哈赤继续执行高压政策，结果矛盾进一步激化，人口逃亡、丁壮锐减、田地荒芜、民不果腹、盗寇横行，使得后金的经济大打折扣。所以，必须争取一段休养生息、调整治理的时间。

最后，则是皇太极谋取大明江山的战略问题。皇太极认为明朝已然是一棵败坏腐朽的大树，与其强力伐之，不如待其内部朽蚀，则唾手可得。这从他后期提出的"取燕京如伐大树，须先从两旁斫削，则大树自扑，朕今不取关外四城，岂能即克山海（关）？今明国精兵已尽，国势已衰，我兵力日强，若四围纵略，从此燕京可得矣"（《清太宗实录》）的理念就可看出，对于取明朝，他早已成竹在胸。

"伐木人"皇太极利用争取到的宝贵时间，开始他层层递进的"伐大树"行动。

皇太极即汗位后，不满足于守成，不满足于发一隅。他看到了满洲人的强大力量，也看到了明王朝的腐朽，深知自己正逢入主中原、为后世子孙开创基业的绝好时机。不过他也明白，要做到独霸天下，仅凭此时的后金绝无可能——不论是内部还是外部，都存在着深重的危机。为了改变这种内外交困的现实，使后金政权得到巩固和发展，睿智的皇太极终于下决心走改革创新之路。

为了纠正努尔哈赤后期时的统治弊端，稳定后金统治，加强对汉族人的管理，皇太极认为"治国之要，莫先安民"，于是他即位后颁布的第一道上谕，就是对努尔哈赤在辽沈地区实行的制度、政策改弦更张。

针结汉族人大量逃亡，他规定无论汉官汉民从前有欲潜逃者，还是与明廷往来者，即使被告发，也概不论处，唯以后不得再犯；针对汉族人的不满情绪，他规定凡审拟罪犯，差徭公役满汉勿致异同。满汉贵族、官员及其下人，不许擅自掠取庄民的牲畜，也不准勒索汉官财物，违者责罚；针对粮食不足，他规定停止修筑城郭边墙，以恤民力，专勤田亩，专心务农，发展生产。

这些措施中最重要的是对汉民的管理。皇太极把从前每十三丁编为一庄、依满族官位品级配给为奴的编制革除，重新规定：按品级每备御给壮丁八人、牛二头以备役使，其余人分屯别居，不与满族人杂处，编为民户，用汉官得理。天聪五年，皇太极颁布《离主条例》，其中规定：凡奴隶主犯有私行采猎、擅杀人命、隐匿战利品、奸污属下妇女、冒功滥荐、压制申诉等罪，许奴仆告发，准其离主。这一条例，限制了满洲贵族的某些特权，有利于奴仆改变自己的身份和地位。经过几年努力，农业有了较大的发展，粮食基本上能够自给，社会矛盾得到缓和。这些措施在实际贯彻过程中并没有全部得到应有的落实，汉族人的处境有所改善，但逃民问题未能根本解决。

通过对旧制度旧政策的变更和改革，后金社会秩序略有好转。崇德元年（1636年），皇太极建国号为"清"，改年号为"崇德"。是年，他依据汉官的建议，实行开科考试、荐举人才、设置都置院，写服饰、明尊卑，等等。汉官熟悉明朝典章制度，洞悉明廷的弊端，皇太极充分发挥他们的作用，并赏赐汉官奴仆、马匹。调动了汉官的积极性，竭力施展才华以报答皇太极。

对于先进的汉族文化，皇太极也表现出孜孜以求的浓厚兴趣。他即位不久便设立文馆（内三院前身），把文臣分为两班，一班记注本朝政事，以究其得失；一班则专事翻译汉文典籍，以吸取和借鉴汉族统治政权的经验，将《刑部备要》《要素》《三略》，以及《孟子》《三国志》《资治通鉴》等译成了满文。同时，皇太极对其本民族长期存在的"婚娶则不择族类，父死子妻其母"等陋俗也严令禁止。

皇太极的建国方略，是在强调"满汉一体"和治国在于安民的方针下制定的。皇太极大胆地使用汉族、蒙古族文臣武将，适时地解放奴隶，实行满、汉、蒙共同治国治军，并注重吸收汉族的先进文化，对满洲政权的汉化起到了促进作用。

但有一点可惜的是，皇太极对这些改革措施的监督不力，致使一些好的改革措施没能得到落实。

在皇太极大力加强中央集权，推行汉化政策的过程中，范文程成为皇太极身边不可缺少的人物。他虽不在议政大臣之列，但几乎能参与所有重要机密，对内对外方针政策的制定，国家机构的建立和完善，各级官员的任命，范文程都有广泛的影响和权力。皇太极晚年随着权力的集中，性格越来越暴躁，许多亲王、大臣动不动就被削爵，或被罢官，而对范文程却始终宠信不衰。每次召见，"必漏下数十刻始出；或未及食息，复召人"。每当议论大事，必问："范章京（文程）知否？"即使范文程有病告假，对一些事情的处理也"待范章京病愈裁决"。

皇太极将范文程视若心腹，但对自己的兄弟却没那么慈悲。他深知，自己的皇位得来地不那么光明正大，手足觊觎之心不可不防。这不仅仅关系到皇位易主的事宜，更与政权的稳定息息相关。皇太极深知，在强敌环伺的环境下，唯有把大权握于自己的手中，方能实现先帝未竟的遗愿。

权利要实实在在地握在自己手里

天命十一年九月一日，盛京。天命汗努尔哈赤已经驾崩19天。

此日，三大贝勒代善、阿敏、莽古尔泰，以及众贝勒、文武大臣聚会于朝，在皇太极的率领下焚香告天。三叩九拜大礼行毕，皇太极正式登基称汗，改第二年为天聪元年，被称为天聪汗。

次日，皇太极又率诸贝勒大臣对天地祝誓，祈求皇天后土"垂佑"，国祚炽昌。皇太极发誓说："皇天后土，即佑我皇考，肇立丕基，恢复大业；今皇考龙驭上宾，我诸兄衣诸弟侄，以家国人民为重，推我为君。唯当敬绍皇考之业，钦承皇考之心，我若不敬兄长，不爱弟侄，不行正道，明知非义之事而为之，或因弟侄等微有过愆，遽削夺皇考所与户口，天地鉴谴！若敬兄长，爱弟侄，行正道，天地眷佑！"接着，代善、阿敏和莽古尔泰率领众贝勒面对天地诸神，对新汗皇太极盟誓告曰："我等兄弟子侄，询谋异同，奉上嗣登大位，宗社借凭，臣民倚赖。如有心怀嫉妒，将不利于上者，当身被显戮。我代善、阿敏、莽古尔泰三人，若不教养其子弟，或加诬害，必自遭凶孽。若我三人好侍子弟，而子弟不听父兄之训，有违道者，天地谴责！如能守盟誓，尽忠良，天地眷佑！我阿巴泰、德格勒、济尔哈朗、阿济格、多尔衮、多铎、杜度（褚英长子）、岳托（代善长子）、硕托（代善第三子）、

豪格（皇太极长子）等，若背父兄之训，而费矢忠忱，天地谴责！若一尽为国，不怀偏邪，天地眷佑焉！"（《清太宗实录》）

盟誓完毕，皇太极率众贝勒向代善、阿敏、莽古尔泰敬重地拜了三拜，以示"不以臣礼待之"。

然而，皇太极与其众兄弟的盟誓也仅仅停留在了口头上。后金政权内部仍有人对汗位存觊觎之心，图谋不轨。这些人大多地位较高、手握兵权，甚至是八旗中掌有一旗的旗主，若听之任之，不仅会动摇皇太极的地位，也会威胁到后金政权的稳定。因此，皇太极决定加强自己的权力，削弱八旗贝勒的势力。

努尔哈赤生前规定实行八和硕贝勒共理国政的制度。他曾经训谕八个和硕贝勒说："继我而为君者，毋令强势之人为之，此等人一为国君，恐依强恃势，获罪于天也。且一人之识见，能及众人之智虑耶？尔八人可为八固山之主。如是同心谋国，可无失矣。八固山尔等中有才德能受谏者，可继我之位。若不纳谏，不遵道，可更择有德者立之。倘易位之时，如不心悦诚服，而有难色者，似此不善之人，难任彼意也！"

从此可以看出，努尔哈赤对于后金政权统治的构想是以八旗旗主合议为政体。按规定，四大贝勒按月轮值，共同掌理国家机务。朝贺时，遵循礼仪，汗王皇太极须与三大贝勒代善、阿敏、莽古尔泰都坐北面南，共同接受朝拜。

为了改变这种不利局面，将大权握在自己的手中，皇太极逐步对努尔哈赤定下的规章制度进行改革，改变"狃于积习"的情况，同时接受大明封建王朝的影响，仿照明制使后金政权日益巩固和完善，并进一步封建化，以适应将来夺取中原后统治全国的需要。

天聪三年（1629年）正月，皇太极以"一切机务，辄烦诸兄经理，多有不便"为由，改为三大贝勒以下诸贝勒代理值月理政。这样，代善等三大贝勒不再值月，他们的权力被皇太极"委婉"地削弱了。

为了进一步削弱三大贝勒的权势，皇太极又增设了"八大臣""十六大臣"，他们有的与诸贝勒坐在一起"共议国事"，有的直接参与"佐理国政"，有的专门负责"出兵驻防"。

这些手段和措施,使君权得到了加强,但没有改变八旗并立的局面。此际,汉官胡贡明上奏说:"有人必八家分养之,土地必八家分据之,即一人尺土,贝勒不容于上,上亦不容于贝勒,事事掣肘,上虽有一汗之名,实与正黄旗一贝勒无异也若不改此局面,纵借强兵,入山海关,中原,臣谓不数年间,必将错乱不一,而不能料理也。"(《大清会典》)

皇太极接到胡贡明的奏疏,看过之后深以为然。君主与旗主分权的矛盾,确实是后金进一步发展中丞须解决的问题。时过不久,又有人说:八旗并立,彼此怨与日俱增。君王不要兄弟是倚,他们行将害上。汉官也纷纷上书,主张皇太极君权独揽。

对如何加强君权,解决好与八旗旗主的矛盾,皇太极时时权谋在心。不久,他根据汉官的建议,仿照明制,设立六部。

天聪五年(1631年),皇太极仿照明朝的管理制度设立六部,以贝勒管部事。

后金六部,分吏、户、礼、兵、刑、工,一如明制,每部皆用一贝勒主管。六部各设贝勒一人,"管某部事"。在这些贝勒之下,还设有承政、参政、启心郎、办事、笔贴式等官。承政各设满、蒙、汉一人。承政之下,皆设参政(尚书侍郎)八人,只有工部设满族人八名,蒙汉各两名。办事、笔贴式,看事务繁简,各酌量补授。

皇太极直接面谕六部大臣,要他们奉公守法,按照自己的意旨办事,"以副朕意"。汉官说:"今六部已立,规模次第可观,伏乞上毅然独断。"皇太极立即采纳,于六部中添乞心郎之职。启心郎的设置,有助于君权的加强。其职责是:见管部事的贝勒有不善行为,劝阻莫行,启迪他们勤于国事,忠于大汗。

六部的设置加强君权,巩固了后金统治,为日后进取中原、夺取明朝政权做了准备。它使后金"某一宗我国行得,某一宗我国行不得,参汉酌金,渐就中国之制,日后得了蛮子(指汉明王朝)地方,不至于手忙脚乱"。同时,它的设置，又使后金政权在封建化过程中前进了一大步。

六部设立以后，皇太极的权威仍没有完全凌驾于诸贝勒之上，一些权势很大的贝勒仍旧视君权于不顾，甚至有所挑衅。为了进一步加强君权，巩固后金统治，皇太极又开始旨在削除异己、摧毁三大贝勒的改革。

欲擒故纵除隐患

明崇祯二年，后金天聪三年（1629年）十二月十七日，皇太极亲率八旗和蒙古联军十余万兵出关内，直扑北京城。结果在永定门外遭到了大同总兵满桂的重创，只得大肆掠夺一番后班师，返回关外，于天聪四年三月初二，抵达盛京。

但是，放弃关外、偏安辽东岂是皇太极的心愿？一次的挫折算不了什么，壮大自己的实力，伺机而动才是王道。于是，他派阿敏、阿巴泰、济尔哈朗等人率领5000八旗军驻守在关内的滦州、迁安、永平、遵化四座军事重镇。

此时的明廷再度起用孙承宗任辽东经略一职。在孙、袁二人的部属下，明军开始由战略防御转变为集中优势兵力收复辽东失地。首先要收复的，当属永平四镇。

率先迎来明军攻势的是滦州。然而作为此地的最高军事长官，阿敏却对滦州的被动无动于衷，拒不发援。滦州为明军所收复。

这时候的阿敏犯了一个更大的错误：他将降金的汉将、并由皇太极钦定的永平巡抚白养粹处死，在永平城中大开杀戒，屠戮无数，紧接着趁着夜色弃城出关，逃亡关外。

身在盛京的皇太极对阿敏在永平城里的作为毫不知情。得知永平四镇被明军所攻打的战报之后，忙派贝勒杜度星夜率兵驰援永平，同时让杜度带去一张敕令，告诫阿敏要对城中官民加以善抚，不得胡作非为。为了保住永平四镇，他甚至已经做好了亲征的准备。

然而阿敏弃城出逃的行径彻底将皇太极的战略计划打乱，屠城的暴行也对皇太极的权威造成了严重的不利影响。永平保卫战之前，皇太极刚颁布一项的厚待俘虏的上谕，结果阿敏就将之糟践得体无完肤，不但投降的汉族人心寒如冰霜，就连皇太极费尽心思在关内布下的"棋子"也被轻易葬送。这怎能不让皇太极怒火中烧？

阿敏辗转逃回盛京，盛怒之下的皇太极拒绝放他入城。六月初七，皇太极召集诸贝勒大臣，议定阿敏之罪。议毕，命岳托当众宣布，历数其十六大罪状，遂命夺其人口、财物给其弟济尔哈朗，只留庄园八所，将阿敏"送高墙禁锢，永不叙用"。

永平四城的失守，其实只不过是皇太极欲除掉阿敏这个隐患的导火线。

当年努尔哈赤尸骨未寒之时，阿敏便向皇太极提出了一个拥立他为嗣位之人的条件："我与诸贝勒议立尔为主，尔即位后，使我出居外藩可也。"分裂之心昭然若揭。皇太极称："若令其出居外藩则两红、两白、正蓝等旗亦宜出居于外藩，朕统率何人，何以为主乎。"尽管阿敏在支持皇太极继承汗位的过程中起过积极作用，但实质上是不赞同的，并放言"谁畏谁，谁奈谁何"。先汗病死，对于后金是何等危急时刻，而阿敏的三位福晋却"盛装列坐"。

出征朝鲜时，岳托等劝阿敏班师，阿敏却说羡慕明朝皇帝及朝鲜王宫，一定要到王京去看看，还有"屯种以居"的话语。皇太极发现阿敏"颇怀异志"，却隐忍不发。这一招正是帝王常用的手段，要令对方欲加张狂，以便处之有道。

天聪三年十月，皇太极统兵扰明，阿敏留守沈阳。次年春，岳托、豪格率军先还。阿敏出迎，居中而坐，令留守诸臣坐于两侧，"俨如国君"。

次年，阿敏受命驻守永平后，对皇太极委任的城中汉族降官、招徕的乡民极为反感，任意杀害。又擅自在明军将至之时弃城逃回沈阳。

皇太极先拿堂兄开刀，采取故意放纵的策略，不动声色地除掉三大贝勒之一，又使其余诸人无法反对，高明之至。削夺二贝勒之举自然引起了另外两大贝勒的警惕，尤其三贝勒莽古尔泰，对皇太极的做法大为不满。

莽古尔泰性格鲁莽、暴躁，因为心有怨言，自然在行为举止上表现出来。

这正是皇太极所希望的。

天聪五年（1631年），皇太极统军进行了大凌河之役。一天，皇太极到岳托营巡视。莽古尔泰与岳托一同上奏说："昨日之战，我旗中将领受伤者较多，我旗下的士兵，有的跟着阿山出哨去了，有在达尔汉额附的营中当差者，能不能让我把他们收回来？"

皇太极故意用怒气的语调说："我听说你所率领的部队，凡是被差遣到外面去的，都是违反军令的。"

莽古尔泰不服气，道："我的部队那里曾违反了军令？"

皇太极回答说："果然，是别人的诬告；我回去后亲自追究诬告者的责任。"

莽古尔泰一时按捺不住，愤怒地说："大汗你应当公正处事，为什么非要与我为难？我出于考虑到大汗的颜面，无论什么命令都完全服从，你们不肯放过我，难道还想要置我于死地不成？"并伸手将佩刀拔出刀鞘五寸许，用眼斜睨着皇太极。

当时莽古尔泰的弟弟德格勒也在场。德格勒劝阻他，不听；挥拳殴打他，仍怒骂不止。事情发生后的第二天，莽古尔泰以"饮酒过度狂态失言"为辞，向皇太极叩头请罪。众贝勒大臣议论说，莽古尔泰拔刀露刃，"欲犯上，大不敬"。皇太极遂降其秩（降和硕贝勒秩同诸贝勒），罚银万两及马匹甲胄若干。

同年十二月，礼部参政李伯龙奏定朝仪说，诸贝勒皆言莽古尔泰不当与皇太极并坐。皇太极说："从前跟诸位平起平坐，今天却不是这样，要是让外人知道，会怀疑我怠慢了各位兄长。"

代善主动说："我们既然已经拥立大汗为君，再与大汗平起平坐，恐怕会遭到国人的议论，说我们已经奉大汗为君，还与大汗平起平坐，于礼不合。如果仍像以前那样，必定会受到上天的惩罚。所以自今以后，大汗在南面中间坐，我与莽古尔泰在侧面陪坐，外国蒙古诸贝勒等人，就坐在我和莽古尔泰的下面。"

这种座位的变易，不只是表示朝仪的形式，也是后金内部渐趋统一的明证。

次年，三贝勒莽古尔泰在忧郁中死去，又一大势力被皇太极轻易削除了。

削除阿敏、莽古尔泰十分容易，二人一个有不臣之心，一个性如烈火，容易做出授皇太极以口实的事，而削除大贝勒代善就比较困难了。代善素无异心，且性格平和，并曾力主拥立皇太极，想将他削除，必须找到理由。而代善此时已是权力仅次于皇太极的人物，若不削除他，皇太极之前的努力等同于徒劳。

天聪九年（1635年）十月，大贝勒代善盛情款待了三贝勒莽古尔泰的妹妹哈达公主莽古济格格。皇太极对莽古济格格贝成见本来就很深，见代善宴请她大为震怒，声称"正红旗的诸贝勒轻视我"。不久，皇太极历数代善不遵旨令、悖乱多端等罪，但这些罪名不足以作为削除代善的借口，因此皇太极声言"别举一强有力者为君"，从此杜门不出。众贝勒大臣闻讯人人惶恐，到朝门外跪请皇太极出朝听政，还哀告说："大小纲纪，俱听睿裁。"从此，大贝勒代善几乎被削夺了大贝勒的名号，其子贝勒岳托、萨哈廉也因此受到牵连，俱同时获罪任罚。

天聪九年（1635年）十一月，莽古济的家仆冷僧机忽然到刑部自首，告发正蓝旗主莽古尔泰、德格勒生前曾与莽古济、索诺木（原蒙古敖汉部长，归附后金后，取莽古济公主为妻）屯布禄、爱巴礼等跪焚誓词，结党为乱，图谋不轨，于是构成惊动一时的大案。在抄没莽古尔泰的家时，果然查获"所造木牌印十六枚，视其文，皆曰：'金国皇帝之印'"。皇太极于是严厉镇压参与其事者。莽古济及其夫索诺木以"谋危社稷""逆迹彰著"的罪名被处死。屯布禄、爱巴礼及其亲支兄弟子侄俱磔于市。莽古尔泰有两个儿子被杀，其余六子同德格勒之子皆废为庶人。正蓝旗附入皇太极旗，被吞并。皇太极长子豪格由两黄旗分出，专门主管重新编制的正蓝旗。

天聪末年，皇太极实际上已经控制了两黄、两蓝、两白六族，势力还渗入到镶红旗，结束了"八和硕贝勒共理朝政"的局面，开始"制令统于所尊"。

后金的朝政大权完全掌握在了他的手中。

第四章 崇祯：有心无力的帝王

天启驾崩，崇祯继位，除阉党，整边防，大有再造朱明中兴的架势。然而百余年的积弊又岂是一朝可补？民不聊生的百姓举起义旗，在闯王李自成和魔王张献忠的率领下横扫中原，直扑京师。刚愎自用的崇祯帝误中反间计，自毁长城，让一代抗清名将袁崇焕冤死街头。朱由检的那一封封罪己诏，不仅没有感动上苍，反而成为他的墓志铭。

年轻新帝有心机

明天启七年八月，紫禁城。

崇祯帝朱由检瞟了一眼殿下跪着的四位美女，冷哼一声，不置可否，魏忠贤的如意算盘成了竹篮打水。

要知道，魏忠贤在这四位国色天香的美女身上藏了一颗香丸，名曰"迷魂香"。顾名思义，闻此香日久，会对神经系统产生不可逆转的破坏，人也就变成了白痴。魏忠贤想要用这个办法，来控制住刚刚登基的朱由检，继续天启年间的作威作福。

令人他没想到的是，16岁即位的朱由检对于自己贡献的美女毫不动心。也不知道是皇上天性淡漠，还是对自己产生了戒备之心，魏忠贤心里十分惶恐不安，当即以退为进，在崇祯帝即位后的第七天，便上表请求致仕。

继承兄位的崇祯帝朱由检早在天启帝在位时便对魏忠贤极为不满。一朝权在手，便想将这个祸国殃民的旷世阉佞狠狠地治理一番。但他深知，阉党盘根错节，牵一发而动全身，一旦轻举妄动，便会打草惊蛇。若是逼得阉党狗急跳墙，那后果将不堪设想。于是，崇祯帝暗暗打定了各个击破的主意。

首先，他将魏忠贤请求致仕的上表驳回，稳定住阉党那颗躁动不安的心，留给他们一线希望。

其次，崇祯帝示意朝中群臣上书对魏忠贤及其阉党进行弹劾。一时之间，对魏忠贤党徒的弹劾奏章像雪片一样地飞向思宗。号称"五虎"之首的崔呈秀首先受到攻击，崇祯将其兵部尚书的职务撤除。随即便有大臣开始揭发魏忠贤的罪行。浙江嘉兴的贡生钱嘉征上书弹劾了魏忠贤的十大罪：

一并帝（架空皇帝），二蔑后，三弄兵，四无二祖列宗，五克削藩封，六无圣，七滥爵，八掩边功，九睚民，十通关节。

——《明史·魏忠贤传》

这其中的任何一条罪名都足以使他灭门。

崇祯还是没有直接对魏忠贤采取动作，而是先拿魏忠贤的对食客氏开刀。

所谓"对食"，是古代宫中一种太监和宫女的配合方式。得宠的太监便可结交一名宫女，由她照顾衣食起居，或者是由皇上特别赐予，令他们建立家庭。其实这是虚凰假凤，并非真夫妻，称对方为"对食者"，而这种关系则被称为"对食"。

魏忠贤的对食正是客氏——天启帝的乳母。魏忠贤在朝中颐气指使，客氏则在宫里作威作福，她胁持皇后，迫害宫女，无恶不作。偶尔出皇宫一次，也是前呼后拥，气派非常。她与魏忠贤狼狈为奸，将威严富丽的皇宫，变成了一座藏污纳垢、罪孽深重的人间地狱。想要扳倒魏忠贤，拿客氏开刀最为稳妥。

崇祯帝下旨：由于明熹宗龙驭上殡，其身边之人于礼应当被打入冷宫。但客氏是大行皇帝的乳母身份，不宜居于冷宫，因此，令客氏搬出皇宫。

客氏无奈，把熹宗的胎发、痘痂以及自小到大换下来的牙齿和剃下的须发收集起来，装在一个小盒里，一路嚎哭着离开皇宫。她也知道，自己这一去，必是凶多吉少。

崔呈秀的罢官和客氏的离去，让魏忠贤顿感大势已去。但皇上不允致仕，他也只能在胆战心惊中等待自己的末日。不过，他还抱有一线希望。

钱嘉弹劾魏忠贤十大罪之后，朝中耳目众多的魏忠贤便听到了风声，连忙入宫哭诉。可这个时候的痛哭流涕又有何用？崇祯不是那个木匠皇帝天启，鳄鱼的眼泪对朱由检没有任何效果。

当下，崇祯便命左右朗读原疏，魏忠贤惊心动魄，只是磕着响头。魏忠贤大约磕了百十来个，但根本没能换来崇祯的心慈手软。

魏忠贤毫无办法，只得拿出自己的家私重宝，贿赂信邸太监徐应元，托他在皇帝面前美言几句。徐应元受人钱财，倒也懂得替人消灾。更何况他本来是魏忠贤赌桌上的朋友，很痛快地便答应了，赶到崇祯面前替魏忠贤说情。然而决心已下的崇祯还没等徐应元把话说完，便将他臭骂一顿，撵出宫门。魏忠贤最后的努力宣告失败，最后一丝希望，变成了彻底的绝望。

徐应元说情的次日，崇祯帝便颁布一道严旨：

逆恶魏忠贤，盗窃国柄，诬陷忠良，罪当死。姑从轻降发凤阳，不思自惩，犹畜亡命之徒，环拥随护，势若叛然。著锦衣卫速即逮讯，究治勿贷！

——《明史·魏忠贤传》

凤阳何地？安徽凤阳正是明朝开国之君朱元璋的出身之地，朱家祖坟之所在。崇祯将魏忠贤派到那里守坟，无异于判了个无期徒刑。

魏忠贤无奈接旨，离京上路。虎瘦威风在，魏阉虽已失势，但党羽依然如织。离京路上，所带随从数百人之多，四十车珠宝、千匹马随行，不似被贬，反倒像出巡。

崇祯岂能让魏阉如此风光？闻听之后，当即追加一道旨意：

朕临御以来，深思治理，乃有逆党魏忠贤擅窃国柄，奸盗内帑，诬陷忠良，草菅多命，狠如狼虎，本当肆市，以雪象冤，姑从轻降发凤阳，岂巨恶不思自改，致将素畜亡命之徒，身带凶刃，环拥随护，势若叛然，朕心甚恶，着锦衣卫差的当官旗前去扭解，押赴彼处交割，其经过地方，着该抚按等官，多拨官兵，沿途护送，所有跟随群奸，即时擒拿具奏，毋得纵容遗患。若有疏虞，罪有所归，尔兵部马上差官星速传示各该衙门。

——明·计六奇·《明季北略》

崇祯把话说得很决绝："魏忠贤绝不可能再存在于世上。"先时已经是从轻发落，没有取他性命，而这个魏阉依旧风光逍遥——被发配还摆出了一副巡游的架势。虽然崇祯明知道区区几百人成不了大气候，但毕竟是一个隐患。魏忠贤不死，崇祯就睡不了一个安稳觉。所谓的魏忠贤有谋反之心，只不过是一个借口罢了。唯有让其所经之路的各地方官员配合锦衣卫将魏忠贤正法，才是一劳永逸的解决办法。

旨意下达之时，魏忠贤正走到河北阜城，在驿馆之中歇息。忽然听到耳目传来的消息，知道锦衣卫正在快马加鞭地追赶。心知一旦被拘入京，小命必定不保。

正在此时，耳畔传来一阵《挂枝儿》的歌声：

……随行的是寒月影，吆喝的是马声嘶。

似这般荒凉也，真个不如死……

这首《挂枝儿》的另一个名字是《五更断魂曲》，曲分五段，从一更唱到五更，由京师里一位姓白的书生所作。魏忠贤听到之后心里更加郁闷。再加上锦衣卫的步步逼近，当下只得长叹一声，与干儿子李朝钦用一根绳子了结了自己的性命。

旷世阉佞终于结束了他的一生。

魏忠贤乱政期间，也正是明与后金对峙的最关键时刻。而魏忠贤在此时做了什么？

天启五年十月，袁崇焕在辽东重镇宁远打败后金军队，这一胜利本来与魏忠贤毫不相干，可魏忠贤竟借此机会封他的从孙魏鹏翼为安平伯，其侄子魏良栋为东安侯，年长的侄子魏良卿已被封公，所以就加封为太师、加封魏鹏翼为少师、魏良栋为太子太保。他手下的党羽爪牙也得到了相应的提升：崔呈秀为兵部尚书兼左都御史。唯独在前线浴血奋战的袁崇焕和部下将士们没有得到任何封赏。更滑稽的是，被封为都督、侯爵的魏鹏翼和魏良栋，竟还是在襁褓中的婴儿。

崇祯帝继位便诛杀魏忠贤，对前线抵抗后金的将士来说，无疑是个莫大的鼓舞。

崇祯帝继位之初的所作所为，让大明君臣看到了一丝中兴的曙光。不可否认，朱由检诛杀魏忠贤、重整朝纲的举动确实为明君之手笔。然而，此时的大明帝国已不单单是诛杀了一个魏忠贤便可换来国泰民安。与后金多年的征战已经耗尽了大明帝国的精血，朝中的党争更让自朱元璋以来元气损失殆尽。崇祯帝所尽力支撑着的，不过是一个千疮百孔的破屋子罢了。纵使巾帼英雄与热血男儿齐齐上阵，也不过是勉力维持着这座腐朽的大厦。

袁崇焕怒斩毛文龙

昨夜营星色黯然，讣音忽向路人传。

但嗟韩信成擒日，不见蒙恬御敌年。

功业已沉沙碛雨，精灵犹锁海门烟。

好收战骨鸥夷里，归葬西湖岳墓边。

——明·吴惟英·《挽毛大将军》

崇祯二年六月初五（1629年7月24日），双岛（位于辽宁省大连市金州区西南海中），一代名将、为保卫明朝奉献了毕生心血、被时人誉为"海上长城"的毛文龙，冤死在袁崇焕的尚方宝剑之下。

毛文龙自幼失怙，和母亲寄居在舅舅家中，从小过着寄人篱下的生活。正所谓寒门出孝子，白屋出公卿，毛文龙自幼便习文练武，弓马娴熟，能文善字。其舅舅沈光祚曾任山东布政使，看到外甥如此出色，自然也极其器重，提拔他进入军队，担任都司。30岁时，毛文龙被调至山海关外，彼时正值后金兴起，与明军在关外展开激战。这给了毛文龙一个大展身手的舞台。

天启元年（1621年），毛文龙趁镇江（今辽宁省丹东市）兵力空虚，里应外合，亲自率领200余人夜袭，一举攻陷镇江，并擒杀满洲贵族佟养真及其子佟松年等60多人，史称"镇江大捷"。这一仗沉重打击了后金在辽西的势力，一时间，辽西诸城相继归降。而毛文龙也声名鹊起。先后被授予参将、副总兵、总兵之职。尽管镇江不久就被后金夺回，但毛文龙却趁机在鸭绿江口的皮岛建立起了据点，成为打入后金势力范围的一颗钉子。

镇江大捷之后，毛文龙利用皮岛驻军的便利，数次率兵攻入后金，收复大量失地。给后金的腹地造成了沉重的压力。在毛文龙的不断袭击和骚扰之下，后金局势动荡不安，大批本已经投降后金的城池又重新倒向明朝。

毛文龙深入敌后的游击战术，让努尔哈赤焦头烂额，无暇他顾，暂时放缓了扩张步伐。天启六年（1627年），后金军进逼宁远，毛文龙趁良机突袭永宁城，努尔哈赤只得回师盛京，宁远一役无疾而终。不久之后，努尔哈赤又亲征喀尔喀蒙古，满洲一时兵力空虚，毛文龙趁机麾兵大举进攻后金，并包围了距盛京只有不到二百里的鞍山，努尔哈赤惊慌失措，连忙回撤寻找毛文龙主力决战，但毛文龙此时又转移主力奇袭萨尔浒城，让努尔哈赤疲于奔命，应接不暇。

毛文龙的赫赫战功，让后金对他切齿痛恨。第二年，四大贝勒之一的阿敏率兵8万攻打朝鲜，史称"丁卯之役"。阿敏特意派济尔哈朗率5万大军进攻毛文龙驻守的铁山。重兵压境之下，铁山很快沦陷，毛文龙率主力突围，而全家老少370余口却不幸全部罹难。毛文龙抑制住悲痛，率兵进入朝鲜，追击阿敏亲率的3万骑兵，连战连捷，后又攻入辽东，给予后金沉重的打击。

毛文龙取得的一系列军事胜利有效地牵制了后金的兵力，遏制了后金蚕食辽西诸地的局势，其功绩得到了朝中高官的大力肯定和极高评价。

经略辽东兵部右侍郎兼右佥都御史熊廷弼曾言："管铁骑营加衔都司毛文龙，弃儒从戎，志期灭虏，设防宽缓，凡夷地山川险阻之形，靡不洞悉；兵家攻守奇正之法，无不精通，实武牟中之有心机，有识见，有胆略，有作为者，岂能多得！"

督理辽东军务大学士孙承宗不无感慨地说："文龙以孤剑临豺狼之穴，漂泊于风涛波浪之中，力能结属国，总离人，且屯且战，以屡挫枭酋。且其志欲从臣之请，牵其尾，捣其巢。世人巽软观望惴惴于自守不能者，独以为可擒与，真足以激发天下英雄之义胆，顿令缩项敛足者惭死无地。"

当时的右籍屯田主事徐尔一说了一番意味深长的话："辽左兴师十载，任东事者，如经略杨镐则丧师，袁应泰则陷城，熊廷弼则败逃，巡抚王化贞则失机，总兵刘𬘡则阵亡，马林则挫锋，其余不可胜述，而投清者亦不知几许，未有如毛帅开镇九年，护持两国，复城献俘者。"

工科给事中杨所修亦曰:"东方自逆奴狂逞以来,唯一毛文龙孤撑海上,日从奴酋肘腋间撩动而牵制之。"

诸臣的短短数语,足见毛文龙抗清之功。那么,这样一位战功卓著的抗清将领为何却惨死于同族之手,而没能马革裹尸,死得其所呢?

中原与关外,早有商业往来,不过主要以陆路贸易为主,通过山海关,抵达辽西,再分散到关外各地;后金与明的战争爆发之后,陆路贸易陷于停顿,精明的商人们将目光转向了海上,通过渤海湾继续进行贸易。可是,为了防止后金通过商业渠道获得粮食、布帛、铁器、硫黄、炮硝、武器等物资,明政府索性断绝了与后金的商业往来,禁止出口以上提到的物资,也严厉禁止在内地贩卖人参、毛皮等后金的土特产品。可是,官方的禁止并不能抑制人们对人参的需求,毕竟作为一种补品和药品,人参价值甚大。一时间,人参价格陡涨,供不应求。毛文龙尽管是一员忠心耿耿、智勇双全的大将,但他在个人修养方面却颇不检点。他所控制的环渤海湾一带,海运极其便利。毛文龙见有利可图,居然利用职务之便,组织关外农户采参,并以低价收购,再通过兵船运送到内地高价出售,牟取暴利。

此外,屡立战功的毛文龙也日渐滋生了居功自傲的情绪,他屡次向朝廷催要饷银,号称用兵20万,需军饷数百万两。这一数字让户部大臣也颇感头疼,他们怀疑其真实性,并向皇帝建议核查兵丁数量。新即位的崇祯批准了这一请求。然而让所有人大跌眼镜的是,最终核查出的人数居然只有2.8万余人,比毛文龙提供的数字少了足足17万人!这就不能不让生性多疑的崇祯皇帝在震惊于毛文龙吃空饷贪污腐败的同时,进而对他的忠心耿耿打上一个大大的问号了。

不久,袁崇焕出任兵部尚书兼右副都御史,负责蓟辽地区军务。书生意气的袁崇焕自然对毛文龙拥兵自重的行为看不过眼,决心整治他。上任不久,他就颁布条令,将朝廷运输军粮兵饷的权利收归蓟辽督师衙门,并更改了运输路线,避开属于毛文龙势力范围的登州、莱州,此外更进一步厉行海禁,彻底禁止私人船只通行渤海。这无疑彻底断绝了毛文龙的财路。

毛文龙对袁崇焕此举自然极为不满，他上奏崇祯帝，向皇上抱怨"诸臣独计除臣，不计除奴，将江山而快私忿，操戈矛于同室"。这话中又不免带了些恃宠而骄的意思。崇祯帝虽然满心不悦，但也只好下诏抚慰，并且驳回了袁崇焕的条令。虽然如此，但毛文龙并没有意识到，他的地位已经随着与袁崇焕的矛盾逐渐尖锐而变得岌岌可危了。

崇祯二年（1629年）五月，袁崇焕声称阅兵，来到皮岛。他随即要求毛文龙整顿军务，并准备收复镇江、旅顺，但这些原本合理的建议却被毛文龙一一拒绝。这让原本科举出身的袁崇焕动了书生意气，从而做出了一个不智的决定。

几日后，失去耐心的袁崇焕对毛文龙说："余节制四镇，严海禁者，恐天津莱登，受心腹之患。今设东江饷部，钱粮由宁远运来，亦无不便。昨与贵镇相商，必欲取道登莱，又议移镇，定营制，分旅顺东西节制，并设道厅，稽兵马钱粮，俱不见允。岂国家费许多钱粮，终置无用？余披沥肝胆，讲至三日。望尔回头是岸，谁知尔狼子野心，欺诳到底，目中无我犹可，圣夫子英武天纵，国法岂能相容？"

说毕，袁崇焕向西请命，命令手下将毛文龙绑缚起来，除去了他的官帽和官服。倔强的毛文龙不肯就擒。于是袁崇焕又说："尔疑我为书生，不知我乃朝廷一员大将。"随即颁布了毛文龙的十二大罪状：

祖制，大将在外，必命文臣监，尔专制一方，军马钱粮不受核，一当斩；

尔奏报尽欺罔，杀降人难民冒功，二当斩；

尔奏有牧马登州取南京如反掌语，大逆不道，三当斩；

每岁饷银数十万，不以给兵，月止散米三斗又半，侵盗军粮，四当斩；

擅开马市于皮岛，私通外番，五当斩；

部将数千人悉冒己姓，副将以下滥给札付千，六当斩；

剽掠商船，自为盗贼，七当斩；

强取民间子女，八当斩；

驱难民远窃人参，不从则饿死，九当斩；

拜魏忠贤为父，塑冕旒像于岛中，十当斩；

铁山之败，丧军无算，掩败为功，十一当斩；

开镇八年，不能复寸土，观望养敌，十二当斩。

——《明史·袁崇焕传》

　　毛文龙的部下大惊失色，纷纷叩头哀告，乞求袁崇焕网开一面。袁崇焕声色俱厉地对毛文龙部下嚷道："毛文龙如此罪恶，尔等以为应杀不应杀？若我屈杀文龙，尔等就来杀我。"见袁崇焕一副混不吝的样子，文武百官自然也不敢答话，唯有伏地哀哀恸哭而已。就这样，一代名将毛文龙就惨死在袁崇焕祭出的尚方宝剑之下，余部被袁崇焕化整为零。

　　袁崇焕擅杀毛文龙引发了严重的后果。首先，后金从此少了一员劲敌。没有了后顾之忧的后金能够腾出手来专心致力于扩张战争。毛文龙死后仅三个月，就爆发了著名的己巳之变——前文已经提到，后金大兵10万绕过长城，直逼北京城下。虽然危机在秦良玉等人的浴血奋战下最终解除，但经此一役，明廷官员却深刻认识到了毛文龙之死对明王朝的危害，并迁怒于袁崇焕的处置失当。刘宗周就曾上疏指出"己巳之变，坐误国者，袁崇焕一人。小人竞修门户之怨，异己者概坐以崇焕党"。

　　崇祯二年之后，清军大规模侵入河北山东等地，给当地百姓造成了严重的灾难；而毛文龙的部将孔有德、耿仲明、尚可喜等人更是心怀怨望，在山东登州等地发动兵变，随后又投降后金，成为日后清军的重要力量。这恐怕是袁崇焕始料未及的。

　　更重要的是，崇祯帝虽然对毛文龙心怀不满，但他对袁崇焕擅自处死毛文龙的举动更是不能认同。史载"帝骤闻，意殊骇"。但"念既死，且方倚崇焕，乃优旨褒答。俄传谕暴文龙罪，以安崇焕心"。袁崇焕恐怕自己也不知道这样的一个行为，竟然在崇祯帝的心中留下了专横跋扈的印象。果然在不久之后，袁崇焕也同样惨死，而大明王朝一连损失两员大将，其衰亡的速度大大加快了。

糊涂帝王自毁长城

袁崇焕虽然书生意气，擅杀毛文龙，但他仍不失为一员忠心耿耿、智勇双全的猛将。著名的宁远大捷就是在袁崇焕的指挥下取得的。面对小小的宁远城，后金甚至赔上了努尔哈赤的性命。然而宁远却始终未能攻克。面对这种状况，皇太极便动起了绕道进攻关内的心思。而袁崇焕对后金的这一计谋也早有预防。他曾经多次向崇祯帝上奏，指出"蓟门单弱，敌所窃窥。臣身在辽，辽无足虑，严饬蓟督，峻防固御，为今日急着"，要求加强对河北其他前线地区的防御。但这一建议并没有得到崇祯帝的充分重视，甚至袁崇焕派出的援军也被遣还。就在这时，皇太极开始行动了。

崇祯二年（1629年）十月，皇太极亲率10万大军绕道内蒙古，越过喜峰口攻入长城，兵分三路，进入河北一带，包围遵化。毫无防备的北京城顿时直接暴露在后金的铁蹄之下。袁崇焕得此噩耗，"心焚胆裂，愤不顾死"，连忙率军星夜兼程返回北京勤王救驾。彼时，后金军已攻陷多处隘口，准备进攻通州，但袁崇焕用兵神速，竟然抢在后金军之前返回通州，准备守城战。皇太极得知这一消息，大惊失色，以为山海关的通路已经被明军严密封锁，无奈只得放弃通州，向西进攻北京。

后金军围困北京原本只是被迫无奈的权宜之举，然而却歪打正着地点中了明廷的死穴。大惊失色的崇祯帝连忙调集兵马进京护驾。袁崇焕也没有料到皇太极竟然会棋高一招，只好亲率九千骑兵赶赴京师。眼看兵凶战危，袁崇焕竟然忘记了明廷祖制"非禁卫军不得入京畿"，率兵直抵广渠门外并就地扎营。由于袁崇焕治军有方，赏罚分明，士兵战斗力和士气都十分高涨。在广渠门外与清军大战一日，暂时击退了后金军的围城态势。

见战不下袁崇焕，后金军便退至京郊一带，肆意烧杀抢掠，企图以此激怒袁崇焕兴兵进攻，孤军深入。不料袁崇焕虽然对此不予理睬，但朝内不少官员却纷纷中计。他们的田宅庄园大多在城外，后金军此举让其大受损失，痛心疾首之余也将一腔邪火转移到了袁崇焕身上，认为正是其处置失当，才让后金军兵临城下。更有甚者，将此事与毛文龙的死联系起来。居心可谓颇为险恶。

袁崇焕尽管身处如此不利局面，却依然不为所动，坚持战斗。数日之后，后金军又卷土重来，在左安门一带展开攻击。在袁崇焕的抵抗下又是无功而返，反而被明军的火枪手夜袭得手。

袁崇焕组织的几次战斗，给明王朝赢得了喘息的时间。各地勤王保驾的军队纷纷赶到，在数量上对后金军也形成了优势。皇太极见势不妙，便决定将袁崇焕先行除掉，为此假意做出退兵议和的姿态，暗中却定下了一条毒辣的"反间计"。

不少史书中都记载了这条"反间计"的过程，例如《明史·袁崇焕传》是这样记载的："会我大清设间，谓崇焕密有成约，令所获宦官知之，阴纵使去，其人奔告于帝，帝信之不疑。十二月朔再召对，遂缚下诏狱。"

《明通鉴》的描写则更为详细：

先是大军获宦官二人，令副将高鸿中等守之。太宗文皇帝因授密计，鸿中等于二宦官前故作耳语云："今日撤兵袁巡抚有密约事可立就矣。"时杨太监佯卧，窃闻其言，纵之归，以所闻告于上。上遂信之不疑，再召见崇焕及大寿于平台，诘崇焕以杀毛文龙之故，责其援兵逗留，缚付诏狱。

《大清实录》中亦有相似的记载：

先是获明太监二人，付与副将高鸿中参将鲍承先宁完我榜式达海监收。至是回兵，高鸿中鲍承先遵上所授密计，坐近二太监作耳语云："今日袁巡抚有密约，此事可立就矣。"时杨太监者佯卧窃听，悉记其言。庚戌，纵杨太监归，杨太监将高鸿中鲍承先之言详奏明帝遂执袁崇焕下狱。

蒋良骐也曾在《东华录》中记载此事：

先是，获明太监二人监守之。至是副将高鸿中，参将鲍承先遵上密计，坐近二太监，故作耳语云："今日撤兵计也。顷上车骑向敌，有二人来见，语良久去，意袁巡抚有密约，事可立就矣。"时杨太监者，仰卧窃听。庚戌，纵之归。后闻明王用杨监言，执崇焕入城磔之。

以上几条记载大同小异，由此观之，应该是皇太极指使后金军官讨论关于袁崇焕通敌卖国的虚假消息，又故意让被俘获的太监听到，并假意疏忽让其逃跑。太监自然将这些虚假消息带回给崇祯帝，使崇祯帝对袁崇焕谋反深信不疑。

为了加强这条计策的效果，皇太极还耍了一个小小的花招。在之前的战斗中，后金军故意使用之前缴获的袁崇焕所部使用的箭矢作战，射伤了明军将领满桂。可以想象，满桂在治疗箭伤时，发现箭头居然是袁崇焕部的，心中该做何感想。再加上满桂是蒙人，生性憨直，根本想不到是皇太极做的手脚，反而坚决认为是袁崇焕陷害自己，便进宫对崇祯大叫大嚷，要求公道。

后金的计策可谓阴险毒辣，而此时朝廷内的一部分阉党余孽对袁崇焕不满，便趁机大肆给袁崇焕泼污水，造谣说他通敌卖国。如此种种事情同时发生，确实让人几乎不得不相信袁崇焕的谋反行为证据确凿。当然，倘若遇到的皇帝是雄才大略、用人不疑之辈，则事情尚有转机；不幸的是，崇祯帝是著名的刚愎自用、生性多疑之辈。崇祯自认为"朕非亡国之君，臣皆误国之臣"，把身死国灭的责任一股脑推到臣下身上。他在位17年，换了50个大学士、14个兵部尚书，先后杀死督师与总督10人、巡抚11人。虽然不能说他昏庸无能，却也称不上有道明君。原本因为毛文龙之死，他就对袁崇焕心存芥蒂，如今有大量"证据"显示袁崇焕是"汉奸"，他自然更是深信不疑了。

可叹袁崇焕对于此事一无所知，还在积极准备对后金的作战；而那边厢崇祯皇帝却早已准备动手了。崇祯二年十二月初一，崇祯帝声称要商议军饷筹集之法，将袁崇焕等人召至宫中。全无防备的袁崇焕甫一进宫，便被锦衣卫拿下。崇祯帝严厉斥责袁崇焕，历数他种种"罪恶"，并将他投入锦衣卫大牢，其所有职务移交满桂等人管理。袁崇焕所部闻此噩耗，几乎哗变；其得力干将祖大寿干脆率袁部返回了山海关。

皇太极见诡计得逞，立刻回兵卢沟桥，与明军在永定门大战数日。没有了袁崇焕的指挥，明军明显不是后金军的对手。高级军官或战死殉国，或被生擒活捉，后金军一鼓作气突破了明军的防守阵地，攻到了北京城下。恼怒的崇祯帝干脆又杀了兵部尚书王洽，但这对于改变危机的局势丝毫于事无补。

在这危在旦夕的时刻，又是袁崇焕将个人待遇置之度外，给祖大寿手书一封，要求他放下儿女情长，以国家大局为重，回兵与后金作战。祖大寿得此书信，深为袁崇焕所感动，便回兵京师，重新击退了后金军的攻势。

此时，各地的勤王军队也纷纷与后金军展开了激战。前文已经提到，在秦良玉等军的共同作战下，后金军死伤甚众，皇太极无奈，只好撤军。祖大寿、秦良玉等部乘胜追击，杀死杀伤清军无数。北京保卫战算是以明军的全面胜利告终。

祖大寿因其战功被崇祯帝大加封赏，但奇怪的是，对于袁崇焕，崇祯帝却没有任何的表示，他不仅不领袁崇焕召唤祖大寿的情，相反还奇怪地认为，大明朝文官武将人才济济，没有你袁崇焕，我崇祯一样可以平定天下。如果说，这之前他还心存一丝无人可用的忧虑的话，那么在后金退兵以后，他反而坚定了诛杀袁崇焕的决心。

一两银子一片的忠臣肉

崇祯三年八月五日，崇祯帝凌迟处死袁崇焕之心已决，诏谕廷臣："崇焕擅杀，逞私谋款，至敌欺藐君父，失误封疆"，"限刑部五日内具奏"。八月十六日，中秋节刚过，崇祯皇帝先是在乾清宫暖阁召见辅臣成基命等，而后又在平台召见内阁、五府六部、都察院、通政司、大理寺、翰林院、科道掌印官及锦衣卫堂上官等文武大臣，宣布了袁崇焕的九大罪状：

袁崇焕咐托不效，专恃欺隐，以市米则资盗，以谋款则斩帅，纵敌长驱，顿兵不战。及至城下，援兵四集，尽行遣散。又潜携喇嘛，坚请入城。"此时的崇祯也不忘展示一下他作为皇帝的"仁慈"，假惺惺地说："种种罪恶，命刑部会官磔示。依律家属十六以上处斩，十五以下给功臣家为奴。今止流其妻妾子女及同产兄弟于二千里外，余俱释不问。

——《明史·袁崇焕传》

紧接着，崇祯皇帝宣布了他的最终决定："依律磔之！"并迫不及待地命令刑部侍郎涂国鼎前去西市监斩。当日午时，"风霾昼闭，白日无光"，袁崇焕被押赴北京西市，以惨无人道的"磔刑"处死，时年46岁。袁崇焕在临刑前仰天长叹：

一生事业总成空，半世功名在梦中。

死后不愁无勇将，忠魂依旧守辽东。

后人每览于此，未尝不临文嗟悼，不能喻之于怀。

崇祯皇帝对袁崇焕早就动了杀心。袁崇焕被凌迟处死后，崇祯皇帝仍不解气，便下诏给袁崇焕加上了更大的罪名：袁崇焕"谋叛欺君，结奸蠹国。斩帅以践虏约，市米以资盗粮。既用束酋，阳导入犯，复散援师，明拟长驱，及戎马在效，屯兵观望，暗藏夷使，坚请入城，意欲何为？致庙社震惊，生灵涂炭，神人共忿，重辟何辞"！仅仅过了17天，崇祯皇帝又在戒谕廷臣时，将袁崇焕的"罪名"进一步提高到了"通虏谋叛"的地步："袁崇焕通虏谋叛，罪不容诛。尔廷臣习为蒙蔽，未见指摘，今后有朋比行私、欺君罔上者，三尺具在。"

依照《大明律》的规定："谋反""谋大逆"者，不管主从犯，一律凌迟，祖父、父、子、孙、兄弟及同居的人，只要满16岁的都要处斩。可见崇祯帝只有将袁崇焕以"通敌谋反"定罪，自己才能不背上冤杀忠良的骂名。只可惜事与愿违，当初袁崇焕蒙冤入狱之时，朝野为之震动，一些直言敢谏之士迅速行动起来，争相谏疏，为袁崇焕辩白。

在辽东将领中，祖大寿是营救袁崇焕最"给力"的一员，曾请求削职为民，以自己的官阶赠荫换取蓟辽督师袁崇焕的性命，但崇祯帝不准。在袁崇焕谋反案的审理过程中，东阁大学士兼礼部尚书成基命一直持保袁的态度，年逾古稀，还向崇祯帝叩头，力谏"临敌易帅，兵家所忌"，"敌在城下，非他时比"，哭着请求皇上明察，慎重处置，崇祯帝拒不纳谏。官拜礼部尚书兼东阁大学士、参机务的周延儒也连连上疏，力保袁崇焕，崇祯不听。给事中钱家修冒死上《白冤疏》，"为督师蒙不白之冤"，历数袁崇焕六大冤情，称其"义气贯天，忠心捧日"，"甘同诛之罪。伏祈皇上骈斩臣头以励忠臣，以成义士"。御史罗万寿因申辩袁崇焕无罪，被削职下狱。布衣程本直上《白冤疏》为袁崇焕鸣冤，竟被处死。

在袁崇焕下狱的大半年时间里，关外将士、百姓几乎每天都到巡抚孙承宗的官衙或者居所，为袁崇焕鸣冤叫屈，愿意代袁崇焕受死的人更是不计其数。但杀意已决的崇祯帝对此无动于衷，他刚愎自用，用人多疑，只信内臣，不信士流。为袁崇焕请命的朝臣、士大夫均遭诘责，他们中的大多数或下狱，或遭贬谪，更有甚者被处以极刑。袁崇焕屡屡辩白称自己无罪遭陷，欲杀之而后快的崇祯帝对其更是置若罔闻、熟视无睹。此时的崇祯帝，出于某种原因，已急欲将袁崇焕处死以了却心病。

可怜一代名将，倾尽毕生心血与精力来保卫国家，最后却被扣上了"通房谋叛""擅主和议""专戮大帅""市米盗资"等罪名而被"诏磔西市"。服刑之惨状，令人毛骨悚然。

更可悲的是当时北京城中的百姓不明真相，对皇帝的说辞信以为真，认为袁崇焕投敌叛国，一个个都对其恨之入骨。据《石匮书》所载，"见磔崇焕，时百姓将银一钱买肉一块，如手指大，啖之。食时必骂一声，须臾，崇焕肉悉卖尽"。"皮骨已尽，心肺之间叫声不绝，半日乃止。再开膛出五脏，截寸而沽。百姓买得，和烧酒生吞，血流齿颊"。

袁崇焕被冤杀后，弃尸于市，其部下佘姓义士深感袁崇焕之大义，"夜窃督师尸"葬于广渠门内广东义园，并让后代世代为袁守墓。但面对此桩千古奇冤，袁崇焕至死莫白。直到乾隆四十七年才真相大白，得以昭雪，后人为纪念袁崇焕，先后修建了祠和墓。祠的前廊两端及室内墙壁上嵌有《重修明督师袁崇焕祠墓碑》等石刻，屋檐下是"明代先烈袁督师墓堂"的匾额。袁崇焕手书"听雨"石刻嵌于墙上。墓前立有清道光十一年湖南巡抚吴荣光题写的"有明袁大将军之墓"石碑及石供桌，坟侧小丘为佘姓义士之墓。

袁崇焕文官出身，半路出家任武职，令骁勇多智的努尔哈赤和皇太极两代英雄均在他手下铩羽而归，不能不让人折服。他天生的军事才能和独有的战略眼光几可与岳飞比肩，而他的下场却比岳飞更加悲惨。如果崇祯帝不是那样多疑，不是那样刚愎自用，也许中国的历史将被袁崇焕改写。

清朝的康有为曾为"有明袁大将军墓"题了一副对联："自坏长城慨今古，永留毅魄壮山河"。多少遗恨、多少不甘、多少壮志豪情、多少哀叹惋惜，都在这副对联中了。《明史·袁崇焕传》称："自崇焕死，边事益无人，明亡征决矣。"袁崇焕一死，明朝亡国已经是不可逆转的局势。

崇祯虽然自己认定"朕非亡国之君，臣皆误国之臣"，但他的行为真是自毁长城，令忠臣寒心。即使他连发"罪己诏"，也避免不了众叛亲离的下场。

无业"草根"闯京城

李自成是陕北米脂人，自小就喜欢打拳踢腿，舞刀弄枪。年轻的时候在驿站管理马匹。不过他运气不好，这份差事干了不久，就因为丢失公文丢了饭碗。没有工作，李自成只能闲坐家中，借债度日。债主三天两头上门搅扰，妻子又不安于室。李自成索性一刀宰了债主和妻子。为了避免吃官司，李自成逃到了甘肃投军，不久便因作战勇猛，被提拔为把总，可很快他又因为欠饷和参将吵了起来，这时候李自成的暴脾气又发作了，手起刀落，参将和当地县令双双毙命，李自成也扯起了反旗。

带着一只小队伍的李自成四处投靠农民义军，但这些义军先后被朝廷招安。李自成不得已，东渡黄河来到山西，投奔了自己的舅舅、号称"闯王"的高迎祥，受到其舅重用，被封为"闯将"。

朝廷对于高迎祥等人颇为忌惮，屡派重兵前往围剿，但李自成一则打仗悍不畏死，二则足智多谋，因此很难对付。中原五省总督陈奇瑜曾经将李自成军包围在兴安车箱峡中，眼看要全歼义军，但李自成买通陈奇瑜的幕僚，伪装投降，获得了喘息的机会。待一出峡，立刻复叛。后来洪承畴接任五省总督，义军损失惨重，不得不采取李自成"分兵定向、四路攻战"的作战策略，挥兵南下，袭取安徽凤阳。凤阳作为明太祖朱元璋的"龙兴之地"，沦陷于义军之手，对明王朝来说是一个沉重的打击。没过多久，高迎祥兵败被杀，李自成接任"闯王"。尽管张献忠因故出走，但李自成的军势并未因此受到影响，而是继续在四川、甘肃、陕西一带与明军周旋。

在进行了几年的游击战之后，李自成趁明军与后金军在山海关长城一线争夺，中原空虚之际，率领大军猛扑河南。适逢天灾，大量饥民加入义军，无论是数量还是士气，明军都不是对手，只能望风披靡，节节败退。崇祯十四年（1641年），李自成攻破洛阳，擒杀福王朱常洵。朱常洵是万历皇帝的儿子，由于深得万历宠爱，一再受封获赏，富可敌国。李自成缴获了福王的财产，军势大振，遂兴起了攻灭明朝取而代之的想法。

崇祯十七年（1644年）正月，李自成攻占西安，改名为西京，建立大顺政权。随即亲率百万大军东征，目标便是明王朝的首都北京。此时的农民义军，早已不是流寇山贼，而是训练有素、作战威猛的正规军。李自成一方面发榜安民，号召民众起来反抗明朝统治，另一方面连战连捷，席卷山西，攻克太原、大同。进兵神速，转眼之间逼近了京城。

此时的明王朝已经是摇摇欲坠，虽然崇祯急忙组织各地明军前来抵抗，但都大多一触即溃，各地官吏更是纷纷开城投降。李自成几乎没有遇到什么像样的抵抗。到三月中旬，已经进抵北京城下。崇祯急得跳脚大骂群臣，但大臣们却都各怀鬼胎，低头不语。明王朝真的是日薄西山，快要灭亡了。

据说，在农民义军攻打北京前夕，李自成曾经派遣明朝降官秘密进入北京与崇祯谈判，要求崇祯裂土封疆换取和平。根据史料记载，李自成要求"割西北一带分国王并犒赏军百万，退守河南……闯既受封，愿为朝廷内遏群寇，尤能以劲兵助剿辽藩。但不奉诏与觐耳。"但崇祯帝却仍然以天子自居，宁可一死，也不同意偏安一隅，苟且偷安。

议和既然不成，李自成只好以武力解决问题。在红衣大炮震耳欲聋的开炮声中，农民义军呐喊着向北京城发起了冲击。城内守军毫无还手之力，纷纷四散逃窜。讽刺的是，崇祯的宠臣、守城总管、宦官曹化淳率先打开外城广宁门投降；第二天，宦官王相尧、兵部尚书张缙彦、朱纯臣等人也纷纷打开自己把守的内城城门。大顺军顺利占领了北京城。真正成为孤家寡人的崇祯帝只得吊死在煤山上。

第五章　轮番上场唱主角

公元1644年，一年天崩地裂，一岁日月新天。短短的三百六十天，三个朝代在其中更迭，三位帝王在这年坐上龙椅；两位君王称帝，两顶皇冠落地，1644年，上演了历史的轮回。当崇祯帝自缢煤山的那一刻，当吴三桂冲冠一怒的那一时，历史的命运，就已经注定。

君王有罪无人问

京师，万岁山，东方未明。

在大顺兵因搜索而掀起的一片嘈杂声中，崇祯皇帝朱由检带着一身的血迹，在内府太监王承恩的搀扶下踉跄着脚步，来到了寿皇亭（今景山公园三间房）旁。

眼望山下的大顺兵如蝼蚁一般蜂拥而上，崇祯心知大限已到，也不做他想，在王承恩的帮助下最后一次整理好衣服，然后摘下皇冠，披散开头发遮住脸，仰天长叹。手握亭梁上垂下的三尺白绫，突然有了一种解脱的感觉……

王承恩跪望"以发覆面，白袷蓝袍白细裤，一足跣，一足有绫袜"自缢于亭上的崇祯皇帝，大放悲声，旋即，亦在崇祯的对面自缢。

这一天，是崇祯十七年，永昌元年，顺治元年，公元1644年3月19日。

巍巍万岁山，密密接烟树；

中有望帝魂，悲啼不知处。

——清·樊彬·《燕都杂咏》

崇祯皇帝自缢之处，至今尚无定论，是故有樊彬"悲啼不知处"之说。流传最广泛的说法就是其自缢于煤山，亦即万岁山的民间俗称，也就是今天的景山。之所以被民间称为煤山，是因为景山下边堆过煤；又因为传说该山压住了元朝的龙脉，而俗称镇山。综合各种史料来分析，虽其中略有差异，但大致上也可以认为是在此处了。

最大的疑问是，崇祯皇帝朱由检所自缢的那棵树是什么树。流传最广的说法是槐树，而据正史显示，崇祯皇帝是自缢于寿皇亭中而非树上：《明实录·崇祯实录》卷十七记载："（崇祯）登万岁山之寿皇亭。俄而上崩……"《明史·流贼传》云；"以帛自缢于山亭，帝遂崩。"《明史纪事本末》卷七十九亦说："逐仍回南宫，登万岁山之寿皇亭自经。"另有几部野史也如此记载。但在赵士锦的《甲申纪事》中记载："得先帝遗弓于煤山松树下，与内监王承恩对面缢焉。《明孝北略》卷二十云："崇祯……自尽于亭下海棠树下。"《三垣笔记》则曰："遂同承恩对缢煤山古树下。"松树、海棠树、古树……总之是没提到槐树。事实上，崇祯皇帝应该是自缢于寿皇亭中而非树上。据《明史》记载，李自成的大顺军是在崇祯自尽之后的第三天才发现了他的尸体。若是自缢于树上，那么多的士兵都搜不到，不符合常理。只有崇祯自缢于一个隐蔽之所，才有可能让李自成在三天之后方找到他。

实际上，自缢槐树一说出自于清军入关之后。崇祯自缢之后，多尔衮是以剿灭逆贼李自成的名义而入主紫禁城的。为了进一步巩固群众基础，笼络民心，于是，对崇祯皇帝的死表示惋惜，特意在景山上找了棵槐树，并将之称为"罪槐"，树身加以铁索，并立碑供民间悼念。虽然这棵槐树几经战乱、数度毁于战火，但人们总是在原址处再植新株，而这棵"罪槐"也一直背负着沉重的罪名，直至今天。

"罪槐"前曾书有一副对联，联曰："君王有罪无人问，古槐无过受锁枷。"

此联可谓是恰如其分地指出了令明王朝灭亡的罪魁祸首是谁，正是崇祯皇帝、明思宗朱由检。诚然，自万历十五年之后，大明之灭亡已成定局，只不过是时间的问题，但崇祯帝即位后的所作所为，却加速了本已风雨飘摇的明王朝的倒下。

明朝崇祯帝即位后，诛灭客、魏，一时颇有重振朝纲、挽救危亡之势。但是，魏忠贤失败后，阉党仍企图操纵朝政，长期延续的党争并没有消除。

加之崇祯专擅自用，对文臣多有猜疑，对武将任意杀戮，屡斩败将，臣下为保住脑袋多求避祸，少有谏言。统治集团长期动荡，上下官员贪贿风行，军兵日益虚溃。

朱由检惯用的伎俩就是用小动作掩人耳目，他最勇敢的事是杀人。他发脾气时，像一头挣脱了锁链的疯狗，人性和理性全失。一个城市沦陷，就把守城的将领杀掉。

他对饥饿的武装群众也恨入骨髓。有人向他提及饥馑和官员乡绅贪暴，他就发怒，发怒的原因是他无法解决，所以他不愿听到。不过他却相信小动作可以帮助他，确信仅虚心假意地表演一下就能掩盖天下人的耳目，所以他不断地宣布"避殿""减膳""撤乐"，不断地声言流寇也是他最亲爱的赤子，不断地下令政府官员自我检讨。有一次还把宰相们请到金銮殿上，向他们作揖行礼，说："谢谢各位先生帮助我治理国家。"然而不久就大发雷霆，把他谢过的"各位先生"杀掉了。

朱由检的急躁性格，使他好大喜功，并且认为重刑是促使他部下创造奇迹的动力。但有才干的部下又使他如芒刺在背，他只能用宦官型的恭谨无能之辈，只有在这种人面前，他才心情愉快。朱由检常叹息他无缘得到岳飞那样的将领，其实，恰恰相反，他已得到了一位"岳飞"，那就是袁崇焕，结果却用冤狱酷刑对待他。

即使他在死之前都不忘记用小伎俩掩人耳目，他在自缢之前留下这样一份遗书：

"朕凉德藐躬，上干天咎，然皆诸臣误朕。朕死无面目见祖宗，自去冠冕，以发覆面。任贼分裂，无伤百姓一人！"

意思是说：虽然由于我品德不好，上天才降下亡国惩罚，但也是群臣误我。我死无面目见祖宗于地下，所以我脱去了龙袍皇冠，用头发挡住脸。任凭逆贼割裂我的尸体，请不要迁怒与百姓，不要妄杀一个无辜。

这份遗书可能是后人伪造的，也可能是真的，它充分显示了朱由检用小动作掩人耳目的伎俩。他把失败的责任一股脑儿推到别人身上，自己责备自己品德不足,并不是真心地承认错误,而只是用以烘托群臣的罪恶。问题是,群臣中没有一个人出于民选,全部由朱由检任用,不知道他为什么专挑选一些"误他"的人当他的政府官员?朱由检要求"逆贼"不要伤害人民,他也知道"逆贼"不会听他的,这种廉价的文章,不过企图留下他非常慈悲的印象罢了。

崇祯死了,大明王朝不复存在;三尺白绫,悬起汉民族最后一个封建王朝在中原统治的句号。朱由检为他的刚愎自用买单,却用整个帝国来为他陪葬。

与此相反的是李自成的大顺政权。自李自成起兵以来,始终打的是"高筑墙、广积粮、缓称王"和"迎闯王、不纳粮"的口号,为其赢得了广大备受乱世折磨之痛的农民的拥护,这也是其能迅速打出一片江山的原因之一。然而,农民起义军始终存在着它的局限性。李自成在紫禁城仅仅坐了42天的龙椅,便带着无限的惆怅离开了紫禁城。而导致这一切发生的,是大明王朝最后的一支精锐部队的将领——吴三桂。

草根皇帝不靠谱

山海关前,满目素白。

5万明军将士尽着白盔白甲,举白旗扬白幡,整齐而肃穆地面向西南方。队列前,吴三桂摆起香案,焚香致祭,伏地恸哭。霎时间,悲声大作,5万将士整齐划一地跪倒尘埃,为六百里外的崇祯帝致哀。只是此时,距离崇祯自缢已经过去了20多天。

鼎湖当日弃人间,破敌收京下玉关;

恸哭六军俱缟素,冲冠一怒为红颜。

吴梅村(即吴伟业,字骏公,号梅村,后人常以号称之)一首《圆圆曲》,让后人记住了这位"冲冠一怒为红颜""英雄无奈是多情"的吴三桂,也记住了这位引清入关、镇压农民起义军的"汉奸"。

世人传说,吴三桂在北京城破之后便有向李自成屈膝投降的打算。在给他困于北京城中的父亲的一封信里,吴三桂写道:"接二十日谕,知已破城。欲保家口,只得降顺。达变通权,方是大丈夫。"这就是说,吴三桂得知北京城被李自成攻破之后,并没有考虑去为崇祯皇帝报仇,再造大明王朝,而是为了保全一家老小的性命,已经打算向李自成屈膝投降了。然而当他得知爱妾陈圆圆被李自成所掳之后,"拔剑砍案曰:'果有事,吾从若耶!'"也不再顾老少性命,又修书一封给其父:"儿以父荫,待罪戎行,以为李贼猖狂,不久即当扑灭,不意我国无人,望风而靡,侧闻圣主晏驾,不胜眦裂,但喜吾父奋拳一击,痛不欲生,不则刎颈以殉国,何乃隐忍偷生,训以非义,既无孝宽御寇之才,复愧平原骂贼之勇。父既不能为忠臣,儿安能为孝子乎?"

信中说得冠冕堂皇,但与上一封家书相比,态度是一百八十度大转弯,全然忘了几日前的寻求归顺之语。

然而,《圆圆传》虽然写得有鼻子有眼,但终究是小说家言。吴三桂虽是一位武将,却不是一介武夫,作为夹在李自成和多尔衮之间的第三方力量,他手里握有明王朝最后一支精锐部队,无论倾向哪一方都有可能决定历史的走向。这是吴三桂心知肚明的,也正是李自成和多尔衮竞相争取他的原因。在如此重大问题面前,吴三桂怎么可能为一个女人去决定自己所选择的方向?

吴三桂之所以会在最后关头选择降清而非降顺,与陈圆圆无关,而是因为李自成的关系。

李自成的大顺军进入北京、逼死崇祯之后,入主紫禁城。按理说,"建国"肇始,他应当犒赏将士,大封功臣,然而多年来的征战让其囊中羞涩,唯有就地取"财"。对崇祯之吝啬,李自成也略有耳闻,本以为能在皇宫中所得甚丰,然而把整座紫禁城翻了个底朝天,也只在大内府库中搜到黄金17万两,白银13万两。顿时大感失望,也大感愁闷:手中无钱,宫内无财,这当如何是好?

天无绝人之路。刘宗敏、李过等人想出了个好主意:既然是宫里就应该有财宝，之所以不翼而飞，那一定是被宫中之人所窃取了。下一步应该做的就是"追赃"。

李自成深以为然，下令"追赃"。第一个将"赃款"上交大顺军的是大太监曹化淳，此人一出手便是白银五万两，着实让李自成兴奋了一下。但区区5万两白银对大顺政权来说只是杯水车薪，要想填满这个财政漏洞，还得需要更多的人来"自愿"献财。

三月二十日，刚被封为"宰相"的牛金星发布文告：

"仰明朝文武百官，俱于次旦入朝。先具脚色手本，青衣小帽，赴府报名，愿回籍者，听其自便。愿服官者，量才擢用。抗违不出者，罪大辟。藏匿之家，一去连坐……"

贼（李自成）先差人赴五府六部，并各衙门，令长班俱将本官报名，因此无一人得脱。

次日一大早，文武百官便在宫门口等着，就算是挨打受辱、忍饥熬饿也是敢怒而不敢言，老老实实地坐在地上等着李自成接见。好容易等到承天门打开，李自成却没等手拿百官花名册的牛金星点完名，便和刘宗敏起身离去。没过多大一会，便传来命令："把明朝的这些犯官全都绑起来送到刘宗敏将军的府邸，听候发落。"

然而，刘宗敏对文武百官根本不审不问，只是放下话来："根据官职大小向朝廷捐献银子，一品官一万两白银的底限，其余的各按品级捐献。头脚交够银子，后脚就放人；要是藏着银子不交，那就大刑伺候。"

一时间，北京城成了前明官员的地狱，四九城里满是狂舞的棍杖，更兼之刘宗敏等人为了敛财无所不用其极，炮烙挖眼、挑筋割肠，种种残酷的刑罚全被用到了这些一直养尊处优的前明京官身上。北京城内前明官员的悲号之声延绵数日，不绝于耳。更有那最早投降的明朝国戚、襄城伯李国桢，大学士魏藻德等一干人众被酷刑致死。在前明翰林院这个清水衙门供职的翰林、科臣等清贫书生，实在没有油水可榨，大多数都被酷刑致死。

这仅仅是对为官者的窃掠，富户豪门、平民百姓也逃脱不了被掠夺的命运:"初,诸贼攻城时约,内藏归闯贼(李自成),勋戚财归诸帅,文官财归牛(金星)、宋(献策),富户归小盗。"有此约定,那么这些人还有什么可忌讳的?富人倾家荡产,平头百姓的柴米油盐也被大顺军队抢掠一空。城内饿殍遍地。

李自成到底在北京城搜刮了多少银两?据史料记载:"所掠输共七千万。大约勋戚、宦寺十之三,百官、商贾十之二。先帝减膳撤悬,布衣蔬食,铜锡器具尽归军输,城破之日,内帑无数万金。贼淫掠既富,扬言皆得之大内,识者恨之。"

7000万两白银!崇祯在全国加饷摊派10多年,也不过从民间征得2000万两白银,最终导致了天怒人怨;而李自成短短40来天便在京师榨银7000万两,无怪乎"识者恨之",其最终的结局已然注定。

李自成入主紫禁城,靠的是群众基础。同时,他也有一定的政治头脑,身边既有像牛金星、李岩这样的智囊,又有如刘宗敏、李过这样的二流将领,而且李自成的为人还算不错,由于清军的连续攻击,大大削减了明军的兵力,当他进攻北京时,守城宦官又大开城门,兵不血刃即进入北京,可谓占据天时和人和。

然而,入主紫禁城之后的李自成,却彻底抛弃了昔日"闯王来了不纳粮"的诺言,纵容一干"新贵"用各种手段大肆敛财。上梁不正下梁歪,大顺之兵也竞相在民间搜刮积财,准备还乡。横征暴敛的手段,用钱买命的"政策",大顺军士兵的放任自流、烧杀抢掠,让北京城变成了人间地狱。所掠夺的7000万两白银,全部熔铸成巨大的中间有孔窍的方板状银板,以便于运输,从中便可以看出,李自成压根没有常驻北京的念头。

得民心者得天下。李自成之成,在于拥有深厚的群众基础,饱受明末苛捐杂税之苦的农民在李自成那充满诱惑性的宣传口号面前纷纷响应,势如洪水;李自成之败,则是因丧失了民心,更重要的是,完全丧失了地主阶级的信任——这也是影响吴三桂开关迎清兵的一个因素,失败已在所难免。

而清军,恰恰在等待着这样的一个机会。

左手借兵剿匪，右手开门揖清

尽管手中握着沉甸甸的山海关，但吴三桂此时却不知道自己应该将山海关交给谁，唯一可以肯定的是李自成绝不再有机会了。吴三桂斩杀了李自成派来的使者，宣告与李自成彻底决裂。吴三桂写下了一封给父亲的诀别书："不肖男三桂泣血百拜，上父亲大人膝，父亲一生素以忠义自居，如今虽大势已去，也当拼尽全力，不成则应以身殉国难。儿子定为父亲报仇，即使不成功而成仁，我父子二人不也能留下忠孝之名乎？父亲为何忍辱偷生，作此不义之举。既然父亲不能做忠臣，三桂又安能为孝子？自今日起，儿与父断绝关系。父不早图，流寇即使把父亲置于刀斧油锅之上来要挟三桂，我也决不回顾。"

吴三桂选择与大顺政权彻底决裂，是李自成始料未及的。这在大顺朝中也引起一场轩然大波。李自成手下也分成了两派。一派主张立即予以征讨，另一派则主张暂时放置。

由于李自成手下大将刘宗敏、李过等人沉醉于追缴脏银、拷掠明朝旧臣，因而对于此时率军追剿吴三桂不感兴趣，加之李岩、牛金星、宋献策等文臣基于策略的考虑，以"新得京师，人心震迭，吴军素能战，不可轻视"为由，认为现在不宜出兵。他们认为应该暂时维持现状，仍以招降为主。

李自成力排众议，宣布御驾亲征。于是，李自成率兵10万，号称20万东出京师。在宣告与大顺政权彻底决裂后，吴三桂已经没有可能再回头，一场生死决战无法避免。然而战斗还未开始，吴三桂已经预料到无可挽回的结局。李自成的军队有十万之众，而吴三桂的军队却连他的一半都没有。以区区三四万兵马却要与关内李自成的十万大军相抗衡，吴三桂深知自己没有半分胜算。此时的吴三桂想到了关外的清朝，但这样的念头，又深深地刺痛了吴三桂高傲自负的内心，更让他难以接受的是舅舅祖大寿竟然还写来了亲笔信，替满洲人劝降。随信而来的还有皇太极的敕书。多年来他都以高傲的姿态拒绝清朝的招降，然而如今能同李自成大军相抗衡的力量唯有清军。面对绝境，吴三桂渴望竭力奋争。他要对命运反戈一击，试图冲出命运为他设计的险恶陷阱。此时摆在他面前的只有一条道路。

而就在此前，当吴三桂放弃宁远城撤入关内之时，大清帝国便得知了这一好消息。摄政王多尔衮清醒地意识到他建立千秋伟业、青史留名的机会来了。而几乎就在李自成攻陷北京的同时，身为清廷重臣的范文程便察觉到了明朝大厦将倾的异样，随即奏请清廷挥师南下，入主中原。

1644年的农历四月初四，清廷急召在盖州汤泉养病的范文程入盛京参与决策。范文程指出了李自成肆意刑讯拷问明朝大臣、强行向在京官僚商人追赃、贪图子女玉帛等恶行，并断言清军"可一战破也"，并以"我国上下同心，兵甲选练，声罪以临之，歬其士夫，拯其黎庶，兵以义动，何功不成？"为由，极力劝说多尔衮率军入关，而且他还建议清军改变以往屠杀、掠夺明朝百姓的弊政，称："古未有嗜杀而得天下者……若将统一华夏，非乂安百姓不可。"

而多尔衮素有吞并中国的野心，于是当机立断，下令连日召集兵马，除少数兵马留镇盛京外，其余十多万八旗精锐尽出，涌向中原。史载："男丁七十以下，十岁以上，无不从军。"清军原本打算从西协和中协入关，然而大军行至翁后时，他却接到了吴三桂的请兵信。

四月十二日，吴三桂亲自写请兵信给昔日不共戴天的敌人多尔衮。不但许诺给予清朝金银、布匹等物，而且还承诺"将裂地以酬"。

三日后，吴三桂致书多尔衮：

我朝李闯作乱，攻陷京师，先帝惨遭不幸，祖庙化为灰烬。三桂受国厚恩，据守边地，意欲为君父复仇，怎奈地小兵少，不得不泣血而求助。我国与北朝（指清朝）通好二百余年，今无故而遭国难，北朝应亦念之，而且乱臣贼子当也北朝所不能容之。夫除暴安良者大顺也，拯危扶颠者大义也，救民水火者大仁也，取威定霸者大功也。索闻大王乃盖世英雄，值此摧枯拉朽之会，诚为时不再得，乞念亡国孤臣忠义之言，速印立选精兵，直入中原，三桂自率所部，以合兵而抵都门，灭流寇之宫闱，而示大义于中国。则我国之报于北朝者，岂惟财帛？行将裂地以酬，决不食言！

此信中，吴三桂并没有提出降清之事，而仅仅是恳求多尔衮出兵剿灭李自成的义军。他此时自居的身份为"亡国孤臣"，要的是再建明朝。换句话说，他仅仅是要借助清的军事实力，来实现复国之愿罢了。

此时的多尔衮不再以吴三桂所言的"不唯财帛，将裂地以酬"为满足，他的志向是入主中原。多尔衮趁此大事要挟，强迫吴三桂率部投降，拱手让出大明锦绣江山。

吴三桂已别无选择。

李自成已经大兵压制山海关，多尔衮按兵不动，等待吴三桂给一个降清的肯定答复。如果吴三桂单以自己的力量去与李自成对抗，势必难以为敌。此际再降李自成？早无可能、唯有依多尔衮所示，亲往清营，剃发跪拜，方能让自己的身家性命不至于毁于一旦。

万般无奈之下，吴三桂只得将自己从忠君报国的道德外壳下剥离出来，于四月二十二日投降了清朝。次日，清军也随即入关，但入关后的清军依然是按兵不动。多尔衮命令吴三桂率领关宁铁骑作为先锋，与李自成的大军进行激战。大战一触即发，军令如山。无可奈何的吴三桂只得率部首先冲入敌阵。战争持续到中午时分，孤军奋战的关宁军已陷入大顺军的重重包围之下，正当吴三桂感到绝望之时，清军终于从右翼杀出，将已鏖战多时、筋疲力尽的大顺军杀得溃败不堪，毫无思想准备的大顺军在惊呼中兵败如山倒。"一时之间，战场空虚，积尸相枕，弥满大野。"

这一突如其来的变故迫使李自成带着残部狼狈地逃离了山海关，当山海关大战以大逆转的结局结束时，受命作为前锋的关宁铁军几乎损失殆尽，吴三桂最终没能如愿保住这支自己苦心经营多年的军队。

弥漫在山海关的硝烟还未散尽，多尔衮以顺治皇帝名义下令晋封吴三桂为平西王，跟随他多年的关宁将士在山海关大战中几乎全军覆没，多尔衮划拨精兵一万归吴三桂指挥。他能做的只有接受清朝的封赏和任命，接受剃发易服的命运。此时的吴三桂孑然一身，再也没有了退路。

四月二十三日,在溃逃回京师的路上,李自成残忍地杀死了吴襄,3天后,吴家30余人在北京被满门抄斩,吴襄的首级被高悬在北京城楼上。之后,李自成军便放弃北京,满载搜刮来的财物向西北方向而逃。

"闯王"李自成的功败垂成让千万人扼腕叹息,同时,也对其速败的原因绞尽脑汁,苦苦追寻。

有的人认为李自成是败于骄傲自满、腐化堕落。攻占北京城后,流寇出身的李自成以为大业已成,是时候高枕无忧了,于是贪图享乐,荒淫腐化,最后招致失败。

有的人认为李自成失败的原因在于军纪涣散,战斗力严重下降,遇到八旗铁骑的清军时,不堪一击,兵败如山倒。

有的人认为李自成败于"马上得天下,不能马上治天下。"李自成拥有大批的能征善战的将士,但缺乏一支完成统治治理工作的文官队伍。在攻下大片领土后,治理人才奇缺的弊端就逐渐显现出来,致使李自成后来损失惨重。

有的人认为战略上的巨大失误导致了李自成的失败,李自成战略的巨大失误表现在没有把清朝这个一直想入主中原的强大集团包括在战略形势判断里,正因为如此,李自成才采取了直取北京的战略。如果没有清朝的干预,以李自成的实力,是可以勉强对付张献忠集团,南明集团和吴三桂集团的,可是一旦加上清政府集团的实力,李自成自然难以抵挡,失败近在眼前。

以上说法似乎有各自的合理性,但并不代表就是历史的真相。李自成雄师百万究竟惨败于何,仍然是一个历史之谜。

这边的吴三桂抱着杀父夺妻之恨,吴三桂马不停蹄地一路追杀至山西绛州。忽然京师有人来报,说是已在京城寻获了陈圆圆,吴三桂喜不自胜,立刻停兵绛州,速派人前去接陈夫人来绛州相会。

陈圆圆来到绛州时,吴三桂命手下的人在大营前搭起了五彩楼牌,旗旗萧鼓整整排列了三十里地,吴三桂身着戎装,亲自出迎。

亲人的血淹没了吴三桂最后一丝犹豫,陈圆圆的失而复得也让他无所牵挂，命运摧毁了他全部的理想，他做不了忠臣，孝子也没有当成。失去了军队和家族的吴三桂已经一无所有，从多尔衮手中接过平西王的封号，他自己十分清楚，他只能成为清朝借以扫除农民军的棋子。现在，他只能屈服于不可改变的现实，继续为大清王朝效力，这也是他再也无法逃脱的宿命。

后世之人对于吴三桂的评价褒贬不一，甚至是大相径庭。大部分人认为，他作为汉族人，却与满族人勾结，导致大顺政权及南明政权等汉族人政权的覆亡，加上他曾经杀死南明永历帝及皇族、大臣等，便视其为"汉奸、走狗、卖国贼"。

而另一些人则认为，吴三桂引清军入关的初衷只是为了借清军的力量消灭李自成率领的农民军，或者使他们两败俱伤。他当时并没有投降之意，只是后来的局势发展使得他不得已而归降了清廷，实则是身不由己。还有些人认为，在那个波谲云诡的动荡时代，吴三桂不过是忠于他和他家族的利益而已。

吴三桂开门揖清，满洲人入主北京。努尔哈赤父子的努力终于收到了回报，但，努尔哈赤与皇太极，谁也没有等到这一天。

女人也有狠手段

明崇祯十六年（1643年）十一月，在自己的事业即将取得全面胜利的时候，清太宗皇太极突患病暴亡，享年52岁。与皇太极相伴18个春秋的庄妃悲痛欲绝，一再提出要效法前代皇后，为皇太极殉葬。但诸王、贝勒尊重她的处世为人，都很拥戴她。他们全力劝阻，理由是太宗子孙幼小需要母亲的照看。在众人的劝慰下，庄妃才稍为平静下来，全力以赴地去完成皇太极未竟的事业。

庄妃真地心甘情感去殉情吗？前代大福晋阿巴亥之所以为努尔哈赤殉情，实出自朝廷内部争夺嗣位的阴谋，她也是被逼无奈，才有此举的。因为这件事，努尔哈赤一生的英名，被涂抹了黑色的一笔。庄妃不会不知道个中原因，如果她也效仿阿巴亥之举，后人会怎么评价皇太极呢？难免会将两者混为一谈。如果庄妃真的爱皇太极，便不会做出让他声名受累的愚蠢行为。她这是在演一出戏给那些王公大臣们看的。一是为了提高自己的声望，二是为了让自己的儿子爱新觉罗·福临能够借自己之誉，登上皇帝之位。

皇太极死得突然，由于他生前未能指定皇位继承人，按旧制应由八王共举"贤者"。宗室贵族，人人觊觎。于是，满洲贵族内部围绕帝位继承问题，展开了一场激烈的斗争。

皇太极有11个儿子，肃亲王豪格为长子，当时34岁，为皇太极继妃所生。豪格早在太祖、太宗时期就曾领兵南征北战，颇有战功，实力很强。其他皇子当时年龄都还小，最大的也不过十六七岁，他们既没有战功，也没有地位，毫无竞争能力；另外，多尔衮和其弟多铎，因战功卓著，封为睿亲王和豫亲王，其兄阿济格封为英亲王，极具竞争力。努尔哈赤死时，多尔衮因为年幼，母亲被逼殉葬，皇位为皇太极所得。现在皇太极死了，他正当盛年，如以兄终弟即的方式入承大统，从情理上是可以说得过的。资历最老的大贝勒代善，因年老体弱，已没有继位之想，可他也有相当的实力。他在观望着，谁继位对自己更有利，自己好坐当渔翁。可以说，当时最有能力继承皇位的，就是豪格和多尔衮了。

双方实力如何呢？皇太极曾亲自统率的正黄、镶黄两旗拥立豪格，豪格本人又统正蓝旗，在满洲八旗中，他已拥有三旗的力量，索尼、鳌拜等大臣也支持他。多尔衮拥有的力量是两白旗，他还得到了多铎、阿济格的支持。双方势均力敌，为继承皇位各不相让，和不可得，拼则两伤。庄妃悲痛之余，已感到剑拔弩张之势，听到磨刀霍霍之声，她想，难道太祖、太宗创立的大清基业，就在这自相残杀中毁掉吗？

庄妃知道会有这场斗争，但没想到会来得这样快、这样猛，她不能再等待了！在清宁宫的权力还没有完全丧失之前，她要运用这个权力，为自己的命运去搏斗。她想到了福临，看来，自己的命运要靠儿子来改变。她冷静了许多，在分析着形势，筹划着计策。

经过几个昼夜仔细认真地思索，庄妃终于想好了一个折中方案：她要把福临推上皇位。这有可能成功，推出福临，可以使双方白热化的矛盾降温，再说福临的背后，有忠于皇太极、忠于后妃的两黄旗，还有科尔沁的支持。庄妃的性格、才智、勇敢促使她去进行一次冒险的尝试。

这个冒险是以生命为赌注，如果福临在争位之中失败，势必会为成功之人所残杀，庄妃自己，也会落得个悲惨结局。这个冒险又是值得的，自己身为先皇身边最宠爱的妃子，又协助其处理政事，势必会引来一些人的不满与怀恨之心，不能成为太后，只作为先帝遗孀，无权无势、无位无名，正给了这些居心叵测之人以可乘之机，性命难免不保。两相权衡，还莫不如铤而走险、险中求生！幸运的是，这个以母子性命为代价的赌局，庄妃笑到了最后。

庄妃决定之后，立即找皇后商量。她要靠皇后这棵大树庇护，向皇后分析了目前的形势。皇后听完庄妃的话以后，深感害怕：不管豪格还是多尔衮谁继位，都要发生一场血战，结果都是不堪设想的。于是，她决定支持庄妃，让福临继位，以保住清宁宫的特权，避免相互残杀。然后，皇后和庄妃一起劝说豪格支持这个方案。豪格虽然明白这个道理，却总觉得委屈。

豪格回到家中后，对侍候在身边的爱妻心灰意冷地道："我德小福薄，不堪继位。让皇九子继位还可以，如果让多尔衮继位，我决不允许。"

几乎与此同时，急不可耐的多尔衮在三官司庙召大臣索尼询问册立之事。索尼道："先帝有皇子在，必立其一。其他的我不知道。"

"必立其一？"除豪格外，还会是哪个皇子呢？多尔衮在沉思。

代善德高望重，又有实力，争取他的支持很重要。说通豪格后，庄妃和皇后立即召大贝勒代善入宫，争取代善的支持。代善害怕豪格与多尔衮反目为仇，自相残杀。可当皇后提出要立福临时，他沉默了。他想，如果立福临，庄妃不就听政了吗？大清国说什么也不能掌握在一个女流手中！庄妃似乎看透了他的心思，诚恳地对代善道："大贝勒索以国事为重，请放心，福临继位后，我退居后宫，深居简出，决不参政。"代善终于默认了。

抓住这个时机，庄妃决定面见多尔衮。当她来到睿亲王府时，多尔衮吃了一惊，庄妃微微一笑，开门见山，单刀直入地道："我来睿王府，是和你商议嗣君事宜的。论功劳地位,你是有资格登大位的。但先帝有子,头一个豪格就不会甘心。先帝其他年长的儿子,以及代善一支,都会反对你。到那时,国中岂不就大乱了吗?"

"先皇在日,就有立我的说法,我整整等了17年。"多尔衮无不愤慨地道。

庄妃为了平息多尔衮的火气,语气非常缓和,道理却十分中肯,只听她缓缓地道:"王爷要以国家为重。大清基业初定,宏图尚未成功,我怕兄弟反目,有愧两代先王。清宁宫决意不会拥立肃亲王豪格。他虽然是太宗皇帝的长子,为人又忠厚直爽,但只知其武,不知其文。今后大清要叩关而入,问鼎中原,这副担子他挑不起来。"多尔衮听到后宫不再拥立豪格,松了一口气。

"我有一个主意,特来和王爷商量。"庄妃接着道。

多尔衮道:"皇嫂说出来听听。"

庄后见时机已到,忙道:"我儿福临,年方六岁,可以让他继承皇位,以王爷为摄政王,全权负责军国大事。这样安排,诸王贝勒不好公开反对,而王爷又能控制实权。国家不会发生内乱,王爷大权在握,也实同皇帝。不知王爷意下如何?"

多尔衮见庄后说得合乎情理,言语中不仅表现出对自己的关怀,更分配了自己的权力。终于决定服从皇嫂的意见,不再争当皇帝,并表示全力协助其侄福临登上皇位。

经过五天五夜紧张激烈地明争暗斗,八月十四日,诸王贝勒大臣会议召开,讨论嗣君问题。会议由大贝勒代善主持,他年长德高,理所当然。大臣索尼首先讲话,强调必须立皇子。代善则进一步说明,应当立豪格。而豪格的讲话中则有些谦让,他说自己"德小福薄,非所堪当",中间退出会场。

这时,阿济格、多铎趁机提出让多尔衮继位。对此,两黄旗大臣坚持反对,甚至佩剑向前,表示若不立帝子,宁愿跟从皇太极死于地下。而两白旗大臣又坚决反对立豪格。双方剑拔弩张,弄不好会导致一起流血冲突。在这千钧一发之际,多尔衮提议拥立皇太极的第九子、6岁的福临为帝,由他和济尔哈朗（努尔哈赤弟）共同辅政，等福临长大后归政。这一折中方案，立即得到会议主持者代善的支持，很快被会议通过成为决议。这是一个解决择君危机的折中方案，照顾了各方面的利益，维护了满洲贵族的团结，以求入主中原。多尔衮与豪格的主动退让，在一定程度上反映了对这种共同利益的认识。豪格对代善徒劳的荐已无礼地退出会场，反映了他直爽、粗鲁的武将性格。多尔衮首倡福临，表明了他的精明和主动。

崇德八年（1643年）八月二十六日，福临在沈阳继承帝位，第二年改元顺治，是为清世祖，尊哲哲皇后和生母庄妃为皇太后。

一场即将剑拔弩张、血流成河的争位之战，就这样被庄妃无形地消灭于千钧一发之中。并且，她为儿子夺得了万人之上的荣耀，为自己赢得了太后之位，更在不久之后，为中国的历史，抹上了浓重的一笔。

当不了皇帝就掌控皇帝

多尔衮在争夺帝位失败后，便一心一意地辅佐幼帝顺治。在他的政治生涯中，最浓墨重彩的一笔便是实现了努尔哈赤与皇太极两代帝王的终生志愿：入主山海关。

顺治元年四月，李自成攻占北京城的军报便传到了盛京。多尔衮急召智囊范文程等人商议决策。四月初九，摄政睿亲王多尔衮领大将军印，统率14万大军直奔山海关，南下中原。

经过数日激战，多尔衮取得山海关大捷后，在山海关东威元堡诱降前往乞师的明总兵吴三桂，合兵大败李自成大顺军。其后，多尔衮便以吴三桂部为先导，率领八旗铁骑挥师南下，向明朝的首都北京进发。一路上几乎没有遭到明朝军队有力抵抗的八旗军此时更是势如破竹，长驱直入，所到之处望风归降，奉表称臣。明朝官吏本应"食君之禄，分君之忧"，可真到了山河破碎的时候，便暴露出人性最丑陋的一面——树倒猢狲散，大难临头各自飞。

五月初二，多尔衮率领清军从朝阳门进北京城，占领京师。随后，欣喜若狂的多尔衮便急切地进入紫禁城，临武英殿御政。他御政过程中的一件大事，就是定都问题。摄政睿亲王多尔衮随即向顺治皇帝建议迁都北京，但英郡王阿济格以"初得辽东，不行杀戮，故清人多为辽民所杀。今宜乘此兵威，大肆屠戮，留置诸王，以镇燕都。而大兵则或还守沈阳，或退保山海，可无后患"为由，表示反对。然而，多尔衮却以太宗皇太极的临终遗言应对其胞兄（史载太宗遗言为"先皇帝尝言，若得北京，当即徙都，以图进取"），随即又以"况今人心未定，不可弃而东还"为由，说服众人。年仅7岁的"傀儡"皇帝顺治，自然采纳多尔衮的意见，迁都北京。

父祖两代经过28年奋争而未能实现迁都燕京的夙愿，却在子孙福临统治时期得以实现，不能不视为摄政王多尔衮的辅弼之功。顺治皇帝在多尔衮的辅佐下，"入关定鼎，奄有区夏"。

迁都后，在摄政睿亲王多尔衮的主持下，清廷制定了"先攻农民军，后灭南明政权，联合汉族投降势力，以汉治汉"的方略。六月，多尔衮分遣部将连下山东、河南、山西、天津等省，以拱卫京畿地区。

他又修书一封规劝南明兵部尚书、大学士史可法投降清朝，削藩称臣。十月，顺治皇帝为表彰多尔衮忠君体国，匡扶社稷，专心王事之功而亲封他为"叔父摄政王"。随后，清廷命阿济格为靖远大将军、多铎为定国大将军，合击大顺军于陕西。

顺治二年三月，多尔衮命令多铎分兵三路南下江淮。四月豫亲王多铎所率大军攻占扬州，史可法拒绝投降被杀，清兵对城内人民持续进行了十天的大屠杀，史称"扬州十日"。五月，多尔衮因指挥清军占领南京，俘虏弘光帝朱由崧，被晋封"皇叔父摄政王"。同年六月，清廷强制推行六大弊政之一的"剃发令"，激起了江南各地民众的激烈反抗，多尔衮派兵镇压。闰六月，清廷又命明朝降将的兵部尚书洪承畴经略江南及粤、赣、闽、湖广、云贵等地，旋即以攻抚之策相继平定江南。

次年十一月，豪格率军在四川西充的凤凰山射杀了大西农民军的首领张献忠。至此，风起云涌的明末农民大起义被剿杀。

摆在多尔衮面前的还有一件亟待解决的重大难题，即怎样管理这一幅员辽阔、人口众多的泱泱大国。原来的清政权土地面积狭小，人口不多。入关后，满族人的数量和汉族人相比根本不值一提。显然原来的大清政权机构还无法有效地管理这个庞大的帝国。

这件事并没有难住这位能干的摄政王，他一边指挥大军平定天下，一边还草拟清政府的各项典制规章，建立健全各个机构。他采取了模仿明朝旧例的办法，仍然用汉族人管理汉族人。

顺治元年（1644年）五月初三，进京第二天，多尔衮即公告天下，仍然使用原来各衙门的明朝旧官员。初六，他又下命令满官和明朝旧官一起办理公务，同心协力。六月初二，由于冯铨、洪承畴的建议，多尔衮照搬明朝旧有体制，由内三院行使内阁职权，但明代时内阁高于六部，到了多尔衮时期内阁职权已大大不如从前。同时，多尔衮还允许按照明律审查案件，问罪定刑。九月，编成《大清律》，基本上是照搬《大明律》而来。

顺治三年（1646年），吏科给事中向玉轩对没有汉族人尚书十分不满，多尔衮听说后很气愤，处分了向玉轩。顺治五年（1648年）七月，多尔衮下令六部必须各设一个汉族人为尚书，这算是满汉复职制，其目的显然是要收买汉族人之心。

清朝的地方官制与明朝相差无几，此时的总督、巡抚等多是从东北随清入关的汉族人。

多尔衮在效仿明朝体制时始终牢记清祖的传统和满洲利益，并不是生搬硬套，全盘接受。议政王大臣会议显然是八大贝勒议政的残余，这时仍然是雄踞于各种机构之上。另外，不管多尔衮如何提倡"满汉一家"，他在处理国务中还是以"尊满"为首要原则。

顺治四年七月，济尔哈朗被罢辅政之职，自此直到多尔衮去世的顺治七年十二月初，大清国政都由"皇叔父摄政王"多尔衮一人独揽，乾纲独断。

多尔衮既不断提高自己的势力，又连续肃清政乱，打击异己势力。

肃亲王豪格和多尔衮原有旧仇，但慑于多尔衮翻云覆雨一手遮天的权势，他也是有怒不敢发，有言不敢出。虽然豪格为清入关屡建军功，但仍未能逃出多尔衮的魔爪。顺治五年（1648年）三月，多尔衮找茬将豪格囚禁起来。没多久，便传出豪格死去的消息，死因不明。不长时间以后，漂亮的肃亲王妃便被多尔衮娶到府中。

郑亲王济尔哈朗是多尔衮压制的另一对象。济尔哈朗虽手中没有权力，但权势越来越重的多尔衮却并不感到满足。多尔衮认为济尔哈朗只是表面上臣服，不可信任，因而不断地给这位老资格的王爷出难题。顺治四年（1647年），济尔哈朗的辅政之位也被多尔衮罢免了。顺治五年（1648年），多尔衮借济尔哈朗的几个侄子一起告发叔叔的罪状的机会将济尔哈朗贬为多罗郡王。后来济尔哈朗虽然又被恢复了亲王爵位，但地位已远不如昔。

豪格和济尔哈朗这两位亲王一是反对派领袖，一是中间派代表。他们遭遇还如此悲惨，就更不用说其他人的遭遇了。没有人敢对多尔衮不言听计从！当然，多尔衮也很留心从八旗贵族中精挑一批年轻人对他们宠幸有加，形成自己的势力集团，以加强统治。

这样，多尔衮紧握朝中大权，小皇帝福临不过是个傀儡。顺治七年十一月，多尔衮出猎古北口外，行猎时坠马跌伤，医治不及时，病情急转直下。十二月初九日，多尔衮病卒于喀喇城，时年39岁。灵柩运回北京，顺治皇帝追尊他为"懋德修远广业定功安民立政诚敬义皇帝"，庙号成宗，多尔衮的葬礼依照皇帝的规格举行。

次年正月，多尔衮的贴身侍卫苏克萨哈向顺治皇帝递上一封检举信，揭发多尔衮生前曾与党羽密谋，企图率两白旗移师驻扎永平，"阴谋篡夺"。此时，年仅13岁的顺治皇帝终于摆脱了皇父摄政王多尔衮的控制而第一次亲理国政。

不久，顺治就宣布了多尔衮的十大罪状，并下诏追论多尔衮生前"谋逆罪"。籍其家产，罢其封爵，撤其庙享，诛其党羽。当时在北京传教的意大利教士卫匡国在《鞑靼战纪》中曾这样记载说："顺治帝福临命令毁掉阿玛王（多尔衮）华丽的陵墓，他们把尸体挖出来，用棍子打，又用鞭子抽，最后砍掉脑袋，暴尸示众，他的雄伟壮丽的陵墓化为尘土。"

第二卷

跃马中原,扶摇直上

第一章　初来乍到有看头

清军入关，年仅6岁的小皇帝被推上了大清帝国的最高层。前朝留给他的，是一片狼藉的江山，以及无处不在的反清声音。在其母布木布泰的策划下，赢得了叔父摄政王多尔衮的忠心耿耿。6年的时间里，多尔衮清除大顺余孽、挥师朱明残党，为刚刚立国的大清王朝立下汗马功勋，同时，也给后世留下了一个"太后下嫁"的未解之谜。

闯王落跑留玄机

弥漫在山海关的硝烟还未散尽，多尔衮以顺治皇帝名义下令晋封吴三桂为平西王，跟随他多年的关宁将士在山海关大战中几乎全军覆没，多尔衮划拨精兵一万归吴三桂指挥，让他充当先锋，追击李自成。而且，多尔衮还发布将令："此次出师，除暴安民，灭流贼以安天下也。"无奈的吴三桂能做的就只有接受清朝的封赏和任命，接受剃发易服的命运。此时的吴三桂孑然一身，再也没有了退路。

1644年4月21日，李自成与吴三桂在山海关前的一片石大战一场。这场恶战持续了一天一夜，双方都元气大伤。就在吴三桂眼看就要败退之际，清军的铁骑从山海关外冲了进来，顷刻间，大顺军被冲得七零八落，死伤惨重。李自成只好下令返回北京，重整旗鼓。

李自成率领残部到达河北卢龙地区的时候，恰巧被吴三桂的追兵赶上。结果，疲于奔命的大顺军无心恋战，刚一交兵，就被吴三桂所帅的清军击败，相互践踏，四散而逃。李自成手下的将领更是只顾逃命，根本就没有打仗的心思。

此时的大顺军已经毫无军纪可言，回到北京城后，在城内烧杀掳掠，奸盗邪淫，无恶不作。而李自成则忙着称帝，匆忙在武英殿举行了"登基礼"。然而他继位后最重要的一件事，却是报复让他一败涂地的吴三桂。李自成对吴三桂可谓是恨之入骨，早在从山海关败退回北京时，他就将失败迁怒于吴三桂的父亲吴襄，在距卢龙西边约二十里的范家店将其杀死。此时更是将吴三桂一家老小30余人杀个干净，并抛尸示众，吴襄的脑袋也被他挂在了北京城楼上。吴家满门只有吴三桂的哥哥吴三凤腿脚利索，先行跑掉，躲过一劫。

知道全家惨死的吴三桂自然不肯善罢甘休，率领精兵星夜兼程往北京赶来，誓要取李自成的项上人头祭奠亲人。李自成此时已完全没有了当年"闯王"的义胆豪情，得知此事后只是叫苦不迭，连忙找来宰相牛金星商量对策。当时大顺军在北京还有数万人，倘若整顿军纪，大有一战之力。可牛金星却束手无策，只是建议他退出北京城，返回西安，再图进取。

经山海关一战已成惊弓之鸟的李自成连忙答应，并很快率领着大顺军退出北京城，经由山西、河南等地返回西安。为了稳定局面，安抚人心，在退兵的路上他还采取了一系列政治经济上的改革措施，希望以此能打好政权基础，以待日后卷土重来。然而此时的大顺政权早已失去人心，李自成的这些举动已经毫无意义。他的大顺政权在北京仅仅存在了42天，真是一个昙花一现的短命政权。

更为可笑的是，在撤退之前，牛金星还向李自成建议火烧紫禁城，其理由居然是为了向西楚霸王学习。这一提议实在是昏聩无比，而李自成居然不假思索地同意了牛金星的提议。重要史料《李朝实录》载："宫殿悉皆烧尽，惟武英殿岿然独存，内外禁川石桥亦宛然无缺。烧屋之燕，蔽天而飞。"

5月2日，大清的部队终于进入了北京城。多尔衮终于实现了从努尔哈赤以来大清国多年的梦想。欣喜若狂的多尔衮急切地进入紫禁城，在武英殿临朝视事。

和李自成不同，多尔衮从一开始就意识到得天下容易，治天下难的道理。他首先为前朝自缢身死的崇祯皇帝举行了规模盛大的丧礼，丧礼持续三日，此举迎合了前明官员和百姓的心情，也表示了大清王朝的正统性和合法性。接下来，他又张贴告示，宣布对前明官员一概不问责，只要投降大清，便可官复原职，甚至加官晋爵。对于百姓，多尔衮则要求八旗官兵严肃军纪，不得骚扰。更为可贵的是，原本依大清帝国旧例，投降归顺者必须剃发，然而多尔衮知道此举势必引起官民的反抗，特意颁发诏令暂缓推行剃发令。这些措施都极大地赢得了民心，为清朝的统治奠定了坚实的基础。

李自成虽然遭受重创，但正所谓百足之虫死而不僵，大顺政权在中原各地的部队仍有数十万之众，是一支不可忽视的力量，如果能够组织起来，有效抵抗清军，战争可能并没有那么快结束。可惜李自成光顾着带领本部亲兵逃跑，除了几道虚有其表的命令之外并没有其他的部署和安排。主将尚且如此，部将也无心恋战。面对着怀着一腔仇恨的吴三桂，以及全副武装来势凶猛的清军铁骑，大顺军大多没有什么像样的抵抗。清军尾随李自成一路南下，很快控制了山西、河南的大部分地区。到1645年正月，镇守关中门户潼关的大顺将领马世耀竟然不战而降，旋即被多尔衮下令杀死。李自成得此噩耗，战意全消，他下令全军收拾金银细软，撤离西安。在撤离西安前夕，他再一次下达了焚毁城池的命令。幸亏李自成部将田见秀阳奉阴违，西安的黎民百姓才免遭火焚。

此时的大顺政权已是摇摇欲坠，将领之间互相猜忌攻讦，内讧不已。宰相牛金星不仅没有在此危急时刻出谋划策，安邦定国，反而屡进谗言，最终害死了大将李岩、李牟兄弟，而刘宗敏也负气出走。这使李自成的力量遭到了严重的削弱。李自成不但不吸取教训，反而疑忌之心更甚。他的许多部将见情况如此，纷纷萌生离意。既然大顺政权大势已去，为何不另寻他处？于是一部分人投降了清军，另一部分则归顺了南方的南明小朝廷。所有这一切都加速了李自成的败亡。

李自成退出西安后，一路向南，经陕南进入湖北。这时候他又犯了战略性的错误。原本无论是明朝还是清朝，李自成都是必欲除之而后快的角色。因此面对着夹击的不利局面，李自成最好的战略应该是拉一派、打一派。最初他的想法也是如此，曾经打算联系武昌总兵左良玉联合抗清，然而当左良玉在征途中病死后，李自成再次陷入了混乱，他趁乱攻取了武昌、襄阳，甚至一度想袭击南京。这样，他重新成为了明清两方共同的敌人。当他在湖北盘桓时，清军也已随后而至。李自成不得不落荒而逃。最终，在江西九江附近，清军包围了李自成的主力部队，经过一场惨烈的战斗，大顺军几乎全军覆灭，刘宗敏、宋献策等许多重要将领都战死或被擒，李自成仅率领一万余人马西撤到湖北南部山区继续战斗。

后来，李自成率军到达九宫山一带，此后便失去了踪迹。几十万的大顺军也像蒸发似的，一下子就没了。关于李自成最终的结局，后人提出了许多不同的看法。

探究闯王死亡之谜

闯王李自成从一名贩夫走卒，能够成为指挥数十万兵马，麾下上将数十员，纵横天下，所向披靡，还能进京称帝，如此一生，也足够波澜壮阔，而被世人所崇拜。但对于他的最终结局，却众说纷纭，少有明确定论。虽然大家都认同李自成遇难湖北通山县九宫山的说法，但即便是《明史·李自成传》也无法说清李自成的身死经过。近年来，李自成身死经过有以下几种说法：

第一种说法是自缢。据说李自成由于连遭败绩，最终又被武装乡民包围，遂选择自缢身亡。这一说法是清军负责追击李自成的统帅英亲王阿济格给清廷的报告。根据阿济格的说法，李自成逃入九宫山后，随即失去踪迹，清军反复求之不得，但找到的大顺士兵纷纷表示李自成已经自缢而死，而尸体却又高度腐烂，无法辨认。这一说法争议颇大，由于阿济格并非李自成死亡的亲自见证者，又是在官方的奏报中提及此事，因此可信度不高。

第二种说法是战死。根据当地地方志和族谱的记载，确实有当地居民斩杀流寇的记载，如《通山县志》载"九伯聚众杀贼首于小源口"；《程氏宗谱》则载"剿闯贼李延于牛迹岭下"。但这些都不能作为李自成死亡的确切证据。

第三种说法是误杀。根据清人笔记记载，李自成是在拜谒九宫山上的元帝庙时，当地乡民误以为是土匪流寇，从背后袭击至其身亡。

这一说法虽然过于传奇，但它可能却反映了一定的真实情况。因为第四种说法和这种说法有一定的关系。康熙年间的历史学者费密所著的《荒书》中对李自成死亡的经过是这样记载的：

  大清追李自成至湖广。自成尚有贼兵三万人，令他贼统之，由兴国州游屯至江西。自成亲随十八骑由通山县过九宫山岭即江西界。山民闻有贼至，群登山击石，将十八骑打散。自成独行至小月山牛脊岭，会大雨，自成拉马登岭。山民程九伯者下与自成手搏，遂辗转泥淖中。自成坐九伯臀下，抽刀欲杀之，刀血渍，又经泥水不可出。九伯呼救甚急，其甥金姓以铲杀自成，不知其为闯贼也。武昌已系大清总督，自成之亲随十八骑有至武昌出首者，行查到县，九伯不敢出认。县官亲入山谕以所杀者流贼李自成，奖其有功。九伯始往见总督，委九伯以德安府经历。

  综上所述，似乎可以断定，李自成确实死在了九宫山。但是，无论是清朝，还是南明，对于李自成的死都表示了极度的怀疑。

  清朝方面，由于阿济格并没有获取李自成的首级，而原本应该因李自成之死而溃散的大顺军残部却又在江西一带出现，这使原本非常开心的多尔衮大为不满，对阿济格大加斥责。而南明隆武政权方面，在接到何腾蛟关于李自成身死的报告后，虽然也大加封赏，但不少大臣却建议隆武帝遣何腾蛟反复调查此事的真伪。可见南明一方也并不放心李自成是否真的死了。

  其实，明清双方之所以如此在意李自成的生死，就是因为无法做到"活要见人，死要见尸"。何腾蛟虽然贵为五省军务总督，但手下却并没多少兵力，李自成身死的消息是他在招降李自成余部后才听说的，而彼时的九宫山地区已经为清军所占领，他自然不可能为了李自成的尸首而贸然进攻，况且这也是对当时已经纷纷转向明军的大顺军余部的不敬。阿济格方面，则是因为天气炎热，在辨认尸首时已经颇多腐烂，面对漫山遍野的尸体，根本没办法确认哪一具才是真的。因此李自成的生死便成了一桩千古疑案。

  另外还广泛流传着一种说法，称李自成虽然兵败但并未身死，而是隐姓埋名，在湖南石门县的夹山出家为僧。这一说法早在乾隆年间就流传开来，当时的澧州知州何璘曾撰《李自成传》，提到李自成在夹山寺出家，法名奉天玉和尚。文章中还提到何璘曾经亲往夹山寺拜访，见到一名年逾古稀的老和尚。这名老僧自称服侍过奉天玉和尚，口音也像陕西人。他证实了奉天玉和尚是顺治初年进入寺庙的，并拿出奉天玉和尚的画像给何璘看，据说画像酷似李自成的模样。此外，据说此寺还收藏了很多与奉天玉和尚有关的遗物，其中不乏宫廷玉器和只有帝王才能使用的器具。所有这些，似乎都支持奉天玉和尚就是李自成的论断。

不过，反对这一说法的人也大有人在。很多学者也认为，奉天玉和尚确有其人，不过此人并不是李自成，反而可能是前明遗臣。他们从现存的关于奉天玉和尚的碑铭上找出了支持此说的证据；也有的人认为，奉天玉和尚就是从四川游历湖广的云游和尚，在夹山寺定居而已。

李自成死了，刚刚入主北京的清王朝除去了一个心腹之患。接下来，他们要面对的是怎么才能不让更多的"李自成"揭竿而起。

简单粗暴剃头令

清军入关后，南明在江南建立了一个弘光小朝廷，但却腐朽昏庸，人心思变，清军一鼓作气，以摧枯拉朽之势，将其一扫而尽。明朝覆灭后，清廷宣言"不杀人，不剃发，安民乐业"，所以，百姓们过了一段安稳日子。

根据满洲旧例，投降的汉族人必须按照满族人的习惯剃发，作为归顺的标志。所谓剃发实则是让汉族百姓把头型换成满族人的发式。传统的满族男人的发式根据《清稗类钞》的记载应该是"式当如金钱"。"金钱式"，又叫"金钱鼠尾式"。清人《榕城纪闻》中记载道："剃发，只留一顶如钱大，作辫，谓之金钱鼠尾。"也就是说，最标准的剃法应当是将头发全部剃光，只在头顶留一铜钱大的头发打辫子。这个发型很难保持，因为头顶要干净无发，必须做到"五天一打辫，十天一剃头"。

清朝统治者对其极为重视。早在天聪年间，皇太极在进行扩张战争时就一再强调推行剃发政策。天聪五年（1631年），大凌河之役胜利后，皇太极令"归降将士等剃发"；天聪十二年又再次下令："若有效他国衣帽及令妇人束发裹足者，是身在本朝，而心在他国。自今以后，犯者俱加重罪。"

当时的明将张春在大凌河之战中被后金俘虏，皇太极极力想要劝降他，给他送去佳肴美酒，但张春坚决不从，并开始绝食。皇太极只好亲自出马，经过反复的劝说，张春终于心意有所动摇，开始恢复饮食，这个举动似乎可以说明他答应投降了。可是张春宁降不剃头。最终皇太极只好把张春安置在庙中"恩养"，而张春至死也没有剃发。此虽一免死特例，但辽东汉民很早就深受剃发政策的制约，清军入关后，更是变本加厉地推行这一政策。

顺治元年（1644年），多尔衮率清军入关，沿途他就忙着颁发诏书，要求归顺的明朝军民人等尽皆剃发。进入北京之后，他正式下达了剃发和更换服饰的法令。要求"投诚官吏军民皆着剃发，衣冠悉遵本朝制度"。这一命令立刻引起了激烈的反对，朝中官员剃发者寥寥无几，大批的前明官员因为这一制度闭门不出，拒绝为清朝效力，或者南下逃离京城；而老百姓更是坚决不愿剃头，甚至因此而爆发农民起义。多尔衮眼见统治未稳，担心酿出大变，仅仅一个月之后，就不得不停止了剃发令的实行。

当清朝的统治逐渐稳固时，多尔衮再次提出了实行剃发令的要求。可笑的是，这个建议却是一名汉臣孙之獬提出来的。

孙之獬，山东淄川人，明朝天启年间进士。此人品德败坏，反复无常，在官场上一直没有混出个名堂。清军入关后，他为了在新主子面前得个好印象，便第一时间当了叛徒，出卖了明朝廷，成了第一批摇尾乞降的汉官，清朝也没有亏待他，赏赐了他一个礼部侍郎的官当。

为了继续向上爬，他当下拥护剃发令，还穿上了满族人的服装，不想在朝堂之上，受到了汉族人的鄙视和满族人的耻笑。为了一雪前耻，他便写了一道奏章，建议在全境范围内给汉族人剃发。

在奏折中，他写道："陛下平定中原，万事鼎新，而衣冠束发之制独存汉旧，此乃陛下从中国，非中国之从陛下也！"激将法很是管用，多尔衮决定强迫剃发，于是，孙之獬的撺掇令中原大地上掀起了一股血雨腥风。

多尔衮见汉族人都有此想法，自然乐得同意。在清军攻陷南京，弘光小朝廷覆灭之际，多尔衮深感时机成熟，便给在前线指挥战斗的豫亲王多铎下令："各处文武军民尽令剃发，倘有不从，以军法从事。"之后，又给礼部下发谕旨，一方面说明实行剃发令的原因和必要性，另一方面则要求全国军民一律剃发。这份谕旨说的苦口婆心而又杀气腾腾。前面还说"向来剃发之制，不即令画一，姑令自便者，欲俟天下大定始行此制耳。今中外一家，君犹父也，民犹子也；父子一体，岂可违异？若不画一，终属二心……"后面立刻就要求"……自今布告之后，京城内外限旬日，直隶各省地方自部文到日亦限旬日，尽令剃发。遵依者为我国之民，迟疑者同逆命之寇，必置重罪；若规避惜发，巧辞争辩，决不轻贷"。

清廷简单粗暴的政策激起了江南汉族人严重的反抗情绪，一方面这自然是由于"身体发肤，受之父母，岂敢毁伤"的古训，另一方面也是对清朝统治者的一种反抗。士绅、农民、工商业者，甚至引车卖浆者，以及相当一部分官僚，都坚决不愿执行剃发令。

在清廷强制推行剃发令的过程中，曾经有人对此提出异议。陕西河西道孔闻谭曾经上书，他是孔子的后人，文章做得极好，引经据典，头头是道，洋洋洒洒数千字，中心意思就是请求停止剃发令。但多尔衮的回应却简洁有力："剃发严旨，违者无赦。孔闻谭疏求蓄发，已犯不赦之条，姑念圣裔免死。况孔子圣之时，似此违制，有玷伊祖时中之道。著革职永不叙用。"仅仅是革职还是好的，名士陈名夏看到当时各地此起彼伏的反对剃发令的斗争，评价道："留发复衣冠，天下即可太平。"不久之后竟然因为这句话被满门抄斩。

强迫剃发，使得当时原本有了降附之心的民众，再次被激起了反抗之心，1645年6月28日，清廷再次传谕："近者一月，远者三月，各取剃发归顺。"剃发成了命令。

但江南汉族人民对此强烈反抗，为了镇压，清军动用武力，一时之间，江南各地处处都是血流成河。在攻入江阴城后，城内男女老少，争相赴水、投火、自刎、上吊自杀，将抵抗进行到底，而清军也是毫不含糊，他们连杀二日，直到找不到活人才封刀。

昆山地区，本来人心平定，但剃发令一下，民众便争相反抗，先是杀掉清军的地方官，后又烧掉了府衙，清军派人镇压，百姓伤亡惨重。

1645年7月底，清军5000多人向嘉定挺进，一路上奸淫杀烧，无恶不作。清军用炮火攻开了嘉定的城门，城里的民众无法逃生，便纷纷投河而死，一时之间，河水都不流通了。

当时的江南，完全是一副人间地狱图，处处白骨累累，焦土横尸，惨不忍睹。有亲身经历的一名叫作朱子素的人在后来《嘉定屠城略》中写道："市民之中，悬梁者，投井者，投河者，血面者，断肢者，被砍未死手足犹动者，骨肉狼藉。"

清军在这几次大肆的屠杀后，江南大部分地区的人们都归顺了，纷纷剃发，自称大清顺民。在清朝的杀戮淫威下，反抗的气焰终于被压了下去。

强迫剃发，虽然令服饰打扮得到了统一，但在另一层面上，却是严重阻碍了清朝的统一进程。孙之獬贪图富贵，令同胞百姓遭到如此重创，自然没有什么好报。

不久后，孙之獬因为收受贿赂，被夺职遣还老家淄川。他在路上遇到山东谢迁等人起义，一家老小被斩杀精光，而他本人则是被五花大绑十多天，受尽了折磨，起义军在他头上戮满细洞，用猪毛重新给他"植发"，最后将他肢解碎割。后人在笔记中对他的评价是："嗟呼，小人亦枉作小人尔。当其举家同尽，百口陵夷，恐聚十六州铁铸不成一错也！"

那么既然如此，清廷为什么还要不计任何代价，甚至冒着动摇统治基础的危险强制推行剃发令呢？作为征服者的满族人，人口总数远少于汉族人，强迫国民统一发式实则也是整个统一过程的一部分。另外，通过剃发令的推行，也可以借此找出对新政权不满的人，借以打压，也可在一定程度上震慑民心，稳固新生政权。

第二章 有的不仅是好戏，还有问题

年仅24岁的顺治离奇地驾崩于养心殿，8岁的爱新觉罗·玄烨被时代推上了风口浪尖。康熙之初，在四位辅政大臣以及太皇太后的努力下，推行政治改革，倒也出现了一片欣欣向荣的景象。但四大臣之中的鳌拜野心勃勃，苏克萨哈为人排挤，鄂必隆唯鳌拜是瞻，索尼明哲保身，康熙帝即使在亲政之后，仍然受着臣子的摆布。

顺治之死，袈裟还是寿纱

丁巳，夜，子刻，上崩于养心殿。

——《清世祖实录》

对于顺治帝的死亡，记录这位清朝第一位入关皇帝的《清世祖实录》一书中，仅仅用这11个字就把他的离世概括完毕，出乎寻常的简短。为什么关乎生死的大事，而且对象还是一代君主，《实录》却以寥寥数字就间接概括、敷衍了事了呢？

顺治十八年正月初六，人们还依然沉浸在新年的喜悦中时，孝庄太后却在经历她这一生中最难熬的一个春节，因为她年仅24岁的儿子顺治即将永远地离开她、离开那个龙椅、离开这个世界。顺治帝的突然死亡也给世人留下了诸多谜团。

帝王，在中国封建社会的历史长河中，其地位曾经显赫至极。他们是时代的当权者，被人怕、被人羡、被人妒、被人斥。作为权利的最高统治者，无一不是踏着别人的躯体矗立在高高在上的龙位之上的，谁又不梦想着坐于那龙椅之上。但顺治，却反其道而行之，视王位如粪土、如负担、如洪水猛兽般，就算是违背了母后孝庄的心意不惜背上不孝的骂名也要千方百计地试图摆脱它、摒弃它。

顺治帝虽然是清朝在入关后的第一个皇帝，但是他并没有像他的爷爷和父亲那样勤于朝务、卧薪尝胆，试图成为一代名垂千古的明君，相对于历朝皇帝的贤愚仁暴、清浊荣枯，顺治帝在人们心中的印象更多的是来源他和董鄂妃的那段旷世绝恋，与其之后的看破红尘、披上袈裟的情景。董鄂妃的死也是他断却生活意念、一心出家、最后抑郁而亡的一个重要因素。

《清史稿·后妃传》记载了顺治帝一生中共有两后、十五妃，但顺治的婚姻生活却是个十足的悲剧。皇帝是权利的集合点，虽然至高无上，但为了权利的平衡有时候也会有身不由己的时候。他先后册立两位皇后：一个孝庄皇后幕后安排、多尔衮亲自做媒的本家侄女。顺治本来就十分记恨多尔衮这个摄政王，再加上和这个女子的性格多有不合，不出几日便废掉皇后，降为侧妃，从此打入冷宫，一个女人的一生也就就此完结了。另一位也是在以政治目的为前提而精心选择的女子——博尔济吉特氏，不过，她也同样入不了顺治的眼，受到了不少顺治帝的呵斥。但这位皇后能忍辱圆通，加上有太后孝庄的呵护，才没有被废掉。能进得了后宫的女人当然都具有国色天香之貌，顺治帝之所以对她们置之不理，是因为他有所爱之人。这个幸运的女子不是别人，正是董鄂妃。

董鄂妃从入宫起就开始不断晋升。董鄂氏是在顺治十三年被册为贤妃的，仅一个多月的时间，就被封为皇贵妃。这样的升迁速度，历史上十分罕见。不但时间之短之罕见，而且册封典礼之奢华隆重也超出了一个妃子的规格，还破天荒地颁布说大赦天下之旨意，这是中国历史上唯一一次因为一个皇贵妃而大赦天下的例子。由此可见顺治对董鄂妃的旷世绝恋到底有多久、有多深。

关于董鄂妃的身世，民间有多种说法。

一种被普遍接受的说法就是，董鄂妃在民间时是秦淮一带大有名气的名妓，俗名董小宛。传说清军统帅洪承畴尤其爱慕董小宛。洪承畴在攻占江南时，借职务之便利，在生获了董小宛之后，就把她藏在了自己的府中，想占为己有。但苦于董小宛誓死不从，无计可施之下，把董小宛当成了自己晋级仕途的工具，进献给了顺治帝。顺治二年，董小宛成了顺治帝的宠妃，而顺治帝的生命也将开始进入了另一个轨道。

董小宛在历史上是确有其人的,她名白,字青莲,生于明朝天启四年(1624年),身份也确实是秦淮名妓。崇祯十五年,历尽沧桑的董小宛终于找到了自己的归宿,嫁给了冒襄为妾,虽然不是正室,但不妨碍二人的感情升温。明末战乱中,二人更是相依为命达9年之久。后董小宛因劳瘁过度,于顺治八年病死,时年28岁。

可以看出,这董小宛确实和顺治帝一点关系也没有,所以,董鄂妃即董小宛直说实属望风捕影,不能成立。

关于董鄂妃身世的说法,有来于《清史稿·后妃传》的记载,这也是最具说服力的一种。董鄂妃是朝中重臣鄂硕的女儿,像很多其他大臣的女儿一样,成人后也被选到宫中,在顺治十三年的夏天,18岁的董家女儿入宫侍奉顺治帝。虽然故事的开头有些大同小异,但是,这个董鄂妃却不是一般的人物,也许她天生就与顺治帝有一种特殊的缘分吧,在入宫同年就被册为"贤妃",没过几天之后再晋为"皇贵妃"。这种说法似乎更与历史的真相相吻合。

可叹天妒红颜,这高高在上的董鄂妃虽然集千万宠爱于一身,但却在22岁便香消玉损,才与顺治厮守三年,便撒手绝人寰。在二人的爱情正浓烈时撒手而去,留给顺治帝的只有那数不尽的思恋。董鄂妃的离世真的是生生地断了顺治帝在俗世中的所有念想。

为悼念爱妃的离世,顺治帝给予了最大规模的祭奠活动:辍朝五日,并在朝廷资金极为短缺的情况下,在景山修建水陆道场,大办丧事,举国轰动。

据《清世祖实录》记载,董鄂妃去世的当天,顺治帝不但自己痛彻心扉,而且还让满朝上下都要表现出悲痛之意,更是强行要求满朝官员以及公主、王妃们,全部聚集到景运门哭灵,不表现悲痛者处立决。并且,顺治帝自己也为董鄂妃穿了12天的丧服,并强制要求朝廷官员和命妇们为董鄂妃穿戴丧服满27天。为了让爱妃在地下仍然能过上"舒适的生活",还残忍地将宫中太监与宫女30人赐死,去下面伺候董鄂妃。

顺治帝悲恸欲绝,用这种超常的丧礼并不能表达尽对爱妃的哀悼。随之而来的是万念俱灰的精神状态和看破红尘、弃江山社稷如敝屣、执意要出家为僧的执念。

顺治在董鄂妃离世之后就时常会出现剃度出家的念头,并且会时常出现幻觉或梦境。有记载统计,他曾在仅仅两个月的时间里,就先后38次到访高僧馆舍,谈禅论经,与僧人彻夜交谈,完全沉迷于佛的世界。繁忙的政事也没能分散顺治对佛家的向往,终于不顾孝庄的劝阻决定放弃皇位而净发出家。臣子甚至僧人都开始劝解顺治,国不能一日无主,皇子们年纪甚小,根本不能担起这么大的担子。可是,顺治最后还是剃了头发。这一下孝庄可着急了,火速叫人把度化顺治的僧人——溪森的师傅玉林琇召回京城。玉林琇看到自己的徒弟居然把功夫下到了皇帝的身上,恼火于弟子的胆大包天,决定从根本入手,处死这个蛊惑顺治无心于朝政、疏于江山设计的徒弟,顺治看到"师傅"要受到牵连,无奈只好让步,头发虽然剪了,也只能先暂时做个光头皇帝,溪森这才得免一死。

虽然最终没有出家成功,但是顺治却并没有彻底断了佛缘,依然常和僧人接触谈心,排解烦闷。

由于顺治的死太过突然,而且根据他对佛家的虔诚度,所以有人猜测,顺治并没有死,而是真的出家了。康熙执政后还亲自到寺院看望过自己的老父,金庸先生的小说《鹿鼎记》也是这么描述的,但是也只是猜测罢了。

顺治虽然在位时间很短,但是在满汉融合方面还是做了一些贡献的,对待百姓也是和善可亲,所以,百姓并不希望这样的一个温和的皇帝就这样谢幕,对于他的死更是难以相信,于是,对此做出了各种猜测。但是,顺治是真的在24岁时死了,并且是由于天花这个不治之症。顺治病危时,翰林院清孝陵掌院学士王熙起草《遗诏》。《王熙自定年谱》记载了这件事情:"朕患痘,势将不起。尔可详听朕言,速撰诏书。"

顺治死后,有一件事或许能够让他欣慰一些,那就是终于由溪森和尚亲自主持了顺治帝的葬礼。并且在景山寿王殿将将顺治的遗体进行了火化。在后来,溪森的门人编辑他的语录《敕赐圆照溪森禅师语录》就记载了这件事。所以,顺治帝确是死了,而不是出家了。

康熙登基另有推手

中国历史从秦始皇开始，就从来没有在皇位继承的问题上被外国人干涉过。但当历史的脚步前行到清朝的顺治十八年（1661年）时，该谁当皇帝，这件原本该是中国人自己拿主意的事，却被一个德国人硬生生地横插一竿子。

这名德国人的插手居然改变了中国历史，让本来排不上号的三阿哥玄烨成为下一任帝王，这才有了长达61年的康熙王朝，有了"康乾盛世"。这个德国人历经明清两朝的更替，先后侍奉过崇祯、顺治、康熙三位帝王，他就是传教士汤若望。

汤若望之所以能影响到玄烨的继位，主要得益于他杰出的口才。顺治皇帝被他说服，信奉基督教，从而影响顺治的思想。

汤若望与皇室的渊源可以说是一个传奇。明朝末年，西方国家走上了全球殖民扩张的道路，扩张之前，他们先派传教士到国外去探路，打探情况，汤若望就是在这样的背景下进入中国。

说起这位传教士，就不得不提他的出身背景。1592年，汤若望出生于德国科隆的一个贵族家庭，他从小就接受了良好的教育，而且成绩优异，后来被保送到罗马的日耳曼学院研修神学，从而成为上帝的使者，做了一名专业的传教士。

1619年，汤若望在法国神甫金尼阁的带领下到达澳门，3年后进入广东，一年后，又转到了北京。他所掌握的西方科学知识，深得明朝政府的户部尚书张问达赏识，被聘任为政府专员。汤若望就这样进入仕途，他与当地百姓结下不错的人缘，凭着自己带来的西洋玩意，让人们对他产生了好奇、喜爱之心。

汤若望十分敬业，他编写了科学文论，译著历书，推步天文，翻译德国的矿冶书籍，给明朝带来丰富的新知识。同时，汤若望还不忘宣传他的基督教义，只可惜汤若望还没有说服崇祯信奉基督教，崇祯就被逼死在煤山上了。

明亡清始，汤若望换了个主子接着宣扬基督教义，与崇祯不同的是，顺治皇帝对汤若望宣讲的知识颇感兴趣，不但尊称他为"玛法"（玛法在满语里是爷爷的意思），还对汤若望言听计从，并成为了虔诚的天主教徒。

为了支持基督教的传播，顺治皇帝拨款又拨地，在宣武门外建造一处天主堂，即北京南堂。不但顺治对汤若望尊崇有加，就连当时的老祖宗孝庄太后也将汤若望视为座上宾，这个外国人就这样获得了皇宫的高度信任。

顺治十年，汤若望被顺治皇帝赐予"通玄教师"封号，顺治十四年，顺治皇帝又为汤若望御撰《天主堂碑记》一文，赐予了"通玄佳境"的堂额。顺治十一年三月十八日（1654年5月4日）康熙出生。在康熙出生前后几年，"玄"字在顺治皇帝的心目中十分重要，给汤若望的赐物里两次带有"玄"字，自己的儿子名字里也带有"玄"字。"玄"这个字的意思包含汤若望所讲授的天文、历法、机械等在内的一整套学说。

顺治二十四年，皇帝病重，继承人成了关键问题。康熙作为顺治皇帝的三皇子不可能成为继承人。虽然大皇子已死，但还有二皇子福全。按照长幼排序，无论如何也轮不上他。但此时汤若望说出来一个谁也无法反驳的理由——玄烨出过天花，对这种可怕的疾病有了终身免疫力，再也不会出了，而福全还没出过，难保以后不会出。

顺治皇帝经过几番斟酌，最终听从了汤若望的意见，册封玄烨为皇太子。可以说，这是汤若望对清朝政府长远发展的一次大贡献。

降臣杀主，斩草除根

> 巨耳隆准，无须，瞻视顾盼，尊严若神。延陵将军美风姿，善骑射，躯干不甚伟硕而勇力绝人。沈鸷多谋，颇以风流自赏。
>
> ——清·陆次云·《圆圆传》

300多年前，有人用这样的文字来记载吴三桂。从字面上看，这无疑是一个充满激情、才华、能量的男人。之后，用来形容吴三桂的文字就远远不止这些了，取而代之的是另外几个更能让世人铭记于心的标签：降臣、汉奸、忘恩负义、卖主求荣……

不得不承认吴三桂实在是一个"审时度势"的奇才，总能鸟瞰大局地运筹自己下一步棋的走法，并且在行动力上快速而决断，从不拖泥带水。在那硝烟弥漫的战火之中，自降了李自成背叛了大明之后，过了仅仅5天的时间就又背叛了李自成投降了大清。不但叛了、降了，而且还要对曾经誓死效忠的主子斩尽杀绝，斩草除根之势，岂止一个狠字了得？

世人对吴三桂处死永历的决心之大很是不解。怎么说曾经也是同朝故人，而且，康熙帝为了照顾吴三桂曾是前朝臣子的特殊身份，也在诏书里特别给了他台阶下，对他说："若势有不可，慎勿强，务详审斟酌而行。"

虽然明朝已亡，可是朱氏子孙一直没有放弃光复的努力，民间仍有百姓在追忆着自己之前所在的朝代，所以，明朝的残余在江南又建立了南明政权。只可惜这个势单力薄的小朝廷在危机之下也仍是改不了窝里斗的老毛病，成天忙于争权夺利，结果被清军追得整日东逃西窜。大清朝的王土之上再没有他的立足之地，不得已逃到了还是蛮荒之地的缅甸，才算保住了一条命。永历这个人虽然微不足道，但是他的身份却着实为康熙操了不少的心。虽然灭了鳌拜、掌了实权，这个风华正茂的皇帝却也不是十分省心，全国各地反清复明的组织就是皇位坐不踏实的主要因素之一。永历这个身份使得以反清复明为目标的各支武装有了可以奉为正朔的统帅对象。永历这个人如果彻底消失，就标志着清朝扫除了最后一个具有相当实力的朱明遗脉，从某种意义上也标志着朱明王朝的彻底灭亡。只有明朝遗脉彻底灭亡，康熙才能真正睡个安稳觉。

吴三桂这时已年过六十，大荣大辱历练过来，只想着怎么在自己这一亩三分地上安享晚年了，稳住康熙对自己不起杀心是最主要的目标了。而为了得到康熙对这个外臣、还是个叛徒的信任，杀了前明永历帝不能不说是个表忠心的最好时机，这也是吴三桂不远千里追到缅甸也要取永历性命的原因。

虽然这个苟延残喘的永历为了保住性命已经逃到了荒蛮的缅甸，但是，他特殊的身份导致了他的最终结局是不会因为地理位置的远近而改变的。吴三桂作为降臣，虽然给新主子立下了赫赫战功，但是却并没有得到那个年轻有为的康熙的信任，只有做出更加让康熙钦佩的事情，才能保住自己的地位，而永历就成了吴三桂翻身的机会，吴三桂也下定决心要破釜沉舟去抓住这个机会。所以，吴三桂宁可顶着彻底遗臭万年的骂名也不可不杀这永历。

于是吴三桂顶着巨大的压力给康熙上折子，在康熙反复表示没有必要杀掉永历的情况下，他要求入缅扫灭南明残余。最后"终于"说得康熙皇帝动了心（实则也不失为是康熙对吴三桂的一场试探）。于是，吴三桂率领大军又踏上了为清廷效命的征程。

事实证明，投靠缅甸时所投入的金银财宝都白花了，这个小国并没有给予永历更多的庇护。一个小小的缅甸怎能抵挡得住势如破竹的清朝大军？把朱家子孙斩尽杀绝势必是木已成舟的事了。虽然期间也出现了一场由朱由榔亲笔致书吴三桂的插曲，但是仍然没有减缓永历的死亡速度。

将军本朝之勋臣，新朝之雄镇也。世膺爵秩，藩封外疆，烈皇帝之于将军可谓甚厚。讵意国遭不造，闯逆肆志，突我京师，逼死我先帝，掠杀我人民。将军缟素誓师，提兵问罪，当日之本衷原未尽泯也。奈何清兵入京，外施复仇之虚名，阴行问鼎之实计。红颜幸得故主，顿忘逆贼授首之后，而江北一带土宇，竟非本朝所有矣。南方重臣不忍我社稷颠覆，以为江南半壁，未始不可全图。讵鸾舆未暖，戎马卒至。

闵皇帝（指弘光）即位未几，而车驾又蒙尘矣。闽镇兴师，复振位号，不能全宗社于东土，或可偏处于一隅。然雄心未厌，并取隆武皇帝而灭之。当是时，朕远窜粤东，痛心疾首，几不复生，何暇复思宗社计乎？诸臣犹不忍我二祖列宗之珍祀也，强之再四，始膺大统。朕自登极以来，一战而楚失，再战而西粤亡。朕披星戴月，流离惊窜，不可胜数。幸李定国迎朕于贵州，奉朕于南（宁）、安（隆），自谓与人无患，与国无争矣。乃将军忘君父之大德，图开创之丰勋，督师入滇，犯我天阙，致滇南寸地曾不得孑然而处焉。将军之功大矣！将军之心忍乎？不忍乎？

朕用是遗弃中国，旋渡沙河，聊借缅国以固吾圉。出险入深，既失世守之江山，复延先泽于外服，亦自幸矣。迩来 将军不避艰险，亲至沙漠，提数十万之众，追茕茕羁旅之君，何视天下太隘哉！岂天覆地载之中，竟不能容朕一人哉！岂封王锡爵之后，犹必以歼朕邀功哉！第思高皇帝栉风沐雨之天下，朕不能身受片地，以为将军建功之能。将军既毁宗室，今又欲破我父子，感鸱鸮之章，能不惨然心恻耶？将军犹是中华之人，犹是世禄之裔也。即不为朕怜，独不念先帝乎？即不念先帝，独不念二祖列宗乎？即不念二祖列宗，独不念己身之祖若父乎？

不知新王何亲何厚于将军，孤客何仇何怨于将军？彼则尽忠竭力，此则除草绝根，若此者是将军自以为智，而不知适成其愚。将军于清朝自以为厚，而不知厚其所薄，万祀而下，史书记载，且谓将军为何如人也。朕今日兵单力微，卧榻边虽暂容鼾睡，父子之命悬于将军之手也明矣。若必欲得朕之首领，血溅月日，封函报命，固不敢辞。倘能转祸为福，反危就安，以南方片席，俾朕备位共主，惟将军命。是将军虽臣清朝，亦可谓不忘故主之血食，不负先帝之厚恩矣。惟冀裁择焉。

终日逃亡、没过上一天好日子的永历皇帝想凭借一封文采斐然的信来软化弃明降清的吴三桂，未免有些过于天真。读罢这封信，吴三桂只不过是神经紧了一下，而大军前进的步伐毫未减速。

缅甸各方面都是不能和大清抗衡的，连稍作抵抗都不曾有，就乖乖地给吴三桂让出来一条斩杀永历的通道来，吴三桂带着几名护卫轻松地进入了永历在缅甸的住所。没过几天，吴三桂就丝毫不恋旧情地把明朝皇室的这根独苗给杀了。

亦正亦邪说鳌拜

从一个无往不利的战争之神到一个八面玲珑、立场坚定的杰出政治家，再到一个被欲望冲昏了头脑，以权谋私的逆臣，鳌拜这一生像是一个盛满了彩色碎片的万花筒一般多彩多姿，把作为一个臣子的"忠"与"奸"都演绎得淋漓尽致。

鳌拜的一生可谓大起大落，大喜大悲。概括地来说，鳌拜早年出身将门，骑射功夫过人，是满族的巴图鲁（满语 baturu 的译音，简单来说就是勇士的意思。它象征了一种荣耀，也是激励清朝不断努力奋进的标志）。他跟随着爱新觉罗家族南征北战，无论是在关外与明军的生死交锋中，还是在入关定鼎中原后巩固统治的大小战斗中，都展现了一代武将的英姿勃发之势，是功臣更也是忠臣；一世英名却在大势已定时晚节不保，在康熙初年辅政时期飞扬跋扈，独揽朝政，展露逆反之心，最后败在还是少年的玄烨手中，虽然凭借着赫赫战功免于刑戮，但也最终身死禁所。

鳌拜还是一心为主的忠臣时，谁都不会想到几十年之后的鳌拜会来个如此的人格大逆转。还在皇太极当政的时候，鳌拜虽然年轻，却也早早地就鞍前马后随征出战，凭借着一身武艺为皇太极立下了赫赫战功。君臣二人也在合作中建立了深厚的情谊。皇太极死后，鳌拜依然初衷不改地辅佐皇太极的儿子——顺治，并且是在面对多尔衮这样强敌的威逼利诱下。坚持了数年，终于等到多尔衮死去，少主顺治正式登台，鳌拜才又重见天日，这时已经位居忠臣行列。

对于这个看着自己长大的，并且始终左右陪伴的老臣，顺治可谓是重视至极，不仅让其管理国家大小政事，还在自己临死之时封他为辅政大臣辅佐自己的儿子康熙。

随着顺治咽下了最后一口气，鳌拜忠义之臣的形象也渐渐开始落下了帷幕。早期的一代忠臣在晚年时却死于篡位造反的罪名之下。而亲手为他钉棺就是皇太极的孙子、顺治的儿子——康熙。

如果说欲望是个无底的大坑，那么权力就是一根充满了魔法的魔杖，人的意志稍有怠泄就会被它的法力所引诱，最终掉进坑中，葬身其中。鳌拜正是在顺治死去之后不知不觉沉浸在了欲望的漩涡中慢慢被淹没的。顺治托孤的时候，鳌拜虽然名列四大辅臣之末，却在后来一步步地居于首位。

在利益与忠义的天平上，鳌拜还是倾向于了利益。鳌拜后期的"奸"终将把之前大半生的"忠"给抹杀全无。

一个人从大"忠"到大"奸"，除了自身的变化之外，也离不开外界环境、条件的滋养。鳌拜一世英明的毁灭根本上说，其他三个辅臣也有责任。索尼在当时的四位辅臣中资历最高，他本身文武兼备，是四朝元老，比鳌拜资历还要深得多。但是年龄不饶人，人到老年之后，就会对责任的认知度有所减弱，再加上也确实是年老体弱，很多事情都是力不从心；另一方面，索尼之所以对鳌拜采取放任态度还由于四大辅臣中的苏克萨哈实在不能入他的眼，因为苏克萨哈本是多尔衮的手下，后又归顺于顺治的。所以，在鳌拜和苏克萨哈产生矛盾，激烈争斗时，索尼的这个天平就自然而然地偏向于鳌拜，倒不是因为他和鳌拜有多么的"情投意合"，只是因为对苏克萨哈太多厌恶。

而苏克萨哈虽然身为一人之上万人之下的辅政大臣，却由于自己曾经有过变节经历，所以不但别人瞧不起他，就连他自己也多有自卑心理。两者加起来就造成了苏克萨哈在四大辅臣中是最没有地位的一个，可以说是一个完全的摆设，对鳌拜或者索尼都没有牵制的作用。所以，尽管鳌拜与苏克萨哈有姻亲关系，但是在很多行动上，鳌拜都是在针对苏克萨哈。

四辅政大臣最后一位，遏必隆姓钮祜禄氏，有个背景很深厚的家庭，其父亲是后金的五大开国元勋之一的弘毅公额亦都，母亲是和硕公主。按说在如此深厚的家庭背景支持下，要大展拳脚未必是件难事，但是，这个遏必隆本人却是个胆小怕事、随波逐流之辈，虽然官至辅臣之职却完全没有乃父遗风，能力非常有限，常常追随鳌拜。

正是在这种背景下，毫无牵制力量的鳌拜胆子越发大了。其他三人有的想着明哲保身、有的自愧低人一等、有的只为趋炎附势。所以，在辅政期间实行的政策基本上是鳌拜一人之见，这无疑是往鳌拜野心的小火苗上实实在在地浇了一桶汽油，形成燎原之势。这样，从1661年到1669年的四大臣辅政时期的历史，实际也就是鳌拜逐渐专权的历史。孝庄和玄烨，老的老、小的小，对于鳌拜来说不足为惧。后来的事实证明，他小看了孝庄这个年过半百的女子，更低估了玄烨这个表面上只顾吃喝玩乐的小儿。

鳌拜是一代武将，先后跟随、辅佐过三个皇帝，辅佐顺治时，皇太极余威、余恩犹存，而且顺治也是他力争而立的，所以他还能忠心耿耿。可玄烨就不一样了，辅政时鳌拜已然是三朝老臣，且掌握大权，没有与之对抗的人，所以他对年幼的康熙也就不那么看得入眼，蔑视之意渐渐公然表露。

在朝堂之上，鳌拜常常横眉怒目、张牙舞爪地当着重臣的面顶撞小皇帝，呵斥大臣更是毫不顾忌。遇到重大节日时，鳌拜也身穿黄袍，只用帽结作为唯一区别。他一次又一次地挑战的康熙的忍耐力，更是无时无刻地打击着对他的权势构成威胁的人。

鳌拜对康熙周围的人尤其注意，稍有风吹草动就大开杀戒，视国法于不顾，在康熙身边当差的安费扬古就是死在鳌拜之手的一个冤魂。因为在康熙身边当差，所以安费扬古见到鳌拜的次数比较频繁，加上鳌拜与他父亲之间的过节，所以安费扬古对待鳌拜的态度当然不好。鳌拜怀恨在心，想方设法地寻遍机会对付他。

欲之加罪何患无辞，在康熙三年（1664），鳌拜终于以一些莫须有的罪名把眼中的仇人安费扬古送上了永远的不归路。其实鳌拜也就是随便给安费扬古找了一个罪名，连康熙的面子也不给。

儿子死的如此之冤，作为白发人送黑发人的老父费扬古当然对鳌拜痛恨不已，可是还没有找到报仇的机会，就被鳌拜给处死了。

鳌拜后期简直到了无法无天的程度，一点小事就能点燃他心中的怒火，康熙的话更是不能入耳。朝中的大臣们也各个因为鳌拜的举动而草木皆兵，因为得罪鳌拜总免不了一死，只是或早或晚的问题。苏纳海、朱昌祚、王登联三人是鳌拜屡次寻思中的陪葬品之一。康熙自然也深知其中奥妙，但是因为手上没有实权，便召集辅政四大臣询问意见，希望其他辅政能站到自己的一边谋求转机。没想到索尼、遏必隆附和，苏克萨哈知道自己若反对极易惹火烧身，只是沉默不语。康熙气极，虽然鳌拜层层施压，但仍不允许鳌拜所奏，只是批准刑部拟定的处罚，即将三人各鞭一百，没收家产。康熙十分想把这三人的性命保住，不惜与鳌拜硬碰硬，没想到康熙破釜沉舟的反抗终究还是没能改变三人惨死的结局。这时，一代忠臣的影子在鳌拜身上再也寻觅不到了。

虽然由于孝庄太后联合索尼、苏克萨哈在后台的运作，使康熙在14岁时终于得以亲政，但是鳌拜却不想就这样退出政治舞台，更加放肆地想要排挤甚至处死其他辅政大臣，而首当其冲的就是苏克萨哈。这时候，鳌拜拟定那些莫须有罪名的功夫已经炉火纯青，他给苏克萨哈捏造了包括心怀奸诈、久蓄异志、欺藐幼主、不愿归政等24款罪名，提出将其处凌迟、族诛这样的极刑。虽然苏克萨哈不该杀，康熙也对其极力保全，可是到最后还是难免死于鳌拜的屠刀之下。这时候的康熙已然逼近了将要爆发的临界点，鳌拜在民间为非作歹，自己为他背黑锅，朝中的忠臣又被他一个个迫害致死，大清的江山如果继续这样进行下去，势必会被新的崛起力气赶出政坛。孝庄太后也感到，这鳌拜已经到了不得不除的地步。于是，祖孙二人紧锁眉头在灯下苦苦琢磨，到底怎样才能将鳌拜一举拿下？

十天还完八年受的气

鳌拜是满洲的巴图鲁，自然也精通于摔跤等运动，但是这一介武夫没想到最终会败在自己最擅长的摔跤中。

鳌拜可以说是康熙执政以来扎在心中的第一根刺，也是最难拔的一根。他的专横跋扈已经让康熙到了忍无可忍的地步，不得不冒着破釜沉舟的危险放手一搏，为自己争取一点生机。令康熙无须再忍的原因还有各种反对鳌拜实力的团体纷纷集到康熙周围以寻求政治保护。就在鳌拜整天沉迷于权势旋涡中时，他根本就不会知道康熙时时刻刻都在想着如何推翻他这个辅政大臣，如何夺回原本就属于自己的权力，如何能够亲自掌握整个国家。给康熙又加了一把油的是，满洲贵族中鳌拜一代已经老去、逝去，新的一代已经形成，他们对鳌拜曾经辉煌的战绩毫无印象，只是对他的专扬跋扈记忆犹新，也正是新生的这一代，成了年轻皇帝的心腹和可倚重的力量。

让康熙坚决下定决心除去鳌拜的是自己身边的一些侍卫。

这些整天跟在皇帝身边的侍卫，对鳌拜的惧怕甚至大过了对皇上权威的惧怕；也有侍卫对鳌拜崇拜的无以复加，甚至还有人追捧鳌拜为"圣人"。显然，怕鳌拜和奉鳌拜的两类人明显都不是无权的康熙能够依靠的了。他只能另起炉灶，训练出一只值得信任、专为自己效忠的禁卫队。当然，这里少不了孝庄太后的推波助澜，他们共同密谋、挑选了一批忠实可靠的年少有力、善扑营，又不能为鳌拜所收买的亲卫队。这时期，索尼已经归顺于康熙，并让自己的儿子索额图亲自统领这些精挑细选出来的少年们，每天在宫中练习摔跤，伴随着抓蝈蝈、追迷藏。康熙以玩乐的行径麻痹了鳌拜一天又一天，一直到自己有足够的实力能够对付鳌拜为止。

这群少年侍卫练习时就算是碰见了鳌拜也并不回避，越是防范敌人就越能引起敌人的疑心。玩闹中带着无比认真地专心练习。鳌拜并没有想到这场游戏其实是为他而准备的，有兴致的时候，身为满族第一"巴图鲁"的他还会亲自示范，帮着康熙给自己的坟墓挖坑掘土。鳌拜只以为康熙年幼无知，天性好玩，心里不免更加得意、坦然，希望康熙再放纵一些。

自以为高枕无忧的鳌拜还美滋滋地享用着万人之上的待遇之时，康熙也逐渐地准备好了一切。

1669年6月14日，对于康熙和鳌拜来说都是一个命运就此转变的大日子。索尼的儿子索额图在擒鳌拜时起到了关键性作用。康熙与索额图等设下计谋，其实，他们设计的计谋很简单，就是趁鳌拜不警惕之时用摔跤这个游戏将他拿下。事后看来，康熙赢就赢在了鳌拜的对他的轻视上。这擒拿的过程确实也十分顺利。

已经无法无天、目中无人的鳌拜接到传他入宫的圣谕，还像往常一样坦然单身入宫。只是没有想到，再从宫中出来，将要面对的情景便是天上地上的差别了。康熙隐忍到现在，终于有机会能出口恶气，不成功便成仁，事到如今，再没有后路可言了。把自己和祖母的身家性命全部压在一群年纪轻轻的布库身上，是有些冒险，但是风险越大、暴风雨过后的回报就越丰厚。想到如果把鳌拜制服就能顺利继位从而施展抱负，此赌注值得一下。

鳌拜虽然武艺高强，但是毕竟舒服日子过得久了，在武功修为上难免有所疏忽，再有也确实是上了年纪的人了，加之布库们年轻气盛、有股子不怕死的劲头，人数更是占了天大的便宜，不能不说这是一个也是唯一一个能够转败为胜的好机会。

朝堂之上，愤怒一并涌出心头，康熙大声痛斥鳌拜，细数其过去的种种罪状。鳌拜早已看惯了软弱可欺的康熙，不曾料到还有这样凌厉的一面，心中不由一怔，心知不妙。但他毕竟在朝中专横跋扈久了，打心里就没看重这个年轻的皇上，很快又恢复了镇静，和康熙对峙起来。

令他意想不到的是，如今的康熙已经完全没有了平日中的忍耐力，把自己平时的罪状通通细数一遍：违背先帝嘱托、结党私营、肆意妄为、残害忠良、欺君罔上、罪大恶极……

鳌拜到了这时才发觉自己可能掉进了圈套，恐怕在劫难逃，心一横，攥紧拳头，向康熙扑去。事先埋伏在暗中的布库群起而攻之，鳌拜根本不能近皇帝的身。鳌拜当年冲锋陷阵，横扫千军如卷席，如入无人之境，哪里会把这几个布库放在心上，岂知这些少年早已经练得武功精湛，又早有准备，一拥而上，将鳌拜掀翻在地。

心中的这根刺终于拔掉了，眼前这个巨大的幸福并没有把康熙冲昏了头脑。鳌拜势力党羽众多，康熙现在羽翼未满，虽说把鳌拜活捉却也不能掉以轻心。把鳌拜收押在狱之后，康熙以迅雷不及掩耳之势逮捕了所有鳌拜的私党，将这个盘根错节的网一并歼灭。

这天翻地覆的变幻在朝野上下掀起了轩然大波，大臣们震惊于威风凛凛的鳌拜就这样栽在了一个16岁的孩子手中，又不禁为康熙的隐忍和果断行事作风感到意外。旗帜通通转向康熙，并遵照圣旨审问鳌拜，罗列了30几条罪状，将鳌拜革职立斩，没收家产，鳌拜的党羽遏必隆等人或绞或斩，大快人心。

鳌拜与康熙再次想见于朝廷之上，已是今非昔比。鳌拜心知在劫难逃，事到如今只希望能保住一条性命。为了免于死刑，在群臣与康熙面前脱下了衣服，鳌拜把他当年随皇太极南征北战的累累伤痕给康熙看。那是战功的标记,也是殊荣的象征,现在更是自己免于死刑的唯一筹码,他抓住了康熙心中柔软的部分。

经过了人员大洗牌的朝廷公布了处理结果:

鳌拜系勋旧大臣,受国家厚恩,奉先帝遗诏,辅佐政务,理应尽忠职守、精忠报国,不想鳌拜结党专权,紊乱朝政,欺君罔上,肆意妄为,任人唯亲,嫉贤妒能,种种证据确凿,不胜枚举。本当依议政诸王意见处以极刑,念其为国家效力多年,不忍加诛,从宽免死,革职拘禁。遏必隆知其奸恶,却明哲保身,有负先帝委任,念其没有参与结党,免其重罪,削去职衔。其余党羽宽宥免死,从轻治罪。朝廷内外满汉文武官员依附鳌拜者,都免其查处。今后当洗心革面,痛改前非,务必遵循国家法度,勤勤勉勉,尽职尽责。

8岁即位,康熙忍辱负重了8年,16岁抓准时机一动则动全身,雷霆万丈、气魄逼人,多年的恩怨也就仅用了10天时间就全面处理妥当。考虑到自己的根基不稳,对鳌拜的同党表现出了较高的容人之量,法外施仁,区别对待,从轻发落,颇得人心。此案的处理,表明年轻的康熙在政治上已经趋于成熟。

康熙掌握朝廷大权后,宣布永远停止圈地,平反苏克萨哈冤案,甄别官吏,奖励百官上书言事,由此开始了清朝历史上崭新的一页。

皇帝不放话没人敢行动

作为中国封建社会的最后一个历史长久的王朝,清朝从没有放松过对可能威胁皇帝权力的弊端的防范。为此,清朝的各代统治者,尤其是前期统治者,都采取了种种预防措施。如顺治皇帝为了避免太监聚集自己的人脉体系威胁朝政,特意规定太监由内务府衙门进行严格管理,对外出的太监各级官吏都有权利进行监督。对干政、结纳官员、擅奏外事的太监要处以凌迟之刑。顺治皇帝还命人打造铁牌,录此条规于上,警示后代遵守。

又如从清朝初年开始,朝廷就在各地的府学、县学内设立卧碑,严格控制朋党问题,顺治皇帝曾经下诏于天下,说"士习不端,结社订盟,把持衙门,关说公事,相煽成风,深为可恶,著严行禁止"。同时寻找各种机会,大肆镇压江南地主阶级知识分子，结果，明朝以来结社分党的风气得到控制收敛。在这个问题上，顺治以后的几个皇帝也都做出过类似的举措，例如康熙曾表示，"人臣分立门户，私植党羽，始而蠹国害政，终必祸及身家"，雍正还为此写了一篇《朋党论》，告诫百官。

为了确保实权不旁落，清朝前中期的皇帝大都精明干练，勤于朝政，而且对朝政大小事务多求躬亲处理。例如康熙说，"今天下大小事务，无论巨细朕心躬自断制"。雍正的细心负责，甚至曾招致一些官员的抱怨，雍正帝听后破口大骂，说他们是"无知小人"，并认为他们是想蒙蔽上听才害怕皇帝英明。此后他对此事更是变本加厉的限制，"设缇骑，四出侦伺凡闾阎，细故无不上达"，还增设特务机构有自己亲自掌握。到了乾隆年间，乾隆本人依旧延续了先帝的事必躬亲的做法，"亲阅本章，折中酌定"其他任何大臣都不得干预。

纵观皇权加强的发展脉络，各个朝代所采取的措施各有差异，而清朝又换了一种方式维护它。

首先，在与反对势力的各种离心斗争中，清朝统治者加强并发展了专制皇权。在清军入关以前和入关初期，爱新觉罗皇室内部为了争权夺利，曾发生过一幕又一幕的残杀悲剧。在当时，战胜内部诸王旗主的反对势力，是有效地打击农民军和南明王朝的前提，也是平定"三藩"叛乱、巩固全国统治的先决条件。康熙以后，清朝统治者多管齐下，大力削弱诸王旗主的势力，削减满族亲贵势力集团和议政王大臣会议的决断权利，使它们形同虚设。另外，为了进一步加强皇权，削弱诸王旗主的努力从来没有因为皇帝更替而停止过。

其次，清朝专制皇权的加强与清朝中枢机构的演变有着密切的联系。清初。议政王大臣会议是最高的中枢机构。"国初定制，设议政王大臣数员，皆以满臣充之。凡军国重务不由阁臣票发者皆交议政大臣，每朝期坐中左门外会议，如坐朝仪。"这种政治体制，会导致国家权力被少数王公贵族掌控，不利于权利的集中，也符合清朝加强专制统治的需要。后来，议政制度逐渐被内阁制度取而代之，王公旗主势力也伴随着制度的更替受到削弱而趋于衰落。

内阁制度也是专制政治的产物，是废除了宰相以后为辅助皇帝处理政务而设立。然而自1658年设立以来，内阁制度却因为统治集团内部的斗争而时设时废，影响皇权稳固。

康熙十六年（1677年），为了集权的需要，康熙选调翰林等官入乾清宫南书房当值，称作"南书房行走"，人数不定。南书房中各位大臣的职责，除了伴随皇帝吟诗作画外，最主要的职责是遵循皇帝的意思拟写谕旨，颁布行政命令。所以他们这个团体实则是皇帝处理政务时的秘密辅助班子。按照当时的规定，出入南书房的官员都是皇帝的亲信，"非崇班贵儋，上所亲信者不得入"。当然为了调和统治阶级内部的矛盾，康熙皇帝还有意挑选一些像张英、高士奇这样的汉族地主知识分子进入南书房，显示自己的明君风范，也以此作为一种笼络人心的手段。

雍正年间，在与准噶尔部作战时，雍正为了处理紧急的西北军务，"始设军需房于隆宗门内"，挑选内阁中谨慎可靠的中书办理机密事务，以后改为军机房，又改为军机处。1729年（雍正七年），任命怡亲王允祥和大学士蒋廷锡、张廷玉办理机务。次年添设军机章京，满汉各8人，轮流担任皇帝指派的工作。自此以后，南书房就不再参与机密事务，又成了专司文词书画等事的清静之地。

作为封建专制主义中央集权高度发展的产物，军机处的特点是地位显赫，政务繁杂，"军国大计，罔不总揽"。而且处理迅速且机密，防范严密，绝对地听命附属于皇帝，没有丝毫独立行动和决策的余地。军机大臣在某种程度上只算是一个兼职，由皇帝从亲王、大学士、尚书、侍郎中指定特兼。他们的主要职责是按照皇帝意志起草谕旨，在皇帝召见过程中，没有特旨召见，其他一干人等包括侍奉左右的太监宫女，一律不得入内。

总的来说，通过中央机关的调整，清朝皇帝一步步掌握了整个中枢统治网的核心。作为上天意志的体现者，专制皇帝要求天地万物臣服于自己，绝不容许任何人和自己对立。从整个历史的角度来看，皇权的加强，关系到整个王朝的沉浮兴衰，是维护自身阶级统治的必然趋势，经济的发展、疆域的辽阔、民族关系的复杂无一不需要有一个强有力的皇权中心。

第三章　平三藩，复台湾，定边疆

引清入关，吴三桂背叛了明王朝，也背叛了李自成。身为大清王朝的平西王，吴三桂再次举起了反旗。昔日的功臣成为了今朝的逆贼，云南、广东、福建，三藩纷纷起兵反清，不为复明，只为称帝。刚刚亲政不久的康熙，该如何面对？明朝最后的残党远避台湾，宝岛之上的小朝廷依然打着朱明的旗号。国土不复，江山不全，一代大帝康熙当做何抉择？

早知今日何必当初

康熙七年（1668年），吴三桂明目张胆地反叛清廷，而作为人质的吴应熊当然不能幸免。虽然吴应熊的妻子、康熙的亲姑姑在孝庄与康熙面前哭诉求情，也没能免吴应熊一死。

吴三桂留在清政府的儿子吴应熊被康熙处死，是"三藩之乱"的转折点。双方的底牌已经亮开，再无其他顾虑。在吴三桂首先出兵之后，1676年冬，康熙迅速调动全国的军事力量向吴三桂扑来。清军声势浩大，吴三桂也不甘示弱，双方陷入了对峙阶段。

自康熙十二年十一月至康熙十五年四月，战乱不断扩大，吴三桂出兵凶猛，而康熙自然也是不甘示弱。两军在斗争中各有得失，但是，令吴三桂没有想到的是，自己的盟友会出卖自己转而投向康熙，使他在战事开始时的优势逐渐消失。

康熙的一生是由一个又一个挑战与考验所构成的。这些考验是他的祖父、叔祖父和父亲留下的，已经积累了30年的历史包袱，各个都沉重万分。"三藩"问题是跟随着鳌拜的落幕接踵而来的。康熙帝在处理这一系列的问题上表现了一位杰出政治家所应具备的素质。

康熙帝与吴三桂的争斗进行了8年之久，在大半个中国进行了一场大的是与非、成与败的博弈。一方是20岁未经战阵的康熙帝，另一方是62岁身经百战的吴三桂。但是战争过程中，两人所表现出来的勇气和智慧却与他们的年龄和阅历完全成反比。康熙所表现出的坚定、镇定、淡定是吴三桂所不能比拟的。

康熙帝与吴三桂博弈的结局早已注定。吴三桂在此时走到了生命的终点。

康熙十七年，虽然吴三桂自觉气数已尽，马上就要被清军攻破，但是，折腾了一辈子总还是想要把自己那个最初的梦想圆上一圆。于是74岁的吴三桂等不及最终完成他的王图霸业，在衡州称帝。但这一冲喜的举动却未能改变叛军的困境。吴三桂只享受了几天，就在连连失利的战势下郁郁而终了。

吴三桂死了，他所带领的军队便是群龙无首了，清军趁机发动进攻，余众纷纷出降，三藩之乱终告平定。

吴三桂的两次叛变给他带来的后果确实大不相同的。第一次背叛崇祯，换来了大清的礼遇和善待。如果没有他后来的再次叛变，后人对他的评价也不至于如此不堪。大明朝昏庸至极，被清朝所取代是历史前进的必然结果；第二次背叛康熙，却是吴三桂的一大败笔。清朝当时正处于蒸蒸日上的繁荣阶段，这时反清纯是反社会发展脚步的。而且各种条件集合起来也并没有给吴三桂带来多少胜算，反而处处都是败笔。

吴三桂与康熙对峙之时，已经就是一个70多岁的老人了，垂垂老矣，无论是精力还是计谋上都不是康熙的对手；还有，这时候人们已经普遍接受了清政府的统治，吴三桂的反叛本身就是一个逆社会发展之举，必然得不到广大人民群众的支持。所以，他的失败是必然的。而康熙自身的实力的确是不容小觑的，康熙身上品德和智慧是吴三桂最终败北的另一个重要原因。

三藩反清之初，清政府连连失利，康熙在危局中表现出的镇定自若着实让人刮目相看。首先将吴三桂的罪状公布于众，得到民众舆论上的支持。接着又不顾姑姑的哭诉处死了自己的姑父、吴三桂的儿子吴应熊，在士气上打击了敌人，激励了清军。

吴军与清军之间的较量不分伯仲之时，康熙为了安定惊恐的军心，镇定自若每日游山玩水，给士兵们吃了一颗定心丸，他的坚定决心和平静心态，对于稳定大局和安定人心，起了很大作用。在战略上也展示了他惊人的谋略，虽然吴三桂打出的是"反清复明"的旗帜，但是康熙没有因此而孤立汉族兵将，反而大力重用，这更加鼓舞了军队的士气。再加上康熙肯听取他人意见不一意孤行，这更使胜利的脚步如虎添翼。

为康熙增加了胜利的筹码的还有"正义"这个词，显然，吴三桂在这点上是丝毫不占优势的。

在吴三桂称帝之前，也许还有其两次叛变的理由，乱世，本来就是一个容易让人迷失的背景，似乎所有的故事都能找出原因。情势所迫、杀亲之仇都是吴三桂可以洗清罪名的筹码，但是，吴三桂所有的"无奈"却在他称帝之后无所遁形，权利的欲望与野心也都昭然若揭，公众于世。所以，吴三桂与康熙之间的三藩之战，首先丧失了正义的筹码。

吴三桂反清，当然也得不到汉族人的支持，因为他在云南虐杀明永历帝。所谓得民心者得天下，吴三桂在民心上就先失了一招。

三藩之中，本身也不是同心一致，吴、耿、尚三人各怀鬼胎，内讧不断，彼此不能合作。和康熙打了几年，形势变得对"三藩"越来越不利，这时候其他两藩的天平就开始倾斜了，毕竟康熙主要对付的还是吴三桂，福建耿氏首先降清；紧接着，尚之信也投降朝廷。吴三桂孤军奋战又能有胜算几何？

康熙二十年（1681年）十月二十八日，清军进入云南昆明。吴三桂虽然已经死去，但是也被掘坟析骸，刨棺戮尸。吴三桂的子孙也被斩尽杀绝。捷书传到北京，康熙帝作《滇平》诗纪念：

洱海昆池道路难，捷书夜半到长安。

未矜干羽三苗格，乍喜征输六诏宽。

天末远收金马隘，军中新解铁衣寒。

回思几载焦劳意，此日方同万国欢。

三藩平定，并不意味着康熙帝自此之后便可高枕无忧。在东南的海中，还有一处本应属于大清的领土孤悬海外。寸土不收,康熙帝就寝食难安。

敬酒不吃吃罚酒

郑成功英年早逝,与清王朝折冲樽俎的重任落在了他的儿子郑经肩上。与乃父不同,郑经虽然也打着反清复明的旗号,但却完全没有郑成功那样的宏图壮志。面对清朝咄咄逼人的态势,郑经居然提出"以外国之礼见待,各不相犯"的条件,此时的郑氏王朝已经完全违背了郑成功的遗愿。

康熙作为一名雄才大略的君主,自然不会允许郑经如此胆大妄为。不过,清军大多出身北方,策马奔腾纵横驰骋是其所长,而登船渡海则一无所知,想要训练一支具有战斗力的水师,在短期之间几乎是不可能完成的任务。因此,康熙最初希望能够通过和谈的方式将郑经招降。

康熙二年(1663年),刚刚继位的康熙遣使赴台湾与郑经谈判。郑经知道清王朝新君即位,又是一个小娃娃,难免生出轻视之心。他趁势提出了以下的要求:将台湾视为同朝鲜一样的属国对待,台湾军民不剃发,更改服饰。显然这是清朝官员绝对无法容忍的,最终谈判破裂。

自此之后,康熙忙于平定三藩之乱,之后又经过了一段漫长的休养生息的时间。其间,康熙实行坚壁清野的海禁政策,尽量断绝台湾和内地的联系。这一招确实起到了奇效,台湾虽然在郑氏王朝时期取得了长足的发展,但并不足以支持庞大的军事开支,逐渐应接不暇。康熙趁机派兵收复了厦门、金门二岛,郑经只得下令放弃所有大陆沿海岛屿,全军退守台湾。

深谙软硬兼施之道的康熙这时又举起了招降的旗帜。派福建总兵孔元章前往台湾说降郑经,并许诺可以册封其为"八闽王",并管辖沿海诸岛。谁料早已放弃反清复明的郑经自恃海峡天险,第二次拒绝了康熙的提议。

康熙二十一年(1682年),福建总督姚启盛再次遣使赴台和谈,这一次郑经着实感到了来自清朝的压力。确实区区一岛是无法抵挡倾大陆之力的进攻的,郑经决定奉大清为正朔,接受大清的爵位,但他仍然拒绝剃发和更改服饰。消息传到京城,康熙深为震怒,在他看来,只有剃发易服,才标志着台湾真正臣属于清朝，否则它就真的和朝鲜、安南等属国毫无二致，这是一心一统中华的康熙绝对不能接受的。于是，第三次和谈再次破裂，至此康熙已经下定决心，要武力收复台湾了。

连番几次的和谈失败让康熙意识到，光有文事不足以让郑经屈服，还需要拥有强有力的武备。因此康熙开始大规模兴建水师，建造规模和强度都足以进行渡海作战的大型战船。而当时清廷，这方面的人才却极其稀少。幸亏施琅的存在，清廷才有可能建设一支强大的水师。

施琅曾经是郑成功的得力助手，但由于性格上的冲突，二人嫌隙渐生。施琅由于屡次得罪郑成功，不得已从厦门逃到南安，希望求助郑成功的二叔郑芝豹为二人化解纠纷。郑成功却以为施琅是负罪逃窜，因此便派人追杀。谁知杀手未能成功刺杀施琅，又担心回去无法向郑成功交差，便谎报军情，说施琅已和清军勾结，因此无法下手。郑成功听闻此言大怒，竟然没有详加调查，就武断地认为施琅已然谋反，便下令将施琅的父亲和兄弟杀害。施琅得此噩耗，也对郑成功切齿痛恨，遂投降了清朝。

施琅降清之后，被任命为福建水师提督，又被封为靖海将军。施琅一心想早日攻克台湾，为父兄报仇。从康熙初年起，他就不断上奏，请求武力解决台湾问题，但当时朝廷正集中力量解决"三藩之乱"，并没有余力顾及台湾。直到康熙二十年（1681年），"三藩之乱"最终平定，而郑经也恰巧于这一年去世，其子为争夺王位展开了血腥的斗争，台湾政局动荡不已，虽然最终由郑克塽继任，但已是元气大伤。施琅此时虽然已经从水师提督任上被撤职，但却再次上疏，强烈要求"当乘其（指台湾郑氏政权）民心未固、军情尚虚"时，"进攻澎湖，直捣台湾"。

施琅的奏折，和朝中一些官员的大力推荐密不可分。先是福建总督姚启圣向康熙力荐"才略优长，谙练军事"的施琅，后来康熙的宠臣、大学士李光地在康熙向其征求对福建水师提督人选的建议时，又两次推荐施琅。他认为施琅"海上路熟，海上事他亦知得详细，海贼甚畏之"，而且"海上世仇，其心可保。又熟悉海上情形，其人还有谋略，为海上所畏"。有这两位重臣的推举，康熙又亲自接见了施琅，听取了他对平台方略的看法和意见。施琅侃侃而谈，康熙深为满意，当即同意了施琅的计划，并重新授予施琅福建水师提督之职，加太子少保。赴福建操练水师，伺机进攻。

经过两年的训练，大清水师已初具规模。康熙二十二年六月十四日（1683年7月8日），施琅亲率500余艘大小战船，共2万余名水兵，乘北风劲吹之际，从东山岛出发，进逼台湾门户澎湖列岛。郑氏王朝惊闻这一消息，连忙派出舰队迎敌，但却不是训练有素的施琅的对手。澎湖一役，施琅大获全胜，夺取澎湖列岛。此时台湾岛已是门户大开，彻底暴露在清军的战力之下。

施琅深谙康熙"以战逼和"的策略，因此他攻下澎湖后并不急于进攻，而是一方面安抚澎湖百姓，另一方面又向郑氏王朝递出了和谈的橄榄枝。郑克塽年纪尚小，国事由大将刘国轩掌握，自知大势已去的刘国轩见施琅如此，自然也乐得答应。于是郑克塽遣使送降表至施琅军前，郑氏王朝宣告灭亡。台湾也被并在了大清的版图之中。

东南海靖，康熙帝长舒一口气。然而伴随一个王朝新生而来的，总会让一国之君为之无暇寝食。当东南之事已了，康熙不得不再把目光投向东北那片大清龙兴之地。

纯属正当防卫

1632年，沙俄扩张至西伯利亚东部的勒拿河流域后，建立亚库次克城，作为南下侵略中国的主要基地。从这以后，辽东地区就承受其连续不断的骚扰和掠夺，由于沙俄人口稀少，所以还大量掠夺中国人口，制造民族纠纷，从中获得更多的渔利。

17世纪的俄国是一个封建农奴制国家。为谋求商业资本的积累，掠夺了更多的生产原料，便开始了积极向东侵略扩张的行动。

沙俄的发展史与蒙古各部有着十分亲密的联系。在13世纪的时候，蒙古部族征服了沙俄各国，并且建立了钦察汗国，而莫斯科大公却在这个时期坐收了渔翁之利，通过贿赂蒙古部族统治者接手了沙俄的政权，并将全沙俄东正教牧首迁到莫斯科，这就形成了沙俄的最初原型。莫斯科公国的文化、地位与实力在之后发展中逐渐超过了周围各个古沙俄国家，并且毫不手软地击败了最初被他们贿赂过的蒙古部族军队，获得了真正的自治权，自此，沙俄民族的第一个中央集权国家才算正式建立。莫斯科也成了罗斯各公国中文化最先进，人口最多，军事实力最强大的国家。此后，莫斯科便走上了征服、同化周围民族的道路。此后的400年间，莫斯科公国先后消灭了周围的一些国家，而且把这些国家的人民都融合到了沙俄族中。

在沙俄的历史上有一个和康熙大帝同样举足轻重的人物，那就是彼得大帝，也正是在彼得大帝时期，初具了今天沙俄的欧洲版图雏形，庞大的沙俄帝国建立。

康熙王朝时期，沙俄对外扩张的速度和程度已经越加猖狂，收买噶尔丹部落不说，还一路侵犯到中国的黑龙江地带，并占据了一些关键地区，在当地建立防御城堡，例如尼布楚、捷连宾斯克、色楞格斯克、乌丁斯克等，这些城堡对此后俄国的军事、外交、经济活动，以及与中国的通商交往起到了纽带桥梁作用。

沙俄之所以盯着中国辽东地区不放，扩充领土的目的之外，还觊觎当地丰富的资源。由于辽东地区离地处偏远，离中央集权所在地比较远，当地清政府的兵力也不是十分强大，所以沙俄掠夺起来就更加方便。

然而，辽东之地虽然偏远，但却是大清王朝不可失去的领土。努尔哈赤为之付尽毕生心血的大清龙兴之地，又岂可让他人的铁蹄肆虐？

黑龙江、乌苏里江流域自古以来就是中国领土。秦汉以后各朝均在此设官统辖。清朝建立之后，继续对这一地区行使管辖权，加强统治。分别在今辽宁的沈阳，黑龙江的宁安、爱辉等地区设立将军，而且还把当地居民编为八旗。还在沿江的重要地区建立了船厂，设置仓屯，陆上开辟台站驿道，以发展水陆交通运输，进一步加强中央与地方的政治、经济和文化联系。

早在明崇祯十六年（1643年），沙俄派兵132人沿勒拿河下行南侵，"不畏严寒"越过了外兴安岭，侵入中国领土并且开始了四处抢掠，并灭绝人性地杀食达斡尔族人,被黑龙江地区人民称为"吃人恶魔"。

冬天过去,江水解冻后,沙俄匪徒又越过黑龙江闯入中国东北部。这一次,沙俄匪徒遭到当地各族人民的激烈抗击。

对沙俄军的侵略行径,康熙帝多次遣使进行交涉、警告。但是这对于掠夺成性的沙俄来说并不能起到什么作用。这使康熙帝认识到,只有使用武力才能驱逐沙俄侵略军。于是,康熙不得不在辽东地区,特别是黑龙江流域,对沙俄侵略做出种种抵抗措施。

其一,在瑷珲(今称爱辉)筑城永戍,号召民众一同进行屯垦。加强那里的经济实力,可以有能力抵抗侵略者。同时加紧造船,疏通和合其他地区联系的道路,以便在战争开始后,能够保证军粮由松花江、黑龙江及时运抵前线。

二是加强侦察和封锁,不能让侵略者想来就来想走就走。康熙派百余名清军,侦察雅克萨的地形、敌情;又派当地达斡尔族头人随时监视敌情变化;令车臣汗断绝与沙俄军贸易,以封锁侵略者。

做完了充分的准备之后,康熙二十二年九月,清军派人勒令雅克萨等地的沙俄侵略军迅速撤离,但是没有得到俄军头目的理睬,反而又派人窜至瑷珲抢掠。得到康熙指令驻留辽东的萨布素将俄军狠狠地击败,并将黑龙江下游沙俄侵略军建立的据点全部焚毁,使雅克萨成为一座孤城。

令人欣慰的是,经过中国军民的多次打击,侵入黑龙江流域的俄国侵略军一度被肃清,安稳了数年。不过,后来沙俄侵略势力又到雅克萨筑城盘踞。清政府又对其进行多次警告,但都无济于事。

沙俄的不死之心也使康熙终于清楚地认识到,若非"创以兵威,则罔知惩畏",于是决意征剿。但是清军在黑龙江一带没有驻兵,从宁古塔出兵反击,每次都因粮储不足而停止,而沙俄侵略军虽为数不多,但由于有充足的军备物资,再加上尼布楚人与之贸易,如果战争一旦打响,势必也会严重影响到我国居民的正常生活和紧急发展,造成边民不安的局面。

针对这种情况,康熙采取恩威并用、剿抚兼施的方略,一边发兵对沙俄的侵略进行遏制，一边在黑龙江地区屯兵永戍，建立城寨，与之建立长期的对垒。

在康熙做准备的时候，劝阻警告活动一直没有间断，康熙也暗下决心，如果侵略军仍执迷不悟，则将其一举消灭，以除后患。

因为黑龙江至外兴安岭地区距东北腹地遥隔数千里，同沙俄这样的入侵者斗争，单靠当地人民的部落武装是无法制止其侵略的，为了保障反击作战的胜利，并在反击胜利后建立一条较完整的边界防守线，就要做足准备以便适应长期的边防斗争。

康熙二十四年（1685年）正月二十三日，为了彻底消除沙俄侵略，康熙命都统彭春赴瑷珲，负责收复雅克萨。清军约3000人在彭春统率下，怀揣着赶走敌人的强烈欲望从瑷珲出发，分水陆两路向雅克萨开进。当即向侵略军头目托尔布津发声通牒。当时侵略者拥兵450人，炮3门，鸟枪300支，面对清政府的强大武装采取拒不从命政策。战斗之势一发而不可收，清军主动出击，分水陆两路列营攻击。侵略军伤亡甚重，不能支撑，无奈之下向清军投降，还派遣使节与清军将领商量要求在保留武装的条件下撤离雅克萨。经彭春同意后，俄军撤至尼布楚。清军赶走侵略军后，平毁雅克萨城，即行回师，留下部分兵力驻守瑷珲，另外派人在瑷珲、墨尔根等地屯田，加强黑龙江一带防务，以防敌人卷土重来。

令康熙没有想到的是，沙俄侵略军在被迫撤离雅克萨之后，贼心不死，继续拼凑兵力，图谋再犯。康熙二十四年（1685年）秋，莫斯科派兵600人增援尼布楚。当获知清军撤走时，侵略军头目托尔布津率大批沙俄侵略军再次窜到雅克萨。俄军这一背信弃义的行为引起清政府的极大愤慨。次年初，康熙接到奏报，即下令反击。

清军2000多人进抵雅克萨城下，将城围困起来，勒令沙俄侵略军投降。托尔布津不理。但是，这次他却为自己的"不理"而付出了惨痛的代价——托尔布津中弹身亡，但是沙俄军队依然负隅顽抗。

冬季将至之时，清军考虑到沙俄侵略者死守雅克萨，没有物资来源必定需要等待援兵，于是进行了更加严密的围困，切图彻底切断守敌外援。侵略军被围困近年，战死病死很多，826名侵略军，最后只剩66人。这次，沙皇一看情势不妙，急忙向清请求撤围，遣使议定边界。清政府再次答应他们的请求，准许侵略军残部撤往尼布楚。至此，雅克萨反击战结束。

康熙二十八年，中俄双方于尼布楚正式谈判。当时沙俄国内出现权力斗争，清朝的情况也不容乐观，当时西北地区准噶尔部噶尔丹谋反，割据叛乱势力十分猖獗，并且有意勾结沙俄，为了笼络大局，康熙不得不在与沙俄的谈判上做出重大让步。两国最后达成和议，签订中俄《尼布楚条约》，俄军撤出雅克萨，毁掉雅克萨城，划定中俄边界。

康熙二十八年（1689年），沙俄全权代表陆军大将费耀多罗和清王朝全权代表领侍卫内大臣索额图、佟国纲在尼布楚签订了边界条约，条约的内容最主要的当属边境划分问题，关于地界划分的内容，即：从黑龙江支流格尔必齐河到外兴安岭直到海，岭南属于中国，岭北属于沙俄。西以额尔古纳河为界，南属中国，北属俄国，额尔古纳河南岸之黑里勒克河口诸房舍，应悉迁移于北岸；雅克萨地方属于中国，拆毁雅克萨城，俄人迁回俄境。

《尼布楚条约》在中国的历史上占有着重要的意义，是大清帝国和沙俄帝国之间签订的第一份边界条约，也是中国和西方国家签订的第一份正式条约。

清政府此举遏制了几十年来沙俄的侵略势头，使中国东北边境在长达一个半世纪的时间里基本得到安定。

第四章　打好民生牌

文治武功，文治在前，武功在后，唯有让百姓安居乐业，才有一个真正的和谐社会。以民为贵，几千年的经验教训始终是历代杰出帝王的准则。禁圈地、兴水利、促农耕、巡江南……康熙帝运用各种手段加强民生，开启了康乾盛世的序幕。

康熙兼职搞水利

历代两朝衔接之际，都必有战乱的过程，明末清初之时的两族之战更是异常激烈，使中国的社会经济遭到严重破坏，满汉族人民的生活都十分困苦。康熙在位期间，平定三藩、收复台湾、抗击沙俄、征讨噶尔丹及安定西藏，虽说都取得了最终的胜利，为康熙的政绩增添大量的亮点，但是这一系列的战争也消耗了大量的人力、财力、物力，给康熙增添了不少的烦恼。特别是康熙初年，旧的战争创伤还没有愈合，新的打击又接踵而至，河水泛滥犹如雪上加霜，清政府中掌权的贵族们都忙着争权夺利、明哲保身，对于民间的疾苦早已麻木不仁，万顷良田长满荒草、亿万子民流离失所，民不聊生的严重程度超过了当时社会的承受能力。

不但如此，在康熙执政前期，每年入不敷出，国库空虚。在这种形势下，纵然康熙有"惟愿天下安宁，百姓安居乐业，共享太平之福"的美好愿望，但短期内根本就不可能实现。

康熙面临着如此巨大而又艰难的课题，划分出轻、重、缓、急。在解决了鳌拜之后，他立即开始着手于解决民众的吃饭问题。虽然康熙年纪尚轻，但在读古博今中懂的却确实不少，在总结了历代王朝治乱兴旺经验教训的基础上，形成了自己独特的重农思想。政局慢慢稳定了之后，更是专心治理农业问题。

为了发展农业生产，康熙首先把清廷官员在百姓手中抢来的土地如数归还回去，给百姓吃了一颗定心丸，老百姓也在这个年轻的皇上身上找到了安居乐业的希望。

康熙是一代明君，也是一个敢于改革推行的革命家，他接下来出台了一系列的推行垦荒屯田、兴修水利的改革政策。

其实早在顺治继位时，就实行了垦荒政策，但土地大多被王公大臣瓜分干净，百姓根本无荒可垦。多尔衮死后，顺治试图改变这种情况，但是在努力了20多年之久却依然无效。康熙初年的时候由于有鳌拜作乱，农业生产萧条凋敝的现象依然存在。所以鼓励开垦，扩大农业经济发展，已经迫在眉睫。

把土地还给农民之后，康熙皇帝大力用免除赋税的条件鼓励开垦，农民们对于政府的优惠政策感到惊喜异常。事实上，政府放宽税收政策能提高垦荒者的积极性，有利于农业生产的发展，同时也有利于以后向这些新垦土地征收赋税。

最重要的也是最得人心的措施是，对开垦后的地田，康熙允许归开垦者所有，并在法律上加以保护，保障垦荒者的经济利益。这对于没有土地的人民或者只有小量土地的人民来说无疑是一个巨大的诱惑，只要开垦，就是自家的。而且，自愿进行垦荒的农民还对得到朝廷政策的扶持：不但可以免除税收，还会将耕牛、种子借与农民使用或种植。毫无疑问，这项措施对于提高农民的生产积极性、促进当时的经济发展起到了重大的作用。

在促进垦荒方面，从顺治以后的历朝都有着大同小异的详细规定：有的给予实物，有的折变现金，按亩计算、论人支给等方式不一而足。可以说，无论规定是怎样的，只要能够确实可靠地得到执行，对进行垦荒的农民来说，总是有利无害。此外，清政府通过一系列政策把整饬吏治与奖励垦荒结合起来，使上层建筑能为发展经济服务。而开垦不但成为农民的事，王公大臣、地方官吏也被带动到其中。

一系列的措施终于增加了耕地面积，使农业生产得到较快的恢复发展。到康熙末年，全国耕田面积比顺治十八年（1661年）增加了174万余顷，超过了明代万历年间的耕田面积。

封建社会时期的农业发展，有地耕、有人种是一回事，但天时必须配合。一场洪涝灾害或者久旱不雨都会让农民的辛苦劳作功亏一篑。所以，预防、整治自然灾害就成了康熙的又一课题。他多次申述，"民生以食为天，必盖藏素裕而后水旱无虞"，所以，康熙一直对兴修水利十分关注。他晚年时曾说："朕于河务留心最切，经历最深，往年屡次阅河时，精力尚强，亲乘小舟，不避水险，各处周览。"

黄河是中华民族的发源地，被亲切地称为"母亲河"，但是这位"母亲"也有暴戾的一面。雨水多发季节常有洪涝，滔滔的黄河水所到之处都会卷走大量泥沙，然后冲入下游平原，下游的人民苦不堪言，只能靠人工筑堤来阻止、延缓洪水的冲刷。不但黄河两岸的人民深受其害，无情的洪水也阻断了南北漕粮的交通要道，这可是关系到京师百万官兵及家口性命的要道。因此，怎样治理黄河、确保运输，便成为了历代王朝治河的重要课题。康熙在位期间，也花了很大的力气来治理黄河，兴修水利，由此可以看出，治理河道在康熙的执政生涯中有着重要地位。

　　康熙不但是改革家还是一名"科研工作者"。治理水患方面完全从理论的角度来寻求解决方案。他还特意学习了关于水利、气象等科学自然知识，力图使其治河方案建立于科学的基础上。

　　康熙亲自设计并指挥了对河工的兴修工程，并且在一次次的实践中积累了广泛的经验，还上升到了一定的理论层次，认识到上游治理彻底，下流自然通畅。想要黄河下游安宁无事，还需在上游下足工夫。带着这一治河思想，康熙对治河做了具体部署措施，多次亲临施工现场，对负责治理河道的官员细心地进行讲解。终于在具体实施的时候得到了出乎意料的成果，既治理了河运，又保护了百姓利益。

　　康熙自己也曾总结过治河成功的经验，一是皇帝要重视，首先将治河当做国家头等大事来抓，所谓己所不欲勿施于人，自己都不愿意做的事，手下办事的臣子们又怎能费心尽力。康熙曾经就亲自巡视检阅，做详细的调查研究，对治河情况做到了心中有数，并能分得清轻重缓急，还要相应地投入大量的人力、物力、财力。二是要善于用人，选拔称职的河道总督。只依靠皇帝自己的力量是无济于事的。一个人的精力是有限的，事必躬亲并不是一个皇帝应该采取的明智之举。

　　康熙治理黄河，变水害为水利，不但保障了国计民生，而且对各地经济的发展也起了重要的推动作用。在封建社会中，具有如此求实精神、科学态度的帝王是实属罕见的。康熙时，对于为患最大的黄河开始了大规模整治工程，甚至在军情紧急之时也不曾终止。

康熙发展农业生产的一系列政策，不但通过禁止圈地等来改革生产关系，而且通过垦荒屯田、发展水利等措施来促进农业生产的发展。

六下江南，一举三得

雍正皇帝曾经给其皇父下做出了一个准确的评价："（康熙）一生，经文纬武，寰宇一统，虽为守成，实同开创。"康熙能在百废待兴之局开创出一片基业，开启康乾盛世的序幕，实与开创建国无异。

为了在顺治身后留下的一片狼藉中建立起一个足矣令世人所臣服的王朝，康熙帝采取了前文提到过的各种手段与措施，甚至亲自六下江南，开启清代帝王巡游江南的序幕。

李自成领导的农民大起义导致了朱明王朝的最后覆亡。清军入关，康熙继位之后，大清的天下基本已经初定，历史揭开了新的一页。由于两个朝代的变更时间离康熙成长时期较近，所以，很多有关前代失国的典故轶事，不但在民间广泛流传，就是在宫中，也有不少年老的太监宫女对此津津乐道。康熙从他们的只言片语中也能了解到历代的兴亡得失，常常以历代灭亡的教训引以为戒并总结了一些经验，跟大臣们分享。

康熙常年深居宫廷之中，但知道防民之口甚于防川的道理，对民间百姓的疾苦和对朝廷的要求十分重视，更是懂得百姓生活质量好坏的情况不是单靠自己一个人就能够全然了解的，所以，对各个地方的百姓官特别关注，要求各级官员凡遇事都须迅速奏报，不能总想着报喜不报忧来博得皇帝的好感，如果发现有谎报之事必定严加惩罚。坚决杜绝臣子们只顾着邀功而蒙蔽欺骗中央政府的情况。

为了更加彻底地了解民愿、了解民情，康熙甚至还经常出京巡视，亲眼查看官员们是不是在据以实报。在政治越发稳定之后，他就时常走出皇宫进行频繁巡行活动，其中最著名的就是他的六次南巡。康熙南巡的目的是多元的，有治国，有治水，有考察，有巡视，有省耕，当然也有游览。

康熙帝从31岁到54岁之间，六下江南，累计共520天，这在清朝皇帝中，甚至是在中国整个封建社会所有的帝王中也是首屈一指。他是第一位跨过海河、黄河、淮河、长江、钱塘江五条大江河的皇帝，开创了清帝南巡的先例。康熙帝的南巡，巡的又是什么呢？不外乎这几点：

康熙南巡的主要目的，首先是治理黄河。

康熙深知黄、淮两河关系运道民生，最为紧要，所以将它视为南巡任务中的重中之重，早在平定三藩之前，他就把治河列为国家三大事之一。南巡考察河务并不是做做样子给百姓看的，而是切实做一些实事，康熙亲临工地，视察河务，了解、研究河势汹涌之原因。根据实际情况，不惜花费重金命令河臣加固运河堤岸，以抗御黄河水流的冲击和侵蚀。皇帝如此重视，大臣们当然也不容疏忽，每每都把黄河的治理提到首要。康熙之时，河道尽管仍时有溃决，但水患已经大大地受到了控制。

南巡中，康熙还不忘团结笼络江南汉族士大夫。清朝初期，清政府处于推行武装统一的非常时期，对于汉族士大夫此起彼伏的反抗斗争，主要采取的是高压政策。康熙执政后，国内情势趋于好转，鉴于形势的变化，逐步改变了清朝初期的高压政策，反而采取亲汉民政策。康熙每次南巡都谒孔庙、拜禹陵、祭明太祖陵，以迎合汉民族的心理。

康熙的这些做法不是向汉族低头示弱，而是想通过这些活动，使汉族士大夫的反抗情绪，进而依附于清朝，扩大了清统治阶级的社会基础。

康熙南巡时，在整顿吏治的同时，还重视了解民情，注意为各地兴利除弊。百姓的话才是真实的话。康熙见到生活艰难的百姓，无不嘘寒问暖、散金相助。他的这一举动使百姓欢悦，不胜感激。

民众之所以没有对康熙的南巡产生反感，大部分原因是因为他每次出巡都不讲究排场，更不会给百姓造成麻烦。他不但自己以身作则，还多次告诫臣子，南巡是为了更好进行江山的社稷而不是游山玩水，因而严禁地方官吏布置供帐，科派扰民。对那些在康熙南巡过程中妄想通过逢迎而加官晋职的官员，康熙更不会口下留情，严加训斥。

当然，这些记载中，难免一些赞美夸大之词，但康熙所做到的，在历代皇帝中已经实属难能可贵了。

康熙一朝，是号称"康乾盛世"的起始，这应与康熙勤勉于政务，经常巡行四方、体察民情是分不开的。

靳辅治河，百姓丰衣足食

明朝末年天灾人祸不断发生，而明末政府吏治腐败，剥削压迫有增无减，又逢陕西干旱，百姓生活困难，阶级矛盾一触即发。随后，农民起义在陕北爆发，直至清顺治年间才基本结束。这场起义给当时的统治者以致命的一击，并给清朝统治者以深刻的启示。

为了加强清朝的经济力量，巩固封建统治政权，清政府自建立以来推行了一系列有利于农业生产和发展的措施，包括兴修水利、豁免田赋、奖励垦荒、更名田、永禁圈地、修改逃人法以及改革赋役制度等。

在兴修水利方面，河道治理是重中之重。

自古，黄河沿岸一直是农业发展的重灾区，由于黄河挟带大量泥沙经由河南、江苏进入大海，加上河道长期失修，泥沙堵塞，堤防不稳固，一遇雨季便常常泛滥决堤，殃及沿岸百姓的生产和生命财产，河道治理也因此成为清朝皇帝心头的一块石头。

康熙就曾经将三藩、河务、漕运三件事写于纸上，悬于宫廷梁柱上，以此提醒自己和文武百官重视治河。但是在平定"三藩"以前，清王朝还顾不上治理黄河。直到1677年（康熙十六年），平定三番的胜局在握，康熙才任命靳辅为河督，开始大力治理黄河。

靳辅，原来曾担任过安徽巡抚，在职期间十分注意农田水利的修建，并躬亲进行勘查，积极听取劳动人民的意见和经验，进行因地制宜的兴建。在治理黄河时，他同样坚持这种行为方式，"无论绅士兵民以及工匠夫役人等，凡有一言可行者"，"莫不虚心采择，以期得当"。在此期间，还不拘一格地任用无名无权的水利方面的人才陈潢作为自己的助理，协同自己共同治河。

靳辅和陈潢治河主要分两个阶段进行。从1677年至1683年（康熙十六年至二十二年）是第一阶段。此阶段重点是堵塞决口，使黄河归复原来的河道。由于黄河水势凶猛，根本不容人靠近，所以历年来人们都束手无策。而陈潢改变施工的老方法，通过开引河、筑减水坝，使决口的水势放缓，然后堵住决口。几年工夫下来，高家堰与黄河其他决口完全被堵塞，黄、淮各归其道。

从1683年至1688年（康熙二十二年至十七年）是治河的第二个阶段。此时施工位置向上游移动，以筑堤为主。在此阶段，靳辅、陈潢沿河筑堤七千九百八十九丈，修筑月形堤坝三百三十丈，对保护堤岸、防水冲刷起到了重要作用。另外，为了保证漕船在河中的运营安全，靳辅、陈潢在黄河北岸开挖中河道，使漕船避开了黄河一百多里的险要地带，提高了运输效率，也保证了沿岸农作物产品的通常运输。

经过靳辅和陈潢十余年的治理，黄河沿岸的旱涝防治、通航状况成效显著。长期被洪涝淹没的苏北大片土地变成了万亩良田。康熙于1707年第六次南巡，视察河道治理情况时也由衷地肯定了靳辅和陈潢的治河功绩。

河道的治理为农业生产的发展提供了前提和基础，而农业技术方面的发展和进步，则为清朝农业的恢复和发展提供了直接的帮助和指导。

清朝皇帝继承历代以农立国的方针，注意依照前人在农业技术方面的经验和成就，一方面对前代书籍进行整理编纂，另一方面也有农村有识之士注意在实际应用中对亲身经验进行书面总结。这样，农业生产技术在清代获得了长足的发展。

1708年，康熙命令汪灏等人在《群芳谱》的基础上进行删订扩充，编成《广群芳谱》100卷。《群芳谱》本是明代一本介绍植物栽培的书籍，全书不超过30卷。而百卷本的《广群芳谱》俨然成为了一部介绍五谷、桑麻、瓜果、蔬菜的植物学百科全书。书中对每种植物的形态、特征和栽培方法做了详细的记载和介绍。

1742年（乾隆七年），乾隆皇帝授权鄂尔泰等人，命其收集整理手头所有旧文献中关于农业的材料，编纂成清朝第一部大型官修综合性农书——《授时通考》。此书共78卷，分别从天时、土宜、谷种、功作、劝课、蓄聚、蚕桑、农余等8个方面来论述农事上的相关事宜。

这两部著作，都是钦定编纂，并以御制之名颁布发行，后来收入《四库全书》中，对清代农业发展产生过很大的影响。

清代，一些生活在农村的知识分子亲身参与并留心观察研究农业的生产过程，以个人名义写就了很多十分有价值的农学著述。清初张履祥所著的《补农书》、陈溟子的《花镜》是其中的代表。

张履祥的《补农书》系统地记载了江南地区在明末清初时农家经营和农业生产技术的具体情况。在提到农作物的栽培制度时，书中强调深耕通晒、施足基肥、培育壮秧，合理密植。在后期看护中，对作物除草、中耕、追肥、烤田和防虫也做了详细的规定，在收割、收藏等方面也做了方法性的提点和规定，正所谓"凡田家纤悉之务，无不习其果而能苦其玛"。

清初农学家陈溟子所著《花镜》一书，仔细地介绍了300多种花木果树的品种和栽培方法，是我国现存最早的一部园艺著作。陈溟子在书中强调"人力可以回天"，并对植物嫁接作用和原理作了具有建设意义的探讨。

稍晚一些的杨岫，本是雍乾时代的一个乡村教师，因长期参加农业生产，农事经验丰富，遂著《知本提纲》，研究耕稼、园圃、蚕桑、树艺、畜牧，并详细地记载了相关的农业生产技术。他的另一本书提名《豳风广义》，辑录种桑养蚕、抽丝织锦方面的相关经验和事宜。因时因地制宜的农事法则贯穿其中。

经过清朝前期恢复发展，到了到康熙年间，全国耕地面积已经将进八亿亩，全国的实际人口数量不低于八九千万，而在明朝时，这两个数字最多不超过七亿亩和六千万。这些数字和涨幅都充分证明了当时农业生产力的发展水平。随着农业生产力的进一步发展，农副产品的进一步丰富，农产品的商品化倾向日益明显，其中以棉花的商品化最为典型。

在我国古代，百姓一般以麻织品作为衣料来保温御寒。但是和麻纺织品相比，棉花和棉纺织品更便宜，质地更柔软，保暖性也更强，所以自宋元以来，棉花逐渐代替了麻纺。到了明清时代，棉花的需求量仍在不断增长，棉花的种植也在清代愈加盛行。

但是在棉花种植、纺织、日用的过程中，它的内部也在悄然间发生着变化。随着商品经济的发展和社会分工的扩展，原来仅仅局限于自织自用的家庭手工业逐渐成为了一个专门的行业。

在当时一些重要的产棉区，很多农民以种棉为生，而不再单纯地依靠田地出产的粮食维持生计。乾隆初年，河南巡抚尹会一曾说"棉花产自豫省而商贩贩于江南"。可见当时的棉花产量不仅大，而且大多以之为商品生产，南北之间互通有无。

除了专门种植棉花的棉农外，负责各地棉花运输贩卖的小商贩、大商人也应运而生。专门从事棉花买卖生意的商人或者商贩，会携带一定数额的金钱资本，到产棉区"坐庄"收购。然后再将收购来的棉花贩运他处，在此周转中获利。而商人、商贩手中的金钱资本到了棉农手中，就成了他们换购粮食、日常用品的收入来源。有金钱基础和地理优势的地方，还开设"洋行铺户"贱价收购棉花，贩运至国外。

农产品的商品化除了在种植棉花方面有体现外，在植桑养蚕、抽丝织绸、烟草种植、烟叶加工等方面已经形成机制。这种现象更是农业生产发展到较高程度的一种外现。

手工业的恢复和发展

我国古代的手工业在技术和工艺水平上都曾名列世界前茅，它们历史悠久，种类繁多，而且产品精良。但是由于明末清初的长期战乱，许多手工业的重要城镇不断遭受烧杀抢掠，很多精良的手工业部门在明代发展受到严重破坏。

例如，江西的景德镇自明朝中叶以来，官窑民窑十分发达，是当时久负盛名的制瓷业中心，也是当时与广东佛山、湖北汉口、河南朱仙镇并称中国四大名镇之一。但是在明末清初，由于战争的破坏，景德镇的大片窑区几乎成为了一片废墟。再如山西的潞安，它的织绸工业本来十分繁盛，但是在明末清初，原来三千余张的织机缩小至二三百张，加上建官府假借朝廷之名疯狂地像当地机户勒索贡绸，"各机户焚烧绸机，辞行碎碑，痛哭逃奔"。类似的还有以"蜀锦"著称的四川成都，经过战乱，"锦坊尽毁，花样无存"。其他的像南京、苏州、杭州以及广州佛山这样的手工业城市同样受到不同程度的破坏和损失。

到了康熙中期以后，封建社会秩序相对稳定，经济恢复发展进程顺利，人民的生活也有了一定的保障，所以因战争受损的手工业各部门也较明朝有了明显的进步和发展，这主要表现在以下几个方面：

第一，与明朝的手工业相比，清代的手工业的分工更加细密。

手工业原来粗放的经营模式，在清代被日益细化，专业部门的数量增多，一个产品的完成不再由一人一场全部完成，而是被分为许多专门行业或连续工序来制作。如矿冶业分为采掘、冶炼、铸造等专业部门。棉织业分为轧花、纺纱、织布及染、踹等多个部门。在制瓷的手工业领域，不但要根据不同的瓷器种类分窑烧制，每一种瓷器还要由不同的工人负责专门的程序来一道道程序的完成。根据分工的不同，工人大致可以分为：陶泥工、拉坯工（俗呼做坯工）、印坯工（俗称拍模工）、旋坯（俗呼利坯挖坯）工、画坯工、春灰工、合渤工、上渤工、抬坯工、装坯工、满掇工、烧窑工（烧窑工又分有事溜火者、事紧火者、事沟火者）、开窑工"。如此细密繁多的分工，不仅增加的瓷器的出窑数量，还在很大程度上提高了产品质量，"工益举而制日精，一岁之成，恒数万器"。

第二，清代工业的恢复和发展也表现在生产工具的进步和和生产技术的革新上。

各个行业的很多专业工具名目繁多，而且很多更新换代的机器工具的构造相当复杂精密。杭州的丝织业，概观工人们所用的工具"有杼、有轴、有滕、有极、有楼、有鹿卢、有蹑、有综；佐之者有构、有梭、有篗、有蟹车。盖一器而工聚焉"。

织布机也有了改进与革新。过去既耗时又费力的"腰机"，早在清代前期就被部分地区淘汰，更先进的织机被越来越多人所使用。而且还出现了专门制作纺织机的铺户，其中，青浦县黄渡徐氏所产之布机，虽然价格稍微贵一点，但是他家的布机既坚固精致又十分好用颇受当地和外地织户的欢迎。民间流传着"金泽锭子谢家车"的谚语，意思是说出自金泽的锭子和出自谢氏纺车，是这个行业中最新的过的产品。

在生产技术的革新方面，江西景德镇的制瓷技术远比明代的改进很多。瓷器的质量和产量也有所提高。在采掘业，很多矿主开始有意识地聘请一些有地质学知识和经验的劳工，并增设了一些技术员的岗位。

第三，清代手工业的机器和工人的数量要远远超过明代的所有量，工场的规模也要比明代的大出很多。

苏州东城的人家，在乾隆年间几乎是家家学纺织，以纺织为生为业的人更是成千上万。道光年间，南京的纺织行业，不算织纱、织绸、织绒和织绫的极具，仅缎机就有3万多架。在以丝织业著称的苏杭地区，数以万计的青年男女在从事丝织业方面的工作，城市间的作坊比比皆是，鳞次栉比。

与丝织业相比规模更大的手工业的运行需要巨额的资本，庞大昂贵而复杂的生产设备，具体生产过程中还需要雇佣大量的手工业工人从事繁重的劳动。如广东的一家铁厂，一个炼铁炉就需要200多个人来管理，发掘铁矿的人手往往超过300人，再加上一些烧炭、运输、托运、管理方面的工人，整个铁厂大概超过1000人，此外还有为运输配备众多的牲畜和船只。又如上海的沙船业同样有不小的规模。因为濒临如海口，上海一般是船商云集、众船停泊之地。船商大多是来自崇明、通州、海门，南汇、宝山、上海本地的富人，他们资金雄厚，产业庞大，手中的船只总数可达四五十艘，而且每造一艘船的花费没有少于七八千两的时候。停泊在这里的船，大的容量可达到官斛三千石，容量少的也不会少于一五六百石。

第四，清时手工业的发展还表现在生产的产品既增加了花色式样，还发明了很多新的品种。如在当时以出产丝织品闻名的南京，仅供皇亲国戚享用的绸类就有四五种，缎类更是依照花色、质地分为八九个品种。

第五，手工业在清代的恢复、发展，还表现在产品市场的扩大上。

很多地方的产品销路遍及全国，有些产品甚至能远销国外。如南京的绸缎的销售网络向北可到达京师，向东可至辽沈，西北至晋绛，向南超过五岭、湖湘、豫章、七闽等地，众多商人在这里购货，然后销售到全国各地。而且当地产的绸缎还深受外国人的喜欢，日本、南洋和欧洲等地都是这些产品的国外销售市场。

经历了明末清初的战乱，清朝的最初统治者采取多种措施恢复发展经济，多次减免赋税，到乾隆时期，社会经济呈现繁荣景象。手工业的恢复发展就是其中的一隅。生产技术的变革，生产工具的革新，以及生产规模的扩大和所产品中的增多，无疑不是经济繁荣的表现，其中最值得人们注意的是在长隆繁盛的清朝统治背后，新的生产方式或者说将与之对立的生产方式已经在慢慢地萌芽了。

第五章 雍正：承上启下的过渡者

九王夺嫡，雍亲王胤禛棋高一步，继位大宝，随之而来的，是后世的褒贬不一，争论纷纭。他刻薄：逼死生母，打击兄弟，屠戮功臣……在血泊中建立起自己的政权；他神秘：弑杀父皇，篡位登基，诡异离世……他在谜团里创造出自己的时代。

父皇驾崩永远有说头

康熙六十一年十一月十三日晚，69岁的康熙皇帝在畅春园龙驭宾天。

十一月戊子，上不豫，还驻畅春园。甲午，上大渐，日加戌，上崩，年六十九，即夕移入大内发丧。

——《清圣祖实录》

然而，这几句看似平淡的话背后，却隐藏着一桩波谲云诡的历史疑案。自康熙四十七年起，皇太子初次被废，继而九子夺嫡，宫廷之中暗流涌动。最终，号称"天下第一闲人"的四阿哥雍亲王胤禛脱颖而出，几乎是出乎所有人的意料登上大宝。自此之后，关于雍正帝皇位来路不正的说法层出不穷，而围绕着这一中心论点，又生发出无数雍正为达成目的不择手段的议论。甚至连康熙之死也因此未能盖棺论定，反而引出了关于雍正是否弑父夺位的争论。

这种争论的产生要从康熙的病情说起。

康熙大帝一生奔波劳碌，从8岁懵懵懂懂被推上皇位开始，诛鳌拜，平三藩，收台湾于南海，退沙俄于东北，一生文韬武略。到了五十而知天命的年纪，康熙帝本以为四海粗平，霸业初定，于是六下江南，享享清福。谁料祸起于萧墙之内，不争气的太子胤礽废而复立，立而复废，从此储位虚悬，引发九子夺嫡，宫廷之内刀光剑影，血雨腥风。儒家有修齐治平之说，可叹康熙大帝，空有治国平天下的雄才大略，却短于齐家，不得已与诸皇子斗智斗勇，难免心情郁闷，元气大丧，疾病缠身。

这一点在《清圣祖实录》有明确的记载。康熙四十七年冬天之后，他的健康状况就每况愈下了。具体症状有心悸、眩晕、腿脚水肿，"手颤头摇"，另外似乎还有中风偏瘫的迹象：右手也不听使唤了。

康熙变成这个样子，完全可以理解，他深深地担心自己那些为了皇位争得头破血流、杀红了眼睛的儿子，更担心他们会把方兴未艾的大清王朝搞得一塌糊涂。他曾经不无悲哀地说："日后朕躬考终，必至将朕置乾清宫内，尔等束甲相争耳！"

此后的十几年中，康熙一直忍受着各种慢性疾病的折磨，拖着病体夙兴夜寐地处理政务军务。到康熙六十一年冬，康熙帝在南苑行猎时，出现了大风降温天气。俗话说得好，来时风火去时病。年届古稀的康熙帝受寒病倒，出现了疑似肺炎的症状。病情来势凶猛，康熙帝迅即返回畅春园静养，经过两天的调理，病情似乎有所好转。然而就在一天之后，即康熙六十一年十一月十三日，康熙帝猝然离世。

那么在康熙皇帝生命最后几天这个紧要的关头，未来的雍正皇帝，当时的雍亲王四阿哥胤禛在做什么？

根据史料记载，在这期间，康熙皇帝命他做了一件似乎意义极为重大的事情：赴天坛代行祀天大典。

古人云："国之大事，惟祀与戎。"从代行祀天大典一事中，似乎可一窥康熙皇帝对这个四儿子是颇为信任的；然而，当时仍然有另一位负责"戎"的大将军王十四阿哥胤禵在西宁出兵走马与罗卜藏丹增斗得不亦乐乎。因此似乎也不能简单断定康熙皇帝圣心已然默定。

值得注意的是，康熙皇帝在驾崩的当天，在病榻上曾经三次召见雍亲王入宫问安。据《清圣祖仁皇帝实录》记载："皇四子胤禛闻召驰至。巳刻，趋进寝宫。上告以病势日臻之故。是日，皇四子胤禛三次进见问安。"

从这段记载看来，这一天康熙帝的病情似乎趋于稳定，健康状况一度好转，而雍亲王也颇为尽孝，看上去似乎其乐融融，父慈子孝，一副风平浪静的模样。

但是傍晚时分，大变陡生。皇宫内苑传来凄厉的呼号之声，人们来来往往都神色惊惶，似有不安之状。士兵们严加戒备，举止慌乱，如临大敌。

当时在中国传教、任职于清廷的意大利传教士马国贤在其回忆录中留下了如下的文字：

1722年12月20日，在我们居住的国舅别墅中吃过晚餐，我正与安吉洛神甫聊天。突然，仿佛是从畅春园内，传来阵阵嘈杂声音，低沉混乱，不同寻常。基于对国情民风的了解，我立即锁上房门，告诉同伴：出现这种情况，或是皇帝死了，否则便是京城发生了叛乱。为了摸清叛乱的原因，我登上住所墙头，惊讶地看到，无数骑兵在往四面八方狂奔，相互之间并不说话。观察一段时间后，我终于听到步行的人们说，康熙皇帝死了。我随后被告知，当御医们宣布无法救治时，他指定第四子雍正作为继承人。雍正立即实施统治，人们无不服从。这位新帝首先关心的事情之一，是给他死去的父亲穿衣。

当夜，他骑马而行，兄弟、孩子及戚属们跟随着，在无数佩戴出鞘利剑的士兵护卫下，将其父亲的尸体运回紫禁城。

这并不是正常的情况，然而，无论是当时还是以后的官方文件中都没有提到此种异状。

其实从现代医学的角度来看，康熙皇帝的直接死因，应该是长期的心脑血管疾病在肺炎的刺激下突然发作。对于一个风烛残年的老人来说，此类并发症无疑是致命的。但是，受到当时的医疗水平所限，康熙皇帝的猝死，显得极其神秘，难免会议论纷纷，再加上畅春园周边不寻常的景象，雍正用不正当手段弑父夺权的传闻自然不胫而走。

在雍正七年的曾静谋反案中，曾静曾经招供说，他听说"圣祖皇帝畅春园病重，皇上进一碗人参汤，圣祖就驾崩了"。

当时，民间对这一事件众说纷纭，曾静的说法仅是其中的一种而已，另外有一种流行的说法则是这样的：

胤禛……遂以一人入畅春园侍疾，而尽屏诸昆季，不许入内。时玄烨已昏迷矣。有顷，忽清醒，见胤禛一人在侧，询之。知被卖，乃大怒，投枕击之，不中，胤禛即跪而谢罪。未几，遂宣言玄烨死矣。胤禛袭位，改元雍正。以后凡宫中文牍，遇数目字，饬必大写，亦其挈矩之一端也。

这种说法见于晚清时革命党人的著作中，彼时反清兴汉之思潮甚浓，因此这故事只能是聊备一格，不能过于当真。而有趣的是，在这个故事的有些版本中，康熙砸向雍亲王的并不是枕头，而是手上的玉佛珠；而雍亲王则将计就计，将玉佛珠说成是康熙传位于自己的证明。

总之，雍正弑父的说法越传越烈。尽管雍正对这一指控矢口否认，但他即位以后的种种行为却让人疑窦丛生，简直是在用实际行动向世人证明他弑父的合理性。

雍正在即位后曾经多次在不同场合提到先帝爷对自己的慈爱之情和培育之恩，甚至不无自豪地声称自己是康熙最看好的儿子，在他的描述中，他和康熙之间父慈子孝，关系至为亲密。然而，在实际行动中他却似乎处心积虑地要处处避开康熙曾经工作生活过的地方。无论是远离康熙所住的畅春园而另起圆明园，还是驾崩后葬于清西陵，都是如此。笃信佛教的雍正是一个相信怪力乱神的人，因此，他的这些举动似乎可以有一种解释，就是他自感对不起康熙皇帝。

另外，雍正在即位之后对亲信和亲戚的处理，难免让人有兔死狗烹之感。年羹尧和隆科多都是其股肱之臣，在野史和民间传说中，亦是帮助雍正在皇位争夺中胜出的重要人物，然而均被雍正罢职削官，甚至处死；而雍正的骨肉凉薄也是出了名的。康熙驾崩后留下的十几个成年皇子在雍正治下动辄得罪，特别是曾经参与皇位争夺的几位阿哥更是不得好死，这甚至涉及了雍正的亲弟弟和子息。更有甚者，民间甚至流传着雍正其母被其所逼撞柱而死的传闻。

总之，康熙就这么驾崩了，雍正在重重迷雾中走来，登上了大清帝国的皇位。

生母使绊子，难倒雍正帝

雍正元年五月二十三日，雍正皇帝的生母，康熙皇帝的德妃乌雅氏薨，死后被追封为孝恭仁皇后。彼时距康熙皇帝驾崩仅仅半年，而官方正史对德妃的去世却语焉不详。根据有关记录，德妃于五月二十二日发病，次日即告不治。这近似于猝死的情况未免使人心生疑窦。长期以来，民间就流传着德妃是被雍正皇帝所逼，撞柱而死的传闻。《大义觉迷录》中便记载了两种说法：一种是说"皇上将允禵调回囚禁，太后要见允禵，皇上大怒。太后见允禵而不可得，于铁柱上撞死"。另一种则称"皇上令九贝子（允禟）往西宁去见活佛。太后说：'何苦如此用心！'皇上不理，跑出来。太后怒甚，就撞死了。九贝子之母亲，亦即自缢而亡"。以上两种说法虽然不足为信，但是，雍正与生母的关系比较微妙却有史可证。

《清史稿》记载，"孝恭仁皇后乌雅氏，护军参领威武女。后事圣祖"。清代官方记载，乌雅氏为正黄旗人。雍正在下诏封赏外戚爵位时，称德妃乌雅氏的曾祖额布根乃是"本朝旧族，创业名家"，早在努尔哈赤时就被"抚育禁庭，视同子侄"，俨然一副皇室元勋的模样。

其实情况并非如此。根据《八旗通志》的记载，额布根的长子——也就是德妃乌雅氏的祖父额参曾任膳房总管，这一职务其实仅是包衣奴才的首领；此外，《八旗通志》又载乌雅氏之第博起曾管理镶蓝旗包衣佐领，似可证明乌雅氏一族出身亦非正黄旗，而是镶蓝旗。因此，德妃的祖上乃是镶蓝旗的包衣奴才出身。

雍正隐瞒这一事实有其政治意义。前面已经说过，八阿哥胤禩生母良妃卫氏是辛者库出身，这一事实屡屡被康熙以及其政敌用来作为贬低胤禩的手段。那么作为皇位之争的胜利者，雍正必然要回避这一事实，抬高外戚家的地位，进而凸显自己与其他皇子的不同之处。当然，也许雍正还考虑到了这样做对于讨好德妃乌雅氏亦不无益处。

其实，在康熙一朝，德妃却并没有因为其相对低微的身份而不见宠于康熙，反而一再受封，并为康熙生育三子三女。

最初，乌雅氏仅是一名普通的宫女。被康熙帝临幸后，于康熙十七年生下了皇四子胤禛。因此次年受封为德嫔。再过一年，又生下了皇六子胤祚。因此又于次年被封为德妃。

胤祚——这个名字并不简单："祚"有皇位之意，康熙将这个字赐予皇六子，简直是在向世人宣告这个孩子不同一般的身份，足见康熙对这个孩子的喜爱和重视。所谓爱屋及乌，德妃自然也深受宠幸，仅仅三年，由宫女而升为妃。可惜的是，胤祚在6岁时夭折了。

不过，这并没有让德妃的地位有所动摇。相反，此后德妃又为康熙生育了一子三女，其中成人的有一子一女。皇九女被封为和硕温宪公主，另外一子，就是赫赫有名的皇十四子胤禵。

据说，德妃乌雅氏外貌端庄，雍容华贵，而天性又淡泊名利，为人做事相当低调。在钩心斗角的后宫中，这一点应该颇能博得康熙的赞赏，而且还能保护自己及子女免遭伤害。

不过胤禛与德妃的关系却谈不上亲密。因为胤禛是德妃的第一个孩子，在其出生之时，乌雅氏仅仅是一名普通的宫女，因此没有亲自抚养皇子的权利。因此，康熙将胤禛交由皇贵妃佟佳氏抚养。佟佳氏一生仅仅生育过一女，还夭折了。因此将满腔的心血都寄托在了胤禛的身上。虽然在胤禛十一岁时佟佳氏病逝，但胤禛对佟佳氏的养育之恩是极其感念的。直到他登基成为雍正皇帝之后，仍然在谕旨中极力颂扬佟佳氏，并且给予佟佳氏的弟弟——也就是自己的舅舅隆科多以高官厚禄。抛开隆科多在雍正夺取皇位中可能起到了重要作用这一点不论，雍正对佟佳氏一门的深厚感情还是显而易见的。

胤禛与佟佳氏的关系如此深厚，与德妃的关系却并不怎么好。由于胤禛自小不在德妃身边长大，而且德妃随后又生育了二子三女，几乎没有时间和精力来关照胤禛这个早已被寄养出去的孩子。康熙十七年，德妃生下了胤禵。即使在寻常百姓人家，小儿子也总是受到父母更多的宠溺，更何况皇家？加之被寄予厚望的皇六子胤祚又已经夭亡。因此不难想象，德妃对于胤禵这个小儿子显然要比胤禛亲近得多。对于母亲的厚此薄彼，雍正自然看得出来。

在康熙末年的夺嫡风波中，胤禛和胤禵居然站到了对立面，胤禵在明处，胤禛则在暗处。德妃乌雅氏对此的态度无处可寻，但是如果说她希望胤禵即位大约也无可厚非。

随着康熙的驾崩，帝位之争尘埃落定。最终胜出的居然是此前默默无闻的胤禛，而不是刚刚在西北前线立下赫赫战功的胤禵。对于乌雅氏来讲，这可能并不好受。尽管无论哪个儿子即位，自己都跑不掉一个皇太后，但这大概并不能减轻心中的失望。特别是康熙死得有些蹊跷，宫闱之中流言顿生，关于胤禛是如何夺取皇位的说法满天飞。这种情况下，乌雅氏心疼胤禵，对胤禛采取了不合作乃至抵制的态度也是可以理解的。于是，在康熙驾崩之后，胤禛和乌雅氏之间，发生了一系列的冲突。

首先，乌雅氏对康熙之死表现得极其痛苦，整日泪流满面，水米不进，宣称要以身殉葬大行皇帝，这等于是给了新即位的雍正皇帝一个下马威。假如乌雅氏只是普通妃子，和雍正全无关系还则罢了，作为亲生儿子的雍正，如果让生母就这么死了，无疑是将自己陷入不孝的境地，从而给了政敌一个攻讦自己的口实。于是，雍正只好苦苦再三相劝，甚至表示如果德妃死了，自己也不打算活了。在这种情形之下，乌雅氏只好作罢，勉强同意了雍正的请求。

可是，乌雅氏立刻又给雍正出了一个难题。在雍正登基典礼之时，按照惯例，皇帝要给皇太后行礼。于是礼部提前一天谒见皇太后，向其通知第二天的礼节。谁知道乌雅氏居然表示这事儿无关紧要，拒绝出席典礼。这简直是以皇太后的身份公开质疑雍正的皇位了！对于自己的生母，雍正又打不得又骂不得，只好几次三番地让几位重臣前去劝说，最后干脆亲自出马。最终，乌雅氏还是勉强答应了。这才算把这个难题解决。

紧接着乌雅氏又坚决拒绝了翰林院为皇太后拟定的尊号，并且也不肯从自己居住的永和宫搬到皇太后居住的宁寿宫中。这一次，乌雅氏表现得十分强硬，无论是王公大臣上奏，还是雍正亲自请求，乌雅氏都不予理睬，一概以大行皇帝新丧，无暇他顾为由推脱。

此外，乌雅氏甚至对雍正的帝位提出了质疑。她公然表示自己做梦都没想过雍正能当上皇帝。这无疑是对雍正取得皇位的合法性提出了疑问。

面对着生母种种不合情理的表现，雍正一定是满腹牢骚，但却不能对她发泄。雍正显然明白，如果对待皇太后稍有失礼之处，立即会被满怀怨愤的诸皇子抓住把柄，因此他只能逆来顺受。他把这腔邪火都发泄在了胤禛身上，这恐怕是乌雅氏没想到的。也许乌雅氏这么做，是想给胤禛出口气，没想到她的妇人之仁，反而让胤禛更加被动。

胤禛很快被削除了兵权，并被软禁在遵化看守康熙的陵寝。这无疑对乌雅氏又是一个新的打击。丈夫新丧，幼子又遭如此对待。乌雅氏终于承受不了这样的现实，她一病不起。

根据史料记载，雍正元年五月二十二日乌雅氏发病，次日丑时崩，终年64岁。在乌雅氏患病期间，雍正帝亲至永和宫，衣不解带，昼夜侍奉，还曾宣召已改名为允禵的十四阿哥进京探望。

乌雅氏死后，她接受了生前没有接受的一切。雍正将她的梓宫先移至宁寿宫，三日之后才移至寿皇殿。乾隆、嘉庆间又多次给她加上尊号，称为：孝恭宣惠温肃定裕慈纯钦穆赞天承圣仁皇后。

作诗要小心，说话要留神

浙江海宁袁花的查氏家族是赫赫有名的名门望族。查氏原籍婺源，元代迁居浙江海宁。明清两代，查姓科举极盛，几乎每代都有大量子弟金榜题名，名儒显宦层出不穷，可谓是书香门第，世代簪缨。难怪康熙皇帝曾经称之为"唐宋以来巨族，江南有数人家"。

然而就是这样一个巨族，在雍正初年却因为一桩文字狱几乎家破人亡。当事人被戮尸枭首，妻离子散，亲族子弟被大量株连，甚至波及整个浙江士林。这就是著名的"查嗣庭科场试题案"。

案件的当事人并非是布衣腐儒，而是当朝大员，内阁学士兼礼部左侍郎查嗣庭，案发时任江西正主考官；而获罪原因也不是诗文之类，而是科举考试的题目。凡此两种，已经说明了这一案件的不同寻常之处。

查嗣庭是浙江海宁查氏家族的第十二世子弟，他这一支兄弟三人，老大查嗣琏，官居内廷供奉总裁，武英殿书局总裁；老二查嗣瑮，官居翰林院侍讲，外放过一任广东正主考；查嗣庭是老三，曾经做过湖广副主考，山西正主考，后来升任内阁学士兼礼部左侍郎，加经筵讲官。说起来这三兄弟真的是非常了不得。首先他们都是进士出身，都曾任翰林院编修之职；其次，都是书法大家，又有诗名，因此颇为士人推崇。

可能是更受宠爱的缘故，一般家庭中最小的孩子都比较特别一些。查嗣庭的两个哥哥年纪相近，只差两岁，而他则足足比二哥小了10岁。因此和两个禀性低调、忠厚老实的哥哥比起来，他要表现得更加张扬一些。

凡是名士，不可避免的都有些只知有己不知有人的骄傲劲儿，这一点在查嗣庭身上表现得甚为明显。他总是喜欢在字里行间对现实冷嘲热讽，发表自己的意见和建议。他在日记里记载了颇多康雍二朝的时事，笔调语含酸辣，颇多讥刺之词。清史大家孟森曾经提到这样一件事情：雍正曾经挥毫录程颢诗一首赐给某臣子，而查嗣庭居然为此赋诗一首记在其日记上，诗云："天子挥毫不值钱，紫纶新诏赐绫笺；《千家诗》句从头写，云淡风轻近禾天。"把天子的墨宝称为"不值钱"，恐怕也只有为人生性疏狂、言语尖刻的查嗣庭说得出这种话。

此外，查嗣庭还和朝中的王公大臣过从甚密。他的仕宦之路一直都得到满汉显贵的提携和拔擢。他最初任内阁学士兼礼部侍郎衔，得到了时任吏部尚书隆科多的荐举；而随后升任礼部左侍郎加经筵讲官，又是经左都御史蔡珽的保奏荐举。查嗣庭还与皇子有所交通联系。他曾做一诗，名为《代皇子寿某》："柳色花香正满枝，宫廷长日爱追随。韶华最是三春好，为近龙楼献寿时。"清史大家邓之诚认为，尽管不知道"皇子"与"某"具体所指何人，但是这一首诗足以看出查嗣庭与内廷的密切关系。这是颇为"八爷党"所苦，对大臣私下结党深恶痛绝的雍正绝对不能接受的。查嗣庭的升迁之路也决定了他的下场：一旦保举人获罪，他必然也在劫难逃。

雍正四年，朝中几位曾经与雍正作对的皇子已然死的死，囚的囚；隆科多则死在牢中；而蔡珽则刚刚被雍正皇帝先后免去左都御史、都统、吏部尚书的职务，专任兵部尚书，随即被降为奉天府尹。查嗣庭的地位其实已经是岌岌可危了。

这一年秋天，查嗣庭出任江西乡试正主考，按照科举制度的规定，乡试分为三场，因此有共有三道题目，所有命题均由正主考拟定，范围则为四书五经中的语句。据此，查嗣庭出了三道题目：首题选自《论语》，为"君子不以言举人，不以人废言"；次题两道，分别选自《易经》和《诗经》，为"正大而天地之情可见矣"和"百室盈止，妇子宁止"；第三道选自《孟子》，为"介然用之而成路，为间不用，则茅塞之矣"。这几道题目看起来并无不妥之处，而且考试时检查严格，也并无舞弊徇私。

乡试顺利结束之后，查嗣庭回到北京。当晚家人为他接风洗尘，少不得觥筹交错，查嗣庭便多喝了两杯。谁知道，正在查嗣庭准备就寝之际，查府门外响起了急促的脚步声和呼喝声，一队全副武装的兵卒砸开了查府大门。队伍一拥而入，当中簇拥着一名面无表情的天使官。天使官当庭而立，展开手中的圣旨高声朗读——原来雍正皇帝下旨，称有人告发查嗣庭平素有对朝廷不敬的言语，因此查抄查府，并将查嗣庭全家 13 口统统逮捕。

这里的"有人告发"在正史中并未留下记载，因此就给了时人充分想象的空间。野史中有不少关于查嗣庭究竟因何获罪的说法。有一种说法称，原来查嗣庭书法极好，但很少挥毫，因此供不应求。琉璃厂的奸商便重金贿赂查府的下人，偷出查嗣庭日常所写的草稿等，销路极好。有一次，一位满族显贵想求得查嗣庭的墨宝，便也如此这般一番。也是命中注定，这一次下人偷出来的，正是查嗣庭的日记。这位显贵大吃一惊，便向雍正举报了查嗣庭。

另一种说法更加离奇：查嗣庭曾经将其姐夫家中的一名乳母娶回家中作妾，后来这名乳母生了一个孩子。偏偏这孩子没有继承查家的优良血统，不学无术，而以喝酒赌博为乐，因此少不得问查嗣庭要钱。天长日久，查嗣庭心生厌烦，便拒绝了这个不肖子的要求。这孩子便决定报复查嗣庭，其实他什么都不懂，只是看到查嗣庭每天都写日记，便觉得这东西大约值钱，便偷偷拿走打算要挟查嗣庭。可是这本日记落到了一个八旗佐领的手中，这名佐领便向查嗣庭勒索一万两银子，查嗣庭并不知情，因此拒绝了他的勒索。恼羞成怒的佐领最终向雍正帝举报了查嗣庭。

查嗣庭被捕三天以后，雍正皇帝下旨，宣布了查嗣庭的罪状。在这道谕旨中，雍正对江西乡试的几道题目大加批判。原来，在此事之前被处理的浙江士人汪景祺曾著《历代年号论》一书，认为"正"字乃是由"一"和"止"字构成，含义不吉，因此历代年号凡带"正"字的都很糟糕。这毫无疑问让雍正极其不满。而倒霉的查嗣庭这次所出的次题中又是什么"正大而天地之情可见矣"，又是什么"百室盈止，妇子宁止"。按照雍正的逻辑，这是绕着弯儿骂自己，查嗣庭和汪景祺是一丘之貉。再加上查嗣庭的日记中那些零敲碎打，边边角角的胡言乱语，于是查嗣庭的罪行就这么确定了。

雍正将查嗣庭"革职拿问，交三法司严审"。随即又命浙江地方官搜查其海宁老家，并将其所有家人一律逮捕，解送北京。从浙江地方官员查抄查府的记录得知，从查府查抄了出了大量的书籍、诗文稿，以及信件等物，其中违禁物品并不多，只有一部分关于晚明和宋末史事的书籍。可是雍正查看之后，却称其中有关于科举作弊的违禁物品，于是更加坐实了查嗣庭的罪状。并且，雍正因此迁怒于浙江士子，在雍正四年下令停止其参加科举考试。这一禁令直到雍正七年才告解除。

查嗣庭颇有些不自由毋宁死的耿直劲儿。他眼见雍正这种穷追猛打的势头，自知绝无生还之理，索性自寻短见一了百了，也免得零零碎碎受苦，牵连家人。雍正五年三月，查嗣庭在监狱中偷偷服毒自尽了。谁知查嗣庭的死，反而让雍正更加火冒三丈。雍正认为，既然查嗣庭有罪在身，就应该老老实实交代罪过，等待朝廷发落。即使是死，也应该由朝廷明正典刑，而不是自杀身亡。

所以，查嗣庭的死给查氏族人带来了更大的灾难。首先查嗣庭死了也不得安生，被戮尸枭首；查嗣庭几个成年的儿子或瘐死狱中，或被判斩监候；未成年的子女被处流放，罚为奴婢，所有财产被罚没充公。消息传到海宁，查嗣庭的继室史氏和儿媳浦氏相约自杀。

查嗣庭的两个哥哥及其家人也未能幸免于难：二哥查嗣亦被流放，以76岁的年纪被发配到关西，最终客死异乡；而大哥查嗣琏由于年事已高，在群臣的求情下总算被释放回乡，他的几个儿子也因其未被追究。尽管如此，他们仍然在监狱中度过了几个月受尽煎熬的生活。经此一案，查嗣琏改名为慎行，改字为悔余。没过多久就郁郁离世。

长期以来，民间盛传，查嗣庭之所以获罪，是由于查嗣庭所出的题目，正是《大学》中的"维民所止"一句。而雍正认为，"维"和"止"正好是"雍正"去头，因此查嗣庭乃是犯下了十恶不赦的谋反大罪。这乃是齐东野语，并非事实真相。但是，查嗣庭一案，乃是有清一代的统治者对江南儒林一贯提防和压制政策的表现之一。江南士林，经此一案，从此更加俯首帖耳，不敢对朝局妄加议论。

十三弟的忠诚

胤禛是在康熙王朝末年、社会出现停滞的形势下登上历史舞台的。复杂的社会矛盾，混乱动荡的朝廷为胤禛提供了施展抱负和才干的机会，也让他举步维艰。面对着"颇得人心"的八爷党，皇帝的位置坐得他心惊胆战，哪里还谈得上身为一国之君的舒心自在。

雍正王朝之初，由于九子夺嫡的余波尚在，再加上康熙始终以怀柔政策治国，导致雍正初年的政局十分不稳。为了扭转这种不利环境，雍正帝有条不紊地进行了多项重大改革，在短短的13年中取得了不凡的业绩，修正了康熙年间以来的弊端，形成了承上启下的基础。可以说，正是因为雍正拥有一副铁血手腕，清朝才能继往开来。

康熙对他的儿子逐一筛选，最终选择胤禛是明智之举。康熙王朝后期，八爷党和四爷党是最具竞争实力的两派。八爷党的人数众多，四爷胤禛也有自己的心腹。

在康熙的众多儿子中，被康熙称为最有侠义心肠的就属十三阿哥胤祥了。他也是和胤禛关系是最铁的兄弟。

胤祥生于1686年，在胤祥14岁的时候，其生母章佳氏去世。此后的胤祥由德妃代为照料。从这以后，胤祥就逐渐地与德妃的长子胤禛十分要好了。

雍正皇帝继位后，将胤祥视为心腹，是以他们儿时就结下的情谊为基础的。如果他们对皇太子胤礽的看法与立场相左，或在康熙朝晚年的储位之争中未曾达成默契，这一基础势必发生动摇。

少年时代即失去母爱的胤祥生性淳诚，谨度循礼，在诸兄弟中虽算不得出类拔萃，但文才武艺都不后于人，又特别地讲义气重情义，虽然贵为皇子，却一点都不蛮横娇纵。康熙皇帝对将他视为最省心的儿子，在他12岁时便命随驾前往盛京谓祭祖陵，此后巡幸江南、避暑塞外、视察河工等都曾携他同往。但是，在胤祥22岁那一年，却卷进了使康熙最为恼火的诸皇子党争漩涡中，与胤禔、胤礽同被拘禁。

以后胤礽获释复立。诸兄弟被加封爵位，但他仍没有获得宽释，十几年间默默无闻。在玄烨的前14个皇子中，除幼年早殇者外，只有胤祥一人终康熙之世没有得到过任何封爵。

在康熙皇帝去世的第二天，继承皇位的胤禛便任命胤祥为总理事务大臣，同日又将他从闲散皇子破格晋升为和硕怡亲王。当时这位新皇帝刚刚从与对手的激烈角逐中争得宝座，尚立足未稳，争夺中的失败者胤禩、胤禟、胤䄉等人心怀怨恨，虎视眈眈，形势十分严峻。受任为总理事务大臣的四人中，胤禩虽为雍正的弟弟外加重臣，但是，他做事的准则却都以和雍正对立为敌为标尺，位列胤禛的政敌之首，可以说雍正执政时期的大半烦恼都出于自己的八弟之手。虽然雍正铁面无情，但考虑到稳定人心，再加上父亲的临终遗言不许伤害自家兄弟，所以才没有处理八爷党。政敌动不了，提拔自己的人却是无可厚非的，所以，胤祥作为与胤禛情深谊重的兄弟，被特殊提拔、安插在佐理朝政的核心位置，显然是重臣之中最受倚重的一个。他在十几年含辛茹苦、遭受冷落之后，得到四哥如此厚待自然感恩不尽，竭尽全力报效，以偿知遇之恩。

雍正初年，面临康熙后期遗留的国库空虚、钱粮匮乏的财政状况，要想稳定时局、强国富民，扭转财政亏空的局面是当务之急。胤禛把这副重担交给了胤祥。

事实证明，胤祥也确实不是只会享乐的草包皇子，在工作中展现了十足的智慧。首次清理康熙王朝时的遗留旧案，由于数量颇大，胤祥决定打破以往常规，采取规定限期和奖励勤勉相结合的办法，数十日内即将几千宗旧案都理出头绪，为雍正长了脸面。被处分的人当中也少不了牵连到八爷党的人，即使有八爷撑腰，也没能幸免，着实打击了八爷党的气焰。雍正初年，清政府新设会考府，胤祥负责审核财政出纳，办理清查亏空、收缴积欠的事务。雍正对此要求很严格，谕示胤祥：此事必须办好，不能虎头蛇尾、半途而废。胤祥深知此事至关重要，遂尽职尽责，认真办理。在不到三年的时间里稽核、驳回不符合规定的奏销项目近百起，有效地防止了营私舞弊的浪费现象。同时，又查出户部亏空银250万两，经奏请皇帝，采取令有关官员赔缴和逐年偿补的办法加以解决。对一些与造成财政亏空有直接关系的王公亲贵也毫不留情，连敦郡王胤䄉、履郡王胤祹等人都被勒令变卖家产清还亏欠。胤祥不怕被人指骂，心甘情愿地扮黑脸、做实事。有人因此责怪胤祥过于苛刻无情，然而也正是凭着这种不徇情姑息的认真态度，他才较好地贯彻了雍正皇帝旨意，使亏补欠还，整顿财政取得显著成效，令雍正的皇位日渐稳固。

治河患、兴水利，是历代皇帝都十分重视同时也十分头痛的国家大计之一。康熙非常注重水利的修建，胤祥青少年时期也曾多次随父皇巡视河工，对此并不陌生。雍正年间，水患同样泛滥成灾，损失十分严重，解决水利问题成为了雍正首要解决的头等大事。在治理水利的人选上，胤祥自然当仁不让，受命总理水利营田事务，主管营田水利府和下辖的四个营田局。胤祥的首要任务便是在直隶地区修治河道，开垦水田，变水害为水利。胤祥领命后"建议兴修、疏浚河渠，筑堤置闸，区分疆亩，经画沟塍，躬亲巡视，往返辄经旬月，栉风沐雨，寒暑靡间，务成万世永赖之利"。胤祥开拓创新，在实地勘察的基础上亲自绘制出水域图进呈御览，雍正帝颇感满意，称赞胤祥等人亲至水患地区，不畏劳苦艰辛，无论大河巨川还是小渠细流，都做出详细调查，细心筹划，大大造福了人民。

雍正几乎将难办之事都交给了心腹胤祥去办理，只有胤祥出马，雍正才放心。

从上述内容可以看出，胤祥并没有被自己的功绩冲昏了头脑，也并不是冲着赏赐才肯为雍正全心全意地办事，其中的原因只是出于和雍正二人的兄弟情谊。也能看出胤祥其人颇为聪明，懂得身为"臣弟"怎样使君王感到满意和放心。不贪恋某些过分例外的恩赐，以免引起猜疑嫉妒而不利于己，这样也就能在宠极人臣之际确保平安，又能更多、更久地博得恩遇。

雍正也并没有卸磨杀驴，虽然此人多疑成性，但是对胤祥却也真正是百分之百的信任、爱戴，做到了真正的"用人不疑"。

胤祥最终死于肺病，但也不排除劳累过度所致。他死后，雍正悲痛万分，食不下咽、寝不安。还因为三阿哥没有表现出悲痛之意而治他的罪,可见其对胤祥的情谊是何等深厚!

第六章　巩固封建统治的最后努力

自明朝时期出现的资本主义萌芽,不仅潜移默化地改变着大清的经济结构,也对封建君主制造成强烈地冲击。进一步加强皇权,是雍正帝为巩固封建统治作出的最后努力。

摊来摊去不减负

赋役制度的整顿改革,自清军入关后就一直在进行,但是结果一直都不能令清统治者满意。

顺治年间颁行《赋役全书》,"定制可谓周且悉矣",但是由于当时的局势紊乱,战火尚未平息,书中井然的规定措施根本就无法实施,因此不能对地主藏匿地产、官吏挪用公款起到任何的限制作用,百姓的生活依旧在盘剥中叫苦不堪。

康熙初年,清朝统治者认为《赋役全书》过于繁琐,实行过程中容易致使混淆,长久实行下去势必会影响清朝的国库收入,于是康熙下令在《赋役全书》的基础上进行精简重新编订。康熙二十六年(1687年),《简明赋役全书》颁行天下,结果仍然效果不佳。

在此期间以及在此之后,清朝政府还颁布了其他的一些法令,也进行了种种改革,但是赋役制度和征收手续上的混乱总是无法清除,更无法禁止负担不均和营私舞弊的情况。其中的主要原因在于清朝的人口变动很快,每户占有的土地数目也经常会发生变动,而全国的地亩数、人丁数的统计往往不能准确地、迅速地反应实际情况,这就使得按地亩、人丁来征收的赋役常常出现偏差。

到康熙中后期,全国的经济得到恢复发展,社会整体安定,人们的生活水平也有所提高，人口也随之在继续增长，赋役制度的弊端也日益明显。这使统治者感到施行更大的赋役改革，势在必行。

1712年（康熙五十一年），康熙提出了"滋生人丁，永不加赋"的办法。按照颁布谕旨中的说法，以后赋税的征收将以康熙五十年的全国的人丁数目为标准和依据，此后到达成丁年龄的，不再负担丁役。

这项制度，把征收丁税的全国总额固定下来，使赋税不再随着人口的增加而增加，这对无地、少地的劳动人民有一定的好处，他们可以不再为了逃避不堪负重的赋税而远离故乡，从而过上一种相对安定的生活。

虽然如此，但是"滋生人丁，永不加赋"的办法并没有对地主阶级和官僚阶级起到长久和真正的限制作用。在这项制度实施的后期，很多有权势的地主阶级置清政府的法令于不顾，为所欲为，依然是以各种名目向贫苦百姓年年增税。

此后，一些眼光长远的官吏、地主，吸取明末赋役不均引发农民起义的经验教训，提出过一些改革方案和想法。但是这些方案要么是太片面、太脱离实际而无法实现，要么是因为阻力太大、障碍过大而中途废止。

直到1713年（康熙五十二年），御史董之燧提出了"统计丁粮，按亩均派"的建议，这是摊丁入亩制度的雏形，但是这个意见在交给户部审议的过程中，以"不便更张"的理由被搁置。

后来，康熙默许了董之燧的建议，最先在广东和四川两省开始试行，但推行过程十分缓慢，很多地方官员都是持隔岸观望的态度，对政策的实施一拖再拖，效果也不明显。

1723年（雍正元年）七月，雍正皇帝登基即位。雍正执政不久就采纳了当时直隶巡抚李维钧的建议，向全国正式颁发诏令，推行"摊丁入亩"制度。

这项制度在颁布后，由于个别省份的拖延，经历了雍正、乾隆、嘉庆三位帝王，历时100年之久，才全部完成了这一赋役制度的改革。

清代赋役制度的改革是社会经济发展的必然结果。随着商品经济的发展，清朝的租佃关系的日益普遍，全国人口的不断增加，加上人口流动性的加强和农民大批流亡、激烈反抗情况的增加，农民的人身依附关系已经被大大地削弱了，清朝统治者也很难再把农民牢牢地束缚在农田劳作上。在这种情况下，向农民直接征收人头税，就会使赋役制度趋于紊乱，国家的税收收入、财政收入也会受到严重影响。雍正元年实施的"摊丁入亩"，将丁银摊入地亩，实际上废除了人头税，开始按土地的单一标准征收税款，这是"滋生人丁，永不加赋"所不具备的先进性，也是社会经济和政治发展的大势所趋。

摊丁入亩的积极意义在于，它将税收的原则和程序大大地精简了，同时也取消了按人头和地亩征税的双重标准，这是赋役制度的重大改革。和以前的征税制度相比，摊丁入亩、按土地多少收税的办法，其实是在按人们所拥有的财产多少和负担能力的大小征税。因为地主阶级人少地多，农民们地少人多，所以，摊丁入亩的政策实施后，原来有农民负担的部分税款势必会转嫁到地主的身上，所以当时才有"摊入田粮内，实与贫民有益，但有力之家，皆非所乐"的说法。

也正是因为这个缘由，自"摊丁入亩"在雍正元年实施以来就一直在遭受地主阶级的反抗和阻挠，尽管从长远来看，这项制度并不会损害他们的利益。在摊丁入亩刚颁布的那一年，浙江一带的地主富商为了反对它的落实，蛊惑蒙骗了上百人，聚集在当地巡抚衙门的门外示威呐喊，表达不愿接受摊丁入亩的方案。恰好此地的巡抚刚上任不久，见此阵势吓得惊慌失措，便不再提均摊的事。时隔四年后，这项政策才开始缓慢进行，可是实行还不到两年，当地的一些地主就开始以帮助推行摊丁入亩为借口，强迫佃户多交税。

因为摊丁入亩的政策对农民本身有利，所以在面对地主阶级的阻挠和抵制时，常常会出现农民竭力反抗的事迹。道光八年，山东黄县知县贪赃枉法，不顾"摊丁入亩"政策，徇私舞弊随意增收粮税，无力负担的百姓便集体来到县衙门前，请求知县能按照当初颁行摊丁入亩的要求收税。没有想到的是知县不仅无情地拒绝了百姓的要求，还命人以棍棒驱散人群，伤人无数。当时正好是赶集日，县衙的行为引起公愤，赶集的人纷纷前来助阵，大家蜂拥进县衙大堂，给知县以教训。

所以，摊丁入亩的实施虽然缓慢，但仍然能得以延续，与广大百姓的抗争和维护十分不开的。

虽然"摊丁入亩"的实施在某种程度上让曾经出现过严重的赋役不均状况的赋役制度得到改善，也相对减轻了贫苦人民身上的负担。但是由于阶级和时代的局限性，它也有自身不可避免的落后性。

在具体的落实过程中，"摊丁入亩"政策并没有解除清时劳动人民的负担，废止实行了几千年之久的"丁役"也只是名义上的事。

皇帝加班，谁敢偷懒

康熙三次南巡，乾隆六次南巡，留下许多轶事。和乃父乃子不同，雍正不仅从未南巡过，而且在他在位的13年中，北京城都几乎没有出过一步。

有一组数据可以说明雍正的工作量有多大：现存的雍正朝奏折共有41600余件，其中汉文奏折35000余件，满文6600余件。以他在位12年又8个月计算，平均每天批阅奏折约10件。除了奏折以外，还有六部及各省的大量题本，据估算统计，雍正朝共处置此类题本192000余件，每天平均处置40件以上。雍正对于这些奏折和题本并非看毕就算，而是要亲笔书写朱批，提出自己的意见和看法。有的朱批竟有数千字之多。除此之外，雍正还要处理各种军国政务。官吏任免、人民生活、农业工商等，雍正都要亲自过问。

雍正自称"以勤治天下"，这绝非自夸之言。他于45岁的年龄登上皇位，正是年富力强之时，既有精力和魄力，又有资历和经验，而且雍正为人坚毅谨慎，做事果断利落，可以说具有优秀政治家的一切素质。

雍正的勤奋，可以用"朝乾夕惕，宵衣旰食，夙兴夜寐，夜以继日"来形容。这样的工作态度不要说皇帝，就是普通人也很难做到。而且，皇帝的事情是没有人督促的，做与不做全凭自觉，雍正不是一天这样做，他这样做了13年，坚持不懈，这就是他的可贵之处。

康熙末年，由于太平盛世，又兼之康熙以宽仁治国，导致吏治松弛，文恬武嬉，贪污腐败之风甚嚣尘上；国库常年亏损，边境战事频频，积累了大量社会矛盾。在"盛世"的一潭死水之下，隐藏着的是隐隐流动，对清朝统治构成威胁的潜流。雍正登上皇位时，面对的就是这样一幅局面，应该说，压在他肩上的担子是十分沉重的。

在这种情况下，雍正帝打起"改革"的大旗，以整顿吏治为切入点，清理国库亏空。雍正刚刚即位时，由于康熙晚年管理不利，官员贪污腐败，国库亏空多达800万两白银。雍正元年（1723年）正月，雍正以迅雷不及掩耳之势，电光石火般连续颁布11道谕旨，严厉警告各级文物官员："不许暗通贿赂，私受请托；不许库钱亏空，私纳苞苴；不许虚名冒饷，侵渔贪婪；不许纳贿财货，戕人之罪；不许克扣运费，馈遗纳贿；不许多方勒索，病官病民；不许恣意枉法，恃才多事。"

这些谕旨，层层下发，中央查地方、后任查前任，就连老百姓也被牵涉进来，雍正告诉他们，谁也不许借钱给地方官员抵挡亏空，如此强大的力量和周全的措施，古未有之。为了切实推行政策，雍正又设立会考府，负责国库的审计并对其收支情况进行整顿。

在雍正的严厉打击之下，不少官吏因亏欠国库银两被革职抄家，甚至方面大员、皇亲国戚也绝不例外。如此大规模，强力度的清欠工程收到了很好的效果。

《清史稿·食货志》曾记载："雍正初，整理财政，收入颇增。"乾隆时史学家章学诚也指出："我宪皇帝（雍正）澄清吏治，裁革陋规，整饬官方，惩治贪墨，实为千载一时。彼时居官，大法小廉，殆成风俗，贪冒之徒，莫不望风革面。"

到雍正末年，国库亏欠不仅完全弥补，还有数千万两余银。此外，雍正还创立"耗羡归公"的政策以预防官员腐败。"耗羡"是征税时附加的货币损耗费，这也是官员贪污的一个重要来源。雍正规定耗羡归公就是把征收的这一部分附加税归国库所有，作为"养廉银"，用来奖励清廉的、有政绩的官员，是吏治的一大进步。

雍正的性格和登上皇位的经历决定了他的执政风格：不会轻易相信任何人，要把权力紧紧抓在自己手里。在这一思路的指引下，在雍正时期，皇权得到了空前的加强。

例如除了六部之外，提升了其他中央政府机构的地位。如理藩院负责少数民族、藩部事务和对外交涉等；翰林院则掌管撰拟祝祭册诰文、编修书籍、经筵日讲及部分科举考试事务等。另外还有管理宫廷事务的内务府和掌管皇族事务的宗人府。内务府的官员主要由宦官（太监）担任。

鉴于明朝宦官专权的教训，清朝的宦官数量减少了很多，管理制度也非常严格，规定太监最高不能过四品，不能结交外臣，不得干预朝政。所有这些机构及其中下级机构的官吏任免均由皇帝一人认定，而且大小官员任命后都要进见皇帝才可上任，体现了清代政权的高度集中。

在地方上则设有直隶、省、东北、边疆少数民族、八旗等行政机构。省以下为府、县。省级最该长官为总督、巡抚，总督辖多省，一般不超过三个，巡抚只辖一省。总督巡抚互不统属，前者管军事、后者管民事。省级行政机构还设布政司、按察史，主管民政、财政和刑事等。

此外，传统社会，土地和人丁分开纳税，土地称税，人丁称赋。赋对于多讲究多子多福的农民来说，是一笔颇为沉重的负担。因此历朝历代百姓为了逃赋，时常瞒报人口。康熙五十年（1711年），针对人口增多的情况，谕旨宣布"盛世滋生人丁，永不加赋"。雍正即位后，彻底取消了人头税，改为摊丁入亩，即将人丁税摊入地亩，地多者多纳，地少者少纳，无地者不纳。从而在法律层面上彻底取消了赋的征收，使大量没有土地的贫农获得了实际利益，减轻了他们的负担。不过，这一政策却也刺激了人口的急速增长。乾隆年间，清朝人口已达3亿，道光年间又突破4亿大关。大量人口加重了社会负担，为盛世的衰落埋下了伏笔。

雍正为百姓做的另外一件大事是废除了贱籍。这种籍属制度是从宋朝流传下来的，分军籍、民籍和贱籍，民籍是士农工商。贱籍则是在士农工商"四民"之外的户口，不得从事其他行业，更不能读书科举，并且世代相传不得变更。"贱民"社会地位极低,"丑秽不堪,辱贱已极",为时人所轻视。

雍正下令取消贱籍,把原来的贱民编入民籍,赋予他们和普通百姓一样的身份、权利和社会地位。取消贱籍,毋庸置疑,无论从观念还是从社会现实来说,这都是一种进步。

总的来说,雍正处在承上启下的关键阶段,康熙晚期已经出现了一些问题,如果他让这些问题继续恶化,清朝的末日也许会来得更早。不过,作为一代帝王,雍正为国家、为百姓做了很多实在的事情。他的努力也为后来乾隆的统治打好了基础,使乾隆可以坐享半个多世纪的太平盛世。

贪官污吏要吃苦头了

康熙末年,海内承平日久,又加上清圣祖以"宽仁"为治国的总方针,结果吏治松弛。文武百官文恬武嬉,贪财怕死,贪污腐败之风盛行,竟至于国库亏损;雍正与乃父不同,早在做雍亲王时就有个"冷面王"的称号,出外办差时就是一路雷烟火炮,让地方官吏各自心惊肉跳,叫苦不迭。待到登基以后,雍正更是对康熙末年的吏治深恶痛绝,于是施展金刚手段,从清理国库亏空入手,大刀阔斧地整治官场积习。

康熙末年官场上的陋习花样繁多,举不胜举。

例如外任的地方官员刚到任时,往往大肆贬抑当地的吏治、经济等各种情况,将当地说得一团糟;过一段时间后,再奏报说经过用心治理,之前的问题都已经得到缓解和好转,通过夸耀自己的政绩,给皇帝留下深刻的印象。河南巡抚石文焯就是一个这样的人。雍正二年(1724年),河南发生蝗灾,他向雍正禀报说,经过省里官员的努力,绝大多数蝗群已经扑灭,百姓的生产生活没有太大影响。但雍正却早就从其他官员的密折中得知实情根本没有石文焯说的那么乐观,于是在朱批中严厉斥责之。谁知他不知悔改。雍正四年,甘肃遭受旱灾,好容易下场小雨,已经调任甘肃巡抚的石文焯再施故伎。他向雍正帝汇报说,由于皇上敬天爱民,甘肃旱情不足为患,粮食有望丰收。结果又被雍正斥责。

此外，由于康熙末年官吏腐败，国库亏空，地方官员遂在老百姓身上打起了主意。巧立各种名目，滥收苛捐杂税，老百姓苦不堪言。此外，官员到任离任、四时八节，以及其他一些日子都有要给上级送礼的陋规，这其实等于是变相的行贿受贿。雍正帝对这些官场陋习深恶痛绝，大力整顿，获得了明显的效果。

御史释迦保在巡察奉天时发现，奉天府的百姓贩运货物的车辆在进出城门时需要按车辆规格缴纳数量不菲的通行费，而这笔钱却不属于国家正项，都被衙门内部私分。雍正帝得知这一情况后，立刻下令查禁。奉天府尹杨超忠实地执行了雍正帝的谕旨，将所有乱收费项目全部废除，也受到了雍正帝的表彰。雍正对官员的溜须拍马，奉承迎合也非常不喜欢。山东兖州知府吴关杰上奏折请求所有文武官员都要在衙门的屏门上刊刻皇帝谕旨，被雍正顶了回来；年羹尧的哥哥年希尧在广东巡抚任上时，给雍正写密折，称颂皇帝"料事如神"，也被雍正批为"没一句真话"。

为了选拔忠于自己、实心任事的官员，雍正对选拔任用官吏一条颇为留心。清代官吏铨选任用，规则繁杂，体例众多，对于官吏的资格、出身都有严格的限定，而且对于满族人和汉族人的任用也各有规定。这些规定，年深日久，已经尸位素餐，阻碍了真正有见识、有能力的官员。雍正大胆打破既有成例，从实际出发，因才任用。

雍正四年（1726年），负责西北军务的川陕总督岳钟琪向雍正禀报，陕西定边、安边、靖边一带的边防部队缺少将领急需补充，但在本省很难找到德才兼备的合适人选；相反四川的武职官员中倒是有不少久经战阵、立下了赫赫战功之人，可是又没有空缺的职位给他们担任。因此岳钟琪希望能够破除不得跨省调动武职的旧有规定，将四川的将领安排到陕西任职。雍正对此极为赞同，他告诉岳钟琪不必过分计较吏部的规定，并且表示可以下一道谕旨专门责成吏部处理此事。

雍正对人才极为重视，常常不拘一格提拔下层官员，他所信任的臣子中有不少是所谓"异途出身"——即不是由科举取士做官。例如"模范督抚"

李卫是花钱捐的兵部员外郎，河东总督田文镜则是监生，至于在军机大臣上行走的鄂尔泰也只是个举人而已。

为了从下级官员中尽快寻找可用之材，雍正还数次谕令内外官员留心访查地方吏治，选贤与能，从各行各业中推举人才。

一些抱残守旧的官吏对这种做法颇不以为然，他们轻视异途出身的官员，认为只有科举出身的官员才能够拔擢任用。雍正对这些人的做法极为不满。他对广东总督阿克敦表示，选拔任用官员的标准不能过苛，不能急于求成，施政经验要在实践中慢慢培养。

对于在任的官吏，雍正也非常严格，他要求文武百官要"实心任事"。贪官污吏自不必提，得过且过、做一天和尚撞一天钟的庸官也会受到处分。

雍正认为，合格的官员可以分成两种，一种是对上级言听计从，听话好用，但毫无个人主见的庸碌之徒，这种人就像是木雕泥塑一样，就算多么贤良方正，也徒具虚名，不能报国安天下；而另一种人则是胸怀韬略才识优长，但在行止上不免有些小缺点的人，雍正更喜欢这样的人，因为他们能实心任事，为国出力，为君分忧。

例如直隶巡抚李维钧曾经想要将吴桥知县常三乐调任他处，理由是常三乐在这一职位上无所作为，当地状况不见起色。吏部却拒绝了这一调令，他们认为，常三乐清廉本分，也没有犯过错，因此不予批准。雍正得知此事后，批评了吏部的决定，指出常三乐无所事事就是失职，调任是不够的，应予免去官职。

雍正是一个禀性多疑的人，他曾经说："其不敢轻信人一句，乃用人第一妙诀。"又说："待人不必信亦不必疑，过疑则失人，过信则自失。"在这种心态下，雍正和他手下的臣子们都保持着若即若离的态度。因此，雍正对大臣的监督极其严密，往往通过密折来了解大臣的一举一动，甚至是自己宠信的臣子也不例外。例如，无论李卫在哪里做官，雍正几乎都要通过密折来监督他的行为。李卫担任云南盐驿道时，雍正帝风闻李卫做事高调、全无顾忌，也不注意自己操守，便密谕云南永北镇总兵马会伯向自己汇报李卫的行为，并要求他要据实汇报，不可顾及情面。而马会伯也很中肯的禀报雍正帝，李卫只是性格急躁，做事不免毛躁，但还是合乎礼法规矩，也很注意自己的操守，雍正帝这才松了一口气。

不仅如此，雍正还会命令不同的大臣彼此互相监督，相互牵制，一方面可以约束其行为，另一方面雍正也可以深入了解臣子。例如雍正帝听说湖南藩台朱纲的口碑褒贬不一，便指示湖南巡抚王朝恩暗中访查其行为举止并据实汇报；反过来，雍正也命令朱纲调查王朝恩的"居心行事"。

在雍正皇帝的努力下，雍正年间的吏治确实面貌一新，一扫康熙末年的颓势，从而为乾隆60年盛世打下了良好的基础。

谁才是真正的凶手

雍正十三年八月二十日，胤禛偶感违和，仍照常听政，并召见臣工。二十一日，病情加重，照常理政。大学士张廷玉每日进见，未尝间断。皇四子宝亲王弘历、皇五子和亲王弘昼等，御榻之侧，朝夕奉侍。二十二日，病情恶化，太医抢救。二十三日子时，进药无效，龙驭上宾。

这是《清世宗实录》中关于雍正之死的记载。作为康熙帝的儿子和乾隆帝的父亲，雍正皇帝在百年康乾盛世中扮演着承前启后的重要角色。从即位到暴毙，他在位只有短短的13年，却制造了一系列的疑案。对后人而言，雍正王朝就像遗落在岁月里的一个神秘孤岛，被层层迷雾所包围。

雍正的暴毙是他留给后人们的最后一桩疑案。从发病到死亡，只有短短的三天时间，由此推断，雍正得的应该是急症。可是无论《清世宗实录》还是《清史稿》，都对他的死因只字未提。正史的缺失，导致关于雍正之死的推测众说纷纭。

其中最广为流传的说法是，女剑侠吕四娘为报家仇，深夜潜入皇宫刺杀了雍正。这种说法极具传奇色彩。

据后人记载，女剑侠吕四娘是东海夫子吕留良的后人。雍正八年，曾静一案爆发，陕甘总督岳钟琪受湖南曾静、张熙怂恿，举兵反清，事情败露后，由于在曾静等人的供词中涉及到吕留良的文字作品，吕家被牵涉其中。雍正下旨灭吕氏全族，并将吕留良开棺戮尸。

当时，吕四娘因在安徽乳母家中而逃过一劫。后来，吕四娘听说吕氏一族惨遭灭门，便用血写下了"不杀雍正，死不瞑目"八个大字。为报家仇，她下江南拜大侠甘凤池为师，苦学本领。学成之后，吕四娘只身入京，并趁机混入皇宫，杀死了雍正，她甚至取走了雍正的首级，用来祭奠含冤而死的族人。

这个故事虽然流传甚广，但真实性并不高。据曾静一案的相关记载，吕留良之案，清政府监管非常严密，吕氏一门不可能有漏网之鱼。雍正十年，已去世的吕留良和他的大儿子吕葆中被开棺戮尸；次子吕毅中被斩首；其他子孙被发配到宁古塔，世代为奴。

这个故事中还有一个疑点即吕四娘的师父甘凤池。甘凤池并不是虚构人物，可他也不是坚决反对清政府的武林高手。《儒林外史》中的凤四老爹就是以他为原型塑造的形象。甘凤池在雍正七年就被李卫生擒，之后，便彻底投降了清廷。可见，雍正死于他的徒弟吕四娘之手的说法可信度并不高。

另据清末民初学者柴萼所著的《梵天庐丛录》记载，雍正九年，雍正皇帝在睡梦中被太监霍成、吴守义和一帮宫女用绳子活活勒死。霍成和吴守义本来是八阿哥廉亲王宠信的太监。雍正即位之初，处理康熙末年"九子夺嫡"的余波时，八阿哥胤禩被逼死，从护主的角度讲，这两个太监是有杀人动机的，所以，乍听之下这种说法好像比较合理。

但《大义觉迷录》中的一段记载却推翻了这种说法。据《大义觉迷录》记载，雍正四年，霍成和吴守义被发配到广西，后来，曾静一案爆发，他们俩又被卷入其中。《梵天庐丛录》中记载的事情发生在雍正九年，这时候，二人不可能仍在宫中当太监。而且，在位十三年的雍正怎么可能死于雍正九年呢？可见这种说法也纯属杜撰，不足为信。

除此之外，还有被曹雪芹和竺香玉合谋毒死的说法。相传，竺香玉本是曹雪芹的恋人，后被雍正霸占，成为雍正帝的皇后。曹雪芹为了见到恋人，就在宫中谋了一份差事。后来，为了跟竺香玉在一起，曹雪芹便与她合谋，用丹药毒死了雍正皇帝。这种说法杜撰的痕迹太重，纯属无稽之谈。

承政院是朝鲜管理国家机密事物的机构，设立于定宗时期。《承政院日记》是承政院对李朝时期日常事物所做的详细记录，是李朝时期的重要史料。由于明清两代的皇帝与李朝时期的朝鲜政府外交联系密切，有学者尝试从《承政院日记》中寻找关于雍正之死的线索。

《承政院日记》的记载略显夸张，说雍正晚年耽于美色，由于纵欲过度，导致病入膏肓。这种说法虽然可能有夸张的成分，但却非全然杜撰。据史学家推断，雍正即位之初，为了加强皇权，他对内要清除政敌、打击朋党、整饬吏治；对外征战西北、打击分裂活动。与康熙一样，雍正皇帝也是一位勤于政事的皇帝。他朝乾夕惕、夙夜忧勤，兢兢业业地履行着一个皇帝的职责，努力稳定着国家的政局。雍正八年以后，随着国家政局日渐稳定，雍正开始有一些闲暇时间，他不需要再像之前那样忙碌。步入天命之年，他开始崇佛修道，并对女人产生了兴趣。雍正晚年沉迷于道家炼丹之术，他长期服用一种叫"既济丹"的丹药，据说，这种丹药对水火不济、肾虚、虚败不禁、腰脚无力等症状有很好的治疗作用。由此可见，已过天命之年的雍正，炼丹服饵的原因并不单单是为了追求长生不老，他也希望这些丹药能起到固本培元、壮阳补肾的功能。雍正八年以后，雍正皇帝常年服用以道家炼丹之术炼制而成的丹药。这种丹药性情燥烈，而且毒性极大，长期服用，会有大量的毒素沉积在体内，对于雍正皇帝来说，毒发身亡只是早晚的事。

牛舌头黑铅是道教炼丹所使用的重要原料。雍正十三年八月初九，大批牛舌头黑铅被运进了圆明园中炼丹的地方。八月二十一日凌晨，雍正皇帝便毒发身亡，死在了圆明园离宫里，三天之后，乾隆皇帝即位，历史又翻开了新的一页。

第七章 康乾盛世不安稳

顺治首创，康熙再进，雍正承上，大清帝国的皇冠传到乾隆头上时，已经到了最为辉煌的时刻。上承祖、父之荫，下启勤政之门，乾隆王朝，焕发出了一种欣欣向荣的景象。康乾盛世，这个封建王朝最后一个盛世顶峰，于此出现。

侄子反叔叔

雍正二年（1724年），废太子胤礽在咸安宫中病逝，享年51岁。之前，他已经在此被禁锢了12年。胤礽获罪的原因为世人所熟知：他曾经是康熙皇帝的孝诚仁皇后赫舍里氏的遗腹子，一度是康熙皇帝视若掌上明珠的爱子，但他却因为"狂疾未除，大失人心"最终被康熙幽禁，倒在了康熙末年波谲云诡的宫廷斗争中。也许是过早的跌倒让他看清了政治的险恶和人心的淡薄，被幽禁以后的他不问世事，日夕以抄写经书为业。在他病危之时，雍正曾亲往看望，胤礽还当着雍正的面，教导他的儿子弘晳要忠君爱国，勿作他想。

可是，弘晳却没有听从其父亲的教导，深陷于对权力的争夺中不能自拔，最终落得和父亲相同的下场。

弘晳是胤礽的长子，出生于康熙三十三年（1694年）九月，尽管他的生母李佳氏只是胤礽的侧福晋，但由于正福晋瓜尔佳氏无嗣，因此弘晳其实是算得上是胤礽的继承人。弘晳出生时，胤礽还是东宫太子，弘晳从小就以皇太孙自居。可是，胤礽的两次被废，让弘晳几乎是失去了有朝一日君临天下的梦想。

康熙五十一年（1712年），胤礽被康熙幽禁在咸安宫中。此时的弘晳已经18岁了，刚刚生下了长子永琛。父亲的失势似乎并没有影响到康熙帝对他的宠爱。由于弘晳习文善武，为人和善，自然受到了满汉文武百官的交口称赞，甚至民间也有"皇长孙颇贤"的说法，甚至一度有因为康熙喜爱弘晳，将会第三次复立胤礽为太子的说法。

康熙对弘晳的喜爱和保护，可以从下面一件事情中看出来：康熙五十五年（1716年），弘晳通过太监向宫中的一名叫华色的工匠转达了一个要求：制造一条宫廷式样的珐琅火链。虽然按照康熙幽禁胤礽时的规定，弘晳已经不能使用此物，但这名工匠还是知法犯法，为其制作了一条。结果事机不密，被康熙帝发现，亲自处理此事。按理说，弘晳作为主犯，应当从重处罚，但康熙判处华色带枷杖笞后流放，养心殿管理工匠的太监也受到连带处罚，独独对弘晳只字未提。由此可以看出，对于父亲被囚，本就处于逆境中的弘晳，康熙并不希望因为这一错误，而将他被置于更加不利的位置上。

众所周知，在九子夺嫡中最后胜出的是皇四子胤禛。他的竞争者们在吞下失败的苦果之余，对雍正产生了更大的敌意。雍正自然也深知这一点，为了消灭在朝中盘根错节、直接与他针锋相对的"八爷党"，他必须对其他大多数阿哥采取怀柔政策，而没有与雍正有过直接利害冲突的胤礽自然也位列其中。雍正不仅亲自过问胤礽在咸安宫中的饮食起居，还一再对弘晳表示了好感。

雍正甫一即位，就册封弘晳为理郡王，又将昌平郑家庄的平西王府拨与弘晳居住——这座王府本来是康熙年间修建，计划由废太子胤礽居住，后来由于康熙驾崩而未果。胤礽死后被追封为理密亲王，雍正六年（1728年），弘晳又继承这一爵位，升为理亲王。

可是雍正大约没有想到，弘晳对雍正的关心并不感到温暖和开心，反而愈发地感到愤恨。也许康熙生前的宠爱让他做起了有朝一日还能登上大宝的美梦，而关于雍正即位时的种种流言蜚语也让他深信这位四叔的皇位得来不正。

不过，弘晳的抱怨和不满也只能是暗中发泄，因为他深知：公开反抗雍正，定是落得一个生不如死的下场。因此，他只能隐忍，不发一语。

雍正的暴死和乾隆的登基让一切改变了。对于小时候曾经在康熙身边读过书的乾隆而言，父亲雍正的严肃谨慎、勤于政务固然可敬，但祖父康熙的宽仁治国更是他所向往的。乾隆认为，作为统治阶层的满族相对于汉族来讲人口较少，因此要巩固统治，稳定局面，必须使整个满族团结安定。因此乾隆上台伊始，就将雍正曾经打击压制过的皇亲国戚重新翻案，撤销对他们的处罚，并且重新给予优厚的待遇。乾隆称这一举措为"亲亲睦族"。这也确实为乾隆赢得了大量官吏的支持。

这时候又出了一件和皇位国本有关的大事儿：原来，乾隆的次子永琏是孝贤纯皇后富察氏所出，深受雍正和乾隆的疼爱，据说，雍正亲自为这孩子起名叫永琏，暗含着将来入主大宝的意思。乾隆也认为这孩子"聪明贵重，器宇不凡"，又是嫡长子，因此早在乾隆元年（1736年），根据雍正确立的秘密建储制度，就将写有永琏名字的密旨放在了正大光明匾的后面。可是天不遂人愿，乾隆三年，年仅9岁的永琏夭折了。因此乾隆只得将密旨取出。并与庄亲王允禄、和亲王弘昼，以及几个军机大臣知会了此事，这也意味着储君虚悬，国本未定。

在这样的局面下，弘晳的野心像春天滋生的野草一样迅速生根发芽了。乾隆的宽松政策让他获得了一定程度的自由和权利，而当他得知东宫之位尚空时，更是不安于室，纠集一干人等蠢蠢欲动。

和弘晳过从甚密的，主要有允禄、弘升、弘昌、弘晈、弘普等人。允禄是康熙的第十六子，却比弘晳还小一岁。由于他年纪较小，并未参与到九子夺嫡之中，因此雍正年间才幸得保全，被册封为庄亲王。但是这位允禄性格内向，喜爱数学和音乐，在政治上却比较迟钝。此外，弘升是康熙五子恒亲王允祺的长子，弘昌和弘晈分别是怡亲王允祥的长子和四子，弘普则是允禄的长子。按理说，允祺和允禄在康熙末年都没有染指皇位的野心，而允祥更是雍正坚定的拥护者，弘晳居然能够博取这些人的同情和好感，进而与之"结党营弘，往来诡秘"，除了说明弘晳在笼络人心上有一手之外，也说明雍正对宗室贵族的政策的确不得人心。

不过，弘晳的一举一动都没有逃脱乾隆的耳目。乾隆四年，乾隆率先发难，他先是借口有人告发弘升"诸处夤缘，肆行无耻"，将其革职锁拿，交由宗人府审判，随即顺藤摸瓜便揪出了弘晳一干人等。其实，乾隆这时候的目标主要是允禄，弘晳的罪状并不大。在乾隆看来，弘晳虽然不忘自己曾经是废太子的嫡子，心存不臣之心，但并没有什么实质性的谋反行为，顶多是行为不检而已，因此仅将其革去王爵，软禁在郑家庄。

可是，随着审讯的深入，有一名叫作安泰的巫师交代：弘晳曾经请他做法占卜，预测乾隆能活多少岁，天下是否太平，以及自己是否还能当皇帝等问题。乾隆闻听此言勃然大怒：弘晳对这些问题的关心，显见得他有勃勃野心，甚至妄图取自己而代之。于是将注意力转向对弘晳的调查，结果发现弘晳在自己的平西王府中，仿照内务府的建制，设立了类似于内务府七司的机构。乾隆认为这正是弘晳僭越无礼，另立小朝廷的铁证。情势至此急转直下，最终认定了弘晳的"首恶"地位。乾隆指出，弘晳的罪恶甚至远大于允裪、允禧等人，因此要从重处理。

弘晳和他的父亲以及几个叔叔一样，最终被削除了宗籍，并改名为四十六——这是由于他当时46岁，又被高墙圈禁在景山之内。3年之后，皇帝美梦成空的弘晳郁郁而终，享年49岁。直到乾隆四十三年（1778年），弘晳才与允裪、允禧一道恢复原名，重新收入宗籍。

弘晳的获罪，标志着自康熙末年以来对皇位的觊觎终于告一段落。

最后的安稳民生

礼亲王昭梿所著《啸亭续录》中曾经提到一户被称为"郝善人"的地主。这位郝善人是怀柔县人，家中良田万顷，因为宅心仁厚，扶危济困，怜贫惜老，才得了这么一个绰号。但他最得意的地方并不在此。有一年，乾隆一时兴起，就驾临郝家，郝善人见皇帝来了，自然是加意逢迎，努力巴结，大排筵宴招待乾隆，席上山珍海味竟有100多道，而陪驾的王公大臣、侍卫太监，乃至于差役轿夫等，一律好吃好喝招待。一天就吃了十多万两的银子。这样的气派，这样的排场，恐怕就是大内皇宫也不过如此了。

这个故事从一个侧面反映了乾隆时期社会经济的发展。平民百姓的生活水平逐渐提高，生活质量日益上升，是与乾隆治理下的社会经济的发展密不可分的。

在传统社会当中，农业始终是经济的重中之重。乾隆坚持了从康熙以来的以农业为立国之本的政策，推行了多项有利于恢复和发展农业生产的措施。首先，乾隆大力鼓励对抛荒耕地的开垦，对新开田地按最低税率征税，如果土地贫瘠，还可以免税。其次，为了保护开荒者的利益，又发布了一系列法令，要求地方官如实上报田地亩数，禁止虚报。此外还严禁夺田换佃；对于不适合发展农业作物的地区，还鼓励农民种植经济作物，促进副业的生产。

不仅如此，乾隆还在前代垦荒政策的基础上，进一步加强了对边疆地区的开发。经过康熙、雍正两代的大力垦荒，到乾隆时期，大片荒地已较为稀少，只剩了一些未开垦的零星小块。在垦荒这件事上，乾隆制定了比以往更宽松的政策，并加大了鼓励力度。他规定："凡边省、内地零星土地可以开垦者，悉听本地民、夷垦种，免其生科，并严禁豪强首告争夺。"对于边疆荒地，乾隆则用当地驻兵开垦，"凡驻军在2500人的地方，都要以3/5的人力用来垦荒"。后来，战争平息，各地驻兵减少，不足屯种，乾隆就下令可以召集"流人"，分给他们田地耕种。另外还分给商人每户三十亩承垦新地，免税6年。乾隆甚至开放了前朝封禁的东北地区，将关外闲散旗人迁移过去进行垦荒种地。

乾隆制定的这些政策鼓励了官员和农民的积极性，各地官员纷纷身体力行，推动农业经济的发展，而农民也加快了对耕地的开垦。在长期的实践中，农业生产工具和农业耕作技术都有了长足的发展和进步，北方很多地区都实现了三年四熟或二年三熟。此外，农民广泛引进和推广新作物品种，提高了农产品的产量。耕地面积更是显著增长：雍正二年，全国可耕面积683万余顷，乾隆三十一年扩大到741万余顷。

到清代中期，江南地区已经成为全国的财税大户。乾隆对维护这一地区的安全和社会的稳定，也做了大量的工作，其中最重要的就是返修江浙海塘工程，在海边修建新的鱼鳞石塘。所谓鱼鳞石塘，指的是以条石修筑的堤坝。这种堤坝在修建时，先将条石纵横交错，自下而上垒叠整齐，再在条石上凿出榫铆眼儿，用铁锔和铁榫勾搭连环锁死，之后用油灰、糯米浆浇灌合缝处，最后还要在塘底打桩。由于条石层次分明如同鱼鳞，所以称为"鱼鳞石塘"。这种堤坝建成以后，浑然一体、牢不可破，可以有效地防止潮水对地势较低的沿海地区造成灾害。

早在乾隆元年，海宁一带就修筑了近六千丈的鱼鳞石塘。后来，乾隆委派治水专家，河道总督嵇曾筠接手此事，他将年深日久、已不牢固的土塘拆除，在海宁南门外又修建五百余丈鱼鳞石塘。乾隆四十五年，乾隆更是借南巡之机亲临海宁，并下令将当地所有可建鱼鳞石塘之处尽行修建。仅这一工程就花费白银数百万两。在乾隆的大力督促下，不仅浙江地区，江苏地区也修建了大规模的鱼鳞石塘。到乾隆末年，江浙的鱼鳞石塘已经互相贯通，北起江苏宝山，南至浙江仁和。鱼鳞石塘蜿蜒数百里，与长城、大运河并称为我国古代三大土木工程。

此外，乾隆还建立并完善了关于海塘工程的各项规章制度，如安排官兵管理和巡逻，配备仓储物资随时供应维修，这些措施对于维护海塘的正常运作起到了至关重要的作用，进而保证了东南沿海地区的和平安定与社会繁荣。

在农业快速发展所获得的成就的支持之下，乾隆年间的手工业与商业也获得了长足的进步。手工业的发展促进了经济作物种植规模的扩大。华北平原，特别是河北地区，普遍种植棉花，"冀、赵、真定诸州属，农之艺棉者，十之八九"。长三角地区和珠三角地区则广泛种植桑树，当地人获利颇丰。至于山区则大量种植茶树，吸引了不少客商。新开发的台湾地区，每年的蔗糖产量达到一亿斤之巨。经济作物的种植，使粮食运输贸易也逐渐兴起，长三角一带和福建地区到乾隆时期都要仰仗外地粮食的供给。

手工业的发展还使得商品的种类增多，生产规模提高，销售市场扩大。苏州的织工开发出了新的丝绸式样，并且"专其业者，不啻万家"，其产品不仅畅销于国内，而且还出口到日本、东南亚，甚至欧洲各国；而南京的棉布年销量，仅仅10年之内就涨了3倍，达到一百万匹之巨。采矿业在乾隆时期也有了新的发展。乾隆八年（1743年），乾隆决定开放矿禁，"各省凡有可采之山厂，俱经该地方官查明保题，先后开采，以济民用"，这也使清代的手工业有了新的发展。

乾隆勤于政务，努力发展经济的举措不仅让自己，也让全国人民享受到了社会经济发展带来的好处。

不过，乾隆时期繁荣的社会经济也造成人口的激增。乾隆六年（1741年），全国人口约为1.5亿人，仅仅50年之后，人口数量翻了一倍达到3亿，这导致了自然与社会压力的激增，社会的不安定因素逐渐增加。人口增长带来的压力日益明显。乾隆帝就曾经说过"承平日久，生齿日繁，盖藏自不能如前充裕"，还说"生之者寡，食之者众，朕甚忧之"。此外，人口增长还导致物价的上涨。在物价上涨的冲击下，国家收入的另外一项重要来源——炼铜、漕运和盐业的成本也提升很快，难以为继，纷纷破产，形成了"人口增加——土地减少——物价上涨——工业破产"这样一个恶性循环的怪圈。在康乾盛世美好阳光的背后，即将来临的是道咸衰世的乌云。

准噶尔部终于消停了

厄鲁特蒙古又称为卫拉特蒙古，其实就是在明代引发"土木之变"的瓦剌部。这一支蒙古起源很早，在成吉思汗时期就是一支重要的力量，并与黄金家族世代通婚，因此势力很大，在也先统治时期甚至统一了蒙古全部。后来漠南蒙古的达延汗兴起，击溃厄鲁特蒙古，后者只得逐渐西迁至中亚地区，因此又被称为漠西蒙古。

厄鲁特蒙古主要包括四个部落：准噶尔（又称绰罗斯）、和硕特、杜尔伯特、土尔扈特，此外还有一些小的部落。1623年，以准噶尔部首领哈拉忽剌为首的四部联盟击败了漠南蒙古在漠西的统治势力，控制了天山以北和杭爱山以西的地区，而准噶尔部也因为在这次战争中的主导地位，超过和硕特部，一跃而成为厄鲁特蒙古人中最为强大的部落。之后，准噶尔部在哈拉忽刺之子巴图尔晖台吉的领导下，将和硕特部赶到青海西藏一带，土尔扈特部则远迁至伏尔加河下游，杜尔伯特部被压缩在额尔齐斯河一隅，准噶尔部独霸北疆。

1670年，准噶尔部内乱，巴图尔晖台吉之子僧格身亡，其弟噶尔丹从拉萨赶回伊犁镇压了叛乱者，继承台吉之位。在噶尔丹的统治之下，准噶尔部的势力范围大大扩张，越过天山向南，甚至一度控制了西藏。噶尔丹更将目光瞄向了东边的喀尔喀蒙古。

准噶尔部的扩张，特别是对喀尔喀蒙古的野心引起了清廷的注意。康熙皇帝意识到准噶尔部乃是西北地区的心腹大患，必须及早铲除。于是三次亲征，先后在乌兰布通战役、昭莫多战役中打败噶尔丹。康熙三十六年（1697年），噶尔丹暴病身亡。此后20年，准噶尔部都平安无事。直到康熙末年，准噶尔部台吉策妄阿拉布坦又趁西藏内乱之际派大策凌敦多布占领拉萨，后被清军击败，退回伊犁。

雍正年间，准噶尔由噶尔丹策凌统治，他的名字和噶尔丹相近，其才能也并不逊于噶尔丹。雍正九年（1731年），清军征讨准噶尔，反被噶尔丹策凌诱敌深入，在和通泊大败清军，史称和通泊之战。这一时期，双方互有胜负，清军始终无法攻克准噶尔部。无可奈何的清廷只得同意与噶尔丹策凌议和，达成表面的和平。议和条约在乾隆初年方告达成。此后10年，双方基本上相安无事。

乾隆十年（1745年），噶尔丹策凌去世。他的次子策妄多尔济那木扎勒以嫡子的身份继位，称为阿占汗。作为一个只有13岁的少年，他除了吃喝玩乐昼夜宣淫，就是残害生灵荼毒百姓，而前朝老臣大多去世，一时间居然无人能够管束他。对策妄多尔济那木扎勒失望的王公贵族们逐渐团结在其同母姐姐鄂兰巴雅尔的身边，因此准噶尔得以维持。可是，策妄多尔济那木扎勒对于姐姐维系部落的苦心却全不领情，反而对权力旁落于姐姐之手表示出极大的不满。乾隆十四年（1749年），已经成人的策妄多尔济那木扎勒借口鄂兰巴雅尔自立为女皇，将其囚禁在阿克苏城，与鄂兰巴雅尔关系密切的王公大臣大多被杀。

策妄多尔济那木扎勒的恐怖政策不仅没有让他的地位更加稳固，反而让他很快就从汗位上跌了下来：鄂兰巴雅尔的丈夫萨因伯勒克见到妻子落得如此下场，公开起兵拥立噶尔丹策凌的长子达尔扎。由于策妄多尔济那木扎勒早已众叛亲离，萨因伯勒克没费什么力气就攻下了伊犁。策妄多尔济那木扎勒被刺瞎双眼，囚禁在阿克苏。

继位的达尔扎因为当过喇嘛，所以被称为"喇嘛达尔扎"。由于他的母亲只是个婢女，因此他的血统不够高贵。这对于极其重视血统的厄鲁特蒙古来说是不可接受的。一些贵族便策划推翻达尔扎而另立噶尔丹策凌的小儿子策旺达什。由于事机不密，得知这一阴谋的喇嘛达尔扎先下手为强，将策旺达什监禁处死，而策旺达什的拥护者仓皇逃窜，这其中有大策凌敦多布的孙子达瓦齐和策妄阿拉布坦的外孙阿睦尔撒纳。

虽说将门无虎子，但达瓦齐和阿睦尔撒纳的表现却截然相反。面对达尔扎重兵追捕，阿睦尔撒纳先是暗杀了自己的哥哥和岳父，接着又以1500名精兵抄山路奇袭伊犁，在内应的合作下，达尔扎被杀。达瓦齐登上了汗位。阿睦尔撒纳并不是不想做汗，但他的问题和达尔扎一样：没有资格。因此他只能把达瓦齐推上前台。达瓦齐根本就没有做可汗的能力，他上台的第一件事居然是清洗达尔扎的大臣。其中包括德高望重的杜尔伯特部的达什诺延。达什诺延的死让杜尔伯特部举起了反旗，被称为"三策凌"的杜尔伯特部首领策凌、策凌乌巴什、策凌蒙克带领整个部落的1万余人投奔了清廷。这让准噶尔部的势力大为削弱。

达瓦齐的麻烦并未结束，早先他为了酬谢阿睦尔撒纳的"功劳"，赐予他塔尔巴哈台牧地，但阿睦尔撒纳的胃口却并不如此。乾隆十八年（1753年），他公开要求和达瓦齐平分准噶尔部。达瓦齐自然不会答应他的要求，于是准噶尔部再次陷入了内战中。达瓦齐尽管无能，但他的兵力还是比阿睦尔撒纳要强得多。阿睦尔撒纳向哈萨克人借兵未遂，于是他决定投奔清朝。

乾隆十九年（1754年），阿睦尔撒纳率2万余人向清军投降，他请求乾隆进攻准噶尔，消灭达瓦齐。

乾隆皇帝等待了十多年的机会终于来了。如果说三策凌投靠之时，第一次金川战争刚刚结束，清廷的财政状况尚不允许出兵准噶尔；而阿睦尔撒纳的投靠则无疑让乾隆坚定了攻取准噶尔的想法。乾隆二十年（1755年），清军5万大军兵分两路，分别由乌里雅苏台和巴里坤出兵，直逼伊犁。将阿睦尔撒纳赶走的达瓦齐此时却沉溺在酒池肉林中，准噶尔各部见他如此模样，纷纷不战而降，倒戈投向清军。达瓦齐只得放弃伊犁，退守格登山。在阿睦尔撒纳的紧逼之下，达瓦齐溃不成军，仓皇逃走，后被擒，献清军。不过达瓦齐似乎运气一直都不错。他被押送到北京之后，最终获得了乾隆的特赦，还被加封为亲王，抬入旗籍，居住在北京，也算衣食无忧。

不过乾隆也许高兴得早了些，因为准噶尔部并未完全平定。阿睦尔撒纳原本并不是真的忠诚于清朝，他的目的只是"借兵"，既然达瓦齐已经束手就擒，他便希望能够登上准噶尔部的汗位，再次一统厄鲁特蒙古。可是，清廷怎么会同意将好不容易拿下的领土原封不动地送回去呢？在这种情况下，阿睦尔撒纳利用他通过推翻达瓦齐在准噶尔部建立起来的声望，自立为汗，又反叛了清廷，刚刚平定下来的天山北麓再一次陷入了战火。

不过阿睦尔撒纳的可汗并没有当多久，尽管在战争初期由于准噶尔各部台吉纷纷响应他的号召归顺于他，但当清军援军再次攻来时，准噶尔军内部却闹起了内讧；此外，蒙古人最怕的天花也在军中大规模爆发。面对着清军名将兆惠率领的数万大军，准噶尔部溃不成军。至此，清朝政府才真正控制了北疆，而与之缠斗了百余年的准噶尔部也成了一个历史名词。

平定大小和卓

清代初期，准噶尔部在噶尔丹的统治下，势力急速膨胀，甚至一度控制了西藏。其实，在噶尔丹的扩张过程中，首先遇到的是天山南麓的叶尔羌汗国。

叶尔羌汗国的国家权力控制在"和卓"手中。17世纪时,叶尔羌汗国正处于白山派与黑山派两派和卓的争斗当中,彼此攻讦不已。为了夺取政权,双方都和日益兴起的噶尔丹有所联系。噶尔丹正是利用了这一机会,将势力扩张到天山以南。噶尔丹灭亡了叶尔羌汗国,并扶植黑山派和卓作为傀儡政权。当地白山派居民则趁噶尔丹大败于清军之际,脱离准噶尔部控制,以喀什噶尔为中心建立敌对政权。

可惜好景不长,噶尔丹死后,其子策妄阿拉布坦的势力仍很强大。1713年,策妄阿拉布坦攻取喀什噶尔,消灭了白山派政权,并将白山派和卓玛罕默特押送至伊犁囚禁致死。玛罕默特在囚禁期间生下了两个儿子,哥哥波罗尼都和弟弟霍集占。如果准噶尔的势力一直强盛,也许波罗尼都、霍集占就要和他们的父亲一样在监狱中度过一生。然而,清军对准噶尔的进攻让这兄弟俩看到了复兴的希望。

乾隆二十年(1755年),清军攻克伊犁,准噶尔部覆灭,波罗尼都和霍集占被清军释放出来。由于其父玛罕默特已死,这兄弟俩自然成为新的继承人。波罗尼都和霍集占两兄弟便共同成为回部新的和卓,分别被称为"大和卓"与"小和卓"。

这兄弟俩被释放伊始,还是十分配合清军的。他们兄弟俩分工合作:大和卓由清军将领、御前侍卫托伦泰护送回叶尔羌,召集并安抚回部百姓;而小和卓则留在伊犁处理有关事宜,统管教务。尽管黑山派对清军在南疆的活动表示了强烈的抵制,但在大和卓的号召下,白山派对清军则持欢迎态度,因此清军不费什么力气地攻克了喀什噶尔和叶尔羌,大和卓重新统治了当地。

可是,和大和卓比起来,小和卓并没有那么驯服听话。乾隆二十一年,准噶尔部原本已经降清的阿睦尔撒纳因为不满清廷的封赏,再度兴兵作乱。他召集准噶尔部各台吉会盟,在塔尔巴哈台自立为汗。为了稳固他在西域的统治,他居然向沙皇俄国表示臣服。刚刚安定下来的天山南北又陷入战火之中。小和卓趁阿睦尔撒纳攻陷伊犁之际,倒向自己的世仇准噶尔部。他回到叶尔羌，纠集人马参加了阿睦尔撒纳的军队。

小和卓的倒戈并不是全然没有道理。有一种说法认为清军将大和卓派回叶尔羌，而将小和卓留在伊犁并不是全然出于公心，而是担心大和卓不服从清朝的统治，故此将小和卓作为人质。可以想到长期受到监禁的小和卓对此做法必然是相当不满。不过，尽管如此，清军将其兄弟俩以及其部落从准噶尔部的控制中解放出来，小和卓罔顾这一恩惠而起兵作乱，于情于理也确实说不过去。

阿睦尔撒纳的乌合之众并不是拥有丰富作战经验的清军的对手，于乾隆二十二年被清军击溃。阿睦尔撒纳与亲随数十人逃往哈萨克，最终在沙皇俄国的庇护下了却残生。而小和卓已经与清廷翻脸，不得不回到叶尔羌。

最初清军并没有打算大举进攻坚守叶尔羌的小和卓，只是派清军将领阿敏道带了3000名厄鲁特兵、100名索伦兵前往南疆"慰抚"。但是小和卓对于阿敏道的"慰抚"并不领情。据《清史稿》记载，小和卓以和厄鲁特蒙古人有仇为名，要求阿敏道遣返3000名厄鲁特兵，而当阿敏道进入库车后，立即被小和卓的伏兵俘虏，后来又全部被处死。其后，大小和卓在叶尔羌成立了"巴图尔汗国"，自立为"巴图尔汗"，一时间，天山南疆尽归大小和卓所有。

其实，根据当地人的说法，小和卓和阿敏道的冲突，并不是有意为之，而是语言不通造成的障碍。而小和卓将阿敏道等人处死后，自觉事情不妙，便怂恿哥哥一同反清，自立国家。见事已至此，本来对清廷忠心耿耿的大和卓为了弟弟，也只好无可奈何地答应了。

乾隆二十三年，靖逆将军雅尔哈善出兵征讨南疆。清军首先围攻库车，谁料出师不利，一个多月都没有攻下库车城，还被前来增援的小和卓突入城中，围城打援的计划也宣告失败。无计可施的清军连挖地道的招数都使了出来，但还是被小和卓以灌水的方法破坏了。

直到三个月后，库车城内弹尽粮绝，小和卓与城内的伯克趁深夜突围逃至叶尔羌，清军才占领了库车。其实，在小和卓突围之前，雅尔哈善就已经知道了这个情报，可他却置若罔闻；等小和卓突围之时，他又贻误战机，直到天亮才派兵追击。

纸里包不住火，乾隆很快就得知了真相。雅尔哈善落得个身首异处的下场，改由定边将军兆惠统兵。兆惠是乾隆朝的名将。在第一次金川战争时，他虽然只是负责后勤运输，但其提出的作战方略却颇得乾隆的赞赏。后来在平定阿睦尔撒纳的叛乱中，兆惠在四面受敌的不利局面下，率领清军从伊犁突围撤退到特讷格尔，保全清军主力，功名卓著。兆惠领命以后，便取道库车、阿克苏、乌什，顺叶尔羌河直逼叶尔羌。这时候，从库车突围的小和卓正把守在这里，与守在喀什噶尔的大和卓互为犄角之势抵御清军。

乾隆二十三年（1758年）十月，兆惠抵达叶尔羌附近，在黑水河畔扎营，随即在偷袭对方牧场时遭到大小和卓的围攻。战斗进行得极为惨烈，清军构筑临时工事，坚守了两个多月。在战斗中，兆惠的指挥才能得到充分发挥：和卓军在上游决堤灌水，清军就在下游挖沟泄洪；清军缺少弹药，兆惠就命人引诱和卓军以火枪射击，让子弹都打在树上，清军随后砍树当柴火，又挖出数万颗铅弹。因此，虽然清军被围困多日，但并非弹尽粮绝。

到次年正月，清军两路援军赶到，与兆惠里应外合，和卓军大败亏输，败退叶尔羌。这一役使和卓军元气大伤，而清军则有效地控制了叶尔羌的外围地区，可以说是整个战争的转折点，史称"黑水营之战"。

黑水营之役后，清军退回阿克苏修整，小和卓又趁势占领和田。清军稍事修整后，就于四月夺回和田，并联合当地忠于清朝的回部首领，于六月分兵两路同时进攻大小和卓。和卓军自知不敌，弃城而走，企图待清军补给不足。但他们的如意算盘打错了。清军占领喀什噶尔和叶尔羌后，随即尾随和卓军进入帕米尔高原，并且于七月连胜和卓军。大小和卓率残部仅300余人逃往巴达克山汗国。在清军的军事压力下，巴达克山汗国可汗索勒坦沙擒获并杀死大小和卓，将尸体送至清军大营，表示愿意臣服纳贡。至此，大小和卓的势力全部崩溃，天山南北终于达成了统一。

经此一役，清廷加强了对西域地区的控制，开始实行盟旗制和伯克制，还派驻了伊犁将军,掌天山南北最高军政大权,下设参赞大臣一人辅之。乾隆二十五年,图尔都等五户助战有功的和卓来到北京。乾隆令他们在京居住,并派使者接他们的家眷来京,封图尔都等为一等台吉。图尔都27岁的妹妹也被选入宫,册封为和贵人,就是历史上的香妃。

土尔扈特部归国

乾隆三十六年(1771年)七月,一支"军队"出现在伊犁河流域的地平线上,向东方缓缓行进。其实,说是军队,倒不如说是难民更恰当些。因为这支队伍里几乎看不到青壮年男子,大多都是老弱病残。他们衣衫褴褛,面有饥色,大多数人只能依靠着手中的拐杖,在草原上深一脚浅一脚地前进,根本谈不上战斗力可言。

这支"军队"并非乌合之众,乃是曾经叱咤天山南北的厄鲁特蒙古四部之一的土尔扈特部。百余年前,内外蒙古都曾留下了他们逐水草而居的身影和金戈铁马的痕迹。然而此时,在他们疲敝的身躯上却完全看不出草原帝国昔日的雄风。

土尔扈特部是厄鲁特蒙古的一支。1623年,厄鲁特蒙古四部联合击败了漠南蒙古在杭爱山以西建立的阿拉坦汗王朝后,准噶尔部首领野心勃勃,想要一统厄鲁特蒙古四部。土尔扈特部当时游牧在准噶尔部北边的塔尔巴哈台一带,由于不断受到准噶尔部的侵扰,不胜其烦的土尔扈特部首领和鄂尔勒克动了迁移的念头。

对于世代逐水草而居的游牧民族,迁移这一行动本身并不是什么太大的问题。可是,迁往哪里却是一个颇费思量的问题。1618年,和鄂尔勒克派出了细作,去寻找能够安居乐业的草场。1625年,其中一名细作带回来一个好消息:在离此很远的西方,有一条大河叫作伏尔加河,在伏尔加河的下游,有一片水草肥美的草场。那里原本是诺盖人的地盘,但诺盖人已经南下,迁到了亚速海甚至是希瓦草原一带。因此现在那里人烟稀少,可以称得上是无主的地盘。这个消息对于被牵连进准噶尔部内讧,为了战争与杀戮而烦恼的和鄂尔勒克来说，恰似一针强心剂。他痛下决心，要带着土尔扈特部离开天山草原，前往未知的西方。

在经过长达3年的准备之后，1628年，绝大多数土尔扈特人在和鄂尔勒克的带领下离开了塔尔巴哈台，随行的还有部分和硕特、杜尔伯特和辉特等几个部落的人，共有5万户19万人。之所以说是"绝大多数"，是因为还有一小部分土尔扈特人仍然留在了天山草原。不要小看他们的存在，在很多年以后，土尔扈特人的东归正是他们的后代促成的。

土尔扈特人的西行之路并不顺利，这样一支庞大的队伍，要进行如此长距离的迁徙，对于其他民族来讲，既是诱惑，也是威胁。土尔扈特人一路击退了鞑靼人、诺盖人等大大小小游牧民族的袭击和堵截。他们足足在路上走了两年，1630年，在无数次浴血奋战之后，和鄂尔勒克和他的子民们终于到达了他们心目中的天堂。

安定下来的土尔扈特人很快在当地建立了自己的政权，控制了伏尔加河中下游一带的广大地区，史称土尔扈特汗国。然而，俄国人的威胁很快就随之而来。推行扩张政策的罗曼诺夫王朝对土尔扈特汗国虎视眈眈。为了吞并伏尔加河中下游的广袤土地，俄国人决定对土尔扈特汗国实行限制通商和游牧的政策。不甘受辱的和鄂尔勒克以强硬的态度回击俄国人的挑衅：他一再将牙帐向北迁徙，做出了战争的姿态。1645年，和鄂尔勒克主动进攻阿斯特拉罕城，然而在装备精良而又早有准备的俄军面前，土尔扈特人大败。和鄂尔勒克也在俄军的炮击中丧生。

继位的书库尔岱青不得不先后与沙俄进行了5次谈判，并最终表示臣服于沙皇。他与其子朋楚克先后在位的25年中，韬光养晦，积极发展生产，扩充军队，清理其他势力，最终使伏尔加河中下游的所有厄鲁特蒙古人都统一于土尔扈特部。这两位汗的治理有方，终于使汗国在阿玉奇时期达到了鼎盛。

阿玉奇汗统治土尔扈特汗国长达54年。在这长达半个多世纪的岁月中，阿玉奇汗首先将汗国内不忠于自己的势力一一击溃，然后又对周边的汗国发动了进攻,大大扩张了土尔扈特汗国的领土。汗国的强大使沙俄重新调整了对其的关系,不得不在表面上把它作为同盟国而非藩属国来对待。

阿玉奇对抗沙俄的最大倚仗,是故土的厄鲁特蒙古其他三部,以及远在东方的清廷。其实,尽管土尔扈特人西迁,但他们与厄鲁特蒙古的联系始终非常紧密,早在1640年,和鄂尔勒克就同书库尔岱青一同返回天山草原,与厄鲁特蒙古和喀尔喀蒙古的各部首领共同制定了《蒙古—厄鲁特法典》。清朝入关以后,书库尔岱青又数次不远万里遣使纳贡,和清廷保持着一定的联系。阿玉奇继承并发扬了这一传统。他实行联姻政策,将妹妹嫁给了和硕特部首领鄂齐尔图车臣汗,两个女儿则分别嫁给了准噶尔部的策妄阿拉布坦和喀尔喀部首领墨尔根汗额列克。对清朝则数次遣使纳贡。阿玉奇的积极态度得到了清廷的积极回应。1714年,清廷派员出使土尔扈特汗国,可以说是清廷和土尔扈特汗国关系史上的标志性事件。

1698年,阿玉奇的侄子阿喇布珠尔经准噶尔赴西藏做佛事,但之后准噶尔部和土尔扈特部关系紧张,到1703年时,阿喇布珠尔已经不能从原路返回。处于困境中的阿喇布珠尔只好绕道嘉峪关,请求清廷安置,清廷将他们安排在色尔腾一带。1709年,为了感谢清廷的帮助,阿玉奇派出使臣萨穆坦等人绕道西伯利亚,于1712年抵达北京朝贡。来而不往非礼也,康熙决定也派出使团回访土尔扈特汗国。这支由太子侍读殷扎纳、内阁侍读图理琛、理藩院郎中纳颜等人组成的使团在路上跋涉整整两年,于1714年抵达土尔扈特汗国。阿玉奇举行了隆重的欢迎仪式,并以藩属国自居。而清廷代表团也转达了康熙的问候,双方还讨论了如何共同打击准噶尔部的话题。可以想到,有了清廷的支持,阿玉奇汗在面对沙俄的时候自然多了几分底气。

然而,在一代豪杰阿玉奇逝世后,土尔扈特汗国迅速的衰落了。1724年,阿玉奇死后,围绕其汗位的继承,各派别之间展开了激烈的斗争,在17年时间中换了四任可汗。沙俄通过扶持土尔扈特内部的亲俄派,趁机大大加强了对汗国内部的控制。在敦罗卜剌什担任可汗之后,他甚至不得不将儿子送到俄国做人质。

1761年，敦罗卜剌什去世，由年仅19岁的儿子渥巴锡接替汗位。此时沙俄的沙皇则是著名的叶卡捷琳娜二世，在其统治下，沙俄加强了对土尔扈特汗国的控制，不仅频频向土尔扈特人征兵，还妄图改组汗国的政治机构。沙俄人的步步紧逼让土尔扈特人濒临了亡国灭种的边缘。

　　正当渥巴锡不知如何是好的情况下，一个名叫舍楞的土尔扈特人出现在了他的面前。舍楞是和鄂尔勒克叔父的后代，是当年没有西迁而留在天山草原的土尔扈特一支，后来从属了准噶尔部。1757年，最后一个准噶尔汗阿睦尔撒纳灭亡后，他逃到了渥巴锡的身边。

　　舍楞告诉渥巴锡，曾经不可一世的准噶尔部已经被清廷攻灭了，现在的天山草原已经没有人烟，为什么不回到曾经的家园去呢？

　　在舍楞的劝说下，渥巴锡决定返回天山，以逃脱沙俄人的压迫。从1767年开始，渥巴锡组成了一个秘密的六人机构，开始全面准备再一次的迁移。经过4年的准备，1771年1月3日，渥巴锡迅速集结了33000户共170000余人，向东方迁移。

　　土尔扈特人的这次迁移注定要比他们前一次的迁徙艰难困苦得多。缺粮、缺水，遭受到严寒的袭击；而沙俄方面不仅派出哥萨克骑兵在后面紧紧追赶，还要求哈萨克人在前方堵截。哈萨克人同土尔扈特人可谓是世仇。从土尔扈特人踏入哈萨克大草原的那一刻起，就不断地遭到袭击。土尔扈特人顽强作战，浴血厮杀，终于在战胜了天灾、人祸之后，进入了准噶尔人的地界。此时的土尔扈特部，剩下66000余人。无数的土尔扈特勇士，用生命打通了这条漫长的东归路。

　　返回天山草原的渥巴锡和所有的土尔扈特贵族前往热河觐见乾隆帝，受到了隆重而热情的招待。乾隆拨给他们大量物资，助其重建部落。不过，出于对这个强悍民族的担忧，土尔扈特部被清廷分而治之，安插在天山以北各处。

第八章 风光背后有隐患

这是一个政绩卓异的皇帝,一个博学好诗的皇帝,一个爱玩奢华的皇帝。在乾隆这个时代,国势昌运达到顶峰,而顶峰之后不可再高只得渐行衰落。盛世非一日之功,危机不可瞬间覆国,乾隆有幸在繁华和隐患并存的时代安渡帝王生涯。

乾隆身世之谜

雍正十三年(1735年)八月二十三日,58岁的雍正皇帝暴毙,25岁的皇四子宝亲王弘历继承了皇位,改元乾隆。和他那位为人低调谨慎、勤于政务的父亲不同,乾隆为人张扬,以风流倜傥自诩,他的六下江南、十全武功,都留下了许多奇闻趣事,成为后世戏说的题材。

说来有趣,正如雍正的死给后人留下了无尽的谜团一样,关于乾隆的身世也是扑朔迷离,众说纷纭。乾隆的父亲,母亲,甚至他的出生地都是一个未能确定的谜。

传说,雍亲王胤禛和大学士陈世倌素来交好,双方时常来往。康熙五十年(1711年)八月十三日,陈世倌的夫人生下一个男孩子,陈世倌自然喜不自胜。正在这时,雍亲王府来人,说雍亲王听说陈中堂喜得麟儿,想要抱进府中去看看。陈世倌不疑有他,便把孩子让来人抱走了。可是,当孩子从雍亲王府被送回来的时候,陈世倌却大惊失色,原来送回来的小婴儿居然变成了个女孩子!大惊之余,陈世倌立刻就明白了是雍亲王的调包计,可是他并不笨,略一想想就知道此事只能打落门牙往肚里咽,让它烂在肚子里,否则整个海宁陈氏家族都会有性命之忧,于是只好默默接受了这个事实。数年以后,这个陈家的男孩子长大成人,继承了皇位,他就是乾隆皇帝。

清末民初的作家许啸天在《清宫秘史》也提到了这个说法:

据说乾隆长大之后,由于乳母失言,知道了自己的身世,这才决定六下江南,其实是借故去海宁探望亲生父母。由于陈世倌夫妇早已去世,乾隆便以为本朝元老扫墓为名，到陈氏夫妇的墓前，为了不让闲杂人等看到，用黄幔把自己遮起来，悄悄地跪拜了父母。

清末天嘏所著书中对这个故事的描述更加离奇：据说这条调包计乃是雍亲王的侧福晋为了争宠而设的，就连雍正本人也不知道内情。后来乾隆知道自己不是满族人，便经常在宫中穿汉族人服饰，还问左右的亲信自己像不像汉族人，有一名满洲老臣劝他这样有失身份，乾隆才罢休。

乾隆是海宁陈家的子弟这个说法，并不仅仅是小说家的杜撰。早在清代中期，这个说法就开始流传，并且说得神乎其神。考虑到海宁陈家在清代历史上的显赫地位，这个说法就不奇怪了。

据浙江海宁陈氏族谱记载，海宁陈氏原本不姓陈而姓高，是渤海人氏，其后人入赘海宁陈姓人家为婿，因此便改为渤海陈氏。这一支从明代中期开始，以科甲发迹，每代都有人金榜高中，成为著名的书香门第。到清代，海宁陈氏更是世代簪缨不绝，最著名的当为陈之遴、陈元龙、陈世倌三代人均官至正一品大学士之职，而官至六部尚书、侍郎者也有11人之多；时人号称"一门三阁老，六部五尚书"。康熙更是亲赐海宁陈氏十六字排字辈分：永世克孝，敬明其德，宜尔子孙，以匡王国。

尽管如此，这个说法也有不少疑点。雍正虽然长子和次子早夭，子息比较艰难，但并不至于要到去抱别人家小孩的地步。乾隆出生时，雍正只有34岁，身强力壮，并且第三子弘时已经8岁，还有一个妃子正在怀孕临产，他没有道理冒着风险去移花接木。而孟森在《海宁陈家》中也有考证，乾隆前两次下江南，并没有去过海宁。所以，尽管海宁陈氏与皇族关系密切，但因此就说乾隆是海宁陈氏之后，未免也过于牵强。

乾隆的父亲是谁这个问题只有一个备选答案，而乾隆的母亲是谁则更加复杂。

清末学者王闿运说，乾隆的母亲是雍亲王府中的普通奴婢。据说，她原本是承德人，家庭穷苦，很小就跟随父母摆摊儿做小生意。后来在选秀女时入宫，又被分配到雍亲王府。恰巧雍亲王生病，此女衣不解带，日夜服侍，后来雍亲王病愈，她也受到宠幸，怀孕生下了乾隆。

另一位清末学者冒鹤亭的说法与王闿运说法类似，但更加传奇。据说有一年雍正去木兰围场打猎，射中了一只梅花鹿。雍正喝完鹿血以后，全身燥热，不能自已，正好身边有一名服侍他的宫女，便一把拉过来成其好事，不料这宫女却因此而怀孕。后来事情被康熙得知，非常不悦，但木已成舟，只得命人将这名宫女带到草棚中生下一子，就是后来的乾隆。

著名学者胡适在日记中也提到过一种说法，称乾隆的母亲是南方人，外号"傻大姐"，后来随家人搬到热河居住。胡适称这一说法是听曾任北洋政府国务总理的熊希龄所言，而熊希龄又是听宫中太监传说而知。

尽管这些说法各异，但对乾隆的生母地位低贱的看法却完全相同，从史料中读到的情况似乎也与这些野史的记载相吻合。根据正史和清代皇室玉牒的记录，乾隆的生母是后来被尊称为孝圣宪皇后的钮祜禄氏。这位钮祜禄氏，根据《清世宗实录》的记载，曾经在雍正元年（1723年）胤禛登基之后，被皇太后乌雅氏封为熹妃。可是《在雍正朝汉文谕旨汇编》中，同样是记载此事，皇太后所封的熹妃却变成了"格格钱氏"。这不能不叫人顿生疑窦。钮祜禄氏和格格钱氏是一个人吗？还是说，背后有什么不为人所知的隐情？

其实不仅后人众说纷纭，早在乾隆年间，时人对乾隆的生母是谁已经有了疑问。萧奭在《永宪录》中记载雍正初年的这次册封时，曾经提到有一种说法，认为齐妃李氏才是后来的崇庆皇太后，而不是钮祜禄氏。不同史料之间的矛盾，显示出清廷在对待乾隆生母问题上的遮遮掩掩，闪烁其词。

一直以来，乾隆都强调自己出生在雍和宫。前文已经说过，雍和宫就是原来的雍亲王府，由于出了雍正与乾隆两代皇帝，被认为是"龙潜之邸"，因此乾隆即位后，每年春节都会回到此处焚香祷告。从乾隆四十三年（1778年）到乾隆五十四年（1789年），乾隆来到这里都会写诗，有意无意地表明雍和宫是自己的出生地，可谓煞费苦心。根据乾隆的说法，他是于康熙五十年（1711年）正月初七生于雍和宫，然而这一说法，却与清代玉牒上的记录完全不同。根据玉牒的记载，乾隆生于八月十三。这样一来，乾隆关于出生地的说法也变得很可疑了。

确实，在当时就有关于乾隆出生地的不同说法，认为他其实是出生于承德避暑山庄。持这一看法的人中，竟然有乾隆的儿子嘉庆。

嘉庆即位之后，乾隆曾经两次以太上皇的身份驻跸避暑山庄过寿，嘉庆均写诗恭贺之。在诗的注释中，他很明确地说乾隆就是出生在避暑山庄。

假如乾隆真的出生于避暑山庄，那么他就极有可能只是一名平凡宫女的儿子。

全面革新有鱼漏网

雍正峭峻苛刻的施政风格，刻薄寡恩的为人还是让整个雍正一朝都生活在紧张的政治气氛中。

乾隆与雍正并不相同，他自小受到康熙皇帝的影响。虽然康熙逝世时他只有11岁，但已经"仁政"心有戚戚焉，雍正那种"以褊急为念，以刻薄为务"的做事原则他并不完全赞同。

年轻的宝亲王弘历曾经写过一篇《宽则得众论》，流露了他从康熙那里继承下来的"尚宽"的思想。"宽则得众"语出《论语》，弘历借这句话发挥道："诚能宽以待物，包荒纳垢，宥人细过，成己大德，则人亦感其恩而心悦诚服矣……宽为仁之用……治天下之道，必以仁为本。"很明显，乾隆的这篇文章，正是对雍正施政风格的回应。

也正因为如此，在乾隆登基以后，他的施政是从全面变更雍正朝的政策开始的。

雍正为政，最为人诟病的两项政策就是对钱粮亏空积欠的追缴和士绅一体当差一体纳粮：雍正上台伊始，立刻要求吏部全面清理钱粮亏空积欠，并责成各地官员限期追补缴纳。这一政策让上至皇亲国戚，下至知府县令，无不战战兢兢，人心惶惶。大量官员被革职、抄家、流放、杀头，一时间衙门里响彻板子声和算盘声，雍正也落下一个"抄家皇帝"的"美称"；此外，雍正还严禁士绅将税粮差役转嫁到平民百姓身上，这也激起了士大夫阶层的强烈不满。

而乾隆上台以后，一如雍正的雷厉风行——不过他的做法却和雍正恰恰相反。乾隆下令将雍正十二年（1734年）之前的亏空积欠钱粮全部豁免，对于有关官员"名下应追各项银两，俱著豁免"，已经获罪者"概行宽释"；至于士绅一体当差纳粮，也立即颁发上谕宣布"一切杂色徭役，则绅衿例应优免"。此举一出，可以说彻底改变了雍正朝时期的基本国策，朝野气氛立刻为之一变。

在豁免亏欠钱粮的同时，乾隆还借着给总理事务王大臣下谕的机会，表达了自己的施政原则。他说："治天下之道，贵得其中。故宽则纠之以猛，猛则济之以宽。而记称一张一弛，文武之道。凡以求协乎中，非可以矫枉过正也。……朕仰承圣训，深用警惕。兹当御极之初，时时以皇考之心为心，即以皇考之政为政。惟思刚柔相济，不竞不绌，以臻平康正直之治。"虽然这道谕旨中通篇充斥着对"中"的论述，但考虑到雍正朝时期"尚猛"的政策，不难想到，乾隆是要在"中"的幌子之下，来纠正雍正时期遗留下来的历史问题了。

除了豁免亏空积欠钱粮以外，乾隆还对雍正年间被打击迫害的皇室成员进行了安抚。众所周知，在康熙末年的皇位争夺中，以皇八子胤禩为首的八爷党一度对雍正造成了极大的威胁。雍正即位以后，胤禩、胤禟、胤䄉、胤䄉等人都被雍正以各种理由和借口处理；并未与雍正发生直接冲突的胤祉也获罪被囚，甚至雍正的皇三子弘时也被卷入这场风波。雍正对骨肉兄弟的心狠手辣、凉薄无情，不能不说让满族勋贵产生了疑虑和抵制之情，这对于以满族为统治核心的清政权并不是一件好事。

乾隆即位以后，为了重新团结满族勋贵，实行了"亲亲睦族"的政策。乾隆即位仅两个月，就颁发上谕，要求文武百官公开"讨论"是否应将胤禩、胤禟子孙重新收入玉牒中。在上谕中，乾隆的语气极其微妙："当初办理此事，乃诸王大臣再三固请，实非我皇考本意。其作如何办理之处，著诸王大臣、满汉大臣、翰詹科道各抒己见，确议具奏。"早已明白乾隆心意的文武大臣又怎么会违逆皇帝的心意？迅速做出了将二人子孙收入玉牒，并授予象征着宗室子弟身份的红带子。这样一来，既没有彻底推翻雍正对这二人的惩罚，又重新获得了一定程度的权力和地位。

随即，乾隆又发下上谕，释放了在囚禁中的胤䄉和胤䄫。在上谕中，乾隆非常得体地处理了他与雍正在政策上的分歧。他指出胤䄉、胤䄫"狂肆乖张，不知大义，罪戾种种，皆获罪皇祖之人。我皇考悉皆宽免。因恐其在外生事，复罹重谴，不得已加以拘禁，乃委屈保全之大恩也。今朕即位，念及其收禁已经数年，定知感皇考曲全之恩，悔己身从前之过，意欲酌量宽宥，予以自新……著总理事务王大臣、宗人府、九卿会议具奏。"皇上既然已经拍板，廷议不过是走走形式罢了。胤䄉、胤䄫很快被释放。

乾隆二年（1737年），已经逝世的胤祉也被恢复王爵，并赐谥号。此后，尽管乾隆初年还出现了"弘晳逆案"这样的风波，但是到乾隆四十三年（1778年），胤禩、胤禟、弘晳……所有这些在雍正看来是大逆不道的人，都被恢复原名，并收入玉牒。

对于雍正年间获罪的文武百官，乾隆也一概加以赦免，或者干脆平反昭雪。雍正九年（1731年），清军在与准噶尔部的和通泊之战中大败亏输，暴怒的雍正将清军主将傅尔丹、岳钟琪下狱定为死罪。乾隆二年（1737年），两人被赦免出狱，后来岳钟琪更是被重新重用，在金川战争中立下大功。此外，雍正在处理年羹尧、隆科多两案中株连不少地方基层官员，并因此大兴文字狱，乾隆即位后也将由于二人坏事的文武官员纷纷起复录用，并将查嗣庭、汪景祺等人被流放的子孙后代赦免放回原籍。乾隆的这些举措，稳定了政治局势，对巩固他的统治颇有助益。

不仅如此，对于雍正的佞佛崇道之举，乾隆也毫不犹豫加以变更。前文已经提过，雍正不仅不仅笃信佛教，而且对道教也颇感兴趣。著名的文觉禅师常年伴随雍正左右，据说他曾参与了雍正多起重要的决议，势力很大；而道士张太虚、王定乾等人在圆明园为雍正炼制金丹，也深受宠信。乾隆甫一即位，便颁发上谕，严厉斥责张太虚、王定乾等人，将其驱逐出宫并没收所有雍正所赐御制物品；而文觉禅师则被乾隆勒令徒步返回原籍，交由地方官严密监视居住。

应该说，乾隆即位后对雍正政策的调整还是有一定的意义的，但是这并不代表乾隆盲目仁政。他曾经多次表示宽以治国并不是要纵容吏治败坏，他主张"宽猛相济"，事实上他对于吏治的重视并不次于雍正时期，特别是乾隆初中期更是如此。

乾隆对于吏治有自己的一套看法：他大力推行官员年轻化政策，对于即位时朝中存在的以张廷玉和鄂尔泰两员老臣为首的朋党派系不时打击，并亲自提拔了一批没有派系之争，忠心做事的年轻官员。乾隆十分注重对官员的考察，通过"京察""大计"等考核方式量化考核官员，甚至原本不需要考核的地方高层官员，如藩台和臬台等也一视同仁，并通过密折方式随时了解官员的动态。此外，乾隆提高了官员的待遇，给官员增加俸禄和养廉银。对于贪官污吏，乾隆则严厉打击，坚决查处。

在乾隆处理的贪官中，不乏方面大员甚至皇亲国戚，例如陕甘总督勒尔谨、闽浙总督陈辉祖、山东巡抚国泰等高级官员，甚至皇贵妃高佳氏之弟、两淮盐政高恒也不能幸免；当皇后富察氏之弟，大学士傅恒为高恒求情时，乾隆则反问道："皇贵妃的兄弟如果赦免了，皇后的兄弟如果犯法，又该怎么办呢？"一句话堵住了傅恒的嘴。

大排场游玩，大手笔摆宴

抽秘无须更骋妍，惟将实事纪耆筵。

追思侍陛髫垂日，讶至当轩手赐年。

君酢臣酬九重会，天恩国庆万春延。

祖孙两举千叟宴，史策饶他莫并肩。

这是乾隆五十年召开千叟宴时，乾隆当场御制的诗作，题为《圣制千叟宴恭依皇祖原韵乙巳》。其志得意满之情，跃然纸上。"祖孙两举千叟宴"一句，透露出他大摆"千叟宴"的举动是从祖父康熙帝那里学来的。在祖孙两代的千叟宴之间的，则是被后人称道的"康乾盛世"。

也许是因为乾隆幼年时曾经在畅春园随康熙读书，康熙的雄才伟略、文治武功给他留下了深刻的印象，因此终其一生都处处向康熙帝学习。平心而论，康熙乾隆这祖孙俩在很多地方确实都非常相似：两人都勤政不倦，励精图治，加强了中央集权，而且又博学多闻，多才多艺。在他们的治下，清政权的领土主权得到了捍卫，经济文化事业蒸蒸日上。

然而，与康熙相比，乾隆在作风方面则远远不及。康熙朝虽然政权日渐稳定，国阜民丰，但康熙并不因此而大手大脚，反而务实节俭，厉行撙节。他一向反对宫中的无度开销，曾经说道："户部帑金，非用师赈饥，未敢妄费，谓此皆小民脂膏故也。所有巡狩行宫，不施彩绘，每处所费，不过一二万金。较之河工岁费三百余万，尚不及百分之一。"而乾隆由于其秉性高调，好大喜功，因此行事铺张扬厉，特别是乾隆中期以后更是如此，其奢侈程度，令人惊叹。

康熙曾经六次南巡，但他南巡的主要目的是为了解决"黄淮冲决为患"的问题，每次南巡，他都会亲临治河工地，看望百姓，并对工程给予指导。在皇帝的直接支持下，治河工程历时数十年，终于取得了显著效果，有效遏止了黄河水患，并疏导了运河，促进了当地经济的发展，人民生活得以稳定。乾隆思慕圣祖南巡的盛事，声称要了解江南军事、政治、河务、海防情形及百姓疾苦，同时想感受一下皇祖康熙南巡时百姓夹道欢迎的盛况，也同皇太后进行了六次南巡。然而，乾隆冠冕堂皇之语的背后还藏着另一个私人的目的：就是要与皇太后一起饱览大好河山。范文澜先生就说过："（乾隆）六次南巡均在苏杭之间，'为问民风'显然不足以为'自娱'作辩解。他所体察的民情也只是'有秋无弊病'一类的谀词。"

其实，乾隆即位不久时，就想巡游江南美景，但遭到了大臣的阻挠。直到乾隆十六年，国力强盛，他的江南之游才终于成行。出发前，乾隆帝曾说"朕巡行江浙、问俗省方，光沛恩膏，聿诏庆典。"意思是，我到江浙地区巡行，要对百姓多施恩典，让大家共享太平盛世。但是，在此一年前，各省就在为皇帝巡行大做准备，修路、建行宫，还在繁华街市搭建了许多牌楼、彩棚、点景、香亭等，并每隔二三十里设尖营，供皇帝临时歇脚。乾隆巡行队伍的船只多达上千艘，所到之处旌旗蔽空，仅拉纤之人就有三千六百之众。一次，皇帝一行来到运河南岸，发现岸上立着一个硕大的仙桃，待船临近，这仙桃忽然烟火四溅，迸裂开来，桃中竟是几百人正在演寿山福海的新戏。当巡行队伍在路上行走时，地方官员为避免灰尘扬起，都会安排人"泼水清尘"，还在各桥头村口等地派兵驻守，务必保护圣上安全。

在江苏，两淮盐商为博皇帝欢心，竟在江南种植梅花万株，以供观赏。乾隆游览大虹园时，认为一处景观与北海中的琼岛春阴非常相似，只是遗憾没有塔。大盐商江春得此消息，立即召集工人在一夜之间建造了一座与同样的塔。这些"忠心之举"自然也有回报，乾隆就曾诏令"两淮纲盐食盐于定额外，每引赏加十斤，不在原定成本之内，俾得永远沾受实惠"。还给各盐商在本身职衔的基础上又多加了顶戴一顶，以示嘉奖。自此，盐商自耀富有，官员互竞豪华之风愈演愈烈，所耗钱财无数。乾隆曾指出苏杭二府有浮华之风，但他的首次南巡仅国库耗银就达五十多万两，再加上地方捐助摊派，其数远大于此。后来的5次南巡又一次更胜一次，助长了奢靡之风。各地官员也借迎驾之机，勒索百姓，加重了人民负担。

为享受众人拥戴之情，乾隆允许百姓沿途观瞻，并规定，官员对此不得禁止。他每到一处，官员都要穿戴整齐前来接驾，百姓则在道路两旁焚香跪拜。乾隆听到百姓山呼万岁，就会龙颜大悦，然后下令减免这个地方的赋税，并赏赐官员"凡有罚俸降级之案，俱准其开复。无此等参罚案件者，各加一级"。在这种政策的鼓励下，各地官员更是积极为皇帝的到来营造太平盛世的之景。

乾隆南巡时采取的各项措施，客观上起到了笼络人心、亲近百姓的作用，但是他南巡期间的费用是康熙时候的10倍还多，虽展示了盛世之繁华，但也给清朝的衰落埋下了伏笔。乾隆帝为粉饰的升平而陶醉，而自炫，直到晚年退位后才多少有所醒悟："惟六次南巡，劳民伤财，作无益，害有益。"

除去南巡耗费，乾隆时期的宫廷生活也挥霍成风。乾隆大兴土木，修建、改建、扩建皇家园林，不免劳民伤财。特别是每逢崇庆皇太后的寿诞，乾隆为了取悦母亲，体现其孝心，更是铺张浪费。以乾隆十六年（1751年）的皇太后六十寿辰为例，乾隆特意重修清漪园，并亲率满朝文武、王公大臣、京官外官，甚至外藩属国为其父祝寿。据《清史稿》记载，皇太后收到的寿礼琳琅满目，从御制诗文、书画，到如意、佛像、冠服、簪饰、金玉、犀象、玛瑙、水晶、玻璃、珐琅、彝鼎、艺器、书画、绮绣、币帛、花果，甚至是外国贡品。

此外，乾隆还命北京城张灯结彩，搭设楼阁，又组织社火庙会，载歌载舞。北京的街道上，白天花团锦簇，夜晚火树银花，令人目迷五色；而戏班子、秧歌队则鼓乐喧天，载歌载舞。整个活动持续数日，营造出一种普天同庆的气氛来。不仅如此，地方官员也纷纷迎合乾隆，不惜花费重金，制造各种人工景物不远千里运到北京助兴。广东进翡翠亭、湖北进黄鹤楼、浙江进镜湖，都大量使用极为稀罕珍贵的宝物搭成。如此穷尽巧思，兴师动众，只为博皇太后和乾隆一笑。

寿诞前一天，乾隆亲自乘马作为前导，恭迎皇太后从圆明园返回紫禁城行礼。自西直门到西华门，一路都是接驾的满朝文武官员及其家属，以及想要一睹天颜的士农工商、黎民百姓，这些人黑压压跪地叩头，万岁之声此起彼伏，如山呼海啸一般。场面之盛大铺张，就连皇太后都深感浪费。然而，一贯宣扬自己孝顺的乾隆却变本加厉。据《清史稿》的记载，皇太后"二十六年七十寿，三十六年八十寿，庆典以次加隆"。如此极尽奢侈的庆典，不知道要花费多少银两。

乾隆四十二年，虔信佛教的崇庆皇太后逝世后，乾隆皇帝为了存贮皇太后掉落的头发以寄托哀思，不惜花费三千两黄金，打造了一座金发塔。塔的设计式样由乾隆亲自决定，并由福隆安、和珅等督办。这座塔通高147厘米，上下分为6层，重107.5公斤，造型精美，工艺超群，通体还装饰了大量的绿松石、珊瑚等珍贵珠宝。可谓奢侈至极。

乾隆处心积虑，处处学习康熙。然而受到性格所限，往往学得过头，因而不免落上奢侈浪费的恶名。乾隆的做法并不能够掩盖"烛泪落时民泪落，歌声高处怨声高"的残酷现实，他的奢侈无度，已然为清朝笼上衰落的阴影。

第九章　有心无力的嘉庆

乾隆后期，由于封建社会的末路，致使大清早非盛世之模样。虽说康乾盛世的余音仍在，但留给嘉庆帝的，却是一个无从下手的乱摊子。嘉庆本身无甚大才能，他所能做的，只有尽力维护统治。而他的继任者，则将大清帝国带入了万劫不复的深渊。

无力回天

经过康熙、雍正、乾隆初期的励精图治之后，清王朝进入了它的鼎盛时期，中央集权发展到巅峰。到了乾隆末期以后，在盛世面纱的掩盖下，土地高度集中、民生困顿、财政困难、吏治败坏、军备废弛，盛世之谓徒有虚名。尽管经白莲教已被重创，减少了活动，但东南沿海的海盗、广东等地的天地会、京畿地区的天理教等势力却变得活跃起来，西方列强也蠢蠢欲动。

嘉庆皇帝接手的大清国，已是开始走下坡路的大清国，远不能与所谓"康乾盛世"时期相提并论。

腐败问题是矛盾之一，尽管嘉庆杀了和珅，撤换6个总督，发起惩贪高潮，但其后各地贪官依然不思收敛，贪污日甚一日。

在康乾时期，府库充盈，贪腐问题造成的危害还可以掩盖。但因为乾隆不断用兵，大量消耗了国库；同时，乾隆极重享乐，六次南巡挥霍无度，各种典礼也是铺张浪费；为了博取美名，乾隆又五次免除全国赋税……种种原因造成国库出多入少，严重影响了政府的正常运转。为了维持运转，各地许多官府四处借债，欠了债，官府自己生不出钱来，只能加倍转嫁到老百姓头上，通过各种名目的苛捐杂税来敛财偿还。这就加重了人民的负担。

军队是保证统治稳定和国家主权的暴力机构。军队不能打仗，对内不能镇压起义、造反，对外不能维护主权。因此，国家强大与否，军力是重要指标之一。清朝早期，八旗军战斗力很强，是建州女真入主中原的重要支持力量。但入关后，优越的生活腐化了八旗官兵，再加上军官贪财、士兵疏于训练，战斗力严重退化，军人的荣誉感丧失殆尽。

嘉庆在位时，内务府曾经有一个叫陈德的厨子，在内务府工作5年后被辞退。陈德的妻子当时已经去世，家中有两个未成年的儿子，一个15，一个14，此外还有一个瘫痪在床的岳母。没了工作的陈德自觉生活没有了希望，想自寻短见，又觉得默默自杀无人知道，总是枉死。因此，1803年，也就是嘉庆八年闰二月二十日那天，陈德混进宫中。等嘉庆经过时，他手持身佩小刀冲向嘉庆。当时嘉庆身边有百余名侍卫，居然只有6人上前护卫，其余都袖手旁观。幸亏嘉庆的姐夫——七额驸拉旺多尔济出手将陈德拿下，虚惊一场。从中可以看出，嘉庆时的军队问题已经十分严重。

对于清王朝的这种现状，嘉庆帝也十分清楚。在他的《遇变罪己诏》中，他称：

……我大清国一百七十年以来，定鼎燕京，列祖列宗，深仁厚泽，爱民如子，圣德仁心，奚能缕述？朕虽未能仰绍爱民之实政，亦无害民之虐事，突遭此变，实不可解。总缘德凉愆积，惟自责耳。然变起一时，祸积有日，当今大弊，在'因循怠玩'四字，实中外之所同，朕虽再三告诫，奈诸臣未能领会，悠忽为政，以致酿成汉唐宋明未有之事。较之明季梃击一案，何啻倍蓰？言念及此，不忍再言。予惟返躬修省，改过正心，上答天慈，下释民怨……

这是嘉庆对执政以来所遇之事的总结，的确是由心而发，其态度之诚恳，让人们不得不对这位"平庸"的皇帝的内心世界有了更深的了解。

嘉庆亲政后，可谓是危机连连。嘉庆二十三年，在经历一系列的问题之后，嘉庆皇帝准备东巡。

在清朝，所谓的东巡指的是皇帝出巡清王朝的发祥地：盛京、吉林、黑龙江等地这些地方。那里，有着爱新觉罗氏先祖们的陵寝，有着大清帝国龙兴的根基。因此，清代数位皇帝对东巡一事都表现出特别的重视，自清军入关后，在200多年的时间里，康熙、乾隆、嘉庆、道光四帝共计10次亲赴东北，祭祖谒陵，以表示自己不忘祖先、不丢根本的态度。

皇帝出巡，地动山摇，就算再节俭，所耗费的钱粮也是惊人的。生性节俭的嘉庆历来禁止铺张浪费，甚少出巡，唯独东巡执意要去。

此次东巡，嘉庆是顶着巨大阻力上路的。当时，大臣们普遍认为，在财政困难的当下，像东巡这样并非必须举行的典礼，应该能缓则缓，能罢则罢。但嘉庆皇帝心意已决，甚至不惜惩治了阻谏的大臣。当终于站在祖陵面前时，嘉庆皇帝说：

子孙若稍存偷安耽逸之心，竟阙此典，则为大不孝，非大清国之福，天、祖必降灾于其身，百官士庶，若妄言阻止，则为大不忠，非大清国之人，必应遵圣训立置诸法，断不可恕，况乱臣贼子，岂可容乎？

在这次东巡过程中，嘉庆多次强调：大清江山来之不易，各位臣工、八旗子弟应该继承祖先艰苦奋斗的优良传统。他试图通过自己的强调来引导大清王朝实行"守成"和"法祖"的发展方针。

这一段时期，嘉庆的政治手腕可圈可点，颇有乃祖雍正的风范。成熟稳重的嘉庆已经意识到清朝面临着一场严重危机，如果置之不理，大清基业很可能就在他的手中断送。因此，他采取了一些果断手段，希望解决问题。然而，时代在发展，社会在进步，延续了2300多年的中国封建社会此时已经落后于时代，正是穷途末路。嘉庆的努力在时代的前进步伐面前无异于螳臂当车。所以，嘉庆虽然在亲政初期颇有作为，但随着问题的不断出现，也渐渐无可奈何了。

死不瞑目

1820年，嘉庆二十五年七月，年过花甲的嘉庆皇帝，率领着大队人马第16次到承德避暑山庄避暑。按原定计划，嘉庆要在避暑山庄度过整个夏天，一直住到中秋后，到木兰围场举行秋狝大典后，再从避暑山庄返京。

抵达避暑山庄当天，嘉庆到永佑寺中祭拜了康熙、雍正和乾隆，然后回到烟波致爽殿，又处理了两件并不算紧急的公务，也就休息了。

第二天，七月二十五日，嘉庆感到呼吸急促，胸口疼痛，说话很吃力，急忙传太医诊治。太医诊脉之后，认为嘉庆只是轻微的中暑，嘉庆自己也觉得并无大碍，因此没有重视。没想到到了中午，嘉庆的病情加重，呼吸更加困难，处于半昏迷状态。太医对此束手无策。到了傍晚，承德一带降下暴雨，天空乌云密布，电闪雷鸣。一个突如其来的霹雳使嘉庆受到惊吓，病情再次加重。没多大一会，嘉庆皇帝就驾崩了，终年61岁，在位25年，死后被葬于昌陵，庙号为仁宗睿皇帝。

嘉庆一生没有得过大病的记录。鉴于康熙、乾隆的高寿，以及自己身体状况的良好，嘉庆深信自己也是长寿之人，活个八九十岁是大有希望的。因此，在批评大臣操办嘉庆六十寿辰庆典太过破费的上谕中，嘉庆还表示他的七十、八十、九十寿辰都要从简办理。由此可见，嘉庆对自己的寿命是很乐观的。谁都没有想到身体好好的嘉庆居然暴病而亡。有人根据官方记载推测，怀疑嘉庆是在年高体胖的情况下过度忧虑疲劳，外加天气炎热，猝发心脑血管疾病而死。

嘉庆皇帝自继位之后，在勤政上有雍正遗风。他曾踌躇满志，想要扭转乾坤，振兴大清。但他的才能和清王朝当时的状况使他空有理想而无法实现。在位25年，嘉庆始终没有盼来复兴的局面，自己却被长期的劳累、伤神、苦恼、忧郁和烦躁带到了生命的尽头。

嘉庆作为一代帝王，虽然没有完成大清中兴的伟业，修复帝国的千疮百孔，但从个人品行上，也算得上是一位明君。

嘉庆皇帝算得上是清代最勤政的皇帝之一。在位二十几年，每日早起，洗漱之后，他都会严格恪守祖训，恭敬地端坐在书案前阅读一卷先朝《实录》。他每日里于早膳后召见大臣议政，每天披览奏折甚至废寝忘食，从不懈怠。

因为时局艰难，嘉庆非常注重节俭，对奢侈浪费深恶痛绝。在嘉庆51岁寿辰的时候，御史景德曾奏请按照乾隆朝的做法在京城请戏班演戏10天以为庆贺，并请求以后嘉庆每年过生日都循此例。嘉庆为此勃然大怒，指责景德是要让朝廷行铺张浪费之事，于民生有害，立即将景德革职。嘉庆两次东巡，不带一嫔一妃，不准兴建行宫，一路都是住在毡帐中。

在用人上，嘉庆尤为注重品德，最厌恶贪污败德的人。这固然让贪污腐败之风多少受到了一点限制，但也导致嘉庆朝政坛上没有出现杰出的人才。

嘉庆于那个重要时期登台执政，也就肩负了振兴大清的使命。在25年的执政生涯中，他一直殚精竭虑地去努力，却终究未能如愿地扭转局面。在死前，嘉庆曾给继位之君留下叮嘱：一定要根治腐败、鸦片、水患。

嘉庆死了，带着不甘与希望撒手人寰。在他之后，清王朝何去何从？

弹弓打皇位

嘉庆十八年，发生了一场震惊朝野的林清之乱。自乾隆中后期起，阶级矛盾越来越尖锐，尽管乾嘉年间的白莲教大起义已被扑灭，但残余势力并没有被肃清，他们继续变换着名目在北方活动，寻找时机反击。打着反清复明旗号的天理教就是其中的一支。他们在京城活动十分活跃，主要目标就是伺机攻打紫禁城。活动的首领之一名为林清，经推算，确定嘉庆十八年九月十五为起事吉日。当时恰逢嘉庆皇帝去了承德，京城人心浮动，防守空虚。林清自感机不可失，便如期举事。

到了九月十五中午，近百名天理教徒分别突袭紫禁城的东华门和西华门。他们之前就买通了几个信奉天理教的太监做内应，得以顺利混入紫禁城中。因为不慎，这些起义军在东华门暴露了身份，而从西华门而入的另外50多人则在前来接应的小太监的引领下顺利闯进宫门。由于路上耽搁了时间，等他们冲到隆宗门时，清宫守门侍卫已经闻讯关闭了大门。

此时，恰好皇子旻宁正在上书房读书。时年32岁的旻宁是嘉庆次子，原本陪着嘉庆一同去了承德，后来提前回京，正赶上这场事变。当时，宫内人心惶惶，后妃们吓得哭成一团，太监们四处逃窜，侍卫们不知所措，闻讯赶来的王公大臣也不知如何是好。在此紧要关头，旻宁挺身而出，命令各门戒严，并派人调集援军，自己站在养心殿前观察局势。

隆宗门紧闭，天理教徒分出一拨人撞门，又派五六人爬上养心殿对面御膳房的房顶，准备跳进去杀人开门。旻宁瞧见，当即举枪射击，一名教徒中弹坠墙而亡。当时都是火药枪，放完一枪需要重新装填。旻宁乍逢大事，心中也十分紧张，一时找不到弹丸，索性扯掉胸前的金扣子，装进枪膛再次射击，将另一名在屋顶上手持白旗的天理教小头目打落。其他教徒见状连忙退了回去。此时，增援的禁军也赶来了，射出羽箭，将教徒全部杀死。旻宁见危机稍缓，立即命禁军继续搜杀残余天理教徒，自己则到储秀宫安慰母后，同时命令西长街布置警戒，以防再出剧变。

嘉庆接到奏报后，对旻宁临变之时处变不惊的处置大加赞扬，夸赞自己的二儿子有胆有识，忠孝兼备，当即加封旻宁为智亲王，加俸银一万二千两，所用的火铳也被赐名为"威烈"。旻宁立了大功，却不张扬，表示自己当时心里也很害怕，有许多处置也不太恰当，请父皇恕罪。旻宁的这番表现让嘉庆更加满意。

嘉庆二十四年正月，嘉庆皇帝让旻宁代表他到太庙祭祖，这一举动使朝廷上下更有充分理由认定旻宁从嘉庆皇帝手里接过政权应该是势在必得。

旻宁自小文武双全。深得皇祖父和皇父喜爱。嘉庆皇帝共有四子，长子已夭折，旻宁排行第二，顺理成章被视为长子了。并且，经过紫禁城平定天理教事件，立下大功，被封为智亲王，在三个兄弟中，爵位也是最高的。从这几个方面也能看出，旻宁继承大统的志在必得，顺理成章。

嘉庆二十五年七月二十五日，嘉庆皇帝驾崩。事出突然，群臣毫无准备。国不可一日无君，嘉庆暴亡，必须马上议定新君。

嘉庆因为是猝死，没有机会留下立储遗诏。选谁来继承皇位，关系到不同政治集团的利益，是一个重大问题。按照惯例，应该是长子继位。嘉庆的长子两岁时即暴病身亡，皇族宗室因此建议由二皇子旻宁来继位。孝和睿皇太后虽非旻宁生母，但非常赞成这个建议。

孝和睿太后支持旻宁继承皇位的理由中，都提到了旻宁在紫禁城事件中的功劳，可见，此次事件不但使嘉庆皇帝对旻宁大为赞赏，也同样令群臣和后宫对旻宁刮目相看。这在他继承皇位的过程中起着至关重要的作用。

有宗室的支持，又有太后的懿旨，而且后来军机大臣托津、戴均元称在承德避暑山庄找到了嘉庆帝立储遗诏，遗诏称立皇次子旻宁继承皇位。这样一来，旻宁板上钉钉，成为清朝的第八位皇帝，年号道光。

第三卷
夕阳残照——在残败家园被辱的岁月

第一章　落魄挨打奈何天

1840年，中国海上传来的一声炮响，轰开了紧闭的国门。大清王朝和四万万国民，在毫无准备的情况下，被席卷进了半封建半殖民地的深渊，也正是从那声炮响开始，中国进入了长达109年的黑暗岁月。

鸦片贩子的克星

1840年的鸦片战争掀开了中国近代史的序幕，而提起这场以"鸦片"为名的战争，不免让人联想起民族英雄林则徐此前开展的种种禁烟斗争。林则徐，字少穆，1785年生于福建侯官（今福州），为唐朝莆田望族九牧林后裔，父亲林宾日以教书为生。嘉庆三年（1798年），林则徐中秀才，就读鳌峰书院。嘉庆九年（1804年）中举，任厦门海防同知书记，后入福建巡抚张师诚幕府。嘉庆十六年（1811年）中进士，选为翰林院庶吉士，授编修。在京期间，他曾与南方出身的清流派小京官陶澍、黄爵滋、龚自珍等人结成文学团体"宣南诗社"，经常议论时局，讨论治世的学问，为其日后的先进思想、开阔眼界打下基础。嘉庆二十五年（1820年），任江南道监察御史转浙江杭嘉湖道，为当地修筑海塘，兴修水利，发展农业，屡树政绩。

道光十七年（1837年）正月，林则徐升任湖广总督，以"修防兼重"的措施解决了当地夏季的河灾问题，使"江汉数千里长堤，安澜普庆，并支河里堤，亦无一处漫口"，贡献斐然。

清初，以英国为首的西方殖民国家为了扭转贸易逆差，回流白银，对中国采取倾销鸦片的恶毒手段，以此敲开中国的大门。鸦片大量流入中国，为殖民者带来大笔财富，却给中国带来了巨大的灾难，一方面，鸦片的大量输入严重冲击了中国的封建经济体质，使中国在对外贸易关系中开始处于逆差的地位。大量白银外流，使得清政府国库空虚，财政拮据，百业萧条；另一方面，成千上万的中国人因吸食鸦片上瘾，身心备受毒害摧残，家破人亡，民不聊生，而鸦片贩子大量行贿也加剧了清政府的吏治腐败。种种情况使人们要求禁烟的呼声越来越强烈。

道光十八年（1838年）六月，鸿胪寺卿黄爵滋等人上奏，痛陈鸦片祸害，揭发官吏包庇鸦片烟贩，主张坚决遏制鸦片的输入，并且加重对吸食者的惩治以禁绝鸦片。

据此，道光帝令各地督抚各抒己见，林则徐对黄爵滋的禁烟主张坚决支持，又提出六条具体的禁烟方案，并率先在湖广实施，收效甚好。在此后的两个月内，他三次主动上奏，重申严禁鸦片的重要性："若犹泄泄视之，是使数十年后中原几无可以御敌之兵，且无可以充饷之银。"他的建议坚定了道光帝禁烟的决心，道光皇帝曾先后八次召见林则徐，具体听取了林则徐关于禁烟的方略。道光十八年十一月，林则徐被授为钦差大臣，赴往广东主持禁烟，并节制广东水师，查办海口，收效显著。

1839年3月10日，林则徐到达广州，成千上万的人挤在珠江两岸以示欢迎。1839年3月18日，新官到任的林则徐就发布了两个谕贴，命外国鸦片商贩限期缴烟，并具结保证今后永不夹带鸦片。3月19日，他会同两广总督邓廷桢等传讯十三行洋商，要求其履行谕贴，但遭英国驻华商务监督义律及外商拒绝。他义正言辞道："若鸦片一日不绝，本大臣一日不回，誓与此事相始终，断无中止之理。"此后，林则徐下令禁止外国人离开广州，又采取包围商馆及查拿英国鸦片贩子等行动，终于挫败狡诈的义律和鸦片贩子，成功收缴英国趸船上的全部鸦片近2万箱，约237万斤。

林则徐的收烟之举引起了外国人的愤怒，他们认为清政府想从此对鸦片实行专卖，垄断鸦片市场。不过出乎他们意料的是，在收缴鸦片以后，林则徐报告道光皇帝，要求验明数量，然后进行焚毁。

道光十九年四月二十二日（1839年6月3日）这天，林则徐在虎门海滩开始当众销烟，他让士兵在海滩上挖成两个十五丈见方的池子，灌入卤水，把鸦片切成小块投入卤水中，浸泡半小时后再投入生石灰，石灰遇水立即滚沸，冒出滚滚浓烟，整整花了23天的时间，收缴的鸦片才被全部销毁干净。

在查禁鸦片的这段时间里，林则徐曾经书写过这样一幅对联："海纳百川有容乃大，壁立千仞无欲则刚"。这幅对联既表现了他对自己广开言路、杜绝私欲的要求，同时也反映出他对于西学的一种接纳态度。这是因为在广州禁烟的过程里，林则徐意识到英国殖民者绝不会善罢甘休，很可能将以武力侵略中国。因此他进行了一系列"师敌之长技以制敌"的军事变革实践。

一方面，他亲自主持并组织翻译外国书报，将外国人对中国的评论译成《华事夷言》，成为当时中国官吏的重要"参考消息"；为了解外国的军事、政治、经济情况，将英商主办的《广州周报》译成《澳门新闻报》；为了解西方的地理、历史、政治，组织翻译英国人慕瑞所著的《世界地理大全》，编为《四洲志》；他还组织翻译瑞士法学家瓦特尔的《国际法》等一系列著作。通过分析外国的政治、法律、军事、经济、文化等方面的情况，他更加深刻体会到只有向西方国家学习才能抵御外国的侵略。

另一方面，他着手整顿海防，从外国秘密购入200多门新式大炮配置在海口炮台上。又搜集并组织了大炮瞄准法、战船图书等资料以改进军事技术。组织官兵在东较场（今广东省人民体育场一带）学习西洋武器的使用，又招募了五千多渔民编成水勇，加强水防。

1839年7月，义律以维护杀害中国村民的英国水手为由挑起九龙炮战和穿鼻洋海战。林则徐亲自前往虎门督战，取得反击的胜利。不过这只是战争的前奏，1840年6月，鸦片战争正式打响。英军先以广东福建为目标，久攻不下遂转战浙江，定海沦陷，英军继而北上入侵大沽。得知消息的道光帝惊恐万分，急忙派使求和，因遭小人诬陷，明明抗英有功的林则徐却被皇帝归责"办理不善"，多次下旨斥责，林则徐却依然为广州抗英奔走察看，四处招纳贤勇，又坚决反对钦差大臣琦善畏敌求和。他对此时负责主持粤战的奕山建议防御之策，却终不被采纳。是年十月，林则徐被道光帝革去两广总督之职，自1839年3月到达广州起，他已经主持禁烟抗英军事斗争长达19个月。期间，他敢于学习外国先进科学技术的精神，受到人们的高度赞扬，被誉为"开眼看世界的第一人"。

离开广州后，林则徐又于1841年三月受命前往浙江协办海防，贡献卓越。

五月，道光帝却因为广东战败归咎前任，林则徐再次被革去四品卿衔，并且从重惩处，发配伊犁。林则徐忍辱负重，于道光二十一年（1841年7月14日）启程戍途。在途经镇江之时，偶遇老朋友魏源，授之以《四洲志》及相关外国资料，并嘱咐其撰写《海国图志》一书。途经河南开封逢黄河灾起，奉旨治河，事成依然戍守伊犁。道光二十一年十一月初九日，林则徐终于到达新疆，颠沛的戍途当中，他始终忧国忧民，从不唏嘘于自己的坎坷运命。

到达伊犁以后，林则徐拖着自己年高体衰的身体，亲自在伊犁和新疆各地"西域遍行三万里"，对南疆八城进行了实地勘察，并由此意识到西北边防的重要性。他翻译资料，察觉出沙俄将对中国构成的威胁，于是率先提出了抗英防俄的"防塞论"国防思想，向伊犁将军布彦泰提出"屯田耕战"的政策，以兵农合一抵御沙俄威胁。不仅如此，他还大兴水利，发明和推广坎儿井和纺车，被人们称为"林公井""林公车"。

道光二十五年（1845年），林则徐被重新起用署陕甘总督，次年转任陕西巡抚。道光二十五年九月奉召回京候补，十一月以三品顶戴署理陕甘总督。道光二十六年（1846年）四月，授陕西巡抚，镇压刀客。道光二十七年（1847年），升任云贵总督，先后平息、镇压西北、西南民族冲突和人民起义，整顿云南矿政。

道光二十九年（1849年）秋，林则徐因病向朝廷辞职归籍，道光三十年九月（1850年10月）再次被朝廷任命钦差大臣，赴广西镇压农民起义。是年十月，林则徐抱病起程，11月22日于途中潮州普宁县（今广东普宁北）行馆病逝，终年66岁。咸丰元年（1851年），咸丰皇帝赐祭葬，谥号"文忠"，晋赠太子太傅，照总督例赐恤。林则徐逝世后，全国哀悼，福州建祠奉祀。著名思想家、史学家魏源曾为他写下这样一幅挽联："品望重当朝，犹忆追陪瞻雅范；褒荣垂史乘，徒殷景仰吊遗徽。"乃是对其一生人品与功绩的崇高评价。

微焦再现虎门销烟

　　林则徐任湖广总督时，鸦片已在中国大量贩卖。据估计，全国有200万以上的人吸食鸦片，严重影响了清政府的国防和财政收入，影响了百姓的生活，有识之士遂开始力主禁烟。林则徐也三次上书，力陈鸦片之害。他在任江苏巡抚时就开始禁烟，并取得成效。在随后的湖广总督任上，他提出了"禁烟六策"，搜缴烟土、烟膏总价值12000余两，烟枪1264杆。同时，还组织下发戒毒药方、偏方，以期治病救人。他在给道光皇帝的《筹议严禁鸦片章程折》讲述了六项禁烟方案，又连续呈递《查拿大烟贩收缴烟具情形折》和《钱票无甚关碍宜重禁吃烟以杜弊源折》。

　　道光帝当时对林则徐的作为给予了充分肯定，并于1838年11月27日起连续8天宣见林则徐，授以林则徐钦差大臣关防之职，到广东查办海口事件，并表示自己决心禁烟。

　　林则徐在京期间，除了接受召见外，还访朋会友、拜师问道，广泛征求对严禁鸦片的意见。其中，得到了其挚友、时任礼部主客司主事的龚自珍的大力支持。

　　林则徐接旨后立即赴任，在广州进行了六七天的实地调查，还雇了四个翻译深入了解鸦片贩卖情况，然后采取相应对策。在禁烟行动中，林则徐遭遇了空前的压力。不仅英国人图谋反抗，甚至中国的十三行也极力阻挠。十三行是清政府特许经营对外贸易的十三家商行。他们在长期的内外贸易中与外国商人共同勾结，包庇鸦片走私，是外商代理人。其中有一个叫伍绍荣的人，自以为在大清国有钱能使鬼推磨，企图贿赂林则徐，遭到了林则徐厉声呵斥。林则徐严肃指出十三行参与买鸦片的罪行，要求他们自首以求宽大处理，同时传谕各国商人，要求他们将鸦片尽数缴出，保证再不贩卖，并表示自己将与鸦片贩卖斗争到底。

　　英国驻华商务监督义律得知消息，连忙从澳门赶到广州，企图保护英国鸦片商人，被义愤填膺的中国百姓围在商馆。林则徐得知后当即下令封舱、围馆，督促外商缴烟。义律等人迫不得已，交出少量鸦片。林则徐不为所动，传下命令，鸦片不缴清，义律就不能离开商馆。义律等人没有办法，只好如数缴出20283箱鸦片，签署"永不夹带鸦片"的保证。

林则徐以严密的计划方法、严肃的纪律，顺利地完成了收缴鸦片的任务，皇帝对他的作为表示了嘉奖和肯定。

在林则徐的指挥下，从1839年6月3日开始，历时23天的虎门销烟拉开序幕。当天，人们纷纷前往虎门浅滩。林则徐在广东巡抚怡良等人的陪同下登上礼台，宣布以"海水浸化法"开始销烟。海水浸化法的办法是在海边挖两个水池，池底铺石，四周钉板，以防鸦片渗漏。然后再挖一条水沟，使海水流入池中，然后把鸦片捣碎，投入池中浸泡一些时候，再撒下石灰。等到海水退潮时，打开销烟池前面的涵洞，销溶后的鸦片就随着海浪流入大海了。全部鸦片销溶后，再用清水刷洗池底，以求不留残余。

林则徐在销烟前发出告示，准许外国人到现场参观。一些外商、领事、外国记者、传教士不相信林则徐有办法不留贻害地销毁所有鸦片，特地前来观看。从6月3日到25日，除留下8箱作为样品送往京城外，200多万斤鸦片全部销毁了。

销烟同时，林则徐制定了《禁烟章程十条》，规定：吸食者要主动把烟土和烟具交官，不追究缴者姓名，也可让别人代交。同时设立官办的收缴总局和分局，收缴烟土烟具，劝说戒除毒瘾。颁布规定之后，林则徐严厉查禁，两个月内捕获毒犯1600人，收缴烟土46万两、烟枪4万杆、烟锅200多口。广东禁烟取得节节胜利，为各地起了带头作用，各地禁烟运动随即纷纷展开。

林则徐受命禁烟，是在外临强敌，内对奸臣的关头。在这一严峻情势下，他表现出大无畏的爱国主义精神，成为中国近代史上一位敢于反抗帝国主义侵略的民族英雄。史书这样评价他："虎门销烟是我国近代史上反帝斗争中的光辉一页，林则徐领导禁烟运动的胜利，是中国人民反侵略斗争史上第一个伟大胜利，这一壮举，维护了民族的尊严和利益，增长了中国人民的斗志。"

经历了这次禁烟运动，广大民众对鸦片危害性有了清醒的认识，使很多人看清了英国向中国贩卖鸦片的本质。同时虎门销烟也大大抑制了英国在中国的鸦片交易，沉重打击了英国资产阶级在中国的贸易掠夺，也唤醒了国人的爱国意识。

道光皇帝曾赞扬此举为"除中国大患之源""可称大快人心一事"。马克思也赞扬过虎门销烟是中国政府 1837 年采取严禁措施以来的"顶点"。

虎门销烟大火虽然熄灭了，但是不屈不挠的中华民族把火种却保存了下来，一代又一代流传。

禁烟运动直接损害了英国政府和英国鸦片商人的利益。为了维护自己的不法利益，强迫清政府屈服，英国政府决定对中国发动蓄谋已久的侵略战争。

遮羞破布化炮灰

虎门销烟之后，英国向中国输出鸦片的贸易受阻，无事可做的英国商船都聚泊在香港九龙尖沙咀一带海面，拼命寻找着一线商机。

1839 年 6 月 20 日上午，一伙英国水手来到尖沙咀上的一个小渔村的小杂货铺里买酒，当即喝起来。几瓶酒不够尽兴，而小杂货铺里的酒已经都卖给了他们。店主做手势解释说，酒已经卖完了。这些英国水手认为店主故意不卖，开始闹事。

附近村民闻讯赶来，对于洋人的行为非常愤慨。英国水手却肆无忌惮，甚至还用中国话骂道："一群蠢猪！"青年农民林维喜上前指责洋人，喝醉了的英国水手不知收敛，反而动手动脚，引发了村民的更大不满。见此架势，几个英国水手立即操起杂货铺前的一根木棍，朝村民们打去，多人受伤，林维喜因离得最近，被击中后脑，当场昏倒，因救治无效而亡。几名英国水手则在村民们追打时逃走。林则徐调查清此事后，立即派人和义律交涉，命令他交出凶手。

义律是一个行事细密、善于辞令的人，闻讯后知道林则徐一定会让他交出凶手，所以在命案发生后随即展开调查。当他知道这次冲突是与英船"卡纳蒂克"号和"曼格洛尔"号的水手有关时，马上采取了在案发当地收买人心，用金钱封住死者亲属之口的措施。

通过支付金钱，义律"买"来了死者之子林伏超所签下的字据，表明其父是意外死亡，跟英国的水手没关系。其字据如下：

父亲维喜，在九龙贸易生意，于五月二十八日出外讨账而回……被夷人身挨失足跌地，撞石毙命。此安于天命，不关夷人之事。

林则徐对此当然不能容忍，坚决敦促义律尽快交出凶手。狡猾的义律开始和林则徐耍起花招。他用外交辞令答复说："查尖沙咀村民一名，被殴毙命，远职遵国主之明谕，不准交出罪犯，而按本国律例，彻底调查情由，秉公审办。如查出实在凶犯，也准备治以死罪。今现职谨报诚言：该罪犯不（没）发觉（现）。"

林则徐义正辞言地驳斥道："查该国一直有定例，本国人到哪个国家贸易，即遵守哪个国家法度，该国王远在数万里之外，怎能谕令不准交出凶犯？"

8月12日，义律假模假样地在一艘英国货船上设立了"法庭"，自己充当"法官"，声称被审者就是刚被他缉拿的参与"林维喜案"的5名凶犯。经过一番所谓的"审讯"，义律当"庭"宣布，5人中的3人判处监禁6个月，各罚款20英镑，其余的2个人则判处2个月监禁，各罚款15英镑。

这样的"判决"哪里还有公平可言？林则徐被深深地激怒了。

8月15日，林则徐发布一道禁令，禁止与英国进行一切贸易，清兵进驻澳门，进一步将英人驱逐出境，所有卖与英人的食物一律停止供应，英人所雇用的中国买办、佣工全都撤回。无奈之下的英人只得撤离澳门，在货船上寄居。

告示发出后不久，林则徐再发谕帖，要求英方将交出打死林维喜的凶手交出。而义律则对中国钦差的要求拒绝回应。双方陷入了僵局。

禁令发出后，从澳门被驱逐到船上的英商和侨眷断绝了赖以生存的物资，原有的中国雇员和仆役也纷纷离去。英商和侨眷自然把怨气发泄在包庇凶手的义律身上，迫于同胞的压力，义律致信葡萄牙官员，请求予以支援。但葡萄牙不想卷进这场纷争，明确表示他们不能保证其安全。

9月5日，义律派传教士郭士立与林则徐谈判，要求他解除禁令，恢复正常贸易关系，被林则徐拒绝。下午14时，义律发出最后通牒，林则徐不予理睬。15时，在义律的授意下，英国军舰向负责封锁的中国船舰开火。对于这种挑衅中国主权的行为，林则徐勃然大怒，于次年初下令正式封港。1840年4月，英国议会正式通过发动战争的决议案，于5月调集大量英国军舰，云集珠江口，准备开战。对于英国的这种嚣张行为，林则徐毫不示弱，与5月9日晚派10艘火船主动出击，击毁11艘英船。鸦片战争自此揭开了序幕。

当林则徐开始在广东准备进行抵抗英国侵略时，是得到道光帝的认可和支持的。但在英国侵略者绕过广州、袭取定海后，道光皇帝动摇了当初的禁烟和抵抗政策，立即投降妥协。这位万圣之尊被定海的惨状吓坏了，一位曾经亲自参加了定海之战的英国军官后来回忆说：

军队登了岸，英国旗就展开，从这一分钟起，可怕的抢劫光景就呈现在眼前。暴力地闯入每一幢房子，劫掠每一只箱箧；街道上堆满了图画、椅子、桌子、用具、谷粒……一切这些都被收拾去，除了死尸以及被我们无情的大炮弄残废了的受伤者。有的丢了一只脚躺着，有的两只脚都没有，许多被可怕地割裂，被霰弹射穿。只当已经没有什么东西可拿的时候，才停止抢劫。

更惨无人道的是，英军攻陷定海后，即在城乡进行血腥劫掠与屠杀。据书中记载，英军进入定海后"成群结队，或数十人，或百余人，凡各乡各岙，无不遍历，遇衣服银两、牲口食物，恣意抢夺，稍或抵拒，即被剑击枪打。数十万生灵，如坐针毡，延颈待毙。"

面对英侵略者的抢劫和屠杀，昔日繁华富庶的定海，变得满目疮痍。原来的数万只渔船，"今已一只皆不见"。

其实，在定海失陷后，当时的清朝统治集团中实际存在着两种态度：一种以穆彰阿、琦善等为代表，他们都是满族的贵族代表。在他们眼里，外国侵略者船坚炮利、武器先进，凭着清朝现有武力，根本不是西方列强的对手，不可能战胜。因此即使是做出一些必要的妥协，也要绝对避免与其发生冲突。

另一种态度则以林则徐等一批汉族官员为代表。他们懂得开眼看世界，对英军武力优越与清军武力装备废弛有着比较客观的认识，他们也不愿与英军动用武力。但他们把整个中华民族的利益放在首位，不能容忍外国侵略者践踏蹂躏中国主权，而要与之进行坚决斗争，并提出了一系列的可行方案。他们相信，只要充分利用中国的有利条件，是完全可以打败侵略者。

这两种截然不同的态度，究竟哪一种能成为清政府的对英方针，关键取决于道光帝。

道光帝生于清王朝由盛转衰之际。无法再创盛世的他自从即位之后，内，腐败丛生、民生哀怨，外，鸦片枪炮、强权外交，纷至沓来。他一方面对于祖父乾隆皇帝之时的鼎盛之世记忆犹新，不愿意看到祖宗留下的基业在他手中继续衰败，而是希望有所作为，继续开创新纪元；另一方面，他对于世界的变化愚昧无知，对于工业革命后西方各国的飞速发展嗤之以鼻，依然沉溺于他的"天朝上国""万邦来朝"的幻梦之中，不去思索世界形势的变化，殊不知，清王朝在世界上已经落伍了。

面对这危机四伏的局面，清王朝的统治机器运转不灵、银荒兵弱的现状，加上正在进行的鸦片战争节节失利，他能做的只能是希望至少能够维持维持太平局面，以确保祖宗江山不要毁在他的手上。在对外态度上，他早就提出了所谓"天朝体制断不可失，外夷衅端断不可启"的原则。而他之所以大力支持林则徐禁烟，是因为鸦片输入，白银大量外流，出超变成入超，对清朝财政形成巨大危害，财政危机一步步凸显。由于军队日益废弛，极有可能导致无御敌之兵的可怕局面，这不仅有损于天朝体制，更是严重的危及了清王朝的统治地位。另外，道光帝完全不了解鸦片对于英国的利害关系，他把禁绝鸦片看得比较简单，想当然地以为禁烟只会引起鸦片贩子顽抗，作为天朝上国，对付几个鸦片贩子比较容易，总不至于引起大规模的战争。

然而，道光彻彻底底地错了。鸦片战争的一声炮响，英军大举来华侵略，攻陷定海，道光帝惊恐地发现，事态的发展完全出乎自己的意料，局面变得越来越不可收拾，于是他的强硬态度开始动摇。他首先想到的就是设法消弭

"边衅"，防止事态扩大。这与琦善等人的妥协主张正相吻合。

此时，道光帝对于林则徐的抵抗意见充耳不闻，反因定海失守迁怒于林则徐，并派琦善前去与英军商讨。而岐山在广东与义律的一系列妥协却被道光帝认为"片言片纸，连胜十万之师"，"退敌"有"功"。于是，道光帝将林则徐革职查办。

不得不承认，道光帝亦有他的无奈，但民族利益、国家主权是不能妥协的。他却丧权辱国，说得冠冕堂皇：

览奏愤懑之至，朕惟自恨自愧，何至事机一至于此，于万物可奈之中，不能不勉允所请者，成以数百万民命所关，其利害不止江浙等省，顾强为遏抑，照议办理。

然而，冠冕堂皇的语言遮盖不了辱国丧权的事实，一系列不平等条约的签订，彻底撕掉了感觉良好的大清王朝最后一块遮羞布。

到梦醒的时候了

当清政府的态度从抵抗转向妥协时，英国侵略者的野心更是疯狂的无止境，而清政府却一味的满足侵略者这种无耻的贪婪。

西方列强为什么对中国如此肆虐和疯狂无耻呢？清政府又为何一再妥协退让呢？

落后就会挨打！

大清曾自诩"天朝上国"，一场鸦片战争让那些美梦中的统治者惊醒。在漫长的古代社会，中国曾创造了灿若星辰的"世界第一"。可是，经过中英鸦片战争，中国一触即溃、俯首求和的现实，使中国的形象一落千丈，而西方人很快便以傲慢的神情来看待中国。

一个参加鸦片战争的英国军官在《英军在华作战记》中写道："中国是个长期愚昧而又骄傲的国家，是一个没有自我更新能力和缺乏活力的国家。"

第一次定海海战之后，清政府遂向英侵略者妥协。然而当英国全权代表义律将《草约》送到英国后，以英国女皇为代表的英国政府对义律的行为却大为不满。作为战胜者，他们觉得应该得到更多的东西，而义律勒索到的东西太少了。因此，英国政府决定扩大战争，遂召回义律，决定扩大对华战争以攫取更大利益。

英政府改派璞鼎查为侵华全权代表，用洋枪洋炮从清政府手里夺得更大的权益。清政府统治集团以为在它作出更大让步之后，战争就会停息，恢复战前的老局面，继续安享"太平"。然而，英国侵略者在其野心没有得到满足之前，压根儿不打算罢休。

英军集结大批军队再次北上，由璞鼎查率领，接连攻陷鼓浪屿、厦门、定海、镇海及乍浦，清军在战争中连连失利，一败再败。定海已经是第二次被攻破，总兵葛云飞、郑国鸿、王锡朋率五千守军英勇抵抗，与英国侵略军血战六昼夜，最后英勇牺牲。英军占领这些地方后，到处烧杀抢掠，由于侵略战争进展的顺利，璞鼎查竟狂妄地向英国政府建议："女王陛下可以宣布，中国的某些港口，或者某些沿海地区，将并入英国的版图。"

英军接着又攻打长江的门户吴淞，江南提督陈化成率军坚守吴淞。最后陈化成与部下死守西炮台，孤军作战，直至战死。吴淞口一失，上海、宝山跟着失守。接着英军沿江西上。英军舰队开到镇江，副都统海龄率官兵奋勇抵抗，经过激烈的巷战，直至打到最后一人，镇江失守。8月4日，英军直逼南京，清军节节败退，朝野上下人心惶惶。然而，清政府越是磕头乞降，侵略者越是气焰嚣张。

面对着定海、镇海、宁波三城的失守，道光皇帝的天朝上国梦却还没有惊醒。十月十八日，道光帝任命他的另一个皇侄奕经为扬威将军，前往浙江收复失地。结果奕经大败，狼狈逃往杭州，不敢再与英军交战。

坐镇京城的道光皇帝听到战败的消息，十分惊慌，立即派耆英和伊里布赶到浙江去向英国侵略者求和。

这时，英军舰队抵达南京江面，架起大炮，宣称要开炮攻城。这时，清政府完全被侵略者的淫威所吓倒，彻底的屈服了，赶紧派耆英、伊里布赶到南京议和。

至此，第一次鸦片战争结束。

1842年8月19日，清政府代表耆英、伊里布登上英国军舰"汗华丽"号，在英国殖民者的枪炮和旗帜下，伴随着一声声"女王万岁"，与英国全权代表璞鼎查正式签订了第一个丧权辱国的不平等条约——《南京条约》。

到此，历时两年多的鸦片战争以可耻的"城下之盟"而告结束。天朝上国的美梦彻底破碎了。

这一纸条约不仅是英国侵略者对中国人民的无耻掠夺，使清政府的财政更加困难，人民的负担加重，而且开创了侵略者对中国勒索赔款的先例。

《南京条约》的影响不仅如此，它让西方列强都闻到了中国这块肥肉的醇香。原本属于中英两国的鸦片战争，却让西方很多列强趁火打劫。美国和法国也乘人之危，相继以武力威胁清政府签订了《望厦条约》和《黄埔条约》，从中国勒索了不少好处。紧接着，葡萄牙、普鲁士、比利时、西班牙、荷兰、挪威、瑞典、丹麦等国也纷至沓来，都来"分享肉羹"，纷纷与中国签订了不平等条约。

皇帝也无奈

道光皇帝在位期间，清王朝的国家机器也已经运转了170余年，前朝五位皇帝留下的这片盛世江山，经济繁荣，人口众多。

虽说清王朝经历康乾盛世后已经由盛而衰，但是祖宗留下的基业依旧闪耀着光辉。道光帝在位时，大清王朝疆域广阔，他统治着一个面积超过1300万平方公里的世界第一大帝国，这时候，人口数量已到达了空前的四亿，占全世界总人口近1/3。如果当时有"发达"这个词的话，当时的中国可谓是世界上最发达的国家，是世界上的"超级大国"，道光帝在世界上也拥有绝对的权威。

此时，大清王朝的力不从心的衰朽状态，官场因循懈怠、贪污腐化的程度也达到前所未有、闻所未闻的程度。这位39岁的皇帝从他的父亲手中接过的不仅是一片盛世，也是一个腐败到骨子里的烂摊子。

在封建社会，皇帝是九五之尊，是天子。然而正是这位至高无上，一呼百应的道光皇帝，自然是想要什么就有什么。岂不知皇帝实际上却被那些拿着大清俸禄的效忠于朝廷的腐败集团绑架了，作为一个皇帝，他无法抽身，更是力不从心，他徒有皇帝的风光，实际上他只是周围一大批人的傀儡，他痛恨腐败，痛恨贪官污吏，而正是这帮贪官污吏顶着他的名字捞自己的好处。

与天子比起来，这些官员只是一些无名小辈，却从统治集团中得到最大实惠的。清朝的腐败到了道光时期可谓是达到了登峰造极的地步。当时有一句话：三年清知府，十万雪花银。字面上理解，就是清朝地方官是三年一个任期，一个知府一个任期就能搜刮十万两白银甚至更多，这是多么令人难以置信，又是多么荒唐的统治集团。

贪官污吏，历朝历代皆有，道光朝也有这种现象似不足为怪，但皇帝成为贪官搜刮民脂民膏、侵蚀钱粮的工具却无先例。道光这位一心想挽狂澜于既倒的皇帝，为他的臣下官员们充当着"洗钱"的机器。

道光帝登基之初就想通过改变大清前朝留下的陋规陋习来改变这种吏治腐败的现实，英和建议清查陋规，整顿吏治。他立即发布上谕：

箕敛溢取之风，日甚一日，而闾阎之盖藏，概耗于官司之削，民生困敝，职此之由。

清查的方针是，将所有的陋规查明，该保存的留下，该取缔的消除。道光帝实际是想承认一部分陋规，取消另一部分陋规，控制其发展。

新官上任三把火，道光帝整饬陋规是为初政之一，他也想励精图治，续写盛世，然而那帮既得利益者怎么舍得让他们搜刮到的财富变成非法的呢？由此，官吏们的贪婪却让道光无可奈何，最后只是说了一通空话：

各大吏正己率属，奖廉黜贪，如有苛取病民之事，立加黜革厘正，斯吏治澄清，民生日臻饶裕矣。

道光整顿吏治的新政流产了，预示政治不会有起色，陋规将越来越严重，吏治一发不可收拾。

道光皇帝一生力戒浮华，克勤克俭，在历史上来看也是一位数算得上节俭的皇帝，他批答奏章，日理万机，召见臣工，夜以继日的操劳国事，对国事可谓鞠躬尽瘁，又可谓是一位勤政的皇帝，可见他守成君主的兢兢业业。然而他改变不了王朝没落的大趋势，面对吏治腐败，他深恶痛绝却又无能为力。这位勤政节俭的皇帝一生都写着衰世之主的悲怆与无奈。

一死百了

道光帝在位期间，做了不少有利国计民生的事情。然而，随着禁烟运动的失败以及鸦片战争的一声炮响，道光帝的一世英名付之东流。

道光帝，名旻宁，为清朝的第八位皇帝，他是嘉庆皇帝的嫡子。39岁继位的道光帝，在他30年时间内，见证了一个万里帝国由盛转衰的悲剧，而他本人，虽然非圣主，却也不是个昏君。如果不是恰逢三千年惟有之大变局，他或许还可以做个安乐皇帝。

然而作为鸦片战争的头号当事人，道光无可避免地成为了后世最具争议的人物之一。古往今来，以弱胜强，以少胜多的战例不胜枚举，然而碰到了性格疑虑犹豫、反复无常道光，则此战最终败北。在禁烟之时，严禁与驰禁犹豫摇摆；战争爆发时，道光又在主战与主和之间反复无常；用人当任时，道光又以一己好恶和宵小谗言，任贤与任奸功罪倒衡。在这场历史悲剧中，道光遂扮演了悲剧的主角。

鸦片战争胜负未分之时，林则徐便遭到了贬谪，随即，道光帝便派投降派琦善为钦差大臣去到广东，与英国谈判。临行之前，道光帝定下要求：上不失国体下不开边衅。意思是说，给英国割地赔款不行，与英国发生军事冲突也不行。按照道光的打算，是要让英国人竹篮打水一场空。

琦善无能，遂向英方让步，私下将香港划给了英国。这让道光帝大怒，在逮捕了琦善之后，遂派遣杨芳、奕山向英军进攻，结果却失败而归，绝望的道光帝只能投降，割地赔款。如此反复无常、左右摇摆的君主，如何能够让大清军士上下一心，把英军打回老家去呢?

此后，道光帝更是不思进取，不吐改良，不知求富图强之道，致使西方列强步步紧逼。所以《清史稿·文宗本纪》论述道:"论曰:宣宗恭俭之德,宽仁之量,守成之令辟也。远人贸易构衅兴戎,其视前代戎狄之患,盖不侔矣。当事大臣先之以操切,继之以畏葸,遂遗宵旰之忧。"鸦片战争的失败有臣属不尽责的原因,摇摆不定的道光帝也难辞其咎。

见林则徐这样的忠贞之士遭到贬谪边,愤懑的魏源铺纸提毫,奋笔疾书:

楼船号令水犀横,保障遥寒岛屿鲸。

仇错荆吴终畏错,闲晟赞普诓攻晟。

乐羊夜满中山夹,骑劫晨更即罢兵。

刚散六千君子卒,五羊风鹤已频惊。

一开始之时,林则徐倒还看得开:只道光帝励精图治,群臣上下一心,文武协力,这朗朗乾坤未尝不能扭转。然而,时局的发展大大出乎了林则徐的意料,道光皇帝竟然听信了首席军机大臣穆彰阿为首的投降派的谗言,将林则徐和邓廷桢革职充军。

时任户部尚书的王鼎,眼见国家危难,民族危亡,毅然将生死置之度外,多次怒斥穆彰阿"妨贤"、琦善"误国",不惜让道光帝震怒,唯望能够唤醒道光帝,让他坚持抗战。当所有希望都变成失望,失望化作绝望之时,王鼎只能以死报国,道光二十二年(1842年)四月三十日,王鼎自缢而死,并留下遗书:"条约不可轻许,恶例不可轻开,穆不可任,林不可弃也。"林则徐听闻王鼎尸谏的消息,悲痛万分,遂写下《哭故相王文恪公》诗:

甘载枢机赞画深,独悲时事涕难禁。

艰屯谁是舟同济,献替其如突不黔。

卫史遗言成永憾,晋卿祈死岂而心?

黄扉闻道犹虚席,一鉴云亡末易任。

为了维持现状,维护投降派的利益,在王鼎死后,穆彰阿的亲信、军机章京陈孚恩急忙去到王家成功骗取了遗书,在他的威胁利诱下,王鼎之子王沆被迫接受"代为改草遗疏"。最终,道光帝只知王鼎"暴病而亡",下诏悯恤优抚,追赠太保,谥文恪。王鼎之一片忠心,只能谋日月之昭彰了。

道光晚年，痛定思痛，逐渐抛弃了投降派，对那些有功的抗敌将领，想尽办法加以优待和保护。然而，他却总是顾此失彼，不想成为千古罪人的道光帝，竟然连选储君之时，也是举棋不定。当时，四皇子六皇子都有资格，四皇子是长子，而且贤孝；六皇子虽是庶出，却天资聪颖。正当道光帝准备选择六皇子之时，竟然被一个太监偷窥到了，而且还被太监传了出去。道光帝很不高兴，遂一怒之下改立了四皇子，也就是后来的咸丰帝。

自然界的时令虽是初春时节，大清王朝的气数已是暮秋时候。于是，在紫禁城中，自然形成了一股伤春悲秋的自然与人文氛围，不堪忍受巨大孤独和压力，不堪忍受耻辱又不能改变命运，想要扭转乾坤却又不知从何着手的道光帝，终于闭上了他的眼睛。

第二章 太平城的太平军

如果说，大清帝国自嘉庆年间开始走向下坡路，在道光年间行至历史的拐点，那么，在咸丰的岁月里，最终开启了中华民族之殇的噩梦，其中太平天国的反抗无疑是让这个孱弱的皇帝夜不能眠。

残疾君王有妙计

文宗体弱，骑术亦娴，为皇子时，从猎南苑，驰逐群兽之际，坠马伤股。经上驷院正骨医治之，故终身行路不甚便……

——《清史稿》

据上述史料记载，道光帝的四皇子奕詝，也就是后来的咸丰皇帝，登基之前，狩猎时从马上摔了下来，经过太医的精心治疗，骨病虽然好了，却落下残疾，成了跛子。

那么，这么一个身有残疾的皇子是怎样赢得道光的宠信而登上大统之位，成为天下之主的呢？

奕詝排行第四。道光帝有9个儿子，到道光二十六年，大阿哥奕纬、二阿哥奕纲、三阿哥奕继都已死去，皇四子也就实居皇长子之位。道光考虑到自己年岁已大,身体又不好,立储之事成了当务之急。要知道,在皇朝政治中,确立皇储,是无可争议的头等大事。道光的儿子虽然只剩六个,但想要在其中选出一个可以延续大清后世的继任者,并非易事。

当时,五阿哥奕誴已经过继给了醇亲王绵恺为子,失去了继承大统的权利。六阿哥就是后来人称鬼子六的奕䜣。老七、老八、老九年纪尚小,无须考虑在内。所以皇太子人选实际上只有奕詝和奕䜣。

奕詝的母亲在他10岁时就已经去世,一直是由静贵妃,也就是奕䜣的母亲来照顾他,所以奕詝视静贵妃如同生母,视奕䜣如同胞弟,奕䜣如视之。奕詝和奕䜣关系从小就一直都很好,这就更增加了道光选择皇储的困难。

奕詝和奕䜣,这两个儿子之间到底选择哪个来继承祖宗的江山,道光帝犹豫不定。

立储不是儿戏,于是,道光帝便开始考察四阿哥和六阿哥的能力。首先,道光帝想考考这两位皇子的骑射功底。皇四子之师傅为杜受田,皇六子之师傅为卓秉恬。他们的老师都分别给自己的弟子出了主意。奕䜣的箭法当然是在阿哥中是最好的,他捕获的猎物自然也是最多的。道光一看很是高兴,心想奕䜣确实是很有本事。而皇四子奕詝肯定是不如自己的六弟。这就显示了杜受田的政治智慧,他教奕詝索性一箭不发,自然也就没有任何收获了。道光看到奕詝如此无能,当然很是生气。奕詝却说:"父皇恕罪,儿臣以为眼前春回大地,万物萌生之际,正是禽兽生息繁衍之期,儿臣实在是不忍心杀生,恐违上天的好生之德。"

这就是"藏拙示仁"的妙计,把自己的短处藏起来,来表示自己仁爱。道光觉得奕詝很符合儒家"仁"的思想,心中便暗暗地肯定了奕詝。

据史料记载,为了最终确定自己的选择,道光帝在一次病重时,召奕詝和奕䜣二皇子入对,借以决定储位。两位皇子各请命于自已的老师。奕詝的老师杜受田对他说:"阿哥如条陈时政,智识万不敌六爷。唯有一策,皇上若自言老病,将不久于此位,阿哥唯伏地流涕,以表孺慕之诚而已。"如其言,帝大悦,谓"皇四子仁孝",储位遂定。

这便是藏拙示孝的典故,可以说,奕䜣能登上皇位,与恩师杜受田的政治智慧是分不开的,"藏拙示仁",又"藏拙示孝",在"仁"和"孝"这两个字上表现得比较突出,所以道光就选择奕䜣做皇太子。可见,道光在选皇太子的时候,只考虑到了德而没考虑了才,实际上咸丰后来在德的问题上做的也是很不够的。杜受田的政治智慧让道光帝选择了一位没有治世才能的平庸皇子继承了大统。

"四无"皇帝

许多史学家称咸丰是一个"四无"皇帝:无远见,无胆识,无才能,无作为。

道光在选择继承人的时候,错选了奕䜣这位文才武略、骑马射箭都差一大截的皇子,他太平庸,毫无文华武英之姿。

咸丰是清王朝秘密立储继承皇位的最后一位皇帝,他20岁登极,在位11年,31岁病死。不可否认,碰上西方崛起、清朝衰败之际,咸丰帝也是一个历史的悲剧皇帝。

咸丰即位时,国库空虚、军伍废弛、吏治腐败、天灾不断,民众起义此起彼落,西方列强更是虎视眈眈。

1850年至1861年,在11年的皇帝生涯当中,咸丰没有过一天安生的日子。1850年至1864年爆发了太平天国农民起义战争,1856年至1860年又爆发了第二次鸦片战争,都是对清王朝致命的一击。

在这动乱的年代,中国的历史由此发生了重大转折。而处于风雨飘摇的乱世时期,他却看不到历史发展的趋势,依然沉浸于天朝上国的美梦当中,沉浸于自己的万物之主的幻想当中。殊不知,当时天下大势已变,世界格局正在悄无声息地敲打着旧的体制。

咸丰对老师杜受田依赖性过大。尽管杜受田在帮助奕䜣登上帝座时显示了对中国政治的深刻理解,说明他是一个政治智慧高超的人,但是他本人最大的缺陷是缺乏为官处事的实际经验。杜受田没有做过地方官,也没有处理过具体政务，未在实际操作层面的司官一级工作过。这样一位纸上谈兵的帝师辅佐咸丰，根本不可能对天下大势做出正确的判断。

咸丰皇帝又是一个无胆识的皇帝，他自幼体弱多病，素有咯血的痼疾。御医给他开出良方，说鹿血可治此病。于是他在宫中养了100多头鹿，随用随取。鹿血也因此成了他苟延残喘、须臾不能离开的救命良药。他贪生怕死，只想享受皇帝给他带来的一切便利，而不敢面对摆在眼前的内忧外患。他沉湎于声色，即位的第二年，就下令挑选秀女入宫。他尤其宠爱其中一个名叶赫那拉·杏贞的。以后，他又几次挑选秀女，并破除祖宗规制，选汉族秀女入宫。

1861年，英法联军攻到了北京城下。列强到处烧杀抢掠，无恶不作，而咸丰却表现得惊慌失措，最后只好带着慈禧和肃顺等一班人马连夜逃离京城，赶到承德。

咸丰皇帝还是一个无作为的皇帝。他20岁登基，比起他的父亲道光和雍正帝继位的时间，可以说很年轻，但他在重大事件面前无所决策，一味迷于酒色，荒废朝政，误国殃民。

封个王来当当

1851年1月11日，洪秀全在广西桂平金田村起义，起义军称太平军，建国号太平天国。3月，洪秀全在广西武宣东乡称天王。8月20日，太平军在广西平南官村一带大败由向荣率领的清军部队，取得自金田起义以来最大的一次胜利，继而乘胜北上大旺墟，后沿大同水旱两路到达永安州（今蒙山）。

1851年9月25日，太平军攻克永安城，占领了自金田起义以来取得的第一座城市。作为州治所在，永安城是一座繁华坚固的中型城市，而从此以后它将被世人熟知，因为就在那里，洪秀全制定了一系列太平天国的基本军政制度，史称"永安建制"。

永安建制主要包括以下几方面：

分封上，论功行赏。封杨秀清为东王、萧朝贵为西王，列一等；冯云山为南王、韦昌辉为北王，列二等；石达开为翼王，列三等。西、南、北、翼四王皆受制于东王。其他所有立功的将士都得到晋封官职，封秦日纲为天官丞相，胡以晄为春官正丞相。

历法上，颁行由冯云山制定的《太平天历》。废清朝纪年，以金田起义之年为太平天国辛开元年。规定一年为三百六十六日，单月三十一日、双月三十日，分为十二个月和为期七天的礼拜。立春、清明、芒种、立秋、寒露、大雪六节气为十六日，其余十八节气皆十五日。仍以干支纪年，但将地支中"丑"改为"好""卯"改为"荣""亥"改为"开"。

军制上，借鉴于《周礼》，以五人为"伍"，设伍长；五"伍"设两司马；四个两司马编制设一卒长管辖……依次五五进位，再往上则是旅帅、师帅、军帅。一军辖五师，理论上有一万三千一百五十五人。除此还确立了官制，官级共有军师、丞相、检点、指挥、将军、总制、监军、军帅、师帅、旅帅、卒长和两司马，分12级。

礼制上，规定了一整套严格的尊卑等级和烦琐的礼仪制度。天王洪秀全称"万岁"，东王杨秀清称"九千岁"，西王萧朝贵称"八千岁"，南王冯云山称"七千岁"，北王韦昌辉称"六千岁"，翼王石达开称"五千岁"；洪天王年仅两岁的儿子洪天贵福被封为"幼主"，称"万岁"，以后的儿子则一律称为"殿下千岁"，女儿们称为"金"。军中高级将领称作"大人"；中级军官到兵头将尾的两司马，统统称为"善人"；其子女，男的被称为"公子""将子"，女儿称作"玉""雪"；女将领称为"贞人"，各级头目的妻子称作"贵"，并根据丈夫的具体职衔细分为"贵嫔""贵姒""贵姬""贵嫱"不等。

建制的内容还包括圣库制度的建立、命令将士蓄发、刊刻书籍、强调军队纪律，以及加强对起义者的教育等。总的说来，永安建制应该算是为太平天国建立政权奠定了基础。可惜的是，太平军在永安终是没能站住脚，1851年年底，由乌兰泰带领的清军攻破了永州防线要点水窦村，太平军被迫从永安突围，北上进围桂林。

自欺欺人大同梦

1853年，太平军攻陷南京，改南京名为"天京"，定为首都。随后颁布纲领性文献《天朝田亩制度》，规定了以解决土地问题为中心，包括社会组织、军事、文化教育诸方面的革命斗争纲领及社会改革方案。

《天朝田亩制度》的基本内容为"凡分田照人口，不论男妇，算其家口多寡，人多则分多，人寡则分寡"，意思是以每亩土地的年均产量为标准，划分上、中、下三级九等，然后好田坏田相互搭配，按人口平均分配下放。凡16岁以上的人均可以获得一份数量相等的土地，不分男女。15岁以下的则减半。除此之外，还有"丰荒相通""以丰赈荒"的调剂办法。可以说，《天朝田亩制度》的颁布，充分体现了太平天国"凡天下田，天下人同耕"的思想原则。

除了土地制度，《天朝田亩制度》还对社会的构成单位作了重新规定，以25家为一个基层单位，称为"两"。每两个"两"，设一官职"两司马"作主持。每5家设"伍长"一人，每家各出1人当兵为伍卒，"有警则首领统之为兵，杀敌捕贼，无事则首领督之为农"。而每个基层单位，均建有一个"国库"，"凡当收成时，两司马督伍长除足其25家每人所食可接新谷外，余则归国库，凡麦、豆、苎麻、布帛、鸡、犬各物及银钱亦然"。各家遇有婚丧嫁娶和生育等事，可按规定到"国库"领取相关费用；鳏寡孤独残废等丧失劳动能力的人，也由"国库"的开支抚养。农民除了耕种外，还要利用农闲时间饲养猪、鸡、蚕，从事纺织、缝衣、制作陶器、木活、打石等家庭副业和手工业生产。

在政治制度上，实行乡官制度。县一级以上，多由革命军将领担任负责人，在地方乡官则由贫苦农民担任。《天朝田亩制度》中规定，地方官吏由人民选举，"凡天下每岁一举，以补诸官之缺"。乡官如有贪污不法，人民有检举揭发、随时革退的权力。该制度中关于地方政权建立的规定，实际上大大地推进了革命的发展。

《天朝田亩制度》中还有对于妇女政策的规定。在新的规定中，妇女与男子拥有了一样的权利，都有权得到土地和生活资料的分配，参与军政事务，以及一起参加拜上帝的活动。太平天国禁止缠足和买卖婚姻，极大地保护了妇女权益。甚至还设置女官，开科取士，使妇女地位显著提高，大大提高了妇女的积极性。

在婚姻上，除了废除把妇女当作商品的买卖婚姻，提倡"天下婚姻不论财"以外，太平天国还为自由结合的夫妻颁发结婚证书，称为"合挥"。在合挥之上登记有结婚人的姓名、年岁、籍贯等项目，还盖有龙凤图章。

《天朝田亩制度》集中体现了太平天国反封建的革命性质，它的创制者们希望通过这样的方案，建立一个"有田同耕，有饭同食，有衣同穿，有钱同使，无处不均匀，无人不饱暖"的理想社会，这是因为他们自身对封建剥削有着切肤之痛，然而对于资本主义，由于接触了解不多，他们的确并无多少预见。因此，《天朝田亩制度》同时具备了革命性和封建落后性，这个矛盾是由农民小生产者的经济地位所决定的。这也决定了太平天国领袖们所绘制的平分土地和社会经济生活的蓝图，在实际上根本不可能实现。事实上，为了适应现实的迫切需要，他们不得不采取一些较为切实可行的措施。在《天朝田亩制度》颁布后不久，杨秀清、韦昌辉、石达开等就曾根据天京粮食供应紧张的情况，向洪秀全建议在安徽、江西等地"照旧交粮纳税"。这表明太平天国最后还是承认了地主占有土地，并允许地主收租。封建的生产关系和阶级关系虽然受到冲击，但始终没有得到扭转。

在清政府统治的200年间，土地高度集中，农民破产流离，地租高昂，赋税沉重，严重恶化了农民与封建地主阶级的矛盾，使其发展到极其尖锐的程度。广大贫苦人民迫切要求推翻清王朝反动政权，渴望实现"田产均耕""均田均赋"的小康之世，消除剥削。而《天朝田亩制度》中提倡平分土地的平均主义，在当时的历史条件下就显现了其充分的革命性，成为农民旷古未有的大喜事、盼望千年的"福音"。因此毫无疑问，《天朝田亩制度》的出世不但合乎了农民的需要、符合了当时经济发展的客观需要，更是顺乎历史要求的，它的平分方案坚决否定了封建地主所有制，也为中国萌芽中的资本主义扫清了道路，为其发育成长创造了必不可少的客观条件。

天王梦碎了

永安建制封王之时，洪秀全就曾规定西王以下皆受东王杨秀清节制。这是因为早在举义之前，杨秀清就曾和西王萧朝贵联手上演过一出"天兄天父"下凡的把戏，有了这个代"天父"传言的特殊地位，东王便得以与天王分享在宗教上的最高发言权。在太平天国前期，洪秀全讲求帝仪制和沉溺于宗教迷信，潜居深宫，疏于朝政，因此其地位虽在各王之上，在制度上却是一个虚君。所以当南王冯云山及西王萧朝贵相继战死后，军政实权就愈发集中到东王杨秀清一人的身上。

在定都天京以后，东王与其他诸王的关系日渐恶化。有一次，北王的下属犯了错误，东王因此问责北王，甚至还下令杖打北王。其后，北王的亲戚因为跟东王的亲戚发生财产争执而激怒东王，东王让北王议罪，北王被迫判其亲戚五马分尸。还有一次，翼王石达开的岳父黄玉昆因公事得罪东王，被杖刑三百，革去了爵位及降职，燕王秦日纲及另一高官陈承瑢在这次事件中亦被东王以杖刑处罚。连天王洪秀全也曾多次被假装"天父下凡"的东王以杖刑威吓，大家对权力膨胀的东王都敢怒不敢言。

1856年，太平军西征获胜，接连攻破了江北、江南大营，成功解除天京三年之围。天京得到巩固以后，杨秀清权力欲望急剧膨胀，遂起废洪自立之意。8月22日，杨秀清再次以代天父传言的方式，召洪秀全到东王府，逼洪秀全封自己为"万岁"，激化了领导集团内部的矛盾。此时，北王韦昌辉请求天王诛杀东王，天王却没有采纳其建议。后东王以西线紧急为由，把北王韦昌辉和翼王石达开调往前线督师，天京只剩下了天王和东王。不久，陈承瑢向天王告密，揭露东王弑君篡位的企图，于是天王密诏北王韦昌辉、翼王石达开及燕王秦日纲，暗中商议铲除东王杨秀清。

9月1日，北王韦昌辉率三千精兵赶回天京，当夜在城外与燕王秦日纲会合，陈承瑢开城门接应，凌晨突袭东王府，杨秀清被杀，府内数千男女随从家属也被尽数灭口。其后北王以搜捕"东党"为名，诱杀在天京的东王部下各级文武及其家属5000人。东王部属余众奋起反抗，双方展开血战，历时两个月，死者共计二三万人。

十余日后，翼王石达开自武昌赶回天京，责备韦昌辉滥杀无辜的行为，引起韦昌辉对其的杀心，为躲避追杀，石达开连夜逃出天京，但韦昌辉尽杀其留京家属及王府部属。石达开逃至安庆，召集部众4万，起兵讨伐北王，同时上书天王洪秀全，要求杀北王以谢天下，否则班师回京以清君侧。此时在天京以外的太平军大多支持翼王，北王情急之下攻打天王府，洪秀全和朝中大将因此认清韦昌辉的真面目，诛韦昌辉。后来洪秀全又派兵把秦日纲和陈承瑢押回处斩。长达两个多月的天京变乱（又称杨韦事变）终告一段落。

11月，石达开率兵回天京，接管军政内务。虽然其为扭转危局尽心尽力，却遭到了天王的猜嫉，重用其兄弟以牵制石达开。1857年，石达开被激率部出走天京。

在这场天京事变中，东王杨秀清、北王韦昌辉先后被杀，翼王石达开出走败亡，严重削弱了太平天国的领导和军事力量。事变以后，太平天国内人心涣散，军事形势逆转，清军陆续在各战场得胜，太平天国的控制区大为缩小。

对于这次天京内讧的真实起因，史学界众说纷纭。通说有逼封万岁说（包括无诏擅杀说）、告密说（包括陷害说）、索取伪印说（包括索取金玺）、加封万岁说（包括故意加封说）、自居万岁说五种，一般说来"逼封万岁说"是较传统的说法，而"密告说"亦广为人支持。

"告密说"的支持者认为，"逼封万岁"说依据的史料主要是各种私人笔记，其原始叙述往往错谬百出，有违情理，因此很有可能只是以讹传讹的坊间传闻或政治谣言，"告密说"则可以在外国人的记载，以及清政府和太平天国的文书中找到根据，可信度更高。

在距离天京事变不到一年的1857年1月3日，一位外国人布列治门在《华北先驱周报》上发表了一篇通讯，说"先是杨秀清有一心腹部将为其亲信，不知何放，向洪秀全告密，洪立即召其心腹盟弟北王韦昌辉回兵勤王，一以保护其自己生命，次则以诛灭谋篡位者"。又说"缘那大僭窃者（指杨秀清自1849年起即自称得上帝附体，因而成为全军的实际元首），却被阴谋所算而被杀。人皆相信彼有奸谋欲弑天王而夺其位，他却被一同盟的高级人员所卖。对天王告密。而自告奋勇愿负扫除奸党之责。洪秀全于昏聩闭之中忽然醒悟。立即传谕召出征安徽之北王韦昌辉及方奔丹阳之顶天侯。或并有其他首领回京"。

持"告密说"的人认为，"告密"说与"逼封万岁"说是完全对立的。因为假如杨秀清是当着洪秀全的面逼封自己为"万岁"，则篡位意图已明显公开暴露，也不再存在有何"密"可"告"了。而假若采取"告密说"，则表明杨秀清一切活动都是秘密进行，不可能有公开的"逼封万岁"。麦高文的通讯中还指出了告密者是太平天国领导人物中的第八位。从洪秀全算起，第八位应是胡以晃，不过胡早在内讧之前已经病死，排除已死的胡以晃，第八位则应是朝内官领袖佐天侯陈承瑢。

在清政府的文书中也同样可以找到"告密说"的根据。据咸丰六年十二月二十日江北大营钦差大臣德兴阿奏报：在韦昌辉被杀后，洪秀全又于十一月初一日将燕王秦日纲与佐天侯陈承瑢处死，可见这三个人与此次天京内讧有关。韦昌辉、秦日纲是袭杀杨秀清并大杀其部属二万余人的罪魁祸首，处死自毋庸置疑。然而为什么陈承瑢也被处死了呢？很有可能就是因犯"告密"不实的陷害罪而被问罪。

另外，洪秀全在《踢英国全权特使额尔金记》中曾明确指出杨秀清是"遭陷害"而死的。这正与"告密"说相应，因为如若"告密"者告密不实，被"告密"者自然就会遭到陷害。诏中说："爷遣东王来赎病，眼蒙耳聋口无声，受了无尽的辛战，妖损破颈跌横。爷爷预先降圣旨，师由外出苦难清，期至朝观遭陷害，爷爷圣旨总成行。"

这意味着，杨秀清在遭受陷害后不久，太平天国政府曾公开为之平反昭雪，定杨秀清被杀之日为东王升节扎，简称东升节。洪秀全在《天历六节并命官富作月令诏》中说："天历三重识东王，降托东王是父皇，爷前下凡空中讲，爷今圣旨降托杨。七月廿七东升节，天国代代莫些王，谢爷降托赎病主，乃埋世人转天堂。"

惹不起，躲得起

1864年，轰轰烈烈的太平天国运动落下了帷幕。从初期的势如破竹到最后的惨淡收场，太平天国一路走来，有一个名字是后世怎么绕也绕不开的。他攻无不克，战无不胜，令清军百万雄师闻风丧胆，就连晚清重臣曾国藩都是他的手下败将。这人就是太平天国"翼王"石达开，人称"石敢当"。

石达开是太平天国最具传奇色彩的人物之一。16岁时，洪秀全、冯云山邀其共图大计；19岁时，毁家纾难，统领千军；20岁时，晋封"翼王五千岁"。他本是曾国藩的敌手，在战场上，曾国藩每遇石达开，必一败涂地。1854年，太平军在西征战场遭遇曾国藩湘军的凶狠反扑，节节败退。湘军势如破竹，直逼湖口。石达开看出湘军最大的优势在水师，他想到当湘军水师进入湖口以后，用装满沙石的大船堵住航道，将湘军水师分割成两部分，然后分别攻击。这个计谋果真取得了成功。湘军大败，水师溃不成军，曾国藩愤而投江，被部下救起。从此，西线战事步入全盛。

之后，石达开挥师江西，4个月内拿下七府四十七县。由于太平军纪律严明、爱护百姓，江西人民争相拥戴，纷纷加入石达开的队伍，队伍人数很快就由1万多人上升到10万之多。1856年，他与曾国藩率领的湘军对阵江西樟树，结果湘军大败。这时，石达开所率领的队伍已经从四面包围了曾国藩所在的南昌城，湘军全线溃败指日可待。

这时，石达开收到了天京发生内乱的消息，奉命班师回朝。回到天京却发现东王杨秀清已经被杀，他的上万部属也惨遭株连。石达开反对株连，韦昌辉却把他反对滥杀无辜的主张曲解成对杨秀清的偏袒。为了躲避韦昌辉的加害，石达开逃出天京，而他的家人和部属惨遭株连，无一幸免。

之后，石达开在安徽举兵靖难，天王下诏诛杀韦昌辉，并召石达开回京。石达开不计私怨，深得人心。后来，当他发现天王洪秀全对他心生疑忌之后，为了防止内讧再次爆发，他于1857年5月离开天京。

石达开的这次出走既是太平天国真正走向衰落的标志，也是他与王权彻底决裂的标志。

翼王石达开仍旧与太平天国运动相连结，这是事实。但是他已经把运动与天王分开了，他忠于太平天国，却不再忠于天王。太平天国一直都是他的梦想，他渴望"无处不均匀，无人不温饱"，但残酷的现实却让他意识到，太平天国的性质已悄然间发生了改变。

洪秀全在天京滥杀无辜，他的每一刀都砍在了王权的骨子里。一开始，他起用杨秀清和萧朝贵，就用巫术排挤了冯云山。萧朝贵看清了洪秀全的真面目，所以金田起义时，洪秀全又跟杨秀清合作，排挤萧朝贵。永安建制本来是五王共和，结果却变为东王一边独大。而当洪秀全跟杨秀清合作时，杨秀清表面占尽上风，但实际上洪秀全一边故意让杨秀清表现出他的野心，一边煽动韦昌辉和石达开。韦昌辉和石达开均手握重兵，而且韦昌辉与杨秀清本来就有私仇。这样，洪秀全一下指令，韦昌辉就开始对杨秀清动手。韦昌辉不知道的是，他也不过是洪秀全手中的一枚棋子。洪秀全的本意就是在杨秀清死后挑起韦昌辉跟石达开的矛盾，借机置韦昌辉于死地。洪秀全诛杀韦昌辉看似是为了平民愤，其实是为了除去走向专制的绊脚石。

洪秀全知道，石达开是性情中人，他虽手握重兵，却不愿卷入任何权利斗争之中。为了找一个杀手，他又把目光投向了北王韦昌辉。北王韦昌辉和天王洪秀全一样，对东王杨秀清的飞扬跋扈多有不满。在洪秀全的默许之下，韦昌辉很快就动手了，他发动"天京事变"诛杀了杨秀清以及他手下的上万部属。

韦昌辉在洪秀全的默许之下大肆杀戮时，并没有想到，他一心效忠的天王，此时已经悄悄通知翼王石达开，要他回来安定局面。这直接导致韦昌辉和石达开互相猜疑。石达开要求韦昌辉停止杀戮，韦昌辉却以为石达开是在偏袒杨秀清，并将手中的刺刀伸向了石达开。为了躲避韦昌辉的杀害，石达开离开了天京，但杀戮却蔓延到了他的家里。

一切都在按着洪秀全计划的方向发展，他成功离间了韦昌辉和石达开，韦昌辉的残暴杀戮也成功激怒了天国的将士。很快，石达开就举兵靖难，要求天王诛杀韦昌辉。为了"平民愤"，洪秀全将刺刀伸向了韦昌辉。至此，通往专制路上的绊脚石已经只剩下一个翼王石达开了。

聪明的石达开早就看清了洪秀全的意图，也明白自己此时的处境。他知道，如果继续留在天京，他只有两个选择，一个是等着被洪秀全害死，一个是起兵取而代之。他既不想死，也不想再次内讧，所以只好离开。

离开天京之后，他转战江西、福建等地，后来又率军前往湘贵川一带。由于军心涣散，石达开的队伍渐渐陷入困境。

1863年，清军在大渡河南岸的紫打地包围了石达开的部队，2000多名起义军被诛杀。石达开被捕后，遭凌迟之刑。在行刑的过程中，他始终昂然挺立，神色怡然，至死都没有发出一声呻吟。

回光返照，大势难返

太平天国经历了天京事变之后，元气大伤，而正是在这一阶段，崛起了两位太平军领袖，一个为李秀成，一个为陈玉成，前者被封为忠王，后者被封为英王。

李秀成，1823年出生于广西藤县大黎里新旺村，初名以文。家境贫寒，无田无地，受人鄙夷，和父母一起"寻食度日"，生活之艰难可想而知。成年之后，洪秀全的拜上帝教给生活毫无希望的李秀成带去了希望。就此，李秀成于道光二十九年（1849年）加入了拜上帝教，对洪秀全及其教旨十分崇敬，并于两年之后义无反顾地加入了起义的太平军营。

在军营里，李秀成充分地发挥了自己的军事才能，作战勇敢，擅用计谋，从一个普通的士兵迅速地成长为一个青年将领，成为杨秀清座下猛将之一。咸丰三年（1853年），太平天国定都天京，李秀成被擢升为右四军帅。数月之后，李秀成又升任为四监军。同年十月，石达开带着李秀成前去安庆安抚民心，李秀成"逢轻重苦难不辞""修营作寨，无不尽心"。次年春，便被提拔为二十指挥，前往庐州镇守。

随着太平天国运动的风起，清政府开始下大力气进行镇压，派出将领吉尔阿和总兵张国梁来到了镇江，全力镇压太平天国，从而威胁天京。为解镇江之围，李秀成和秦日纲、陈玉成等人于咸丰六年（1856年）二月前往镇江进行救援。

陈玉成，道光十七年（1837年）出生于广西藤县大黎里西岸村，初名丕成，天王洪秀全嘉其忠勇，改名玉成。和李秀成一样，陈玉成也是农民出生，家中上无片瓦下无立锥之地。从小便是孤儿的陈玉成，只能和叔父陈承瑢相依为命，艰难度日，后来在叔父的带领下，陈玉成于咸丰一年（1851年）参加了金田起义。

参加起义后的陈玉成做了一名童子军，积极苦练，成就了一身好枪法，很快便坐上了童子军首领的位置。此后，其骁勇善战之名鹊起，为太平军核心将领所知晓，并在参加起义两年后，当上"左四军正典圣粮"，主管军粮。

咸丰四年（1854年）六月的一场战役，让陈玉成震烁三军。当时太平军西征攻取武昌，清军负隅顽抗招致太平军久攻不下，幸得陈玉成"舍死苦战，攻城陷阵，矫捷先登"，为了能够尽早地攻取武昌，打敌人一个措手不及，陈玉成亲率五百"天兵缒城而上，以致官兵溃散，遂陷鄂省"。

就这样，年仅18岁的陈玉成立下战功，被提升为殿右三十检点（位在丞相以下），统领后十三军及水营前四军，也赢得了"三十检点回马枪"的美称。此后，陈玉成更是连战连捷，声名如日中天，两年之后，便被提拔为冬宫下丞相。

此时，李秀成的地位虽然难以企及陈玉成的高度，但是陈玉成却早就知晓了李玉成的名声，再加上燕王秦日纲，三人都不约而同地相信，太平军有能力打败清军，解开镇江之围。然而，当秦日纲大军前往救援镇江之时，竟然遭到了清军的顽强阻截，双方僵持不下。于是，陈玉成不惜以身犯险，坐着小舟前往镇江，与当地守将吴如孝取得联系。李秀成则巧出奇兵，带三千人趁黑夜越过汤头岔河，双方大军内外夹击，将吉尔杭阿杀得大败，镇江之围就此解开。

后来，二人又在石达开等各路大军的通力协作下，一举拔除了威胁天京的清军"江南大营"。经过长达四昼夜的激烈战斗，清军统帅向荣败逃丹阳，太平军紧追不舍，上天无路入地无门的向荣只能自缢而死。

天京事变后，太平天国由盛转衰，清军遂加紧了对于太平军的攻势，在石达开的部署下，太平军稳守要隘，伺机反攻，陈玉成、李秀成、杨辅清、石镇吉等后起之秀开始走上一线，独当一面，天京变乱以来造成的被动局面逐渐得到扭转。洪秀全也开始重新建立全新的领导核心。

咸丰八年（1858年），洪秀全恢复前期五军主将制，陈玉成和李秀成分别担任了前军主将和后军主将。同年8月，陈玉成、李秀成约集太平军各地守将在安徽枞阳会和，在多方通力合作和奋力拼杀下，终于粉碎了清军合围天京的江北大营。

正当李秀成和陈玉成二人在战场上舍生忘死、为国建功时，洪秀全封其族弟洪仁玕为干王。洪仁玕尚无尺寸之功就受此封号，多少让人有些不服。清军看到了机会，遂向李秀成写了一封信，劝他投降清政府。然而，这封信却最终落到了洪秀全的手中，洪秀全大惊之下，遂将李秀成的母妻押当，而且还不让李秀成返回天京。此时，李秀成依然在浦口与敌军生死力战，作战骁勇，忠贞不渝，洪秀全逐渐解除了疑虑，并亲书"万古忠义"四字送给李秀成，敕封其为忠王。

不久，清军卷土重来，以江南大营为根据地，全力进攻太平军。李秀成遂奉命率精兵从浦口出发奇袭杭州。在刘秀成浑然天成的指挥下，太平军很快攻克杭州，更引得江南大营统帅和春前往救援。如此引蛇出洞，江南大营瓦解。此后，李秀成开始全力进攻苏州和常州地区，而湘军则趁机围攻安庆。安庆是仅次于天京的政治、军事中心，其得失对于太平天国成败举足轻重。于是，洪秀全让陈玉成所部从长江北岸进攻武昌，而李秀成的军队则从南岸进攻，清军惊恐万状。

很快，李秀成便攻下了武昌县，然而另一边的陈玉成却在集贤关等处作战失利。此前李秀成便执意不肯西征，只是碍于洪秀全的权威被迫如此，得知了这个消息后，李秀成立马带领大军撤出了湖北，双方大军会师的计划就此落空，更为严重的是，安庆的局势更加危急。洪仁玕遂写信，其"弃而不顾，徒以苏杭繁华之地，一经挫折，必不能久远"果然不出洪仁玕所料，尽管天京方面付出了巨大的努力，最终还是难免安庆陷落。

安庆失陷后，陈玉成率部镇守庐州，"请命自守"，同时打算分兵扫北，"由汴梁直取燕京，共归一统"。然而此时，陈玉成的处境也极为不妙，一方面，洪秀全对其做了革职处分，另一方面，清军多隆阿部加紧进攻。后来，陈玉成抛弃庐州北去，到达早就暗投清政府的苗沛霖所在的寿州。

《被掳纪略》记载道：苗将英王陈玉成上来。英王上去，左右叫跪。陈玉成大义凛然道："尔胜小孩，在妖朝第一误国庸臣。本总裁在天朝是开国元勋，本总裁三洗湖北，九下江南，尔见仗即跑。在白云山踏尔二十五营，全军覆灭，尔带十余匹马抱头而窜，我叫饶你一条性命。我怎配跪你？好不自重的物件！"面对敌人的威逼利诱，陈玉成不为所动："大丈夫死则死耳，何饶舌也！"同治元年（1862年）6月4日，陈玉成于河南延津就义，时年25岁。

另一边，李秀成在进攻上海之时，重创了英法干涉军和洋枪队，不久之后又破清营30余座，收复嘉兴，并在浙江慈溪一战中打死"常胜军"头子华尔。此时，局势渐渐不利于太平军，随着陈玉成的身死，太平军士气受挫，中外联合，将太平军的根据地打得越来越小。

此后，清军围困天京，刘秀成多次尝试救援未果，只能向洪秀全建议："京城不能守，曾帅兵困甚严，濠深垒固，内少粮草，外救不来，让城别走。不如舍天京，尽弃苏浙两省地，御驾亲征，直趋北方，据齐、豫、秦、晋上游之势以控东南。其地为妖兵水师所不能至，洋鬼势力所不能及，然后中原可图，天下可定也。"不过，他的建议遭到了洪秀全的拒绝。

同治三年（1864年）6月1日，洪秀全久病不治而死，天京城很快陷落，李秀成也在天京城外东南的方山被清军擒获。太平天国运动就此一蹶不振。

第三章　签到手软的各色条约

> 鸦片战争的硝烟未散，第二次鸦片战争的炮火再度来袭。《天津条约》《北京条约》《瑷珲条约》……一个个不平等条约的签订，让原本飘摇的大清变成了风中残烛。

中国商船，一个入侵的借口

鸦片战争之后，清政府分别同英国、法国、美国签订了不平等条约。英国人自从17世纪开始就在全球范围内殖民，对于如何软硬兼施巧取豪夺颇有心得——对国际法一无所知的清政府怎么能是英国人的对手呢？利用这一点，英国人在《五口通商附粘善后条款》——也就是通称的《虎门条约》中添加了这样一条规章制度："将来大皇帝有新恩施及各国，亦应准英人一体均沾，用示平允。"仍然沉睡在天朝上国的迷梦中的清政府并没有意识到，在朝贡话语的背后，其实是不平等的掠夺，这就是所谓的"片面最惠国待遇"；很快，美国人和法国人都利用这一条款获得了原本在《黄埔条约》和《望厦条约》中没有获得的各种权利。

美国紧随英国的脚步不甘示弱。《望厦条约》中签订了这样一条特殊的条款："合约一经议定，两国各宜遵守，不得轻有更改，至各口情形不一，所有贸易及海面各款恐不无稍有变通之处，应十二年后，两国派员公平酌办。"由于片面最惠国待遇"一体均沾"，英国、法国均自动获得了这一修约的好处。于是，第一次鸦片战争刚结束的时候，第二次鸦片战争的导火索其实就已经点燃了。

清政府并不是不知道这一潜在的危险。早在咸丰三年（1853年），接任徐广缙任两广总督的叶名琛就提醒咸丰帝，英国人可能会提出修约的要求，然而当时的清政府正深陷于太平天国战争的泥淖中，焦头烂额，根本无暇顾及。咸丰四年，英国和美国同时更换公使。叶名琛自然明白这可能是两国要求修约的前奏，咸丰帝也嘱咐叶名琛"不动声色，加以防范，随机应变，以绝其诡诈之谋"。

叶名琛当初在广州的反入城斗争中就站在徐广缙一边，力劝道光皇帝强硬对待英国人。他是和徐广缙都属于强硬派，怎么可能妥善处理洋人的要求呢？叶名琛对待英国与美国的招数只有一招：概不接见这些外国公使。无论对手如何要求谈判，叶名琛只是打发人传一句话："叶总督并未奉有谕旨办理变通事宜。"

在叶名琛那里碰了钉子的三国公使无可奈何，只得跑到上海，和两江总督和江苏巡抚见面，企图在这里找到突破口。因为两江地区的高级官员和叶名琛政治立场不同，反而和耆英比较接近，主张对洋人怀柔，因此三国公使的话对他们比较有说服力和威慑力。三国公使威胁道，如果在上海也无法解决问题，他们就自己进京谈判。

对于清政府来讲，洋人让其最为头疼的一点就是他们永远也不能按照"礼"来规范和约束自己的行为，而失礼的行为往往又带有威胁清政府统治的意味。三国公使要求自行进京的要求恰恰就属于这个范畴。果然，两江官员动摇了，江苏巡抚吉尔杭阿建议咸丰帝接受修约的要求。可是这个时候，叶名琛的奏折也到达了北京。他听说洋人北上，便主动向咸丰帝建议，不要理睬洋人的讹诈，将他们遣返回广州，并声称他自有"羁縻"的妙计。自道光二十八年（1848年）的广州反入城斗争取得"胜利"以来，咸丰帝根本不相信受挫的洋人还能掀起什么波澜，因此他两相比较，还是决定相信叶名琛，驳斥了吉尔杭阿的奏折。

要求未被满足的三国公使决定履行前言。咸丰四年八月，英国公使包令与美国公使麦莲乘坐军舰抵达天津大沽口，法国军舰由于正在修理未能同行。这一招果然让清廷大惊失色，咸丰只好派出桂良赴天津阻拦，包令和麦莲趁势各自提出十八条和十一条方案，要求订立新约。可是这时候咸丰帝一见英国人和美国人没有用武力强行通过大沽口，胆子又大了起来，一口回绝了包令和麦莲，并告诉他们，大部分条件都不能接受，至于可以商量的小部分条件，也要回到广东去谈。

此时，美英两国都没有做好战争的准备，包令和麦莲只好乖乖地返回了上海和广东。

至此，英国人和法国人已经不再寄希望于通过外交手段进行修约，而美国人还没有放弃。咸丰六年（1856年），美国公使换成了巴驾，这位巴驾原来是个传教士，后来担任了外交官，算得上是个中国通。他想凭一己之力说服清廷修约。为此他讨要了一份美国总统的国书，先后同两广总督、闽浙总督、两江总督接触，想通过这些高级官员面见皇帝，但是咸丰帝对巴驾的数次要求都予以拒绝，甚至将总统的国书都退给了巴驾。巴驾虽然深感恼火，但也没有更好的办法，只好返回广州。

经过两次修约风波，英美法三国公使算是统一了口径，对于清政府，除了用武力让其屈服，没有更好的办法了。

卷土重来要你好看

亚罗战争

咸丰六年（1856年）九月初十，清广东水师在广州江面上检查了一艘名为"亚罗号"的船，逮捕了船上12名涉嫌水手。这纯系中国内政，与英国毫不相干，但英驻广州领事巴夏礼闻讯后，遵照英国政府的指示，以"亚罗号"曾在香港登记，属英国船为由，要求释放全部被捕水手，被水师官员拒绝。于是，巴夏礼一面向公使包令报告，捏造水师官兵在逮捕水手时扯下了船上的英国国旗，污辱了英国的尊严；一面致函两广总督叶名琛，要求赔礼道歉，释放被捕人员，并保证今后不发生此类事件。这就是"亚罗号"事件的大致内容。

"亚罗号"是一艘划艇，咸丰四年（1854年）在内地造成。它的设计者是中国人苏亚成，该划艇综合了中西合璧的样式。后卖给居住在香港的中国人方亚明。咸丰五年（1855年）八月十七日，该船在香港殖民政府注册，取得了为期一年的执照，并雇佣一名爱尔兰人为船长，但水手全都是中国人。到"亚罗号"事件发生时，其执照已过期12天，按法理，已不再受香港政府保护，但英国官员却对清政府隐瞒了实情。更为重要的是，"亚罗号"是一条海盗船，也是一条走私船。多次在海上进行抢劫、走私活动。澳门政府曾经发现这条船的海盗活动，并想把它扣留下来，但它却侥幸逃脱了。清水师官兵正是得到了几天前在海上被劫商人的举报，才检查并扣押这条船的。被捕的12人中，有两名是臭名昭著的海匪。

按照英国的航海惯例，船舶进港停靠后，须降下国旗，等到离港时再升起。当清朝水师官兵上船搜查时，该船的船长正在另一条船上用早餐，该船也未做任何开航前的准备。也就是说，此时船上若升起国旗，那只能是意味着水手们反叛船长，准备潜逃了。清水师官兵说搜查这条船时并没有见到船上升有国旗，但该船船长一口咬定他在远处看见了扯下国旗的全过程。作为海盗船的船长，他的证词又疑问丛生，破绽百出。

退一步来讲，即使"亚罗号"的执照尚未过期，即使"亚罗号"从事的不是走私和海盗活动，即使清水师官员扯下了英国国旗，中英之间的如此微小的纠纷，通过协商也是很容易解决的。但巴夏礼、包令却一味扩大事态，乘机讹诈，用包令自己的话来说，就是"希望能在混水中摸一些鱼"。九月十二日，即事件发生的两天之后，叶名琛答应释放水手九人，并将获犯送到英领事馆，但巴夏礼百般挑剔，拒不接受。十四日，巴夏礼根据包令的训令，提出两天内释放人犯、赔礼道歉的无理要求。叶名琛拒绝。十八日，包令照会叶名琛：如果你们不尽快答应我们的条件，弥补你们的错误，那么休怪我们命令我国水师攻城，将和约中没有答应的入城、租地等事项变成事实。此处所谓"和约缺陷"，就是中英长期交涉的入城、租地等事项。二十三日，巴夏礼限叶名琛24小时内承认其条件,否则攻城。叶名琛答应释放水手10人。次日，叶名琛答应释放全部水手，但因本国水师并未将船上的英国国旗扯下，所以不答应赔礼道歉一项。于是，包令即将事务移交英驻东印度及中国区舰队司令西马縻各厘手中，令其进攻广州。亚罗战争，即第二次鸦片战争开始了。

九月二十五日，西马縻各厘率英舰三艘，突然闯入珠江，越过虎门，攻占广州东郊的猎德等炮台。叶名琛此时正在阅看武乡试，闻讯后说："肯定不会有事的，傍晚时他们自会离开。"下令水师战船后撤，并不准放炮还击入侵的英国军舰，言毕继续阅看骑马射箭。二十六日，英军攻占南郊凤凰冈等处炮台，叶名琛仍不动声色，继续阅看武乡试。二十七日，英军占领海珠炮台、商馆等处，兵临广州城下，叶名琛这才下令中断中外贸易，企图以此制裁英国。二十九日，西马縻各厘照会叶名琛，提出入城要求，叶名琛没有给他答复。恼羞成怒的西马縻各厘下令于当日下午炮轰两广总督衙署。署内兵役逃匿一空，而叶名琛端坐二堂，毫无惧色，发布告示：要求广州军民齐心协力、痛加剿捕，不论是谁，杀死一名英军可以得到30元赏银。三十日，英军炮轰新城城墙，到傍晚的时候，城墙就轰塌一缺口，叶名琛仍不为所动。十月初一下午，100多名英军攻入新城。叶名琛于当日上午因去文庙烧香，听到新城被英军攻入的消息后，暂时躲避在新城的巡抚衙署。当日晚，西马縻各厘因兵力不足，无法占据广州，不得不从城内撤兵。此后，英军连续炮击广州，并三次照会叶名琛，仍旧提出道歉、入城等无理要求，叶名琛在三次回复中照样加以拒绝。初九，西马縻各厘照会叶名琛，表示断绝两国友好关系，并于十三日攻毁猎德炮台，十五、十六日攻占虎门各炮台。二十日，英国公使包令前往广州，要求进城与叶名琛会见，被叶名琛一口拒绝。

与前一次战争相比，叶名琛这次的举动可以说是擅权自专。其中最重要、最突出的表现是，他不但很少向咸丰帝请示，甚至不及时报告广州所发生的重大情况。远在京城的咸丰帝，当时并不知道广州发生了什么事情，仍把注重力集中在到上海谈判修约的美国公使身上。迟至十一月十七日，也就是"亚罗号"事件发生两个多月后，咸丰帝才收到叶名琛关于"亚罗号"事件的奏折。叶名琛和当年鸦片战争时的杨芳、奕山一样，在奏折中隐瞒吃了败仗，只说是自己这一方打胜了。他谎称击退英军进攻，毙伤英军400余名，并称：调集两万多名水陆兵勇就足够堵截剿灭英军了。在此错误情报的影响下，咸丰帝自然无法作出正确的决策，他命令叶名琛：如果英国连吃败仗之后，自己知道不该惹祸而前来要求停止战事的话，你只要想方设法控制他们的行动，消除争端就行了。如果他们仍然任意胡作非为，你万万不可迁就他们，和他们议和，不要像耆英等人那样做出迁就议和的误国的下策，以致开启他们向朝廷要求权利的祸端。咸丰帝认为叶名琛熟悉英国的情况，一定有驾驭他们的办法，下令让他相机行事。当年在鸦片战争中因弹劾琦善私许香港而名噪一时的怡良，此时任两江总督，他通过上海这一窗口了解了广东战争，但困叶名琛为咸丰帝宠臣，不敢说明实际情况，只是将广东战况委婉地在奏折中说明。咸丰帝全然不信，让怡良不要被眼前情况所迷惑。

叶名琛如此办理，一方面是因为遍及半个中国的太平天国运动浪潮，使朝廷忙得没有喘息之机，无兵无饷又无主见，地方官上奏往往不能奏效，反会获罪，隐藏实情不报或谎报军情已成为地方官的常情；另一方面是因为叶名琛自以为抓住了英军的老底，只不过是借"亚罗号"事件来进入广州城，英军的进攻只不过是道光二十七年（1847年）英军行动的重演。反对入城是叶名琛起家的根本，他绝不可能轻易让英军进入广州城。于是，他采用道光二十九年（1849年）的老方法，以断绝通商、兴办团练来对付英国，使自己不致重蹈二十七年耆英在英国兵威下屈服的覆辙。他认为，包令、巴夏礼不过是虚张声势，恫吓一下而已。西马縻各厘的几艘军舰能量有限，只要清军能够坚持到底，英方必无计可施，自然会撤退。因此，尽管英方的炮弹和照会纷纷交过来，叶名琛仍不为所动。"镇静"成为他对时局的态度和对策了。

广州附近的水陆战事，虽是英军常占上风，然而英国由于兵力不足，无法长期作战，所以常处在打打停停的状态。西马縻各厘于十二月先从商馆把军队撤到南郊凤凰冈，又从凤凰冈再退出珠江。叶名琛以为其"镇静"的计策产生了作用，得意洋洋，于咸丰七年（1857年）正月上奏，说在水陆战中都打了胜仗，现在英军的情况处于不利地位。咸丰帝对此深信不疑，谕令叶名琛：如果英军首领自知理亏，对所犯的罪行表示悔恨，要求议和并不再提起进城的事的话，你只可答应他们的请求，消除兵端，但不可迁就他们，以免他们故态复萌，肆意要挟我大清国答应他们的过分要求。战场上受挫的清王朝，此时竟幻想并等待着英国的求和！朝廷的决策与广东的实际，完全南辕北辙。而咸丰帝不准"迁就"的谕旨，也使叶名琛只能硬着头皮撑到底。三月，叶名琛第三次向咸丰帝谎报胜利。此后，他干脆连报都不报了。咸丰帝在北京等得心焦，于五月下旨，令叶名琛将近况详细并全部奏报上来，以便令他放心。而在此时，一百艘广东水师船和雇来的红单船在珠江上被17艘英舰打得大败，广州外围炮台纷纷被英军占领，广州城实际上已经处于内江无战船、外围无炮台、孤城困守的局面，而叶名琛的第四次奏折，仍然不据实报告。主管对外事务的钦差大臣叶名琛，正是用欺瞒蒙蔽咸丰帝的办法，成为清政府对外政策的决策人，使清王朝在完全不知情之中，再次卷入于大规模的战争。

亚罗战争，是第二次鸦片战争的开始。严格来说，它还不是中英两国之间的全面战争，而只是广东清军与香港英军的较大规模的军事冲突。但是随着冲突的升级，全面战争也随之爆发了。

英法联军攻陷广州

"亚罗号"事件的消息传到伦敦之后，英国政府全力支持包令、巴夏礼的战争行动，并准备调遣军队，扩大战争。此时的英国首相，正是鸦片战争时期任外相的巴麦尊。他一直主张武装侵略中国，扩大英国在华利益。但是英国议会中许多人有不同的意见。咸丰七年（1857年）二月，上院一议员提出一项议案，谴责英国在华官员擅用武力，经过辩论，这项议案以110票比146票被上院否决。巴麦尊政府以36票的优势获胜。此时，下院一议员也提出了类似的议案，表决时以263票比247票得以通过。根据英国的政治制度，政府的重大决策被下院否决后，或者是政府总理辞职另组政府，或者是解散下院重新大选。巴麦尊在下院议案通过后的第二天，宣布解散下院。结果，巴麦尊一派在重新选举中获得大胜。二月底，英国政府派额尔金伯爵为办理对华交涉的高级专使，准备对华正式用兵，并与法国、美国频频联络，准备联合行动。

"亚罗号"事件发生前，法国传教士马赖非法潜入未开放的广西西林县传教，在咸丰六年（1856年）正月被当地官员处死。这就是"马神甫事件"，又称"西林教案"。事件发生后，法国驻华官员多次要求赔偿、道歉。叶名琛或者置之不理，或者给予拒绝。八月，法国政府在其驻华官员的要求下，准备向中国派遣军队，并且和英国驻法公使商量联合用兵的事情。此时，得到英国政府的请求，法国与其历来在欧洲或殖民地事务上格格不入的英国，结成同盟。咸丰七年（1857年）三月，法国政府委派葛罗为办理对华交涉的高级专使，率兵来到中国。

"亚罗号"事件发生后，正在上海交涉修约的美国驻华委员伯驾闻讯赶回香港，准备参与行动。咸丰六年十月，美舰两艘由珠江驶向广东，被清军误击，美国军舰紧接着攻克了5座清军的炮台。事后，叶名琛对误击事件道歉，美军退出所占炮台。尽管伯驾等美国在华官员一再要求武力侵华，建议占领台湾、舟山等处，然而美国对外用兵权归于国会，国内又南北对立，势如水火。因此，美国政府仍坚持用"和平"的方法达到修约的目的，婉拒英国结为同盟的要求，但在修约问题上却答应同英法一致行动。咸丰七年（1857年）三月，美国政府派列卫廉为驻华公使。

此外，还有俄国。俄国由于侵华方式和目的与英、法、美有所不同，所以俄国的侵略对中国造成的损害最大。

这样，当时世界上最强大的四个国家——英、法、美、俄联手对付清王朝，其中英、法是主凶，美、俄是帮凶。而此时的清王朝正处于国内普遍反叛的困境。太平天国、天地会和各少数民族纷纷竖起义旗，关内十八行省中，已有十三省卷入于战争，其余直隶、山西、甘肃、陕西、四川等省，也不时爆发一些颇有规模的聚众抗官事件。这种清朝自建立以来从未遇见的混乱局面，使清王朝陷于立国以来前所未有的危险境地。因此，尽管咸丰帝内心仍坚持对外强硬的主张，但在叶名琛一再奏报"胜利"之后，仍然害怕英国会再次报复，引起战争，谕令叶名琛尽早了结中英争端。至于停止对外贸易，历来是清王朝"驾驭外夷"的重要手段，但此时国内战争的规模，使清政府财政空前紧张，粤海关每年数百万两的关税已成为清王朝坚持战争的重要饷源。原来一直是外国人要求恢复通商，而现在却变成了清朝皇帝要求恢复通商，并在给叶名琛的谕令中多次提出。

叶名琛早已得知额尔金来华的情报，但他认为，这是因为英国政府不满意包令等人与中国挑衅，因而另外派人来广东订约。七年闰五月，额尔金到达香港，想要联合法、美进行交涉，但法、美新使未到；想要进攻广州，兵力又不足。此时，印度爆发了士兵起义，使得原来想要调往中国的英军不能如期前往。额尔金见此时留在香港毫无意义，便返回印度，并将已调往香港或尚在途中的英军撤回印度，用以镇压士兵起义。叶名琛却把额尔金的行动误认为是英国无能的表现，认为他的"以静制动"方略取得很大效果。

九月，列卫廉和俄国公使普提雅廷先后抵达香港；十月，额尔金返回香港。此时，英国已基本控制了印度的局势，将兵力转移到中国。英在香港、广州一带有军舰43艘，舰上官兵5500余人，香港还有陆军4000余人。法国在香港、澳门一带也有军舰10艘。兵力已集结完毕，四国使节在商议后，于二十七日让额尔金、葛罗分别照会叶名琛，提出三项要求：第一，入城；第二，赔偿英国自"亚罗号"事件以来的损失，为马神甫事件向法国道歉、赔偿；第三，清朝派"平仪大臣"与英、法进行修约谈判。这个照会限定叶名琛十日之内答应前两项，否则"令水陆军重为力攻省垣"。这无疑是最后通牒。

但是，叶名琛却不这么认为。中英争端以来，他在香港等处派有大量探子收集情报，但他仍用陈旧的观念去分析情报。他所感兴趣的是，额尔金在印度兵败逃至海边，正好得到法国军舰相救，才逃过这一劫难，英国女王"国书"刚刚送到香港，令"中国事宜务使好释嫌疑""毋得任仗威力，恃强行事"等此类子虚乌有之事。根据他的分析，额尔金新到任，如果将以前英方提出的要求置之不理，害怕国内的舆论对他不利，因而这次的照会不过是试一下而已，另外，印度士兵起义后，英军没有饷银来源，如果能像道光二十一年（1841年）奕山似的给予银两600万，也能解燃眉之急。于是，叶名琛得出结论，额尔金的照会是英国在无计可施之后的"求和"行动。叶名琛还据错误的情报认为，葛罗的这次照会是英国从旁怂恿的结果，不是法国自己的要求，而且在美国的大肆嘲笑后，已感到惭愧。根据以上分析，叶名琛于十月二十九日复照额尔金、葛罗，拒绝了英、法的要求。

三十日，英法联军占领广州珠江对岸的河南。十一月初九，10天期限已经到了，英、法专使通知叶名琛，他们已经把事务移交给军事当局。同一天，英法陆海军司令也照会叶名琛等大吏，限二日内，广州清军退出九十里之外。叶名琛无视这些行动，仍拒绝接受英、法要求。两日过去了，英法联军还没有行动。叶名琛以为英、法不过是恫吓而已，再加上叶名琛好扶乩，此时谶语都是吉祥的预告，使其增强了这种认识。广东著名行商伍崇曜，看到这种情形想要出面向英、法贿赂以求和，托人向他进言，遭到痛斥。十二日，他上了一道长达七千言的奏折，声称"英夷现已求和，计日准可通商"，表示要"乘此罪恶贯盈之际，适遇计穷力竭之余"，将英方的历次要求"一律斩断葛藤，以为一劳永逸之计"。咸丰帝接到此奏折，心中悬虑已久的中英争端，竟能得到如此圆满的解决，总算放下心来。谕令中称："叶名琛既窥破底蕴，该夷伎俩已穷，俟续有照会，大局即可粗定。"他指示叶名琛，"务将进城、赔货及更换条约各节，斩断葛藤"。

咸丰七年（1857年）十一月十三日，即叶名琛上奏的次日，英法联军以战舰20余艘、地面部队5700余人向广州发起进攻。炮弹落到总督衙署，兵士们又一次一轰而逃，而叶名琛仍然独自在府内寻拾文件，声称"只有此一阵，过去便无事"。十四日，英法联军攻入城内，广州城陷，叶名琛等大吏仍居城中，并不逃跑躲避。广东巡抚柏贵请行商伍崇曜等人出面与英法议和，伍崇曜进见叶名琛，叶仍然坚持不许英国人入城会见。二十日，他还再次重复过25天就没事了，各士绅说和就可以了，万万不可允许英法入城之类的昏话。二十一日，英法联军搜寻广州各衙署，捕走叶名琛，送上英舰。

他仍保持钦差大臣的威仪，准备与英法专使谈判，然而额尔金、葛罗根本不见他。第二年，他被送往印度，仍以"海上苏武"自居，囚死异域。叶名琛的所作所为，当时人们曾讥讽为："不战不和不守，不死不降不走，相臣度量，疆臣抱负，古之所无，今亦罕有。"

《天津条约》的签订

咸丰八年（1858年）正月，英、法、美三国驻上海领事向清政府递交照会，并重申他们修约的要求，并要求清政府派钦差大臣前往上海谈判。二月，英、法、美、俄四国使节到达上海，当他们得知清政府拒绝在上海谈判，并命令他们回广东谈判的消息后，决定北上，直接与清廷交涉。三月初，四国使节先后到达天津海河口外。十一日，四国使节要求清廷六日内派大员前往大沽谈判，否则将会采取必要手段。

咸丰帝此时极不愿开战，认为"现在中原未靖，又行海运，一经骚动，诸多掣肘，不得不思柔远之方，为羁縻之计"。他派直隶总督谭廷襄出面与各国谈判，并命令他尽量瓦解四国的联合，对俄表示和好，对美设法羁縻，对法进行劝导，对英严词诘问，先孤立英国，然后由俄、美出面说合。谭廷襄奉旨行事，结果处处失败。英、法两国专使或者以照会格式不对的名义，拒绝接受，或者因为谭廷襄没有"钦差全权"的头衔，不同他会晤。谭廷襄所能打交道的，只有以"伪善"面目出现的美、俄公使。6天过去了，期限也到了，由于额尔金与英海军司令西马縻各厘的矛盾，英军兵力尚未集结，尤其是能在海河内行驶的浅水炮艇不足，英法联军推迟了进攻。

此后的交涉中，咸丰帝对四国的要求一概拒绝，只同意可酌减关税，但又不准谭廷襄同四国决裂开战。这一决策难倒了承办官员。由于英、法专使始终拒绝会晤，谭廷襄等人只能求俄、美从中说合，而俄、美又提出了谭廷襄不敢答应、咸丰帝也不会答应的要求。谭在交涉中看出俄、美与英、法沆瀣一气，认为俄、美"外托恭顺之名，内挟要求之术"，假借说合之名，"非真能抑其强而为我说合"。于是，在此一筹莫展之际，他提出全国规模的"制敌之策"：上海、宁波、福州、厦门等通商口岸，定期闭关，停止贸易；两广总督尽快想法收复广州，使英、法等国有所顾忌受到威慑；然后由他出面"开导"，使各国适可而止，及时撤兵。咸丰帝则认为，"此时海运在途，激之生变"，黄宗汉还没有到任，柏贵已被挟制，"若虚张声势"克复广州，被英法等国"窥破"，只能使形势更加恶劣。因此，他仍让谭廷襄对四国的要求进行驳斥，并布置了驳斥的理由。而对于谭廷襄自以为大沽军备完整、不惜一战的思想，则警告说："切不可因兵勇足恃，先启兵端。"这样，退兵的办法，仅剩下谭廷襄的两张嘴皮子。但英、法专使又不见谭廷襄，谭廷襄即便浑身是嘴也无处说去。

四月初六，英、法专使及其海陆军司令商量后，决定以武力攻占大沽，前往天津。初八，英、法专使要求，其可以在海河内行驶船只，限清军二小时内交出大沽。大沽位于海河出海口，是京、津的门户，战略地位极为重要。该处设有炮台4座。英法联军占领广州后，咸丰帝听说英、法等国即将北上，遂下令加强该处的防守，派援军6000余人。此时大沽一带共有清军约万名，其中驻守炮台3000余名，其余驻扎炮台后路各村镇，作为增援部队。当英、法的无理要求被拒绝后，英法联军遂以炮艇12艘，登陆部队约1200人进攻大沽南北炮台。经过两个多小时的激战，守军不敌而败，驻守炮台后路的清军更是闻炮即逃。十四日，英法联军未遇抵抗，占领天津。十八日，四国使节要求清政府派出"全权便宜行事"大臣，前往天津谈判，否则将进军北京。

大沽炮台的失陷，极大地震动了清王朝。上一次战争因为已是很久之前之事，他们也只剩下一些模糊的记忆，未想到精心设防号称北方海口最强大的大沽，竟会如此轻易地落于敌手。战前对防卫颇具自信的谭廷襄，言词大变，称"统观事务，细察夷情，有不能战，不易守，而不得不抚者"，要求咸丰帝议和。大沽、天津不同于广州，距北京近在百里，感到皇位基座微微颤摇的咸丰帝，于二十日派出大学士桂良、吏部尚书花沙纳为"便宜行事"大臣，前往天津，与各国谈判。第二天，他又根据惠亲王等人的保奏，起用曾在登基之初被降为五品员外郎的耆英，以侍郎衔赴天津办理交涉。他想利用耆英当年与英国等国的交情，在谈判中能得到点便宜。

二十一日，桂良、花沙纳到达天津，先后会晤四国使节。英、法、美态度强硬，俄国使节却声称若同意应允俄国的条件，他们可以替清廷向英、法说合。对咸丰帝寄予厚望的耆英，英、法专使却拒绝会晤，只派出两名译员接见。自从英法联军攻陷广州之后，劫掠了两广总督衙署的档案，对耆英当年阳为柔顺、实欲箝制的底蕴，了解得一清二楚。耆英与英、法代表会面时，英国译员手里拿着档案，对着耆英讥笑怒骂，大肆凌辱。耆英此时已年近七旬，政坛上被冷落了8年，本来对于这次复出喜出望外，自以为凭自己当年与英、法等国的老交情，必定能有所收获，自己也可以东山再起。可没想到受到这等羞辱，不堪忍受，两天后便从天津返回北京。桂良、花沙纳没有兵权，面对英、法的嚣张气焰，忍气吞声，只能开展"磨难"功夫。他们多次请求态度相对温顺的俄、美出面说合。俄、美乘机借调停之名而最先获利。五月初三《中俄天津条约》签订。初八《中美天津条约》签订。

清政府与俄、美签订条约之后，原以为俄、美"受恩深重"，理应知恩图报，帮助清政府说合。但是俄、美只是表面上敷衍清政府，实际上却希望英、法勒索越多越好，那么他们就可以凭借最惠国条款"均沾"利益。十二日，英方发出照会，声称如果清廷仍不作出决定，英军就要进军北京。十五日，英方提交和约草案五十六款，"非特无可商量，即一定字亦不容更易"。咸丰皇帝听到这个消息，准备再次开战，而桂良等人知道开战必败，于是在五月十六日，与英方签订了《中英天津条约》，又在第二天与法方签订了《中法天津条约》。条约签订之后，桂良才上奏咸丰帝，极力陈述不可再次开战的原因，"只好姑为应允，催其速退兵船，以安人心，以全大局"。炮口下的谈判，结果肯定是这样的。咸丰帝非常恼火，只能把气撒在替罪羊身上。十九日，他命令耆英自尽，罪名是"擅自回京"。

条约签订之后，侵略者要求照《中英南京条约》的例子，由皇帝朱批"依议"后才肯撤兵。二十三日，咸丰帝批准中英、中法《天津条约》。二十八日，英法联军撤离天津，到六月初七，退出大沽口外。

可惜了那园子

咸丰十年（1860年）10月18日夜里，一向静谧的北京西郊却颇不平静。圆明园一带火光冲天，烈焰飞腾。在火光的照耀下，影影绰绰看到无数太监宫女东奔西走，试图躲避灾祸。然而他们的努力却是徒劳的，千余名英法联军的士兵一边四处纵火，一边将侥幸逃脱的太监宫女推到熊熊燃烧的火焰中。大火足足燃烧了两天两夜。当笼罩在圆明园上空的滚滚浓烟逐渐散去，只剩下余火在废墟上毕毕剥剥地发出微响，住在附近的老百姓才敢悄悄从家中出来一探究竟。他们惊讶地发现，昔日戒备森严的皇家禁地，已经是墙倒屋塌，宛如人间地狱一般。

火烧圆明园，这在中国乃至世界历史上永远都是耻辱的一笔。

圆明园所在的海淀一带，是个水泊密布、草木繁盛的地方。元明时期，已经有人在此修建园林寺庙，此地被称为"丹菱沜"。到清代康熙年间，康熙帝在此修建了畅春园，并将周围一些旧有园林加以修葺，分封给诸皇子。分封到皇四子胤禛名下的是一片称为"镂月开云"的园林，由于胤禛笃信佛教，自号"圆明居士"，因此将这片园林改名为"圆明园"。雍正即位之后，圆明园也随之扩建为皇家园林，从雍正三年（1725年）起逐年都有修葺。

圆明园的全面扩建是在乾隆时期。乾隆对圆明园喜爱有加。由于乾隆曾经先后六下江南，对当地园林建筑留下深刻印象，因此他意欲将江南风光全面移植到圆明园中。他一方面委托外国传教士郎世宁、蒋友仁等人制图设计，一方面又召集能工巧匠进京施工，并亲自主持扩建工程。整个工程历时30余年，到乾隆三十五年（1770年）方才全面告一段落。由于外国传教士的参与和中国工匠的巧夺天工，圆明园可以说博采众长，运用了古今各种造园技巧，融汇了中外各种园林风格。当时的外国传教士参观圆明园后将其称为"万园之园"。

嘉庆年间，对圆明园又进行了一定程度上的扩建，将其附近的长春、绮春两处附属园林并入其中，三处园林以圆明园为主，其余二处为辅，各自独立而又相互连通，形成了园中有园的别致景观。因此又统称为"圆明三园"。经过清王朝几代皇帝先后长达150余年，耗去白银两亿两之巨的苦心经营，到咸丰年间，圆明园已经是一片规模宏大、空前绝后的园林建筑。

由于圆明园内建筑众多，造型各异，因此景观也极其丰富。圆明园四十景据说是由乾隆皇帝钦定，并亲自赋诗，最后由画师绘画，御笔题咏。

园中究竟是怎样的惊世奢华？从法国大作家雨果的描述中可以看出："你可以去想象一个你无法用语言描绘的、仙境般的建筑，那就是圆明园。这梦幻奇景是用大理石、汉白玉、青铜和瓷器建成、雪松木作梁，以宝石点缀，用丝绸覆盖；祭台、闺房、城堡分布其中，诸神众鬼就位于内；彩釉熠熠，金碧生辉；在颇具诗人气质的能工巧匠创造出天方夜谭般的仙境之后，再加上花园、水池及水雾弥漫的喷泉，悠闲信步的天鹅和孔雀。一言以蔽之：这是一个以宫殿、庙宇形式表现出来的充满族人类神奇幻想的、夺目耀眼的宝洞。这就是圆明园。"

然而，就是这么一座美轮美奂的皇家园林，却在第二次鸦片战争中遭到了残酷的蹂躏。

咸丰十年（1860年）9月，再次来袭的英法联军已经逼近了北京城。迫不得已的咸丰帝只得派出怡亲王载垣等人赴八里桥与联军代表谈判。在八里桥谈判之际，清廷居然自作聪明地将联军代表一行39人扣押并监禁起来，企图以此要挟英法联军退兵。

清政府在大敌当头之际，不去考虑如何组织兵力作战，反而想出此等下下之策，殊不知此等做法不仅无助于联军退兵，反而给予对方继续进攻的口实。

果然，见到谈判失败，巴夏礼等人又被清廷扣押，英法联军决定继续进兵。在遭遇了几次毫无威胁的抵抗后，英法联军于10月初兵临北京城下。

此时的咸丰帝已逃往热河行宫，留在北京城负责善后的是恭亲王奕䜣。由于联军由东面而来，奕䜣重兵布防于东城一带，企图抵挡。然而，这一军事情报却被俄国公使伊戈那提耶夫获取，他建议英法联军避实击虚，绕行攻击西北城郊。联军依计而行，于10月6日直扑圆明园而来。此时，虽有僧格林沁、瑞麟等清军余部出城抵抗，但大势已去，联军于当日傍晚几乎不费吹灰之力的抵达了圆明园门外。

此时的清廷防守北京城犹嫌自顾不暇，根本没有余力顾及圆明园，因此圆明园几乎是不设防状态。面对着汹涌如潮水袭来的英法联军，只有20余名圆明园技勇太监进行了微弱而坚决的抵抗，然而很快就以身殉国了。

联军一拥而入，攻占了圆明园，管园大臣文丰涕泗横流，投福海而死。进入圆明园的联军被园中的富丽堂皇惊呆了。由于担心可能会对接下来与中方的交涉造成不利的影响，他们一开始还勉强压抑着心中的贪欲，命令士兵不得抢劫财物；然而很快他们就控制不住在战争中业已混乱的本性。第二天，英法联军的上层军官便开会讨论如何分配园中的财产，并很快动手实行。可是，计划中的搬运很快就变成了毫无章法的抢劫，冲昏了头脑的士兵纷纷成群结伙地开始抢掠财物和艺术品，后来军官也参与其中。

然而，更糟糕的事情还在后面：在抢劫的过程中，联军士兵发现了之前被清廷扣押的39名联军人质，已经有26人死去。已经抢劫抢到头脑充血的联军勃然大怒，英军指挥官额尔金伯爵决心给予清政府以无法挽回的损失作为报复。于是，在10月16日，本已抢劫得心满意足的英军又返回圆明园，肆意纵火，将圆明园化作一片灰烬。

圆明园的大火击倒了清廷，恭亲王奕䜣被迫答应了英法联军的所有要求，签订了《北京条约》，而咸丰也因受打击过大，于第二年驾崩了。

第四章 清末"女皇"慈禧

慈禧，一个中国近代史上永远也不可能避开的名字。从热河开始，这个女人统治了中国整整半个世纪之久。在她的治下，列强得寸进尺，人民苦不堪言。本已经日薄西山的大清帝国，一步步走向灭亡。

贵人的那点心计

咸丰二年（1852年）的大清帝国并不平静，太平天国连战连捷，一路北上，从西南到华南都笼罩在战火硝烟中。然而，大敌当前的形势并不能让登基伊始的咸丰帝将注意力转移到军国大事上来，这一年适逢三年一遇的选秀女入宫，他还在兴致勃勃地挑选着美女。

清代制度，所有八旗女子，都有入宫侍奉皇族的义务，但并不是所有女子都有资格入宫。为了遴选符合条件的女子，清朝入关之后，制定了所谓"选秀女"的制度。选秀女分为两种：第一种主要是为皇族挑选妻妾，因此比较正式，每三年一次，由户部负责，只有现任一定品级以上官职的八旗人家才有资格将女儿送入皇宫参加遴选。参选女子还必须身家清白，体貌端正。中选女子除了有可能被皇帝看中成为妃嫔甚至皇后之外，至少也有成为皇室直系子孙正室的机会。另一种选秀则主要是为皇宫及各王府挑选宫女，因此规格就低得多，由内务府在内务府三旗的包衣人家中挑选，中选女子由于出身较低，最多能够成为皇室子孙的侧室。

为了保证秀女的质量，清廷还制定了一系列辅助措施，如只有13~17岁并且符合条件的女子才能参加选秀女，落选者只有过了年龄才可以自行婚嫁，等等。

在这一年的选秀中，有一名姿容艳丽、皮肤白皙、声音婉转动听的17岁少女引起了负责选秀官员和咸丰帝的注意，这名女子是安徽宁池太广道道台惠征之女。咸丰将其留在宫中，并封为"兰贵人"。没有任何人能想到，这名看似柔弱的少女，竟然在10年之后掌握了大清朝的实际权力，并且长达47年，她就是后来的慈禧皇太后。

正史中并没有记载兰贵人的名字，很多野史将她的名字写作"兰儿"或者"玉兰"，但事实似乎并非如此。根据慈禧娘家后人的回忆，兰贵人入宫前的名字叫作"杏贞"，在家中大家都管她叫"杏儿"。

兰贵人姓叶赫那拉。曾祖父吉朗阿是嘉庆年间的刑部员外郎，祖父景瑞则是道光年间的山东司员外郎，而外祖父惠显则是满族八大姓之一的佟佳氏族人，道光年间先后做过安徽臬台、驻藏大臣、京营卫翼总兵。

道光十五年（1835年），杏贞出生。不过，杏贞的童年过得并不开心。道光二十三年（1843年），已死的吉朗阿被牵涉到户部库银亏空中，景瑞被勒令补清吉朗阿欠下的两万一千六百两库银。这笔数目在当时不啻为一个天文数字，倾其所有也无法还清库银的景瑞因此被革职下狱。惠征的仕途虽未受牵连，但全家的经济情况却变得极为糟糕。

道光二十九年（1849年），在惠显的帮忙下，景瑞被释放，并以原官致休，惠征也被外放道台，先后在山西和安徽任职。到咸丰二年，已经17岁的杏贞参加了户部主持的选秀，并被选入宫中。杏贞入宫以前的情况，其实并没有留下多少记载，甚至她的出生地，迄今尚无定论。由于她日后在中国历史上留下了难以磨灭又无法替代的影响，故而产生了很多说法。

当然最有可能的一种情况就是杏贞出生在北京。清朝在选秀女时，会记录候选人的名字籍贯等个人信息，称为排单。根据杏贞妹妹，后来成为醇亲王奕谭福晋入宫时的排单来看，她家住在北京西单牌楼北劈柴胡同（现名辟才胡同）。然而，由于杏贞的排单还没有被发现，因此这并不能作为她的出生地的确凿证据。相反，根据一些清人笔记记载，杏贞的娘家是在北京城东的方家园。《翁同龢日记》便持此说。

不过，由于惠征曾经在外地任职，因此杏贞是否出生于北京亦难下一结论。在浙江乍浦地区，就广泛流传着慈禧太后出生于此地的说法。据当地人说，惠征曾经于道光十五年至十八年（1835~1838年）在乍浦担任正六品武官骁骑校尉，并且生下了杏贞。不过这一说法显然经不起清宫档案的对证。根据吏部考核京官的记载，惠征此时还在吏部担任八品笔帖式，并没有外放武官的记录。

被封为兰贵人的杏贞，一开始并没有获得咸丰帝的宠幸。此时咸丰帝的心都在同时入宫的丽贵人他他拉氏身上，兰贵人被安排在圆明园的"桐荫深处"居住，很少能够见到咸丰。然而，仅仅过了两年，情况就发生了变化。

咸丰四年（1854年）二月，兰贵人被封为懿嫔，并于十一月举行了册封典礼，她正式成为皇帝的嫔妃，拥有了一定的权力。相比之下，丽贵人和婉贵人虽然也在同年升为嫔，但二人的册封却事出有因：丽贵人是因为为咸丰皇帝产下一女，而婉贵人的父亲则是御史，并且二人的册封典礼举行时间也晚于兰贵人。由此看来，在错综复杂、钩心斗角的后宫斗争中，懿嫔成功地占据了咸丰皇帝的心。

至于兰贵人是怎样在众多佳丽之中脱颖而出，成功从丽贵人身边分一杯羹的，民间也流传着多种多样的说法：电影《火烧圆明园》中，兰贵人久居深宫，寂寞无聊，把手帕叠成老鼠的样子，抛掷取乐，恰好丢到偶然经过此处的咸丰脚下，咸丰被兰贵人的天真所吸引，这条手帕成为了定情信物。

另外一种说法认为，兰贵人由于无法接近皇帝曾经颇费思量，后来她用重金收买了咸丰帝身旁的太监，对咸丰皇帝的爱好摸得一清二楚，于是想出了一条妙计。有一天，她从太监处得知咸丰恰巧要经过"桐荫深处"出宫，她便着意梳妆打扮，早早在此等候。待咸丰的身影远远地出现时，她便曼声唱起了小时候学会的江南小曲儿。兰贵人声音本就悦耳，再加上小曲儿又甚为动听，居然有余音袅袅，绕梁三日的感觉。缓缓走近"桐荫深处"的咸丰自然听到了这断断续续传来的歌声，不禁驻足侧耳凝听，听了一阵，不禁大起兴趣，便临时起意，决定巡幸此处。于是，便见到了早有准备打扮得花枝招展的兰贵人。咸丰一见，大为高兴，赐予兰贵人"天地一家春"的称号。兰贵人更加曲意奉承，于是从此便圣眷不衰，深得咸丰宠爱。

这个说法虽然颇不靠谱，但却充分显示了兰贵人的聪明才智。

牝鸡司晨

中国古语有云"母以子贵"，特别是在皇宫内院，为皇帝生育子女，保证龙脉的延续，是皇帝最为关心的事情。这件事儿对于咸丰而言，意义更为重大。因为直到24岁时，咸丰膝下尚无子女。那一年，丽贵人的怀孕曾经让咸丰激动不已，立刻将丽贵人进位为丽嫔，可惜丽嫔只生下了一个女孩儿。

兰贵人在进位为懿嫔之后，自然希望给咸丰帝生一个儿子，让自己更进一步。懿嫔于咸丰五年（1855年）六月被确诊怀孕。咸丰六年（1856年）三月，懿嫔分娩，产下咸丰皇帝的长子，就是后来的同治皇帝——载淳。

兴奋不已的咸丰帝非常疼爱这个孩子，将他的出生看做是对大清帝国列祖列宗最好的告慰，御笔亲书写下了这样的诗句："庶慰在天六年望，更钦率土万斯人。"咸丰给予了懿嫔以足够的奖赏和荣宠，不仅赏赐懿嫔的娘家人房屋宅院，还立刻将懿嫔进位为妃，第二年又晋升为懿贵妃。此时的后宫，除了高高在上的皇后钮祜禄氏，懿贵妃已经将与她同时入宫的秀女远远地甩在身后，没有人能够挑战她的权威了。

已经成为懿贵妃的杏贞并不满足于这样的地位，她还梦想着有一天被封为皇后。为此，她需要比别的嫔妃更加熟悉咸丰的好恶，在不动声色中迎合咸丰。与宫中其他嫔妃相比，懿贵妃有一条独一无二的长处，那就是她读书较多，特别是能够读写汉文。与大多数嫔妃闲来无事不同，懿贵妃始终保持着学习的热情。据清人笔记记载，早在她初入宫闱，还是兰贵人的时候，就曾经不惮暑热，用功读书，从而吸引了咸丰帝的注意。此外，她为了消遣，还学习过一段时间的书法绘画，无论是花鸟鱼虫，还是颜柳欧赵，都能略通一二。

懿贵妃在这方面的特长引起了咸丰帝的兴趣——这倒不是说咸丰帝像宋徽宗一样是个能书擅画的风雅之君，而是他发现有一定文化的懿贵妃可以帮助生性疏懒的他处理政务。前面已经说过，咸丰才学平平，并不是一个有为之君。他登上皇位时，大清帝国正在内忧外患中风雨飘摇，这要求他不得不把更多的精力放在处理政务之上，每天都需要批阅大量的奏章和密折。时间一长，咸丰帝受不了了。这个时候，他想起了懿贵妃。既然懿贵妃能书会画，又看得懂汉文，那自然也可以帮助自己批复奏折。

最初的时候，咸丰只是拿出一些请安折子、事务报告等不甚重要或者例行公事的折本，让懿贵妃按惯例批复"知道了""转各部知道"等。这样一来，咸丰的处事效率果然提高了不少。尝到了甜头的咸丰进而变本加厉，逐渐开始拿一些军机处送来的重要折子，甚至是机密折子给懿贵妃批阅。这些奏折本应由咸丰亲自批复，但他懒得动笔，只是自己看一遍，再口拟谕旨，由懿贵妃誊写清楚。

按照清朝祖训，后妃与宦官不得干政。为了彻底落实这一禁令，康熙时期还将其制成铁牌竖立在宫门外，以儆效尤。应该说，懿贵妃的举动，早已是赤裸裸的干政之举。可是，从咸丰看来，这并没有什么不妥之处。懿贵妃只是作为一名誊写员，帮助他减轻负担，而军国大事最后的决策权还是在他的手里，只要他心中有数，调度有方，就不会出现后宫干政、牝鸡司晨的状况。

对于懿贵妃来讲，情况却有所不同，原本她只是个深居宫中的妇道人家，虽然粗通文墨，却对政务军务一无所知。通过批复奏折文书，又有咸丰的讲解和示范，她"时时披览各省章奏，通晓大事"，逐渐明白了一些为君之道。

也许，一开始她只是以此来表示对咸丰的关心，利用其自身得天独厚的条件为丈夫分忧解难，从而巩固在宫中的地位。但是，尝过了"一朝权在手，便把令来行"的滋味以后，她的野心逐渐膨胀起来。天长日久，连咸丰都没有发觉，懿贵妃早已非当日吴下阿蒙，渐渐从一个弱女子变成了对权力怀有热切渴望的野心家。

到咸丰朝后期，懿贵妃已经成为咸丰须臾也离不得的人。此时已经不是因为懿贵妃的美貌或是才艺，而是她已经能够时时为咸丰出谋划策，分担他对政务的忧愁和苦恼。在太平天国步步紧逼，清廷一筹莫展之时，她曾经劝说咸丰帝在此非常时刻应抛开满汉分际，重用曾国藩、胡林翼等一班汉臣，赋予他们更大的权力。咸丰帝听从了她的建议，日后这一班人不负咸丰的期待，在覆灭太平天国的战争中发挥了决定性的作用。

在第二次鸦片战争的紧要关口，她的冷静与魄力都表现得淋漓尽致。

根据清人的记载，当英法联军连战连捷，攻占天津时，咸丰帝正在圆明园内与一众妃嫔饮酒作乐。闻听这个噩耗，咸丰竟然手足无措，当着妃嫔的面痛哭流涕，丑态百出。见到皇帝如此，几乎所有的妃嫔也顿时哭作一团，一时后宫内哭声震天，乌烟瘴气。只有懿贵妃面色如常，款款走近咸丰皇帝，冷静地建议咸丰皇帝：事已至此，痛哭又有何用？当今之策，应该速想应对之策才是。恭亲王奕䜣聪明决断，又熟悉外情，陛下可以宣他进殿讨论该如何是好。

之后，当咸丰在肃顺的怂恿下决定"北狩"逃离北京的时候，她又公开提出反对意见。她认为，如果咸丰在京，众位大臣就有主心骨，办事会更加尽心尽力，而洋人也不敢肆意妄为；如果落荒而逃，不仅对士气是个严重的打击，更会让洋人乃至天下老百姓对朝廷生出轻视之心，后患无穷。

不能不说，在此生死攸关的时刻，懿贵妃的沉着机智都让她做出了在事后看来是正确的选择。饶是如此，懿贵妃的举动也已经让朝中重臣颇为不满，以肃顺、载垣、端华为首的守旧派大臣，绝对不能容忍朝堂之上出现和自己意见相左的声音，更何况这声音还是一个年轻女人所发出的。大臣们的戒惧也引起了咸丰的警惕，在他生命的最后时刻，似乎也意识到了如果没有自己的压制和管束，将来靠着儿子登上皇太后之位的懿贵妃将会一发而不可收，于是他把压制懿贵妃的重担交给了皇后。

根据野史记载，咸丰在病危时，曾有密诏授予皇后，告诉皇后如果懿贵妃后来肆意妄为，横行不法，可以出示此诏，以祖宗家法治之。咸丰帝的担心不是没有道理，可惜他却选错了对象——自幼生长在富贵之家、两耳不闻窗外事的皇后怎么能是野心勃勃的懿贵妃的对手？咸丰一驾崩，毫无宫廷斗争经验的皇后就把这封遗诏给懿贵妃过目。虽然这使得懿贵妃暂时安静了一段时间，但也因此对咸丰乃至皇后生出的恨意，终于让皇后付出了代价。

咸丰十一年（1861年）七月，咸丰在热河驾崩，皇后顺理成章晋升为慈安皇太后，而懿贵妃则因为儿子载淳即位，凭借皇帝生母的身份晋升为慈禧皇太后。这一年，她27岁。大清帝国的权力，马上就要掌握在她的手中。

女人来要权

咸丰十一年（1861年）九月三十日，北京城中弥漫着一股悲伤而忙乱的气氛。此时距咸丰皇帝驾崩刚刚两个多月，正处于国丧期间，酒肆茶楼大门紧锁，商铺的招牌也都取了下来。洋人烧杀抢掠后还没有完全复原的长安街上，到处高搭灵棚，立悬挽幛，在肃肃的秋风中显得格外萧瑟。穿着素色长袍马褂的行人过客都一副愁眉苦脸的表情，深一脚浅一脚地踏在因绵绵秋雨而变得泥泞不堪的路上：听说大行皇帝的梓宫已经从热河启程返京，一两天之内就要抵达。这个当口还是早点儿回家，免得冲了圣驾。然而此时，从紫禁城的方向却冲来一队人马，向着朝阳门方向一路飞奔而去，转眼就不见了踪影。只见这帮人个个弓上弦刀出鞘，威风凛凛杀气腾腾。

这支马队出了朝阳门，一路向密云方向而去。到达密云驿馆已是定更时分。带队之人把手一举，恶狠狠地说道："派50个人把驿馆给我围起来，一个也不许走了。剩下的，跟我进去捉拿奸贼！"说完下马，咚咚几脚，将驿馆的大门踹开，后面兵丁一拥而上，早把驿馆围得个风雨不透。

驿馆外面的人喊马嘶早把里面的人惊醒了，纷纷起身查看动静。正堂房门一开，闪出一员身穿便服的中年汉子，此人身材魁梧，面目刚毅，正是御前大臣、内务府大臣、户部尚书协办大学士、署领侍卫内大臣肃顺。此次护送大行皇帝梓宫还京的正是他。

肃顺一脚踏出门来，劈头正撞上闯进驿馆的来人。他正要厉声斥责，定睛一看，却顿时大惊失色，原来来人非别，乃是大行皇帝的弟弟，醇郡王奕𫍽。奕𫍽一见是肃顺，咬着牙蹦出两个字："拿下！"顿时兵丁如鹰拿燕雀一般，将兀自愣在当中的肃顺一脚踢翻，倒剪双臂捆了个结结实实。这时奕𫍽才面无表情地说道："肃顺接旨。"说完展开圣旨，念了起来："户部尚书、赞襄大臣肃顺飞扬跋扈，弄权误国，有篡位之心，著革去一切职务，逮捕入京，送交刑部严议，钦此！"

奕𫍽刚一念完，肃顺便大嚷起来："奸王！你勾结内宫，有负大行皇帝恩德……"言还未毕，早有兵丁上来，啪啪两个嘴巴，又塞了个麻核在他嘴里。奕𫍽长出一口气，向左右交代："我留在此地，明日奉送大行皇帝梓宫回京，你们把肃顺连夜押回北京，一路上严加看管，不得有误！"左右答应一声，将肃顺拉出了驿馆。

肃顺是宗室子弟，他的父亲是郑亲王乌尔恭阿，祖上乃是赫赫有名的"铁帽子王"济尔哈朗，但肃顺只是汉族小妾所出的庶子，因此这顶铁帽子无论如何也落不到他的头上。虽然如此，肃顺却不甘心只做个闲散宗室子弟，成日养狗遛鸟终此一生。肃顺虽然读书有限，却很有能力，又善于笼络人心，因此颇受推崇。咸丰即位，内忧外患频仍，对国事一筹莫展的咸丰正愁无人可用，见到宗室子弟中居然有此等人才，自然大喜过望，着意提拔，几年之内肃顺就从一个散秩大臣升到了户部尚书。

　　和一般的满族亲贵比起来，肃顺确实与众不同。他虽然是满族人，对汉族人却毫无偏见。据说他经常挂在嘴边的话是："咱们旗人浑蛋多，懂得什么，汉族人是得罪不得的，他那支笔利害得很。"在他的大力提拔下，咸丰年间许多汉族人被委以重任，曾国藩、胡林翼等人，都受过他的恩惠。

　　然而，肃顺在对待西方列强的态度上却表现出极其顽固的态度，这一点也使他和朝中不少重臣产生了矛盾。咸丰十年（1860年），英法联军进犯大沽口，咸丰帝慌做一团，不知如何是好，此时朝中大臣的意见分歧。以恭亲王奕䜣为首的文祥、桂良等人，主张与洋人议和；而肃顺等人却坚持与洋人开战。咸丰本与奕䜣不甚相得，又宠信肃顺，自然听从后者之言。不料清军连战连败，肃顺所献扣押巴夏礼使英军退兵的计策也弄巧成拙。眼看英法联军兵临城下，大臣们又吵开了，奕䜣等人请求咸丰留在北京城亲自主持与洋人议和，而肃顺则力劝咸丰离开北京这个是非之地，逃往热河行宫。

　　咸丰是个死要面子活受罪的主儿，总是觉得接见"外夷"有失身份，因此自然唯肃顺之言是听。带着妃嫔宫女，和亲信大臣一股脑地落荒而逃，把北京留给了恭亲王奕䜣等一干主和派大臣，负责善后事宜。奕䜣在北京与洋人折冲樽俎，累的要死要活；咸丰倒在热河专心饮酒享乐。谁料天有不测风云。咸丰十一年（1861年）七月十一日，咸丰在热河一病不起，留下了5岁的幼子载淳和两位皇后，撒手西去。

　　也许是回光返照，临死之前的咸丰，脑筋居然开窍了许多。他深知自己不在北京，又留下孀妻弱子，必然会造成政局的动荡。为了顺利扶保载淳成人，咸丰一方面将怡亲王载垣、郑亲王端华、协办大学士户部尚书肃顺、御前大臣景寿，及军机大臣穆荫、匡源、杜翰、焦祐瀛等八人封为为参赞政务王大臣——也就是所谓的"顾命大臣"；另一方面赐予皇后钮祜禄氏一颗"御赏"图章，赐予懿贵妃一颗"同道堂"图章，要求新君的所有诏书都由八大臣拟定，但要加盖两颗图章才能生效。这样，在内宫与外廷之间达成了一种制约关系。

咸丰的设想虽然看似周到，但却存在着一个致命的失误。

咸丰"北狩"时被留在北京的大臣中不乏朝廷重臣，以及一大批才学卓异之士，实心任事之材。例如军机大臣文祥、直隶总督桂良、此外还有宝鋆、翁心存、祁寯藻、彭蕴章、贾桢等人。这些人的共同之处，在于对洋人的态度比较客观，主张议和，然而正是如此，遭到了肃顺等人的排挤和咸丰帝的弃用。共同的政治取向使他们逐渐成为一个比较有影响的政治集团。不仅如此，这个集团中还包括了恭亲王奕䜣。

奕䜣有真才实学，思想也比较开明，但由于夺位斗争的余波影响，此时并没有任何实际职务，仅是个空有爵位的闲散王爷。和奕䜣境遇相同的，还有五阿哥惇亲王奕誴、七阿哥醇郡王奕譞、八阿哥钟郡王奕詥、九阿哥孚郡王奕譓等人。咸丰平日并未给这些兄弟们安排任何职务，出奔热河之时却把他们留在京城汛地挺身犯险，这自然让他们大为不满。虽然他们没有实权，但皇亲国戚的身份却也不能小视。在这种情况下，以奕䜣为首，留守北京的大臣和诸皇子们逐渐勾搭连环，兼之又处于北京这一政治中心，直接处理许多军国要务，成为了一股绝不逊于顾命八大臣的强大政治势力。而咸丰却完全没有想到这一点。

总之，咸丰的失误，以及他根本想不到的内外矛盾，导致了一场宫廷政变的发生。

斗争从咸丰甫一逝世就开始了。八月初一，闻听噩耗的奕䜣要求到承德奔丧，但是被八大臣拒绝了，他们要求恭亲王留在北京。奕䜣哪肯罢休，又以手足情深为理由屡次申请，八大臣考虑到人之常情，就允许了。

奕䜣到了避暑山庄，先在咸丰灵前一番痛哭。哀悼完了，他就要求见两宫太后，八大臣想以叔嫂见面不便为由拒绝，奕䜣就说八大臣可以一块见，这是他的一个策略，他知道八大臣不会与他一起见两宫太后。最后，八大臣没有与他一起见，他自己见了两宫太后，密谈了两个多小时，政变的计划就敲定了。然后，奕䜣又在承德待了两天，遂回北京做具体部署。

九月二十三日，大行皇帝梓宫起驾还朝。两宫太后声称孤儿寡母，一路之上多有不便，要求从小道先行赶回北京，肃顺并不放心，派出其余七大臣一路跟随。然而让肃顺始料未及的是，两宫太后特别是慈禧此时的魄力和勇气远非常人能比。这一行人日夜兼程，仅用6天就回到了北京，而此时由于秋雨连绵道路泥泞，梓宫还在路上。这就为政变提供了绝好的机会。

两宫太后回到北京以后，立刻召见奕䜣等人，并以小皇帝之名拟旨，将顾命八大臣全部革职，交部议处。第二天，一面逮捕在京中的载垣、端华等人，一面派醇郡王逮捕尚在途中的肃顺。一场震惊中外的宫廷政变就这样发生了，史称"辛酉之变"。

暗箱操作清末政治

咸丰十一年（1861年）十一月初一，刚刚正式举行登基典礼一个多月的小皇帝同治按惯例要在养心殿接见群臣处理公务。时辰未到，文武百官早已在乾清门外等候了，和往常三三两两聊天嬉笑的轻松气氛不同，这一日群臣都面无表情，不敢随意说话，毕竟刚刚经历了一场惊心动魄的宫廷政变，惊魂未定的群臣还都没有从中回过神来。

然而，当他们进得养心殿来，眼前的情景却让他们更加大吃一惊：只见养心殿东暖阁内正中央的须弥宝座上，端端正正坐着同治小皇帝，不明所以地眨着眼睛望着鱼贯而入的群臣。小皇帝的两边，分别站着两位盛装朝服的年轻王爷，正是恭亲王奕䜣和醇亲王奕譞，二人神情肃穆，不怒自威。与平常最大不同的是，须弥宝座之后，原本空空如也的地方，如今竖着一道明黄色的屏风，影影绰绰可以看到后面有两人端坐的身影。群臣慌不迭下跪叩首，把头低得不能再低。因为他们心中都清楚，坐在小皇帝后面的两人，正是当今皇上的两位母亲，圣母皇太后慈安和生母皇太后慈禧。

也就是从这一天开始，大清国进入了两宫皇太后"垂帘听政"的历史阶段。曾经的兰贵人、懿贵妃，现在的慈禧皇太后，终于如愿以偿地掌握了大清帝国的最高权力。

前文已经说过，咸丰帝病重时，并没有"垂帘听政"的想法，而是指定了"顾命八大臣"辅佐年幼的小皇帝；然而由于咸丰帝想要在外廷和内宫之间保持平衡，也授予了两宫皇太后一定的权力。可是，早已热衷于权力的慈禧并不甘于受制于人，于是，在与受到咸丰冷落，被排挤出权力中心的恭亲王奕䜣密谈后，决定发动政变，实行"垂帘听政"的政治体制。

早在朝廷尚未返回北京之时，关于"垂帘听政"的争论就已经爆发。在慈禧的授意之下，御史董元醇就上奏折，恭请两宫太后垂帘听政，并拣选亲王辅佐朝政。然而，大权在握的八大臣却坚决反对这一提议，甚至与两宫皇太后发生了激烈的争吵。史载，八大臣"哓哓置辩，已无人臣礼"，甚至"声震殿陛，天子惊怖，至于涕泣，遗溺后衣"。这一状况坚定了慈禧发动政变的决心，既然谈判不能解决问题，那就只好用暴力手段了。正如前文所叙，两宫皇太后最终获得了胜利。

"垂帘听政"虽由两宫太后共同主持，但由于慈安并无政治野心，因此只是例行公事，徒具形式而已，真正的实权掌握在慈禧手中。虽然早在咸丰时，慈禧就参与奏折的批复，对军国大事有所了解，但真正自己亲力亲为，未免还是有力不从心之感。好在慈禧颇为注重学习，她请南书房、上书房师傅翁同龢等人，定期进宫讲课，学习古往今来的治国安邦之策，又命人编纂《治平宝鉴》，时时阅读，增长见识。如此刻苦用功，慈禧进步很快，逐渐已经能独立批阅奏章了。

慈禧执政伊始，就亲自接见了曾国藩，随后命曾国藩为两江总督，并统领江苏、浙江、安徽、江西四省军务，四省的巡抚、提镇以下官员全部归他节制。兴奋的曾国藩甚至写信告诉朋友：这真是开国以来没有过的恩宠。在曾国藩的保举下，整个长江流域的高级官员几乎全换成了汉族人。如江忠义为贵州巡抚、毛鸿宾为湖南巡抚、严树森为湖北巡抚、李续宜为安徽巡抚、郑元善为河南巡抚、刘长佑为广西巡抚、李鸿章为江苏巡抚、沈葆桢为江西巡抚、左宗棠为浙江巡抚。

慈禧的用人之道获得了成功，这一班以文人出世，却在战场上立下赫赫战功的大臣，不仅陆续击败了太平天国和捻军，更在东南各地掀起了一股自强求富之风，号称"中兴名臣"。

两次鸦片战争的全面惨败，促使清政府的官僚发生了分化。一部分官僚开始反思曾经的天朝上国和现在的西方列强之间的差距，并认为应该系统地学习西方的先进科学技术，主张"师夷长技以自强"；而另一部分官僚则坚决反对进行任何的改变，认为天朝上国的体制万世不可变更。双方从朝中到地方都发生了激烈的争执。

在这场争论中，慈禧无疑是站在洋务派一边的，这倒不仅仅是因为洋务派在中央的首领是恭亲王奕䜣的缘故。慈禧经历了咸丰朝的"衰世"局面，深深地认识到清政府的当务之急是找出解决内忧外患的具体方略。无论是洋务派还是守旧派，其根本出发点并无二致，都是为了挽救风雨飘摇之中的清政府。但相比起守旧派官僚坐而论道，空谈理学，却拿不出任何具体措施；洋务派官僚"中学为体，西学为用"的施政纲领无疑更有可操作性。因此，慈禧太后坚定地站在了洋务派官僚一边，支持了洋务运动的开展。

在洋务派官僚的努力下，东南沿海地区兴建了一批以制造局、招商局、船政局为代表的近代工业，并且在京师兴建同文馆，在上海广州建立方言馆，还选送派遣了一批幼童赴美留学。这些措施揭开了中国现代化的艰难进程，为中国现代化奠定了基础。

当然，守旧派官僚对洋务派的这些举措进行了强烈的攻击。以倭仁为首的官员连番上折，反对建立同文馆和总理各国事务衙门等机构。慈禧对这些奏折进行了坚决的回击。例如慈禧曾经命倭仁在总理各国事务衙门行走，又叫倭仁保举通晓西洋之事的儒学人才，这些要求无疑是在为难倭仁，最终倭仁只得服软求饶。在慈禧的强硬坚持下，洋务运动最终没有被守旧派的阻挠所破坏，取得了令人瞩目的成就。

不过，慈禧主持下的同治中兴虽然取得了一定的成功，但其局限性也很明显。慈禧终究是封建帝王家的大家长，所有改革措施，都是为了清廷统治的延续和稳定，在这个大前提下，一切改革都可以进行，但如果认为有某项措施有可能威胁到这一前提，她就会毫不犹豫地加以终止。

第五章 又一个傀儡

> 表面上是皇帝，实则是被操纵的木偶，而玩弄木偶线绳的不过一个女人。此线不断，掌控永远存在，于是一个傀儡死去，另一个傀儡替上，同样有名无实。

尚未破解的死亡谜团

同治帝载淳在位时期，清王朝内乱渐靡，外祸稍轻，就连当时名重一时的翁同龢、曾国藩等人，也对同治皇帝寄予厚望，唯愿有同治一日，清王朝得以东山再起，傲立于世界民族之林。只可惜，17岁（1873年）亲政的同治帝，未及两年，即于同治十三年十二月初五日（1875年1月）病逝，时年19岁。

同治十三年十月二十一日（1874年11月28日），同治帝在驾幸西苑之时，突然感到身体不适，随即找来太医诊治，以前的医中圣手，全然无从着手。十天过后，同治帝的病情突然急转直下，发烧发热、四肢无力、浑身酸软，在皮肤上还出现了没有凸起的疹形红点，而且红点很快演化为"疹形透出，挟杂瘟痘"、"颗粒透出"。这让慈禧大惊失色，莫非这是天花？

果然不出所料，同治帝真是得了天花。为了让儿子安然闯过这一关，慈禧一面让御医加紧医治，半刻不敢耽误，一面让人将痘神娘娘请到了养心殿，举行隆重的仪式，希望能够让痘神娘娘把洒下来的水痘收回去。此外，慈禧和慈安两位太后还亲自去了景山寿皇殿向祖先祈福，希望他们能够帮助同治渡过这场劫难。

皇天不负有心人,同治帝的病情终于好转,身上的豆粒越来越少,一个个开始结痂脱落,慈禧的心也终于开始放松下来。但还没过多久,同治帝的病情出现急剧恶化,"湿毒流聚腰间,红肿溃破流脓水。……痘后余毒湿盛"。不久之后,"痘痂俱落,而腰间溃孔,左右臀部溃孔……"此后御医们束手无策。这年十二月初五日酉刻,同治于养心殿东暖阁驾崩。

同治死后,朝廷发布公文,声称同治皇帝因患天花不治身亡,然而单单一道公文并不能阻止流言和疑惑四起。《清稗类抄》就揣测了同治帝的死因大概有三种:

一者,是传说同治非慈禧亲生,慈禧害怕同治阻碍自己,遂将之杀害;二者,是因为皇帝想要立皇储,找来了李鸿藻商议,这让慈禧很惊恐,于是中断了同治帝治疗;三者,是因为同治帝的皇后与太后不和,同治帝便安慰她,让她等自己好了,就补偿她,岂料这件事情让慈禧知道了,将皇后拖出去打了一顿,同治帝遂气愤而死。

和以上三种说法相比,更多人趋向于相信另一种说法——同治帝死于梅毒。患此病的人,皮肤上毒疮会红肿溃烂,状似杨梅,民间起名为"杨梅疮"。依照同治帝临死之时的病状,再联系到同治帝生前种种,这种说法似乎有根有据。但是梅毒并不会在短期内让人丧命,不治而死者,必须要等到五年、十年甚至是更长的时间,而同治帝就在患病到死亡,充其量也就几个月的事情,因而他死于梅毒一说,尚有待商榷。如果同治帝既不是死于天花,也非死于梅毒,那么他又是如何魂归天外的呢?

要破解这个难题,还原历史真相,还需要从当时最真切的医药记载出发。在20世纪70年代,《万岁爷天花喜进药用药底簿》从清宫档案中被搜了出来。根据书簿中的记载,从同治帝得病到驾崩前后36天的时间里,同治皇帝的脉象、用药处方和服药情况都证明同治帝死于天花而非梅毒。

之所以天花会置同治帝于死地,只有一种解释,即在天花后期,同治帝不幸皮肤感染。史料记载中说当时同治帝"发热头眩俱退,惟湿毒乘虚流聚,腰间红肿溃破，浸流脓水，腿痛筋挛，头项胳膊膝上发出痘痈肿痛"。这让同治帝本来就患了天花的身体雪上加霜，最终皮肤病发展到了"走马牙疳"的地步，也就是医学上所谓的"坏疽性口炎"。

当然，也有人怀疑，敬事房太监和御医为了掩饰同治帝的丑闻，很可能刻意地掩盖了事实的真相，将《万岁爷天花喜进药用药底簿》的所有一切都按照天花的病症造假。

作为同治帝佩服和亲近的帝师，自同治帝患病开始，翁同龢就片刻不离同治帝身边，一边监督御医的职责，一边嘘寒问暖，安抚同治帝的心情。对于同治帝之死，除了慈禧之外，恐怕只有翁同龢最为伤心了。同治帝患病期间，御医诊治的那些脉象和处方，都被翁同龢一一的记录了下来，与《万岁爷天花喜进药用药底簿》的记载一对照，相差并不大。

被抱来的小皇帝

同治十三年（1874年）十二月初五，同治在养心殿东暖阁的须弥宝座上闭上了眼睛。他的驾崩让享国200余年的清帝国第一次出现了皇储断档的危机。

根据野史记载，同治去世后，慈禧命宫中侍卫封锁消息，秘密请尚被蒙在鼓中的恭亲王奕䜣进宫。奕䜣进得宫来，猛见同治的尸体放在养心殿中，吓得魂飞魄散。此时慈禧却面色平静得像刚睡醒一样，手持蜡烛在旁边徐徐说道："事已至此，怎么办？"

这不仅是有关大清"国本"之事，也涉及她是否还能继续把持大清的最高权力，对于已经垂帘听政十余年的慈禧来说，对权力的追求和控制早已成为生命中最重要的事情，她不会眼睁睁看着大权旁落的。

按照清王朝父死子继的不成文规则，同治帝载淳死后，应该由"溥"字辈接任皇帝，朝中一些大臣也如此想，便推举道光帝长孙溥伦入主大宝。但这正是慈禧太后所不愿意之事，因为如果一旦这样，她的身份就变成了太皇太后，从而失去了继续"垂帘听政"的权力。所以她以支脉太远而拒绝了这一提议。慈禧太后的意思，是继续从"载"字辈中挑选一人担任皇位，并且此人还必须是同治皇帝的近亲，如此她就可以继续以皇太后之身份继续把持朝纲。这样一来，可选择的余地就变得很小了，候选人不外乎是咸丰帝几个兄弟的儿子，也就是同治的堂兄弟。慈禧最终挑中的是醇亲王奕譞的次子载湉，也就是后来的光绪帝。这是为什么呢？

原来，在道光皇帝的几个儿子中，当时仍健在，并且育有后代的，就只有恭亲王奕䜣和醇亲王奕譞。但恭亲王奕䜣作为议政王、领班军机大臣，已经权倾朝野，倘若再有儿子继承皇位，奕䜣不啻于是无冕之王，权力过大。况且，奕䜣诸子年纪也都不小，不便控制。相反，醇亲王奕譞为人低调，而其次子载湉彼时年纪只有4岁，不大不小，便于从小控制。更重要的是，奕譞的正福晋，乃是慈禧的亲妹妹，两家可谓是亲上加亲。于是，事情就这么定了下来。

家中平白多出一个皇帝，似乎是件天大的喜事，但醇亲王奕譞可并不这么看。他深知慈禧的为人，明白自己的儿子当皇帝并不是要君临天下，而是要给自己的这位大姨子做个帮衬。因此在得知这一决定后，他当时就昏了过去。史载，奕譞"忽蒙懿旨下降，择定嗣皇帝，仓猝昏迷，罔知所措。身战心摇，如痴如梦"。

应该说，奕譞是个极为聪明的人，当然他的聪明与奕䜣不同。奕譞的聪明表现在文武全才，有经天纬地之能上；而奕䜣的聪明则表现在深知进退，韬光养晦上。由于曾经参与辛酉政变，又亲自捉拿了八大臣之首的肃顺，醇亲王在同治朝深受慈禧重用，先后担任都统、御前大臣、领侍卫内大臣、管神机营事、管善捕营事、步军统领、弘德殿行走等职务，是仅次于恭亲王的重臣。然而他为了避免遭到慈禧太后的猜忌，在光绪皇帝甫一继位之时，就上奏折要求辞去一切职务。在其再三哀求之下，慈禧最终同意了他的请求，仅保留了亲王双俸的待遇。

不仅如此，奕譞还秘密给慈禧上了一道名为《豫杜妄论》密折，其内容大致是说，由于载湉当了皇上，自己虽然身为皇父，但绝对不会要求追封皇帝的称号。如果自己有一天死了，有不知好歹的大臣，请求慈禧或光绪追封自己，请拿出这封折子驳斥他。事情果然不出醇亲王的预料，十几年以后醇亲王去世，果然有大臣提出此议，结果被慈禧骂得狗血淋头。由此观之，奕𫍯实在是一个深谙政治斗争之道，有大智慧的人。奕䜣最终被削去官职，在家闲住，奕𫍯却荣宠不衰。

载湉的继位引起了朝中一些大臣的强烈不满。因为经过200多年来清朝历代皇帝不断的调整和完善，皇位继承制度已经形成了一套较为严密和合理的规则：首先是父死子继，清代历史上从来没有兄终弟及接替皇位的成例；其次，清代皇帝的确立，早期是由满族亲贵共同协商，或者皇帝留下遗诏决定的，在雍正创建秘密立储制度之后则依此而行；再次，但凡幼主继位，通常先帝都会安排辅政大臣辅佐新君。具有强烈权力欲的慈禧却罔顾祖宗家法，一口气将这些成例全部打破，以一己之言，决定了皇位的归属，并继续垂帘听政。难怪一些守旧的大臣会极度不满，甚至以死抗争。

光绪五年（1879年），同治下葬于惠陵，御史吴可读请求陪同送葬。结果半路自杀身亡，身后留下一封遗折，请求慈禧待异日光绪成年之后，将其子过继给同治，作为下一任储君，以保持大清国祚绵长。这一"尸谏"事件震动朝野，慈禧太后迫于舆论压力也不得不批准了吴可读的建议。

无论如何，刚刚4岁的载湉被扶上了皇位，年号光绪，而慈禧太后也顺理成章地再次"垂帘听政"。光绪的幼年生活几乎和同治无甚区别，从6岁开始，进入毓庆宫读书，先后教过他的老师有翁同龢、孙家鼐、夏同善等人。光绪在这些饱学宿儒的教导之下受到了良好的教育。和贪玩懒学的同治不同，光绪从小就非常知书达理，慈禧也称赞他"实在好学，坐、立、卧皆诵书及诗"。两代帝师翁同龢与光绪感情甚好，在其《翁同龢日记》中记载了大量光绪小时候的轶事：光绪8岁那年，曾经向上天祈雨，为了表示虔诚，居然自行斋戒，并要求上书房的师傅一例办理；9岁那年过生日，宫中唱戏庆祝，光绪甚为不满，认为沉迷戏剧，有害无益。光绪小小年纪，其行为举止便深合儒家之道，这让翁同龢大为高兴。

等光绪年纪稍长时，他不仅熟读经史子集，而且能诗善书。据史料记载，

"上（光绪帝）之文学本源极厚。书法钟颜，端厚浑朴，诗文极雅"。光绪自小养成了读书的好习惯，当他亲政以后，处理朝政之余，尚且手不释卷，终日阅读，而且中西书籍，均有涉猎。此外，光绪的记忆力也相当好，称得上博闻强识。据说当他亲政以后，阅览奏折一目十行，只要一遍便了然于胸。有些年深日久的折子，军机大臣甚至都不记得，而光绪还背得出来。有一次，有大臣从江南返回，觐见慈禧和光绪，不免谈些地方见闻。慈禧偶然提到河南上报某县遭受冰雹袭击，但一下居然想不起是哪个县，光绪在旁立刻提醒道是巩县。过了一会儿，慈禧又问起永定门外前几年修建的电车是何人所为？光绪应声答道是德国公使海靖。由此可见光绪的记忆力颇为了得，对国事也甚为关心。

被当皇帝很受挫

应该说，光绪的能力，完全有资格独立处理政务，虽未必会成为一代有道明君，但必然不会像咸丰、同治那样昏庸无用。不幸的是，他当皇帝这件事本身就是一个悲剧。正如前文所说，他的即位，纯粹是为了配合慈禧掌握权力的要求。因此，当他年纪渐长，要求亲政的时候，便不可避免地与慈禧发生了冲突。

慈禧与光绪的关系，实在说不上有多好，由于二人并没有血缘关系，所以慈禧对这个小皇帝并没有特别深刻的感情。据说光绪10岁那年，慈禧生了一场大病，光绪为此心急如焚，半夜暗暗向上天祈祷，甚至要效仿古人"割股奉亲"之举，拔刀自伤，意欲割肝做药，幸亏左右侍卫连忙抢救，才不致酿成大祸。谁知道这样一份孝心，慈禧知道之后却神色漠然，不为所动。

慈禧始终提不起对光绪的兴趣的原因，可能还与年幼的光绪更加喜欢温柔可亲的慈安有关。年幼的光绪闲来无事，总是往慈安宫里跑。可是此时的慈安和慈禧早已经由于安德海的事情心生嫌隙。同治八年（1869年），慈禧身边的当红太监安德海擅自出宫，有违禁令，被山东巡抚丁宝桢诛杀，据说此事得到了慈安太后的批准。慈禧得知自然对慈安怀恨在心，由此二人结怨。光绪七年（1881年），慈安逝世，年幼的光绪从此更显孤立。

慈禧不喜欢光绪，便经常有意无意地为难小皇帝。光绪体弱多病，身体一直不好，据说是因为从小就营养不良所致。根据清宫规矩，皇帝每日进膳，都要上几十道菜，可是皇帝一个人怎么吃得了那么多，顶多就是拣离自己近的菜吃几口，结果就是离皇上特别远的菜每天都用小火煨着，每次都放在原来的地方，夏天时居然大多都发馊变臭了。就是皇上吃得到的几道菜，也不是现做，而是早就做好的，味道自然很差。

年幼的光绪正在长身体的时候，却吃不到什么像样的东西，有时候甚至忍饥挨饿。实在忍不住的时候，光绪也会让御膳房换换菜谱，做些新菜。可御膳房对光绪的命令压根儿不理不睬，而是要禀明慈禧批准。慈禧自己每顿都吃小灶现炒，根本不管光绪，反而经常教育光绪要勤俭节约云云。如此几次，光绪再也不敢抱怨膳食。

此外慈禧酷爱听戏，每次看戏都会叫光绪前来陪同。可是她根本不管小孩子的心情，总是点些《天雷报》之类阴森恐怖，神神鬼鬼的戏，给年幼的光绪心灵上留下了很深的阴影，以至于日后光绪非常害怕打雷。后来光绪长大了，慈禧干脆不给他座位，就让他在旁边站着陪侍。

同治和慈禧不睦，始于慈禧为同治选后；而光绪与慈禧同样因为光绪大婚的事闹得很不痛快。光绪十三年（1887年）冬，17岁的光绪皇帝也要亲政了。按照惯例，自然是要先举行大婚典礼。慈禧太后此时的心境，与当年为同治皇帝选后时并无不同，仍然是想要在光绪皇帝身边安插一个自己人。因此，她安排了自己的亲侄女、都督桂祥的女儿参选。

慈禧太后把自己的侄女安排进去，也就是想效仿孝庄太后。光绪帝并非慈禧亲生，而是慈禧的亲妹妹之子，这样算来，光绪其实是慈禧的外甥。也就是说，那位被慈禧安插进来的桂祥之女，实际上是光绪帝的表姐。

选后仪式安排在体和殿进行。这一天，备选的秀女依次排列在殿内，等待皇帝的挑选。殿内放着一张小桌子，上面放着一柄金镶玉的如意，两个红色绣花的荷包。按照清宫惯例，皇后和嫔妃由皇帝亲自挑选，如果皇上看中哪位女子，欲立其为后，则将如意赐之，欲立为妃者，则将荷包赐之。慈禧在安排秀女顺序时，特意让自己的侄女排在首位。此时没有了慈安的掣肘，慈禧自然以为光绪会乖乖听从安排。

年轻的光绪并不笨，他自然知道慈禧只不过是安排了一出戏而已，所以他根本不想配合慈禧把这场戏演下去。当慈禧拿起如意，光绪直截了当地说道："婚姻大事，还是皇爸爸来做主，儿臣就算了吧。"谁知慈禧并未答应。也许在她看来，过程和结果同样重要。光绪毕竟年纪尚幼，看到慈禧如此做派，居然以为自己即将亲政，慈禧也要尊重自己的意见了。大喜之余，一把抓起如意，看也不看站在第一排的桂祥之女，径直走到站在第二排的江西巡抚德馨女儿面前，要把如意赐给她。

就在这关键时候，慈禧再也忍不住了。她也顾不得皇家的体面，严厉地喝了一声："皇帝！"光绪吃了一惊，愕然回过头来看着慈禧，此时慈禧却又闭上了眼睛，一语不发。只是朝着第一排的方向努了努嘴。光绪愣了一下，还是无可奈何地慢慢踅回身来，把如意重重地往桂祥之女的手中一塞，迅速回到了慈禧身旁。

虽然身为皇帝，可是面对专权的慈禧，光绪也只有认命的份儿。光绪与表姐，也就是隆裕皇后在成婚前的关系一直不错，作为姐姐，隆裕对光绪特别照顾，就像对待自己的亲弟弟一样，两人的关系十分融洽。可是突然间，慈禧把表姐指给了自己当皇后，光绪心中实在难以接受。但为了服从慈禧，也为了讨好慈禧，光绪别无选择。

经此一场风波，光绪自然也不愿再挑选嫔妃。可是慈禧太后仍然不依不饶，她认为既然光绪有心于德馨的女儿，即使召入宫中作为嫔妃，日后定然也有夺宠之忧，于是自作主张，将两个荷包给了站在第三排的礼部左侍郎长叙的两个女儿。一场可笑的选后仪式就这么结束了。然而慈禧并没有想到，在这一次选后中，她仍然没有获得胜利。她的无意之举又为自己树立了一个敌人：长叙的小女儿，就是后来的珍妃。

光绪的一生也就只有这么一后二妃，是清朝皇帝中后妃最少的皇帝，也是成婚最晚的皇帝。慈禧的做法也是出于其政治上的考虑，目的就是要把朝政交给光绪后，还能够利用皇后来操纵光绪，最起码可以监视和掌握皇帝的一举一动。

可以想象，光绪自然不会对这样一场政治婚姻感到满意，尽管珍妃、瑾妃也不是他亲自挑选的，但为了报复慈禧，他甚至刻意地疏远被封为孝定皇后的桂祥之女，而亲近珍妃和瑾妃。与隆裕大婚当晚，光绪甚至做出了一个有悖于皇帝身份的举动——扑倒在隆裕怀里大哭着说："姐姐，我永远敬重你，可是你看，我多为难啊。"这主要是光绪对慈禧安排的政治婚姻的不满。

从小养尊处优的孝定皇后怎么能忍受光绪的这种轻蔑？因此二人时常爆发争吵。光绪十八年（1892年）夏，光绪与孝定皇后又因为小事激烈争吵起来，光绪帝许是心情不好，骂得很凶，郁闷的孝定皇后气不过，便到慈禧的寝宫发牢骚。

隆裕的本意，只是找个人倾诉一下，获得一些安慰就可以了。谁知道慈禧闻听此事，勃然大怒，当着一众太监宫女大骂光绪，转脸又好言劝慰皇后："别太难过了，你还年轻，不用为这个病秧子想不开。我有的是办法收拾他。"孝定皇后一听此言，知道自己做过了头，然而也无可奈何。后来连续几个月，慈禧对光绪都没有好脸色，甚至一言不发。从此，慈禧就埋下了铲除光绪的心思。

光绪亲政以后，慈禧规定，光绪必须每隔一日向她奏报政务，听候训示，还经常派人监视他的行踪。而光绪慑于慈禧的威严，每日请安时都浑身颤抖，有什么政务上的事情也根本不敢自作主张，还要主动向太后请旨才能实行。戊戌变法失败，慈禧太后以"训政"为名，重新临朝视事，居然连垂帘听政的形式都免了，与光绪帝一起坐在须弥宝座上接受群臣叩头谢恩。

俗话说天无二日，国无二君，这话在慈禧的面前被打破了。有大臣奏对政务，全凭慈禧一一裁决，光绪在一旁只是默然不语。有时候慈禧觉得不妥，用胳膊肘碰他，示意他说两句，光绪才提起精神，胡乱应付两句而已。说得不妥，还要遭到慈禧的斥责。

在慈禧太后眼中，光绪帝不过是一个她实现权力欲望的玩偶与傀儡。

第六章 洋务运动：未富未强先破产

两江总督曾国藩的一封奏折，掀开了洋务运动的浪潮。君臣的一致努力，让大清以为见到了中兴的曙光。然而，在封建制度不变的前提下，洋务运动只能是一场幻梦而已，北洋水师的组建与覆灭，恰恰证明了这一点。

洋务运动的兴起

外国资本主义在两次鸦片战争以后，不断加紧了经济上、政治上对清政府的控制，致使清朝统治机构的半殖民地化程度日渐加深。后来，清朝统治集团内部逐渐有一些官僚开始与洋人、洋事务打交道。这些与洋务关系密切的人，逐渐形成了一个派别，而且比较有权有势，被称为洋务派。所谓"洋务"，当时也被称做"夷务"，是指一切同外国资本主义有关的事物。只要是办理过与洋人有关事务的人，均被称为洋务派。在清朝中央以总理衙门大臣奕䜣、侍郎文祥等人为代表，地方上则以封疆大吏曾国藩、李鸿章、左宗棠、张之洞等人为代表。他们手中大权在握，可以左右清朝的政局。清政府在两次鸦片战争中的失败使他们接受了沉痛的教训，尤其是他们都曾同外国侵略者勾结起来共同镇压人民反抗，从自己的亲身经历中，他们深知西方列强"船坚炮利"。于是便积极主张多多引进西方的科学技术，仿造西方船炮枪弹，运用西式方法来训练部队等。总之，洋务派要将他们学习西方的主张全部转化为实践，从而掀起一场有声有色、长达数十年之久的洋务运动。

洋务派兴办洋务的指导思想很明确，即"中学为体，西学为用"，他们认为，西方的政治制度比不上中国，只是中国的火器比不上西方列强，只要清王朝掌握了西方的近代军事技术和装备，便可以重振国威，扬名于世。另外，由指导思想和实践也可以看出洋务运动的目的。洋务派主张学习和利用西方先进的科学技术是为了拯救和维护清朝封建统治。所以，当人民反抗斗争对其统治构成威胁时，就学习洋人的长处以镇压民众的反抗；当外国侵略势力明显动摇其统治时，便取洋人长技以"制夷"。

兴办企业

从19世纪60年代开始，洋务派以"自强"为口号，依照西方资本主义国家的方法来研制新式枪炮和船舰，兴办了一批军事工业企业。其中规模较大的军工厂主要有：

江南制造总局。同治四年（1865年），在曾国藩支持下由李鸿章在上海建立。总局购买了美国旗记机器铁厂和苏州制炮局的部分机器，同时又委派容闳从美国购进一部分机器，综合构成该局的生产设备。创办经费为54万余两白银，以后又投入很多经费。拥有工人二千余人，在洋务派创办的军工企业中，规模最大。主要是生产枪炮、弹药、水雷和小型船舰。该局还附设译书馆，翻译西文书籍。

金陵机器局。同治四年（1865年），李鸿章署理两江总督时，把他在苏州创办的洋炮局迁到南京并加以改造扩建而成。主要生产枪支、火炮，为淮系军阀供应军火。

福州船政局。同治五年（1866年），左宗棠在福州闽江马尾山下设立该局，也称马尾造船厂。该局以47万两白银起家，是洋务派创办的规模最大、设备最齐全的轮船修造厂。该厂还附设船政学堂，专门教授英语、法语、算法和画法，为驾驶轮船和造船培养专门人才。该局系南洋水师的基地。

天津机器局。这是同治六年，崇厚在天津筹建的，英国人密妥士任总管，从国外购买机器，制造火药。虽耗资巨大但成效不佳，同治九年（1870年）李鸿章调任直隶总督时接管了该厂，招募洋匠，添置设备，扩大规模，使该局有了一些起色。随后又扩大规模，分为东、西两局。东局设在天津城外东南方的贾家沽，西局设在天津城南海光寺。主要生产弹药、水雷、炮架、洋枪等。

19世纪70年代以后，洋务运动的重点转向兴办民用工业企业，但军事工业的扩展却丝毫未放松，许多省份相继兴办了小型军工企业。此外，张之洞于光绪十七年（1891年），在汉阳创办了湖北枪炮厂，这是洋务运动后期兴办的最大的军火工厂。

上述军工企业性质都属于官办，严格地控制在清政府和湘、淮系等军阀集团手中，绝对不允许商民插手和仿办。这些企业的性质和特点主要有以下三个方面：

其一，具有浓厚的封建性。这些企业完全采用官办的形式，由官款拨充各局、厂的创办经费和巨额的常年开支，具体讲，是由军饷中拨出一部分或从税收中支付。企业管理机构按照封建衙门组建官僚机构。工人大多来自清军士兵，各局、厂的管理制度仍采用封建军队式的，对工人"以兵法部勒"，以"武弁"统领。企业生产的产品由清廷直接调拨给军队，不在市场上出售。企业既不计算成本，不负盈亏，更没有从利润转化而来的资金积累。所以，它是官府控制、垄断下的具有浓厚封建气息的近代企业。

其二，依赖性和买办性的特色很明显。这些军工企业从设计施工、购置机器设备、生产技术，直到原料供应，没有一样不依赖外国。当然，在当时的历史条件下这些也是无法避免的，但关键在于这些企业长期都是在外国人的操纵之下。例如李鸿章为首的淮系军阀所创办的军工企业主要操纵在英国人手中，左宗棠的湘系集团兴办的军工企业被法国人所控制。外国资本家还通过洋务派推销国内早已落后的或者淘汰的设备和器材。一些洋务派官僚在采办经营过程中乘机贪污受贿或扩充个人势力。可谓是名为"自强"，实则封建军阀趁机各自扩充本派的实力。

其三，其中也包含一定的资本主义因素。这些军工企业采用了在当时的中国还算比较先进的大机器生产，集中了一批出卖劳动力的工人，形成了资本主义形式的阶级关系。企业的产品虽不面向市场，但其本身具有部分的商品属性，从某种意义上说也受价值规律的支配。所以说，这些军工企业中间包含有一定的资本主义因素。

洋务派从19世纪70年代到90年代，在兴办军工企业的基础上，又打出"求富"的招牌，开始大量兴办民用工业企业。洋务派从19世纪70年代起大办民用企业主要有两个原因：首先是他们在创办军工企业的实践中遇到一些困难，比如资金奇缺、原材料供给不足和运输落后等，加上经办人员极度的挥霍浪费而使企业难以维持，使他们认识到"必先求富而后能强"。也就是说必须通过大力发展民用工业企业来积累资金，打下雄厚的经济基础，才能辅助军工企业的发展。再者，他们想通过兴办民用企业来抑制洋商倾销洋货和列强的经济掠夺。洋务派代表人物在奏章、书信、谈话中都表示过要"稍分洋商之利""欲收已失之利还之于民"等想法。虽然洋务派在兴办民用企业的过程中各有企图，甚至还有一些表里不一的伪君子，但也不能说他们没有抑制洋商和夺回利权的意图。从他们兴办民用企业的实践来看，也的确尝试过一些抵制洋商倾销洋货的努力。

自19世纪70年代到90年代的20余年间，洋务派大约创办了20多个民用企业，涉及交通运输、采矿、纺织、冶炼等行业，规模较大的有以下几个：

上海轮船招商局。同治十一年（1872年）由李鸿章在上海创立。这是近代中国第一家轮船航运公司，也是洋务派兴办的第一个民用企业，形式为官督商办。当时，李鸿章上奏获准后，清廷拨直隶练饷局制钱22万串，折合白银13.3万两作为股本，委托沙船富商朱其昂、朱其绍兄弟在上海设局筹集商股而创办。初期仅有轮船三艘，到光绪三年（1877年）已有大小船共30艘，在各口岸设27处分局。该局在经营过程中遭英、美轮船公司的不断排挤，在极其困难的情况下，它不仅没有被挤垮，而且蓬勃发展，是民用企业中最有成就的一个。

开平矿务局。光绪四年（1878年）李鸿章在天津创设。最初由李鸿章派唐廷枢在天津计划创立开平矿务局，目的是开采唐山煤矿。原拟官办，后因清廷财政困难，改为官督商办。光绪七年（1881年）开始开采出煤，每天的产量达五百至六百吨。由于该矿设备优良，煤矿储量大，煤质好，产量逐年增加。除供应轮船招商局、天津机器局、北洋海军用煤外，还在市场上大量出售，在天津很好地抑制了洋煤进口。

上海机器织布局。这是李鸿章于光绪八年（1882年）派人收集商股在上海筹办的，是近代中国第一个机器棉纺织厂，于光绪十六年（1890年）投产。资本来源于公款和商股，股资由50万两逐渐增至100万两。从英、美两国购置了纺织机械，包括轧花、纺纱、织布一整套设备，共有3.5万枚纺锭，布机达530台。经营兴盛，利润很高。光绪十九年（1893年）由于失火而被毁灭殆尽。不久由李鸿章派盛宣怀重新建厂，更名为华盛纺织厂，性质仍是官督商办。

电报总局。光绪五年（1879年），李鸿章为了军事上的需要而在大沽炮台至天津之间试设电报，试验成功。光绪六年（1880年），李鸿章在天津设立电报局，任命盛宣怀为总办。第二年就开始铺设天津到上海的线路，年内竣工。这是中国第一条长途通讯线路。同时，在紫竹林、大沽口、济宁、清江、镇江、苏州、上海等地分设七个分局。光绪八年至十年（1882~1884年），上海至南京、南京至武汉的电线相继架设完毕。光绪八年（1882年），因官款不足，电报总局又吸纳商股和民资而改为官督商办。

铁路交通运输业。光绪元年至二年（1875~1876年），英国人在上海至吴淞段修筑了铁路，全长三十六华里，从此中国便有了铁路。后因机车轧死一人，清廷要求司机偿命，并派李鸿章到上海进行谈判。愚昧的清政府出28万两白银购回铁路、机车，然后把机车抛入江中，铁轨、车辆被弃置在海滩，后来全部烂掉了。此后清政府内部争论了许多年铁路问题。开平矿务局于光绪六年（1880年）修筑了唐山到胥各庄的铁路，总长十一公里，用以运煤，但这却是中国近代史上自办的第一条铁路。这条铁路后来又延长到天津，又从唐山延至山海关。光绪十三年（1887年），台湾修筑了从基隆到台北的铁路，后又把铁路延长到新竹。从此中国的铁路事业逐渐发展起来。

洋务派接着又创办了台湾基隆煤矿、黑龙江漠河金矿、兰州机器织布局、汉阳铁厂、湖北织布局等民用企业。

这些民用企业大致上分三种经营方式，即官办、官督商办、官商合办，但官督商办的方式占主导地位。这是因为清廷缺乏资金，不得不利用社会上现有的私人资本，以解决经费来源。而拥有货币财富的买办、商人为获取最大利润，也企图在官府的保护下更加顺利地经营企业。二者便自愿结合起来，产生了官督商办这种形式的近代企业，并且一直延续到19世纪80年代。之后官督商办的形式逐渐被官商合办所代替。官商合办也就是官、商各认股份，拥有各自的权利义务，共同经营管理企业。但是由于这种经营管理存在很多弊病，企业仍处于清政府控制之下，企业的正常发展还是遇到了很大阻碍。

民用工业企业的性质和特点主要具有以下几个方面：

其一，民用企业总体上属于资本主义性质，但仍带有明显的封建性。这些企业的资金，主要是由官僚、买办、商人以私人入股的形式筹集的。企业中雇佣了大批工人，这些工人以出卖劳动力为生，与企业的主人是资本主义的阶级关系。企业的产品大部分都投放市场，经营的目的是为了最大限度地盈利。所以这种企业是具有资本主义性质的企业。但是，在洋务派官僚的控制下，这些企业在经营管理上又带有浓厚的封建性，其管理机构实为封建官府衙门的翻版。在企业中不仅由官府来决定一切，而且亏损总要由商股承担，并且官府还经常向企业进行勒索，商人被迫向封建统治者"报效"。

其二，洋务派把持下的民用企业具有垄断性，压制了民族资本主义的发展。洋务派不仅对民间发展近代工业从不给予鼓励，反而处处进行阻挠，严禁民间人士自办企业，对民用企业实行封建垄断。例如，李鸿章创办上海机器织布局后，就奏准获得10年专利权，10年之内不许商人另设新厂。福建轮船招商局设立后，李鸿章也多次阻挠广东、上海等地商人创办新的轮船公司。

其三，民用企业对外国资本主义存在很大的依赖性，并且在经营管理上极为腐败。虽然民用企业与外国资本主义势力的利益存在冲突，甚至有尖锐矛盾，但它们在很大程度上依赖着外国资本主义。同军工企业一样，它们在机器设备上、技术上、资金上依赖外国，有的几乎完全由外国侵略者操纵、控制。由于企业经营管理存在很多腐败现象，因而成为官僚买办营私舞弊的场所，最终由于官吏中饱私囊，而使大多数企业亏损非常严重。

但是洋务派兴办的民用工业企业归根到底还是中国近代史上比较先进的资本主义性质的企业，它在一定程度上推动了社会经济的发展。首先，这些新式工业企业规模较大，并开始使用大机器生产，开创了近代工业企业经营管理的新格局，奠定了中国资本主义近代工业基础。当然，这个基础比较薄弱。其次，民用企业生产的产品目的是要投放市场，这不仅扩大了资本主义商品经济的影响，而且其中一些产品还抵制了洋商洋货。再次，民用企业同军工企业一样，引进西方先进的科学技术，培养了一批工程技术人才和一批近代产业工人，积累了大量技术资料，传播了近代科技知识，对中国资本主义工业的发展起了积极的促进作用。

加强海军、倡导西学

在兴办军工、民用企业的同时，洋务派还筹建了海军，加强海防建设，设立外文学馆，派遣留学生到国外学习先进科技。

从19世纪60年代开始，由于列强疯狂侵略我国邻邦和边疆地区，导致边疆地区出现了普遍危机。同治十三年（1874年），在美国的怂恿和支持下，日本出兵侵略我国台湾，东南沿海局势变得非常紧张。光绪元年（1875年），两江总督沈葆桢、直隶总督李鸿章等人上奏请求筹建北洋、南洋和粤洋三支海军。经总理衙门核准，每年调拨海关银四百万两来资助筹办海军，计划10年之内建成。光绪十年（1884年），三洋海军已初步建成。北洋海军归北洋大臣管辖，拥有15艘船舰，负责防卫山东、直隶、奉天海域；南洋海军属南洋大臣统辖，拥有17艘船舰，负责江浙海域的安全；福建海军由福建船政大臣管辖，拥有11艘船舰，防卫闽粤海域。在中法战争中，经过马尾之战后，福建水师几乎全军覆没。清政府在光绪十一年（1885年）又增设海军衙门，统理海军、海防事宜，任命醇亲王奕𫍽为总理海军大臣，而会办李鸿章却掌握着实权。此后，李鸿章趁机扩充由他所统领的北洋海军，任用淮系将领丁汝昌为水师提督，扩充舰只到22艘，成为海军中实力最强的舰队。此间，为逢迎讨好西太后，奕𫍽、李鸿章等人不惜挪用海军经费修建颐和园。光绪十四年（1888年）以后，海军不再增加船舰及其他装备，军纪越发涣散，派系斗争严重，内部矛盾加剧。

洋务运动有一项重大贡献，那就是设立各种学馆，派遣留洋学生。为了培养精通外语和熟谙洋务的人才，洋务派积极筹划设立各级各类学馆、学堂。

咸丰十一年（1861年）奕䜣奏请设立京师同文馆，第二年该馆正式成立，以教授外文为主，同时也开设了天文、历史和数理化等课程。此后，广州、上海等地也纷纷效仿，成立学馆。光绪六年（1880年），李鸿章奏请设立天津水师学堂，八年又设一分馆，定名为管轮学堂。水师学堂学生学习天文地理、几何代数、平弧三角、驾驶御风、测量演放鱼雷等项。管轮学堂学生学习算学几何、三角代数、物力汽理、机器画法、机器实艺、修造鱼雷等课程。光绪十一年（1885年）李鸿章还在天津创办了武备学堂，专门用来轮流培训淮军及北洋各军军官，并聘请德国军官李宝等对官兵进行德国式操练，以提高各军能力。据保守统计，到光绪二十一年（1895年），洋务派共创办大约20余所外语和各类工业技术学堂。许多军工或民用企业还附设翻译馆，用来讲习、翻译外国书籍。

同治九年（1870年），在中国近代第一个留学生容闳的建议下，曾国藩奏请派遣留学生出国，清廷批准了此事。同治十一年（1872年），中国第一批学生从上海出发赴美留学。到光绪元年（1875年），共派遣120名留学生。此后赴外国留学人员还在不断增加。例如，李鸿章在筹办海防的过程中，感到船舶与驾驶人才奇缺，便于光绪二年（1876年）奏请派福州船政局附设学堂的18名学生赴法国学习制造轮船，另外又派12名赴英国学习驾驶。福州船政局先后派出众多留学生，其中有许多在国外深造成才的，如严复、刘步蟾、林永生、萨镇冰等，他们后来均成为海军中的优秀教官和将领。李鸿章在筹办海防的同时，也对陆防进行了一番整顿，光绪二年（1876年）曾选拔一批年轻的中下级军官卞长胜等七人赴德国学习陆军的有关军事技术。光绪五年（1879年）学成归国，按照德国操法训练军队，大大提高了将士的军事技术。

总体上讲，在30余年间，洋务派相继创办了几十个近代化的军工、民用企业，组建了近代化的海军，并成立了传播西学的学堂。在世界资本主义势力频繁入侵，商战、兵战蜂拥而至，民族危机日渐加深的形势下，这些做法无疑是进步的，有重大意义。洋务派引进了西方的生产技术和设备，并且引进了先进的生产力，创办了许多近代工业企业，这一系列的活动都不自觉地促进了资本主义生产关系的产生和发展。这就使古老的中国的生产方式发生了一些深刻变革，开始用大机器生产来逐渐取代家庭手工业和小作坊生产，改变了几千年来一直沿袭的封建经济结构。所以从客观上讲，洋务运动成为中国资本主义近代化的起点。

当然，洋务派学习和利用西方先进的科学技术，兴办近代工业企业的根本目的是为了拯救和维护清朝封建统治，他们主观上并不是要触动封建主义的体制和根基，而是企图对西方近代科技进行移花接木，以使中国封建体制适应正在发生剧烈变化的国内外形势。但事实上，洋务派不仅创办了中国第一批近代工业企业，而且冲击了封建思想文化的堤坝，使其产生了一个缺口，为西学的进一步传入创造了良好条件。随着西方科技知识的传入，西方的哲学、政治思想开始影响中国。西方的社会政治学说成为批判封建主义的锐利武器，奠定了资产阶级政治运动的物质和思想基础。新的经济因素必然带来新的政治、思想、文化因素，也一定会对中国传统的经济结构、思想文化结构带来很大的冲击，所以说洋务运动产生的多重后果绝对是洋务派始料不及的。

洋务运动事实上没有、而且也不可能把中国改变成为西方列强那样的资本主义国家，更没有达到其"自强求富"的理想目标。当时就有人评论洋务派是"一手欲取新器，而一手仍握旧物"，只"新其貌，而不新其心"。他们从未打算改变腐朽的封建社会制度，在"中学为体，西学为用"方针的指导下来进行洋务活动，其结果必然是经营管理腐败。有许多官员徇私舞弊，贪污受贿，中饱私囊，任人唯亲，冗工滥食。许多重要企业甚至成为封建军阀集团争权夺势、扩张割据势力的资本。

设同文馆，开展近代教育

1861年的一天，奕䜣上奏朝廷，请求创立"同文馆"，其意在于培养外语翻译人才。辅政的两宫皇太后毫不犹豫地准奏，专门培养外语人才的同文馆便轰轰烈烈地开张了。

同文馆，附属于总理衙门。设管理大臣、专管大臣、提调、帮提调，及总教习、副教习等职。总税务司英国人赫德任监察官，实际管理日常事务。先后在馆任职的外籍教习有包尔腾、傅兰雅、欧礼斐、马士等。中国教习有李善兰、徐寿等。美国传教士丁韪良自1869年起任总教习，历经25年之久。

同治元年（1862年），京师同文馆正式开办。该馆为培养翻译人员的"洋务学堂"，也是清代在北京开办的采用班级授课制的第一所洋务学堂。最初只设英文、法文、俄文三班，后陆续增加德文、日文及天文、算学等班。一开始，招生对象仅限14岁以下八旗子弟，结果6月份入学的就10个人；后来招生范围开始扩大，年龄较大的八旗子弟、汉族学生，以及30岁以下的秀才、举人、进士和科举正途出身的五品以下满汉京外各官均可入学。学生逐年增多。同文馆每3年举行大考一次，列入优等者升官阶，次等者记优留馆，劣等者除名。同文馆的学员待遇非常优厚，除膳食、书籍、纸笔由官家供给外，每月发银10两。

学习期限初定三年毕业，但自光绪二年（1876年）后改为两种：由外文而延及天文、化学、测地等各类学科的，8年毕业；年岁稍大，仅仅学习翻译的，5年毕业。课程设置在开始时只有英、法、俄、汉文，同治六年后增设算学、化学、万国公法、医学生理、天文、物理、外国史地等科目。除汉文外的其他课程大多由外国人担任教习。其经费、人事等权利基本被控制在总税务司赫德手中。

京师同文馆的课程设置和管理章程极为统一，"四书五经"之类的传统科目基本上不在课程设置之中，中国近代新式学校的发端就源于此。毕业后的学生多数就任政府译员、外交官员、洋务机构官员、学堂教习等职。该馆所附设的印书处、翻译处，曾先后编译出版自然科学及国际法、经济学书籍20余种。此外还设有化学实验室、博物馆、天文台等。1902年1月，同文馆并入京师大学堂。

1863年前后，上海广方言馆和广州同文馆相继成立。

客居于上海的翰林冯桂芬早在1861年就曾提出"宜在广东、上海设翻译公所,选颖悟儿童,住院肄业,聘西人课以西国语言文字,并习经史算学"。李鸿章对冯桂芬的这一建议表示支持。

翌年,上海广方言馆于旧学宫(今学院路四牌楼相近)建立,昔日提出此议的冯桂芬被举荐为馆长。最初,上海广方言馆曾被拟名为"上海外国语言文字学馆",这个名字曾经在李鸿章请设学馆的奏折中出现。不过在冯桂芬所拟试办的章程中,被改称为"学习外国语言文字同文馆",简称"上海同文馆",这也成为了当时所使用的正式名称。这个名字沿用了四五年,1867年改名为"上海广方言馆"。

成立后的上海广方言馆培养出了一批精通西文和西学的中国学生。1872年8月11日,上海广方言馆的第一批30名14岁的学童,在陈兰彬、容闳的率领下赴美留学,近代中国官派留学生之先河由此开启。1874年9月19日,第二批广方言馆学生在上海人祁兆熙的率领下赶赴美国。不少广方言馆毕业生经选拔后成为中国第一代外交官。

同治元年,广州同文馆在李鸿章的奏请下开始组建。同治三年,在广州市北大门朝天街正式成立。继京师同文馆、上海同文馆后,这是近代中国建立起的第三所外国语学校,也是洋务派在广州所办的第一件较重大的洋务事业。

广州同文馆第一期共招收14~20岁的正途学生20人,其中满汉八旗子弟16人,汉族人世家子弟4人,学制3年,学习科目主要有英语、汉语和算学。

待到光绪五年,广州同文馆再添设法文、德文两馆,各招学生10人,共20人,其中10人来自原英文馆中英语已经学有所成的,其余均在八旗子弟中选出。学制也由3年增到8年,自然科学、社会科学、文学、艺术等课程均包含其中,同时又开设生理学、解剖学等若干选修课。不久之后又增设东语(日语)馆和俄语馆,定向对日语、俄语方面的翻译人才进行培养。

在洋务运动的浪潮中,同文馆最多算是展开近代化教育、学习外语的尝试罢了，对于改变国内现状，缓解国家危机起不到很大的作用。在列强环伺的环境下，强军，才是抗争最直接有效的办法。

强军之梦，洋务派的奋争

1866年12月11日，闽浙总督左宗棠在《详议创设船政章程折》中提出设立艺局"为造就人才之地"。同日又上奏清廷《密陈船政机宜并拟艺局章程折》，进一步阐述道：

夫习造轮船，非为造轮船也，欲尽其制造、驾驶之术耳，非徒求一二人能制造、驾驶也，欲广其传，使中国才艺日进，制造、驾驶辗转授受，传习无穷耳。故必开艺局，选少年颖悟子弟习其语言、文字、诵其书，通其算学，而后西法可衍于中国。

他同时指出"艺局初开，人之愿习者少"，必须采取"非优给月廪不能严课程，非量予登进不能示鼓舞"等措施。还提出在"恭呈御览，伏恳天恩俯准照拟办理"的同时，"即饬司刊刻章程，出示招募艺局子弟"。后朝廷照准创办福州船政学堂，又名求是堂艺局，或者称马尾船政学堂，是福州船政局办的一所近代海军学校。

同治五年（1866年）十一月十七日，船政工程全面动工，求是堂艺局亦于同时开局招生。次年，英桂在给总理衙门的《陈办理船政事》一函中提到："于十一月十七日开局，先行鸠工庀材，派委员绅和洋员督同砌岸筑基，缭垣建屋。习学洋技之求是堂，亦经开设，并选聪颖幼童入堂，先行肆习英语、英文。"可见当时最先开设的科目为驾驶专业。

同治五年十二月初一，求是堂艺局正式开学。校址最初设立于福州城内定光寺（又称白塔寺）。不久之后又借来城外亚伯尔顺洋房，作为造船专业的学生就读的教室。从工程刚开始就借地办学，把"船政根本在于学堂"的战略思想付诸实践，这一点足见创办者的战略眼光。1867年，马尾造船厂建成，改名为马尾船政学堂。马尾船政学堂是中国第一所近代海军学校，在沈葆桢的苦心经营下，培养出了中国第一批近代海军军官以及第一批工程技术人才，中国近代海军和近代工业的骨干中坚都是由此毕业的学生。

马尾船政学堂，分为前后两个学堂。前学堂又称"法语学堂"，为制造学堂。主设有造船专业，目的是培育船舶制造和设计人才。学堂不仅开设有法语、基础数学、解析几何、微积分、物理、机械学、船体制造、蒸汽机制造等基础课程，还安排学生到各船厂进行实习。优等生更会作为公派留学生前往法国继续学习深造。

后学堂也称为"英语学堂"，为驾驶学堂，主要专业为驾驶专业，旨在对海上航行驾驶的人员和海军船长进行培养。后来又增设了轮机专业，下设英语、地理、航海天文、航海理论学等课程。同时，作为未来对船只的实际操作者，后学堂要求学生必须要上船实习。学习优异的学生将会被选送到英国留学。

马尾船政学堂正式成立的同年，在前学堂内又附设了绘事院，专门培养培养工程绘图人才。次年，沈葆桢为了对技术工人进行培养，又在前学堂内增设一所技工学校——艺圃。艺圃的艺徒半天上课半天工作，以3年为学习期限，其中的优异者将同前学堂学生一起赴法国各大船厂实习，其余的则安排进国内船政各厂工作。

船政学堂的学风之严谨，在国内十分有名。教学中，学堂不仅注重基础理论，更对理论与实际的结合分外看重。为了让前学堂和后学堂的学生进行实际地实习演练，船政专门制造和购买了数艘教练船。

马尾船政学堂自成立以后，为中国近代海军和近代工业培养了大批的优秀人才，因此李鸿章曾盛赞其为"开山之祖"。

为学习西方的"艺事"，而需要开设新式学堂，这就是求是堂艺局开设的目的。求是堂艺局在中国教育的近代化中，开启了先河。左宗棠在创办福州船政局时曾说过："兹局（求是堂艺局）之设，所重在学造西洋机器以成轮船，俾中国得转相授受，为永远之利。"

继福州船政学堂之后，李鸿章于光绪六年（1880年）七月十四日再次奏请朝廷，成立北洋水师学堂。朝廷准奏。

北洋水师学堂成立于光绪七年七月，校址选择在天津城东八里、大沽口东北的东机器局附近。创办初期，北洋水师学堂的总办为吴赞诚，但因为其身体状况不佳，学堂即将竣工时，吴仲翔在李鸿章的推举下接过学堂总办的职务。同年，著名启蒙思想家严复应李鸿章之招，自福建船政局调津任天津水师学堂总教习。

创设伊始，学堂拟定了详细而严格的章程，对招考条件、学习期限、待遇奖惩等都做了具体规定。开办一年后，学额未满，成效也不是特别明显，同时招来的学生中也"少出色之才"。因此李鸿章将原定章程加以修改，告示于民。改后的章程重点有两条：一是提高待遇，将原定"学生月给赡银改为月给四两"。这意味着即便是八口之家，一旦有学生入选学堂，整个家庭的生活都可以有所保障。二是加重奖赏，"此间学生若果卓有成就，本大臣定当从优奏奖，破格录用"。

章程修改后，学堂面貌大有改观，入学者也越来越多。

学堂的学制为5年，学科主设轮船驾驶和轮机管理两科，目的是为给北洋水师培养海军人才以及储备技术力量。学堂由中外籍教习授课，开设地理、代数、几何、水学、热学、天文学、气候学、绘图、测量，及枪炮操演、鱼雷、机械仪器使用等课程，主科为英语。每星期两天学习中文经籍，目的是"教之经俾明大义，课以文俾知论人，沦其灵明，即以培养其根本"。

课程修满后，为了让学生所掌握的理论与实际更好地联系起来，学生们都要上船实习。

北洋水师学堂给北洋水师输送了许多军事技术人才。李鸿章为此感到十分欣慰，感叹道："臣于天津创设水师学堂，将以开北方风气之先，立中国兵船之本。"

光绪二十六年，八国联军入侵天津。6月17日凌晨，侵略军攻陷了大沽口炮台，开进天津卫。10天之后，以俄军为主的一支部队，将无数炮弹倾泻在天津机器局，机器局城垣内的水师学堂连同其所在的机器局一并毁于战火。至此，一座苦心经营30余年，耗费了巨大投资的机器局，和经营20年、培育出无数优秀海军人才的水师学堂尽数毁于列强之手。

技术立国，学皮毛

随着洋务运动步伐的大迈进，"运动"中致命缺陷也越发显现出来——那就是如果想真正实现富国强兵的目标，单单靠培养军事人才是不行的，必须全方位地占有当前世界上全部的领先学科。当李鸿章看到洋人使用每秒30万公里传输速度的电报，而清政府还使用驿站快马加鞭的方式传递情报时，办电报学堂及掌握世界领先技术的想法与日俱增。

其实，在架设电线之前，中国已经自己开始创办电报学堂了。福州电报学堂就是中国的第一家电报学堂。1875年，丁日昌任福建巡抚后，将老百姓所拔的丹麦大北电报公司在厦门福州间和马尾擅自架设的电线杆和电线"买回拆毁，仍将电线留存，延请洋人教习学生"。这就是福州电报学堂。大北公司的工程师成为学堂里的洋教习。至于学生来源：一是从广州、香港招来的精通英文者，二是船政学堂已有一定的"数学知识者"。

津沽电线架设之初的1880年，李鸿章即于当年10月派官员在天津设立电报学堂，聘丹麦大北电报公司洋人来华"教习电学打报工作"。李鸿章认为，自己设学堂培养电报人才，可以做到"自行经理，庶几权自我操，持久不敝"。可见设电报学堂其实是为了把电报业的利权掌握在自己的手中。

事实上，天津电报学堂所起的巨大作用在中国电报事业发展中无法抹杀。随着津沪、沪汉、沪浙闽粤等电线的架设，对电报人才的需求极为迫切，一时"皆由天津学堂随时拨往"。学生的供不应求进一步促进了学堂的发展，一年后，天津电报学堂即"招谙习英文学生四五十名一体教习"。但仍不能满足社会上的需要。

为此，左宗棠于1882年在南京设同文电学馆。此学馆采取淘汰制，放宽对所招学习电报的幼童的人数限制，注重在学习的过程对其资质进行考察，做到"聪颖者留，鲁钝者去"。这在一定程度上对学生的整体素质及专业技能有所提高和促进。

1883年，电报在全国范围内推广开来，电报专业的人士成为各地急需的人才。为了满足需要，在上海成立起一座较大的电报学堂。没用多长时间，上海便成为清朝训练电报人才的中心。正像李鸿章所说的那样，"因推广各省电线，在上海添设电报学堂教习学生"，以分拨各地。

在洋务运动中所成立的所有实业学堂中，最名副其实的应属实学馆，而实学馆中当推广东为先。这是由两广总督刘坤一所倡导的。刘坤一对广东同文馆只学习外语，而不务实业之学很是不满，且"专用旗人子弟，一味训课时文，虽仍聘一英员教习，略存其名""毫无实际"。他认为，根据当时的形势，务实的"西学馆之设，诚为急务"。于是在1876年时"以银八万元购买黄埔船澳为将来扩充机器局及开设西学馆地步"。这种西学馆的特点，"自不在外洋语言文字之末，以力求实际为是"。为办好这种务实的西学馆，刘坤一捐银15万两。

虽然广州西学馆是在刘坤一的提倡下建立起来的，但使它真正成立起来的却是后来担任两广总督的张树声。在他的眼里，只有学习西方科学技术知识，才能有所创造。刘坤一所捐的15万两银子，正给了张树声以启动资金，购买外国船坞，"可为考证学业之资"。一年之后工程结束开馆，取名"实学馆"。学习的科目主要是制造。当时在籍丁忧的翰林院编修廖廷相被招聘为总办馆务。

1883年，督办宁古塔等处事宜的吴大澂奏请在吉林创办表正书院，"数理精深，又能循循善诱"的江苏候补知县丁乃文接受掌管教习事宜的委任，分教习则为候选从九品廖嘉缓。该书院的校址在吉林机器制造局东部，建造房屋26间，隶属于总办机器局的江苏候补同知朱春鳌负责监督建造。其学生来源，是"吉林府教授衙门送满汉生童三十余名住院肄业，专令学习算法"；"该生童等有志向学，渐入门径，颇有可造之材，将来日进有功，与机器制造测量诸法，触类可通"。吴大澂在奏则中指出，学生的学习颇有成效。由此便可知道，表正书院的兴办与军用的制造局有着密不可分的关系。

应洋务事业需要，台湾巡抚刘铭传在台湾成立台湾西学堂。

之所以台湾要拥有自己的"西学堂",首先是"台湾为海疆冲要之区,通商筹防,动关交涉",然而台湾地区没有精通外国语的人才,内地的人才也处于紧缺状态中,难以向台湾输入;其次是"台地现办机器、制造、煤矿、铁路"等工业企业,对此类科技人才有着迫切的需求。

1887年4月,台湾西学堂正式建立。首批招收20余名"年轻质美之士",聘两位汉教习,并"延订英国人布茂林为教习""于西学余间,兼课中国经史文字,即使内外贯通,亦以娴其礼法,不致尽蹈外洋习气,致堕偏诐"。

学堂的学生在第一年学习外语,而后"渐进以图算、测量、制造之学,冀各学生砥砺、研磨,日臻有用"。这样,台湾便涌现出了大批的外交人才,以及备有工业近代化中所需的科学技术等工程管理人才。

在晚清兴办事业学堂的浪潮中,湖北自强学堂不可忽视。

1893年10月,张之洞在武昌建立湖北自强学堂,分为方言、算学、格致、商务四斋,也就是四门专业,每个月均会以考试的形式对学生的学习成绩予以考核。

在四门专业中,张之洞将重点放在了方言,也就是外语上。在方言斋就读的学生必须在学堂居住,直到毕业为止。其余的三斋学生可以自行选择是不是住校。对此,张之洞认为:"自强之道,贵乎周知情伪,取人所长,若非精晓洋文,即不能自读西书,必无从会通博采。"不过随着局势的发展,学堂开始对重视技艺的掌握,并在1896年,把原铁政局内的化学堂并入到湖北自强学堂,成为单独的一门专业。

与其他实物学堂不同的是,张之洞的湖北自强学堂对国外有关工农商等方面的技艺书籍分外关注,并大量引入翻译此类著作。张之洞认为,随着事物的不断发展,现在的形势与以往已经大不一样,因此,在对交涉公法和武备制造等书进行翻译时,也要对其他领域的书籍有所涉猎。张之洞称,"方今商务日兴,铁路将开,则商务律、铁路律等类,亦宜逐渐译出,以资参考,其他专门之学,如种植、畜牧等利用厚生之书,以及西国治国养民之术,由贫而富,由弱而强之陈迹"等各方面的书,都应该进行笔译并且广泛刊发及流传，"为未通洋文者收集思广益之效。"

倡导实务，向西方学习，实质上是要推动中国的近代化进程。然而，在腐朽没落的封建政治制度环境下，任何努力都只是治标不治本。

安内攘外，师夷长技以自强

李鸿章在上海剿灭太平军的过程中，发现外国枪炮性能优越，杀伤力强，而中国自己生产的质量却非常低劣。为了在战场上掌握主动权，他决定用西方新式武器装备淮军。

通过兄长李瀚章，李鸿章在广州购买了大量的西方新式枪炮，这些武器不仅用来武装改编后的淮军，同时也分拨给曾国藩、曾国荃的湘军使用。从1862年6月开始，李鸿章的淮军里面也出现了"洋枪队"。从此，湘淮两军开始了新式武器的使用。

曾国藩并不迷信对洋枪洋炮，他更注重战争中人的作用。当时，曾国荃屡次要求李鸿章为他代买洋枪洋炮，曾国藩就表示，打胜仗"在人不在器"，关键还是训练好。

这种认识确实存在一定的误区，不过当时的曾国藩受到种种条件的制约，没有认识到武器设备在近代化战争中的重要作用。他并不保守，对洋枪洋炮的威力有所了解后，不仅不再对李鸿章的行动表示反对，反而给了他的这个得意门生以大力支持。可以说，正是在曾国藩积极地扶持和引导下，李鸿章才走上了洋务强国的道路。

最终，在奕䜣的帮助下，李鸿章的建议终于得到了慈禧太后的首肯，允许他在"剿匪"的前提下，学习制造军火。

这期间，李鸿章的洋务自强思想也在实践中不断得到深化。他认识到，想要自立自强，外国的生产技术必须掌握，长期依靠购买西方军火，只能增加对外国的依赖性。国家创办和发展自己的军工企业，实现自主生产才是强军的唯一途径。从此，他开始有意识地与经验丰富的外国军事人员接触，学习相关知识。在不断地了解过程中，逐渐坚定了生产西式武器的决心。

1862年10月，在李鸿章所提供的军费资助下，技工们由韩殿甲领导，开始生产炸药及雷管。次年，英国人马格里在李鸿章的雇用下，会同直隶州知州刘佐禹，首先在上海设立了一个洋炮局，这是上海最早成立的洋炮局，主要生产炮弹铜帽等军用品。

1863年9月，李鸿章将曾国藩的幕僚丁日昌调到上海，再建一局，对西式的短炸炮以及各种新式炮弹进行仿造。

早在李鸿章组建淮军时，就曾提议让丁日昌跟自己去上海；而曾国荃则提出要丁日昌跟自己去攻打太平天国的首都天京（今南京）。结果曾国藩谁也没有给，把丁日昌和李瀚章一起派到广东去办理厘金事宜去了。当时还在到处寻找人才的李鸿章听说丁日昌在广东军营已经督制出了36尊大小炮，2000多发子弹，心下十分羡慕，动了让他来主持炮局的心思。于是他便极力追着曾国藩要人，终于把丁日昌调到上海。

其后的事实足以证明丁日昌的炮局是最有成效的，因为他办的炮局能制造"田鸡炮（迫击炮）"，还有能发射80磅炮弹的"开花炮"。后来，丁日昌一直跟随李鸿章做事，已然成为他身边最得力的助手，并成为"洋务运动"的积极实行者。

三个洋炮局先后成立，李鸿章将其合称为上海"炸弹三局"，当时也称之为上海洋炮局。

按理说，随着1864年5月苏南各城的收复，与太平天国的战争已经接近尾声。此时的洋枪洋炮制造也该放松下来。但李鸿章不仅没有放松，反而认为更应当继续加强。同时，他进一步强调，要在仿制洋枪洋炮的基础上，逐渐学会制造"制器之器"，而且刻不容缓。他还建议朝廷向近邻日本学习，将西方的先进技术掌握在自己的手中，以此来加强国家的国防力量，扭转被动挨打的局面，再现中华世界强国的荣耀。

由韩殿甲和丁日昌分别主持的炸弹局，"都不雇佣洋匠，只选中国工匠，仿照外洋做法"，采用手工铸造炸炮的方式。

由"炸弹三局"生产出来的各种弹药被源源不断地送往与太平军作战的

前线，不仅为李鸿章镇压太平天国起义提供了有力的支持，也为他日后创办江南制造总局、金陵机器局积累了宝贵的经验。

成立于1867年9月的江南制造总局又称上海机器局，初建时以生产枪炮弹药为主，待到后来修船造舰方面也能胜任，成为一家综合性的新式军用企业。曾国藩和李鸿章师徒二人成立江南制造总局的主要目的是"自立自强"。二人事无巨细，无论是机构的设立还是人事的任免，甚至是购置机器他们都要过问，这使得江南制造总局从一开始就有了强大的人力和物力的支持，发展得非常迅速。

1864年，淮军攻占苏州，马格里、刘佐禹主持的洋炮局被李鸿章迁往苏州，成立了苏州洋炮局，地址设在太平天国纳王府。这期间，在李鸿章的允准下，马格里又从外国购买了一批机器，所以，洋炮局的规模不断扩大，生产也颇有成效，每一星期就可以生产1500~2000枚枪弹和炮弹，还制造了规模不同的开花炸炮。鉴于此，奕䜣于1864年5月奏请朝廷允准，从保卫宫廷的火器营中选出了8名武弁、40名兵丁前往苏州洋炮局学习。此时的李鸿章已经成了让人们另眼相看的洋务派首领之一了。

苏州洋炮局被李鸿章迁到南京后改名为金陵制造局。搬迁至南京后的金陵制造局规模逐渐扩大，生产力也随之迅速提高。该局主要以生产各种口径的大炮、炮弹和子弹为主，其他军用品也兼顾生产。该局以南京中华门外的瓷塔山为局址，规模又有所扩充，设备也有所改进，到1879年计有三个机器分厂，翻砂、热铁、柞厂各两个，还有火箭局、洋药局、水雷局等；能够制造炮位门火，车轮盘架，子药箱具，开花炮弹、洋枪、抬枪、铜帽、大炮、水雷等。

1864年5月，同太平军的战争即将结束，李鸿章再次强调制器事宜刻不容缓。他在致总署函中说：

前者英法各国以日本为外府，肆意诛求，日本君臣发愤为雄，选宗室及大臣子弟之聪秀者往西国制器厂师习各艺，又购制器之器在日本制造，现已能驾驶轮船造放炸炮。去年英人虚声恫吓，以兵临之，然英人所恃为攻战之利者,彼已分擅其长,由是凝然不动,而英人固无如之何也。

日本以海外区区小国,尚能及时改辙,知所取法,然则我中国深维穷极而通之故,夫亦可以皇然变计矣。

1865年,李鸿章接过曾国藩两江总督的职务。这时候的他发现,三个洋炮局的设备不全,于是在曾国藩的支持下,将原来设在上海的两个洋炮局与上海虹口的一座旗记铁厂合并,扩建为江南制造总局。江南制造总局规模极大,该局经费来自于两江海关二成的洋税,主要制造军械。此外,江南制造总局还附设译书局,专门翻译外文科技书籍。

该局以"自立""自强"为主旨,从经费的筹措、机器设备的购置、管理人员的委派,到洋匠的雇佣、机构的设立等问题,李鸿章和曾国藩都要一一过问,可谓尽心尽力。1867年夏天,江南制造总局从虹口一带迁至高昌庙,规模继续扩大。后经陆续扩充和添置设备,到19世纪80年代上半期,制造总局已拥有各种工厂十余座,船坞一座。1867年,用原有购置的设备及部分自造机器,每天已能生产毛瑟枪15支,12磅开花弹100发;每月平均生产发射12磅炮弹的开花炮18门。自1867年至1894年27年间,该局共计生产各种枪支5万多支,大炮585尊,水雷563枚,炮弹12万发以上。这些军工产品统一由清政府调拨,除供应淮军外,还供应南洋系统及各地的炮台、军舰,各总督所辖地区的军队。在制造枪炮之外,江南制造总局同时还生产"制器之器",也就是生产制造机械。

除此之外,洋务派还专门设立了一个制造轮船的分厂。李、曾二人都清醒地认识到,要对付西方列强,实现自强,关键在于对海域的争夺,因此,就要多造船,用来更好地防御沿海各个重要港口。为了达到这个目的,曾国藩又奏请另外划拨两江海关的两成洋税,其中一成作为江南制造总局专造轮船的费用。终于,江南制造总局在1868年造出了第一艘大型新式兵轮。中国近代的船舶制造业从此开始。

李鸿章调任直隶总督之后,对崇厚所办天津机器局进行了接管并加以扩充。在他的经营之下,天津机器局分设东西两局,规模比以前大得多,主要生产火药、枪弹、炮弹、水雷等，辅之以修造船舰等。产品主要供应给淮军以及北洋水师。

这几个由李鸿章创办及接办的制造局，加上左宗棠于1866年创办的福建船政局，成为中国早期军事工业的主干。几年间，初具规模的制造局奠定了中国军事近代化的根基。在李鸿章和曾国藩的带领下，许多省份也先后用"机器局""制造局"的名义，不断设立军火工厂。至此，中国通过多年的不懈努力，终于开始有了自己生产新式武器的能力，从根本上改变了清朝军队的落后状况，走上了国防近代化的道路。

第七章　海疆上的悲鸣

在世界大航海时代来临之后，一国的海疆成为了重中之重。正是因为清帝国没有一条有效的海上防线，才导致西方用坚船利炮硬生生地轰开了紧锁的国门。既然国内的洋务运动已然兴起，师夷长技已成为此际的朝野共识，那么，一条坚固的海上防线便成为了必须。然而，已是夕阳西下的"老大帝国"，一支再好的水师，又能够为其支撑多久？

失落的亚洲第一

北洋水师始终是清政府骄傲，但其兴起之轰烈、覆灭之惨烈，却深为后人所诟病。

1874年6月，清政府藩属国琉球的几艘渔船，因为大风意外漂流到了台湾，渔民与当地高山族人发生了冲突。清政府已经对此事做了妥善处理。但是，这件小事却引起了邻国日本的不满。原来，日本早已在琉球国内部暗中发展自己的势力，企图在条件成熟时以琉球为跳板侵占台湾。因此，他们以此次渔民冲突中清政府袒护台湾为借口，于1874年6月15日派出几艘商船，阴谋占领台湾。

日军入侵台湾的消息马上就被清政府知道。清廷急派总理船政大臣沈葆桢率领几艘近代化兵舰前往台湾。第一次见到了大清国舰队的日本兵十分惊慌，因为他们乘坐的只是几艘商船。所以，迫于清军威力，纷纷逃离台湾。这场近代史上中日双方的第一次正面冲突，似乎以清军的获胜结束，但实际结果却并非如此。

由于施行了"明治维新"，使日本几乎在一夜之间从封建时期进入了"近代文明"时代。它通过外交手段废除了与列强签订的不平等条约，而这次改革也使日本这个亚洲国家开始向欧洲列强靠拢，成为被西方国际大家庭认可的一员。因此，当日本的目的没有达到时，他的同盟者美国联合英国和法国，帮助日本一起向清政府施压。在三国的支持下，理亏而又仗势欺人的日本向清政府索赔军费 50 万两，软弱的清政府竟然接受了日本的无礼要求。

恼怒的总理各国事务衙门在与日本签订赔款条约后的第六天，愤然上奏清廷，强调了海防问题的急迫性。而此时的清政府似乎也已认识到问题的严重性，以前所未有的高效率，在当天就发布上谕，令沿海沿江各省督抚们在一个月内将各自的讨论意见上奏朝廷。

一场关于"海防战略"的大讨论迅速展开。

虽然时任直隶总督兼文华殿大学士的李鸿章对这次海防大讨论并不抱太大希望，但他还是提出了许多务实的看法。

限期一个月的海防大讨论，被拖延了大半年后，终于在 1875 年 5 月由恭亲王总结整理后上奏朝廷。依据讨论的结果，皇上决定成立南、北洋水师，两支水师齐头并进。不久后，沈葆桢被任命为南洋通商事务大臣，而李鸿章则担任北洋通商事务大臣，他们兼办各自的海防事宜。

李鸿章和沈葆桢都是洋务运动中的领军人物，同时也是清政府大臣中较早放眼世界的有识之士，他们都赞成发展工商业以富国力的思想，并积极主张创立中国近代的海军，以增强国力。但是，他们虽然表面互相提携，步调一致，私下却因为清政府决定分配给南北洋水师共同使用的每年约 400 万两白银的海军军费而明争暗斗。

两人经过几个回合的较量，沈葆桢败下阵来。善于权术的李鸿章得到了大部分的海军经费，而沈葆桢的南洋水师只拿到了很少的一部分。在拿到了大笔的银子后，对军舰一无所知的李鸿章心中犹豫不决，因为他不知道应该向哪个国家购买最先进的军舰。

在担任清政府总税务司的英国人赫德的大力推荐下，李鸿章从1875年到1879年，先后从英国订购了8艘炮船用于港口的守卫。

然而，经过考察，李鸿章发现同时订购的两艘巡洋舰"超勇"和"扬威"存在许多弱点。经过细心比对，并暗中打探价格后，李鸿章决定向德国购买军舰。与此同时，李鸿章把北洋提督的人选，锁定在了当时清政府骑兵总兵丁汝昌身上。

就在李鸿章抓紧时间组建北洋水师的时候，雄心勃勃的日本也在马不停蹄地购买军舰。日本入侵台湾未果后，并没有放弃自己的妄想，而是痛定思痛，马上向英国订购了"扶桑""金刚""比睿"三艘军舰。8年后，朝鲜的亲中派与亲日派之间爆发战争，中日两国各自派出军舰进行干预。日本再次因海军实力远不如淮军将领吴长庆所率领的中国舰队，没有贸然发动战争。几次想要入侵朝鲜都被清政府的舰队阻碍，如此一来，日本对中国的海军恨得是咬牙切齿。把大清海军，尤其是北洋水师彻底击败，是日本海军从上至下同一个梦想。然而，与清军其他兵种相比较，北洋水师的正规化及近代化已经远远地走在了前列，即使是日本也很难望其项背。

1866年，福建、广东等地的大街小巷贴满了一张张马尾船政学堂的招生告示。船政学堂是一所新式的军事技术学校，虽然它没有引起那些想通过科举考试走入仕途的学子们的极大兴趣，但是却吸引了许多家境贫寒的子弟。

几乎与此同时，位于日本濑户内海南端的江田岛，也成立了一个与马尾船政学堂类似的学校，叫江田岛海军兵学校。他们选拔那些日本青年中出类拔萃者，对他们进行世界上严酷无比的艰苦训练，最终将其培养成为具备古代武士道精神的现代海军军官。而具有长远眼光的李鸿章，也将首批马尾船政学堂中的大部分学生送到英国皇家海军学院留学。

李鸿章不仅对他们的能力没有产生过丝毫怀疑，而且当这些中国第一代近代海军军官带着一口流利的英语学成归来后，他在各方面都给予了他们最好的待遇。

在北洋水师中，李鸿章给海军官兵支付的军饷远超陆军的标准。海军提督丁汝昌的报酬是每年8400两白银，比同级别的陆军将领的报酬要高出两倍多。就连北洋水师中刚入伍的新兵，每年也会有48两银子的收入。此时，苦心经营北洋水师多年的李鸿章只差最后一步，便可以使这只水师称雄亚洲。

1879年年底，首创大清海军的海防大臣沈葆桢去世。他在临终前的口述遗嘱中说道：

臣所每饭不忘者，在购买铁甲舰一事，至今无及。臣以为，铁甲舰不可不办，倭人万不可轻视。

一代名将沈葆桢抱着深深的遗憾离开人间。直到他身死，也没能看到属于大清国自己的铁甲战舰。李鸿章与沈葆桢有着同样的梦想，他不甘心让沈葆桢的悲剧在自己的身上重演，因此，李鸿章将后半生的大部分精力都投入到了海军的建设之中。

铁甲舰在当时海军中的地位十分重要，是一只舰队中最关键的战舰，它有着巨型的火炮、坚硬的装甲和巨大的身躯，具有极大的杀伤力，价格也异常昂贵。

1879年日本吞并琉球，中国的海疆再一次受到了威胁。局势更加紧迫。清政府这才下定决心，下令李鸿章尽快向外国购买铁甲舰。

在驻德国公使李凤苞的大力推荐，李鸿章选定了由德国伏尔锵船厂所建造的"定远"号和"镇远"号两艘铁甲舰，另外一艘铁甲巡洋舰"济远"号也一并在该厂订造。

"定远"和"镇远"属同一级别的姊妹舰。这两艘铁甲舰在设计时，集合了德国"萨克森"号和英国"英弗来息白"号这两艘当时世界上最先进的铁甲舰的优点。

伏尔锵造船厂先后花费了近5年的时间才完成了两艘舰艇的建造。两舰长 93.87 米、宽 17.98 米、排水量 7335 吨、航速 14.5 节，装甲总重为 1461 吨。为保证造舰的质量，李鸿章特派曾留学英法的刘步蟾、魏瀚等人进驻工厂监督制造。

北洋水师在装备实力上大大超过日本。这种状况一方面暂时遏止了日本的扩张野心，但同时也直接刺激了日本发展海军的狂热心理。

1887年，清政府向英德两国订造的4艘新式巡洋舰驶回中国。为了和西方海军接轨，李鸿章亲自下令制定北洋水师的军旗。按照海军军旗的设计惯例，军旗要以国旗作为设计基础。但是当时，大清国连自己的国旗都没有，更何况是军旗。最后几经讨论，北洋水师终于有了自己的军旗，这是一面明黄色的旗帜，上面绣了一幅蓝龙戏珠的图案，开始时做成三角形，后为与西方保持一致改为长方形。

包括已经全部归国的中国订购的外国军舰以及原有的国内自建的军舰在内，此时的北洋水师共拥有50多艘各类舰艇，总排水量达4万多吨。1888年12月17日的刘公岛上，北洋水师正式成立，再加上南洋、广东、福建等地区的水师，中国海军的装备实力一下跃居世界第九，更是成为亚洲的龙头。

未烧城门，先灭池鱼

19世纪末以来，帝国主义列强对中国的邻邦朝鲜展开了激烈的争夺。在这场争夺中，通过"明治维新"走上军国主义道路的日本表现得最为贪婪和野蛮。

吞并朝鲜是日本"大陆政策"的重要组成部分。自从明治维新以来，日本军阀一直奉行"征韩论"的国策。光绪元年（1875年）八月，日本舰队进入汉江江口，并强占了永宗岛。次年一月，朝鲜被迫与日本签订《江华条约》十二款。条约规定：第一，开元山、仁川为商埠，日本货物免缴关税。第二，日本可以自由测量朝鲜海岸。第三，日本享有领事裁判权。此外，条约还明确规定："朝鲜为自由之邦。"这表明日本为了独霸朝鲜，极力想要破坏朝鲜与清政府的传统宗属关系。《江华条约》是日本强加给朝鲜的第一个不平等条约。此后，日本及其他列强侵略朝鲜的步伐都加快了。光绪三年和六年（1877年和1880年），日本又分别在元山、釜山设置了特别居留地（租界）。日本的一些商业公司利用不平等条约，大量向朝鲜倾销商品，使朝鲜的手工业遭到极大摧残，严重地破坏了朝鲜经济的发展。当时，以王妃闵氏为首的闵妃党把大院君李应排挤出去，掌握了最高统治权，日本便乘机培植亲日势力，通过各种手段把闵妃党置于自己控制之下。

日本对朝鲜的政治、经济侵略，加剧了朝鲜国内的反日情绪。大院君李应利用这种情绪，于光绪八年（1882年）六月初九在汉城发动兵变，处死了一些官吏和日本教官，焚烧了日本驻朝鲜使馆，最后驱除了闵妃党，重新执掌政权，史称"壬午兵变"。兵变发生后，日本政府一面派兵侵入朝鲜，一面命令驻朝公使花房义质逼迫朝鲜赔偿损失，并企图割占巨济岛和郁陵岛。得到朝鲜兵变的消息后，清朝署直隶总督张树声上报清政府，同时，派北洋水师提督丁汝昌、道员马建忠及广东水师提督吴长庆等，率军队和兵舰赴朝，于七月十三日平息了兵变，大院君被迫归政于朝鲜国王。日本的侵略计划被清军的迅速行动挫败了，花房义质看到中日两国在朝鲜的兵力悬殊，未敢轻意挑衅清朝军队。日本政府未能实现利用兵变割取朝鲜领土和夺取更大权益的企图。但是，朝鲜仍被迫于光绪八年（1882年）七月十七日与日本签订了《济物浦条约》，日本以保护使馆为借口，获得了在朝鲜驻兵的权利。

壬午兵变后，日本政府一方面加强针对中国的扩军备战，同时，竭力培植朝鲜亲日势力。当时，在朝鲜出现了金玉均、洪英植、朴泳孝、徐光范等贵族青年为首的开化党，这个党具有资产阶级改良主义的性质。日本侵略者为了利用开化党来实现其侵朝计划，便采取各种手段诱惑和拉拢金玉均，而金玉均等也想依赖日本夺取朝鲜的统治权。光绪十年（1884年）九月，日本驻朝公使竹添进一遵照日本政府的指示，开始策动开化党发动政变。他先蛊惑金玉均等人说：中法两国正在交战，清国即将灭亡，你们切不可坐失良机。接着，他又帮助开化党制订了政变的计划和具体行动方案。

光绪十年（1884年）十月十七日，金玉均等人按照与竹添进一秘密制订的行动计划，制造事端，把日军引进王宫，然后挟持国王，组织起一个由开化党人担任要职的亲日政权。史称"甲申事变"。

汉城民众对政变的发生十分愤慨，纷纷要求打入王宫把倭奴杀尽。有些朝鲜大臣来到清军营地，请求派兵援助。十九日，在朝鲜驻守的清朝记名提督吴兆有、总兵张光前、帮办袁世凯分别率领清军与朝鲜军民一同攻进王宫，击败了开化党和日本侵略军，把被挟持到宫外的朝鲜国王拦回。次日，竹添进一自己焚毁日本使馆，带领日军退到仁川。开化党人金玉均、朴泳孝等逃到了日本。

甲申事变后，日本国内出现了主战、主和两种争论。有的报纸大肆鼓吹要"占领朝鲜京城"；有些官僚政客也叫嚣要武装吞并朝鲜。但是日本政府考虑到其军事力量无法与清军匹敌，所以决定暂时维持和局，积极备战，等待时机卷土重来。光绪十一年（1885年）一月，日本政府派伊藤博文为全权大使，陆军中将西乡从道为副使，同李鸿章在中国天津举行谈判。李鸿章采取退让妥协的方针，三月初四，与日本签订了《中日天津条约》。条约规定：从签约之日起的四个月内，中日两国军队全部撤出朝鲜；将来朝鲜国内如果发生内乱或重大事件，中日两国或一国派兵，应事先告知对方，事定后要立即撤回，不得留驻朝鲜。这样，日本虽然撤走了驻朝鲜的军队，但却获得了随时可以向朝鲜派兵的特权，为其后来发动侵略战争开辟了道路。

日本侵略者早在中法战争结束时就已经形成了吞并朝鲜和占领中国的计划。日本政府根据伊藤博文为首的侵略分子的策划，积极进行备战。甲申事变后，日本的一些官僚政客竭力挑拨日本与亚洲邻国的关系，声称日本应该与西方国家一同来"兴亚洲"，要按照西洋人的办法，对朝鲜和中国发动武装进攻。从光绪十六年（1890年）开始，日本侵略集团的战争煽动达到了高潮。同年底，新上任的日本首相山县有朋在帝国议会上发表"施政演说"，提出了保持国家独立的自卫之道，鼓吹日本必须保护利益线和守卫主权线。主权线，指国家的疆域界线；利益线，指关系主权线安危的地区。朝鲜就是山县有朋所说的利益线，他把朝鲜视为与日本安危密切相关的地区，公然宣称要进行"保护"。

光绪十五年（1889年）后，日本政府疯狂扩军备战，到甲午中日战争前夕，日本已拥有陆军29万人，海军配备了31艘军舰、37艘鱼雷艇。光绪十九（1893年）底，由于日本国内各派政治力量相互倾轧，政局开始动荡不安，日本统治者决定用发动战争的方式，转移各派政治势力的视线，以防止国内出现更大的动荡。

光绪二十年（1894年）春，朝鲜爆发了"东学道"农民起义。"东学道"又称为"天教""东学教"，是朝鲜农民的秘密反抗组织，具有宗教的色彩。这年一月初十，"东学道"信徒全准率众在全罗道古阜郡起义，攻占郡府，俘获郡守，释放囚徒，夺取武器，严惩贪官，开仓济贫，广大群众因而十分拥护起义。四月，起义军攻占井邑、咸平、长城等郡，东学道徒和广大农民不断来投，队伍迅速壮大到万数千人，并建立了执纲所作为政权机构，发布了"辅国安民、逐灭洋倭、尽灭权贵"等战斗纲领。四月二十八日，农民起义军攻克朝鲜南部重镇全罗道首府全州，兵锋直指汉城。

农民起义的风暴使朝鲜封建统治者受到极大震憾。他们惶恐不安，立即派遣洪启薰率领八百京兵，于四月一日从京城出发，赴全州进剿。但被起义军多次打败。朝鲜统治者看到单凭自己的力量已无法镇压起义军，决定请求清政府派兵帮助围剿。四月三十日，兵曹判书闵泳骏向清政府驻朝鲜总理交涉通商事宜大臣袁世凯提出请求援兵的公文，请袁世凯"迅即电恳北洋大臣，酌遣数队，速来代剿"。接到朝鲜政府的乞兵公文后，袁世凯迅即向北洋大臣直隶总督李鸿章请示。

李鸿章立即命令北洋水师提督丁汝昌派"扬威""济远"二舰，驶往汉城、仁川，保护侨商，并派直隶提督叶志超、太原镇总兵聂士成率2000余兵士东渡。五月初三，东渡清军乘坐招商局轮船赴朝。与此同时，又向驻日公使汪凤藻发电，令其根据中日《天津条约》，照会日本外务省：清政府根据朝鲜国王的乞兵公文，按照"保护属邦旧例""派令直隶提督叶志超，选带劲旅，星驰往朝鲜忠清、全罗一带，相机堵剿，期扑灭，务使属境又安，各国在韩境通商者皆得各安生业，一俟事竣，仍即撤回，不再留防"。

真正是心口不一

在此之前，日本侵略者就一直在密切注视着事态的发展，并大量进行阴谋活动，企图把事态扩大，以制造出兵朝鲜的机会。日本参谋本部认为，朝鲜必定要向清政府求助，而清政府也肯定会答应出兵。到那时，日本就有了借口而派兵入朝。四月二十九日，日本内阁通过了陆奥宗光的建议，即如果中国确实派遣军队赴朝鲜，不管其用何名义，日本也必须派遣相当的军队赴朝。这清楚地表明，日本早已确定了发动侵略战争的方针，决定趁清政府派兵助剿之机，出兵进占朝鲜。

但是，日本政府仍担心清政府不愿派兵赴朝，便极力诱惑。日本驻朝使馆译员郑永生曾诱劝清廷驻朝"总理交涉通商大臣"袁世凯说：东学党起义愈拖愈不好办，贵国政府为何不迅速出兵助韩，日本政府决没有其他用意。四月二十六日，日本参谋本部根据伊地知幸介的报告，认为朝鲜政府必然请求中国援助，中国也必将同意朝鲜的请求。因此，参谋本部认为，日本有必要出兵朝鲜。当天，外务大臣陆奥宗光同回国的日本驻朝公使大鸟圭介就出兵事宜进行了磋商。四月二十九日，日本内阁召开会议。会议根据陆奥宗光的意见，正式决定出兵朝鲜。当夜，陆奥同外务次官林董及参谋次长川上操六对出兵的策略、兵力等问题进行了商讨。五月初一，陆奥向大鸟发出关于处理朝鲜问题之训令。通知他如果确认清政府出兵朝鲜时，"帝国政府应立即派遣兵员"。"如清国官吏问及我出兵的理由，可按照《天津条约》第三款回答之：朝鲜国内发生叛乱有危及帝国公使馆、领事馆及帝国侨居臣民生命财产之虑，因而出兵"。五月初二，关于日本出兵朝鲜致清国的照会被内阁会议通过。同日，日军成立了战时大本营，并命令大鸟公使返回朝鲜任职。五月初三，向日本驻中国临时代理公使小村寿太郎发出训令，让他把日本出兵朝鲜的消息通知清政府。五月初五，日军开始军事行动。从五月初七起，日军陆续抵达朝鲜。至十三日，共有八艘军舰，载着约四千名陆军，五百名陆战队入朝。兵力是赴朝清军之两倍。

五月初五，日本驻华临时代理公使小村寿太郎，向清政府提出日本出兵朝鲜的照会。清政府接到照会的第二天，据理驳斥日本出兵的理由。在给日本的复照中重申了清政府系"应朝鲜之请，派援兵戡定内乱，乃从来保护属邦之旧例"，并强调："目下釜山、仁川各港情形，虽然平静，然该两地为通商口岸，故暂留军舰，以资保护。若贵国派兵，系专为保护使馆领事馆及商民，自无必要派多数军队。贵国派兵，既非出于朝鲜请求，望勿进入朝鲜内地，以免惹起惊疑。"但日本挑衅的决心已定，因而对清政府的劝告毫不理睬。五月初九，日本政府在照复中蛮横无礼地说，日本此次派兵朝鲜，"系根据日韩济物浦条约之权利；而出兵手续系根据天津条约，帝国政府可自行裁决派遣军队多寡，其进退行止，毫无受他人掣肘之理"。

实际上，早在复照清政府之前，日本就已出兵朝鲜了，五月初二，日本参谋部设立了战时大本营，并请天皇批准派出混成旅团赴朝。同日，陆奥宗光便命令大鸟圭介带领四百余名陆战队员，乘"八重山"号军舰动身。接着，一户少佐率领日军一大队向朝鲜进发。就在叶志超、聂士成率领清军分别于五月初五、初六到达朝鲜后，初七，大鸟便带兵进入汉城，其后续部队也分批不断到达朝鲜。李鸿章在得知日本出兵朝鲜的消息后，才看清了日本的阴谋，所以急电袁世凯阻止日军的行动。五月初九，袁世凯与大鸟在汉城举行紧急会谈，就双方撤兵问题进行商讨。但日本政府侵朝的战争机器已经开动，不愿就此罢兵。因此，李鸿章阻止日本派兵的活动宣告失败。五月下旬，已有万人左右的日军进驻朝鲜。

为了蓄意扩大事态和制造出兵朝鲜的借口，五月十一日，日本内阁会议通过了所谓改革朝鲜内政的方案。声称：平定乱民以后，为了改革朝鲜内政，须由中日两国共同向朝鲜派出若干名常设委员，"查核"朝鲜有关的经济、政治、军事。清政府在收到包含上述内容的照会后，于五月十八日让汪凤藻复照日本政府，表示反对共同"改革"朝鲜内政，并再次建议中日两国军队应该共同从朝鲜撤出。对于这一答复，陆奥宗光于第二日又一次复照汪凤藻，表示日军决不能撤出朝鲜。此后，日本一方面仍继续向朝鲜增派军队，另一方面准备独自"改革"朝鲜内政。五月二十三日，大鸟公使与朝鲜国王就"改革"朝鲜内政的必要性进行了详谈。六月初十，日本向清政府提出所谓声明，即日军今后如在朝鲜发生不测，责任应由清政府承担。同时，陆奥宗光训示大鸟圭介：当前之急务应是促成中日冲突，为实行此事，可以采取任何手段。可以说中日战争已如箭在弦上，一触即发。

朝鲜朝野对日本入侵朝鲜，感到相当惊惧。五月初五，朝鲜外务督办赵秉稷强烈要求杉村，从速电告日本政府，"即施还兵之举，以敦友睦，免生枝节"，遭到日本无礼拒绝。五月初六，大鸟公使由日本回到仁川，决定于第二日率兵入京。朝鲜政府立即派人劝阻，又被大鸟严拒。初七，大鸟率420名海军陆战队员，携四门野炮，强行闯进汉城。

此时，赴朝清军已到达牙山。朝鲜政府也不断增派援军，同先期赴朝进剿的官兵协同作战，收复了全州。朝鲜局势逐渐平静下来，日本以护使护侨护商作为出兵的借口已不存在。但当赵秉稷访问大鸟，对其擅自率兵入京进行责问，并敦促其立即撤兵时，却又一次遭到拒绝。为了避免冲突，清政府决心令赴朝部队定期返回国内，并希望日本同时撤兵。各国舆论也强烈谴责日本派兵的行为是师出无名。但是，日本政府不仅拒绝撤兵，反而继续增兵，并召开内阁临时会议，作出了"日军在任何情况下都不能撤退"的决议。陆奥宗光还对大鸟圭介发出训令，"即使外交上有多少纷议，亦必使大岛少将所率之本队悉数列阵汉城"。这一切表明，日本政府已决心挑起战争冲突，因而对中朝两国的强烈抗议和各国舆论的谴责充耳不闻，一意孤行。但是，日本强词夺理，在外交上陷于被动。为摆脱困境，日本政府需要寻找新的借口，制造新的事端。

"以夷制夷"的计划落空

在日本的外交讹诈和武力威胁面前，清政府中以慈禧太后和李鸿章为代表的主和派，不敢对日军的行为进行针锋相对的斗争，不加强战守准备，而是利用帝国主义之间的矛盾，即采取"以夷制夷"的方针，来保持和局。尤其是寄希望于英俄两国进行干涉，迫使日军退出朝鲜，以避免战争冲突。

甲午战争前，英俄两国是争夺亚洲和世界霸权的主要敌手。沙俄早就对朝鲜半岛怀有野心，曾多次诱惑朝鲜签订密约，妄图控制朝鲜。俄国驻华公使喀西尼在甲午战前曾经说过，如果朝鲜发生冲突，"我们当然不能置身局外"。五月十七日，李鸿章向喀西尼要求俄国出面调停中日争端时，喀西尼表示：俄韩两国是近邻，俄国决不会容许日本侵略朝鲜。二十二日，沙俄政府通过驻华参赞转告李鸿章："俄皇已电谕驻俄使转致倭廷，勒令与中国共同商议撤兵事宜，俟撤后再议善后办法。如倭不遵办，电告俄廷，恐须用压服之法。"同一天，沙俄政府训令驻日公使希特罗渥，"劝告"日本与中国共同把军队从朝鲜撤出。五月二十七日，沙俄政府再次向日本政府发出照会，要求其与中国同时撤兵，并警告日本政府如果拒绝劝告，应当承担一切后果。五月二十九日，日本政府照复俄国，声称："日本出兵朝鲜，决无侵略疆土之意，实属对于现在形势不得已之举，若至该国'内乱'完全消灭，回复平稳状态，将来无何等危惧时，自然撤退其军队"。这一外交照复，正如陆奥宗光自己所说的那样，不过是"以外交的笔法，婉言拒绝了俄国政府之劝告"。

这时，李鸿章为了促使俄国出面干涉，竟向喀西尼提出，由中、日、俄三国共同对朝鲜内政进行改革，三国在朝鲜分享同等权利。六月初一，喀西尼将这一情况报告给沙俄外交大臣吉尔斯。喀西尼在报告中认为，"这一建议对于我国很有利，它将保证今后得以维持朝鲜秩序，将摒除中国在朝鲜的优越势力"，并要求俄国政府接受这一建议。但沙俄政府经过审慎考虑后，认为事态错综复杂。接受李鸿章建议，强迫日本撤兵，虽可获得重大利益，却会得罪日本。特别是当时英国也在等待时机，一旦俄国以任何方式援助中国，英国很可能支持日本。这就不仅促使日英靠拢，使自己受到孤立，甚至要冒战争的风险。俄国当时虽力图扩张在远东地区的势力，但由于尚未完成西伯利亚铁路工程，要在远东发动一场战争，还存在一定困难。因而，它希望暂时维持远东地区的现状。日本政府既然已经保证"决无侵略疆土之意"，也就顺水推舟,以免促成日本和英国的联合,从而加强俄国在远东的对手英国的势力。因此,六月初五吉尔斯向喀西尼发出训令说:"李鸿章对我们的信任我们完全珍视,然而我们认为不便直接干涉朝鲜的改革,因为在这建议的背后,显然隐藏着一个愿望,即把我们卷入朝鲜纠纷,从而取得我们的帮助。"这样,俄国政府为了自身利益,不愿接受李鸿章的建议。六月初七,沙俄政府向李鸿章明确表示:"倭韩事,明系倭无理,俄只能以友谊力劝倭撤兵,再与华共商善后事宜,但未便用兵力强勒倭人。至于朝鲜内政应革与否,俄亦不愿干涉。"至此,清政府乞求俄干涉的希望破灭了。

清政府在乞求沙俄出面干涉的同时,也请求英国进行调停。五月二十八日,李鸿章请英国驻华公使欧格讷,"转电外部,速令水师提督带十余艘铁快舰径直赶赴横滨,与驻使同赴倭外署,责问其以重兵压韩之无理,扰乱东方商务,与英关系重大,勒令撤兵,再商善后,谅倭必遵,而英与中倭交情尤显。此好机会,勿让俄著先鞭"。

英国对日本在远东扩张侵略势力的做法,态度很矛盾。沙俄是英国在远东的主要竞争对手,因此,英国把扼制沙俄势力作为其远东政策的出发点。后起的日本,暂时还对英国在远东的利益构不成重大威胁。考虑到利用日本可以抑制沙俄势力的南下,英国愿意支持日本在朝鲜进行扩张。但同时,又担心中日之间的战争冲突,会改变远东现状,从而影响英国在远东的既得利益和给俄国带来扩张势力的机会,因此,又想出面调停。当李鸿章与喀西尼在天津频繁接触,乞求沙俄出面干涉的时候,英国政府焦虑难安。英国驻华公使欧格讷急忙出面怂恿总理衙门,以"同保该国土地勿令他人占据"和接受"改革朝鲜内政"为基础,撇开俄国直接同日本谈判。

经过英使欧格讷的斡旋,六月初七,总理衙门王大臣与日本驻华临时代理公使小村寿太郎举行谈判。虽然英国提出的谈判条件有利于日本,但因此时日本发动战争的决心已定,对英国的调停根本不感兴趣,又找不到合适的理由拒绝,便在外交上敷衍应付,毫无和谈诚意。在谈判桌上,小村以清政府要求日本撤兵朝鲜为借口,极力破坏和谈的进行。谈判破裂后,陆奥宗光于六月十二日又发电指示小村寿太郎，令其向清政府声明："近日驻贵国之英国公使注重中日两国之友谊，以好意居中周旋，努力调停，然中国政府除依然主张我国从朝鲜撤兵外，不为何等商议；此非中国政府徒好生事而何？事局已至此，将来如果发生不测之变，日本政府不承担责任。"这个声明被陆奥称为"日本政府对于中国政府之第二次绝交书"。这一颠倒是非、蛮横无礼的外交声明，彻底暴露了日本政府的狡诈面目：既要破坏谈判，又想嫁祸于人；既要发动战争，又想推卸罪责。

接到声明后，清政府虽颇感激愤，但仍委曲求全。为谋求中日争端的和平解决，再次通过英国政府向日本表示了谈判的愿望。但此时，日本已经完成了在朝鲜的军事部署，陆奥宗光认为：已"没有与中国优游于樽俎之间再行会商之暇；若断然拒绝英国之调停，恐外交上有失礼仪，故以为不如提出中国政府无法接受之条件，使之自然中止为得计"。于是，日本政府向清政府提出无法容忍的苛刻条件：第一，即使中国政府同意对朝鲜内政进行改革，但对于此前"日本政府以独立着手之事项，中国应不容喙"；第二，中国政府必须在五日内答复日本此次提议，否则"日本政府不能与之应酬"；第三，中国不得增派军队赴朝。中国政府只有同意上述先决条件，日本才同意举行谈判。日本政府这种出尔反尔、蛮横无礼的态度及所提的苛刻条件，连英国政府都认为：与日本政府曾言明之谈判基础相矛盾，且超出其范围之外，日本政府已单独着手之事项使中国政府毫不容喙协议云者，实际是违背《天津条约》之精神。但清政府仍抱着求和之心，再次退让，对日本的条件完全同意。只是提出在改革朝鲜内政时，只能劝告朝鲜政府，不能强迫。同时，还格外作出让步，承认日本在朝鲜享有的通商权利与中国同等。希望通过这些让步换取日本承认"遇朝鲜有大典，日本不能与中国并行"，以维持清政府对朝鲜的形式上的宗主国的地位和脸面。日本政府却百般刁难，坚持中日两国必须强迫朝鲜国王遵行改革朝鲜内政：遇朝鲜大典，两国必须平行，以此逼迫清政府放弃对朝鲜形式上的宗主国地位，并承认日本在朝鲜一切方面享有独断独行的权利。日本政府的目的，就是要用这些清政府无法接受的条件使谈判决裂,逼迫清政府作战。

英国政府目睹了这一切,深知日本已经决心发动战争,和谈不可能再进行下去,遂于六月二十一日向日本政府发出照会:"中国之上海为英国利益之中心,故欲日本政府承认不在该港及其附近进行战争的运动"。这实际上是暗示日本:只要日本不在上海及其附近地区发动战争,不影响英国在这些地区的利益,英国就不会出面干涉。与此同时,英国与日本于光绪二十年(1894年)六月十四日正式签订了英日新约,规定:英国取消在日本的租界和租界行政权;取消在日本的领事裁判权;提高关税税率等。这个新约的缔结,实质上是使日本战时外交政策获得了英国的重大支持。英国外交大臣金伯雷在签约时也说:"对于日本来说,这样的条约效果确实不小。说其效力比在朝鲜击败中国的大军更为远大也不为过。"

英日新约签订后,英国要求日本在发动战争时,把上海划为中立区,得到了日本的同意。此后,英国关注的焦点便发生了转移,转而更加重视日本打败中国后,可能带来的更多渔利的机会。由于英日间的相互勾结,清政府谋求英国调停的幻想也告落空。

这一天终于来了

当日本步步进逼,战争一触即发之际,清政府内部在和战问题上也存在着分歧。这时,慈禧太后垂帘听政和训政达20余年之久,她虽已宣布"撤帘归政",由光绪皇帝亲政,但内外大事的最后决定权仍掌握在太后手中。此时在清廷内部逐渐形成了两个政治集团。一些顽固守旧的贵族、大官僚,依附于太后,实际上操纵和控制了清政府的军政外交大权,从而形成了"后党"集团。光绪帝自登基以来,一直受慈禧太后控制,亲政以后依然没有太大的权力。为了改变受制于人的处境,光绪皇帝依靠他的师傅翁同龢,把一部分官僚集结在一起,形成了"帝党"集团。"帝党"成员大多数是通过科举擢升的一些文职官员,没有掌握实权,力量薄弱。

面对日本的战争威胁,清朝统治阶级内部,大体上是形成了主和、主战的两派势力："后党"主和，"帝党"主战。

主和派以慈禧太后为首，主要包括庆亲王奕劻、恭亲王奕䜣、李鸿章淮系集团、军机大臣孙毓汶、徐用仪等握有实权的贵族大官僚。主战派以光绪皇帝为首，包括被李鸿章排挤的湘系集团，以及翁同龢等没有实权的文职官员。

在甲午战争中，握有清政府军事外交大权的李鸿章，一开始就"一意主和"，他认为敌强我弱，中国不能和日本开战，因而消极备战，把希望寄托在国际调停上。五月中旬，袁世凯、汪凤藻请"厚集兵力"，均遭他的拒绝。五月二十日，总理衙门电询李鸿章，"倭如不停地添兵，我应否多援以助声威"，李复以"今但备而未发，续看事势再定"。从这可看出，李鸿章存有侥幸观望的态度，不作战守准备。

相反，光绪帝则主张一面议和来商谈，一面作备战准备，即"实力备战以为和地"，不完全把希望寄托在英俄调停上。从五月下旬起，他一周之内连发三道上谕，指示备战。五月二十二日谕令："口舌争辩已经无济于事。……此时事机吃紧，应如何及时措置，李鸿章身负重任，熟悉倭韩情势，着即妥筹办法，迅速具奏。"五月二十八日又谕："现在倭焰愈炽，朝鲜受其迫胁，其势岌岌可危，他国劝阻亦徒托之空言，决裂将不可免"；"我战守之兵及军火粮饷，必须事事筹备确有把握，才不致临时诸形掣肘，贻误事机"。五月二十九日严旨："倭人胁迫朝鲜，其焰方张，势将决裂，内防外援，自宜事先预筹"，"若待事至决裂而后议守议战，肯定来不及，不可不事先筹备"。他提醒李鸿章，"不宜借助他邦，致异日节外生枝"。对于李鸿章乞求英国派军舰赴日、勒令日本撤兵的做法，光绪帝认为："如出自彼意，派兵护商，中国亦不过问；若此意由我而发，彼将以自护之举，托言助我，将来竟要求我补偿所耗兵费，中国断不应允。"并警告李鸿章，"嗣后该大臣与洋人谈论，务必格外谨慎；假若轻率发端，以致贻误事机，定惟该大臣是问"。他还对李鸿章专恃俄使调停的做法特别提出告诫："俄使喀西尼留津商办，究竟彼国有无助我收场之策，抑或另有觊觎别谋？李鸿章当沉几审察，勿致堕其术中，是为至要。"

六月十二日，日本驻华临时代理公使小村寿太郎照会总理衙门，把日本政府的"第二次绝交书"递交给中国，指责中国"徒好生事"，"将来如发生不测之变，日本政府不任其责"，实际上是向中国发出最后通牒。面对如此严峻局势，光绪帝感到战争势不可免，便由前一阶段的一面备战，一面和商，转而针锋相对地坚决主战。十四日，令军机大臣和总理衙门大臣讨论朝鲜事态。十六日，翁同龢等上奏《复陈会议朝鲜之事折》，主张采取"不战而屈人之术"，一方面迅速准备战事，派军前往朝鲜与日军相持；另一方面"稍留余地"，如日方"情愿就商，但使无碍大局，仍可予以转圜"。这个意见得到光绪帝的同意。在"一意主战"的同时，仍然向日本敞开"和商"的大门。

但是，日本已决心在战争的道路上继续走下去。六月二十一日凌晨，日本驻朝鲜公使大鸟圭介率领日兵攻入朝鲜王宫，发动政变，劫持了国王，并成立了以大院君李应为首的傀儡政权。接着，逼迫大院君废除同清政府缔结的一切条约，并"授权"日军驱逐在朝的中国军队；二十三日清晨，日本海军在朝鲜牙山湾丰岛附近海面，突然袭击中国舰船，悍然挑起侵略战争。同一天，日本入朝的陆军混成旅团，由汉城出发南下，向驻在牙山的清军进攻。至此，和平解决中日争端的大门被日本完全关闭了，清政府被迫应战，以战争反对战争。六月二十九日，总理衙门照会日本驻华临时代理公使小村寿太郎，指责日本首先挑衅，"致废修好之约，此后与彼无可商之事"。同一天，日本外务大臣陆奥宗光向中国驻日公使宣布，两国进入战争状态。七月初一，光绪帝正式下诏宣战。宣战诏书揭露了日本政府悍然发动侵略战争的种种事实，宣布"倭人渝盟肇衅，无理至极，势难再予姑息容忍。着李鸿章严饬派出各军，迅速进剿，厚集雄师，陆续进发，以拯救韩民于涂炭"。同一天，日本天皇睦仁也下诏宣战。中日两国政府的宣战，标志着中日甲午战争的正式爆发。

且战且求和

清政府在对日宣战的同时，派大同镇总兵卫汝贵率十三营盛军、高州镇总兵左宝贵率九营奉军、提督马玉昆率四营毅军、副都统丰升阿率六营奉天练军盛字营和吉林练军，共三十二营，总计13500人，入朝参战。卫汝贵率盛军六千人入平壤，提督马玉昆率毅军二千人进义州，左宝贵率所部准备开赴平壤。为往牙山增兵，李鸿章雇用英国小商轮"飞鲸"号、"爱仁"号，载一营清军前往，由北洋舰队的"济远""扬威""广乙"三舰护航。二十一日，又租英国商轮"高升"号，载着二营清军，运往朝鲜，军械物资则由北洋舰队的运输舰"操江"号运送。清军运兵计划被日本间谍窃取，日军遂准备在朝鲜海面截击中国军舰和运兵船。二十二日，"飞鲸"号、"爱仁"号抵达牙山。次日凌晨，"济远""广乙"二舰从牙山返航，行至牙山口外的丰岛海面遭到日本军舰的猛攻，日军"吉野"号首先开炮，"秋津洲""浪速"号也猛烈开火。北洋舰队被迫进行还击。开战不久，双方战舰都被击伤，"广乙"号中弹后起火，失去战斗力，管带林国祥令南驶搁浅，后自行炸毁。"济远"号管带方伯谦仓皇躲入仓内，并下令挂上白旗逃离战场。"吉野"号穷追不舍。爱国水手李仕茂、王国成两人自动操尾炮轰击，四发三中，把"吉野"号击退。"操江"号和"高升"号被"浪速"号、"秋津洲"号包围。"操江"号被俘。"高升"号上的爱国官兵视死如归，冒着敌人的炮火，英勇还击，直到船体全部沉没，1200名官兵除300名遇救外其余皆壮烈殉国。

二十六日，日军向牙山东北二十公里的成欢进犯，聂士成率领三千名清军奋勇抵抗。二十七日凌晨，于光等在佳龙里伏击日军，击毙日军中队长尉松崎臣等多人。后因日军增援，于光等牺牲。日军猛攻聂军较薄弱的左翼，聂士成多次派兵增援，均未能成功。聂士成率众抵抗日军进攻，击毙了日军大队长桥本昌世少佐和多名士兵，终因弹药不足，遂奋力杀出重围，成欢失陷。

四路大军入朝后，清军占据了优势，本应抓住战机，主动南下进攻汉城的日军。虽然光绪帝下旨:"星夜前进,直抵汉城""相机进取,力挫凶锋"。可李鸿章置谕旨于不顾,令各军"先定守局,再图进取"。结果,四路大军入朝后,既不南下攻敌,又不据守险要之地,而是聚集在平壤,给敌军以陆续增援和集结兵力的时机。六月底,叶志超率部从牙山败退,七月下旬逃抵平壤。他谎报军情,向清政府邀功。清廷不辨真伪,对他赏银两万两以示嘉奖,并任命其统帅平壤各军。逃将升官,败军受赏,消息传出,全军哗然。叶志超对战守不作认真布置,每日与诸将狂喝滥饮,坐等日军来攻。日军利用这一有利时机大力增兵朝鲜,至八月上旬,先后运送陆军3万余人在仁川、釜山、元山等地登陆。

七月初一,中日双方正式宣战。宣战后,清政府继续坚持避战静守的策略方针,在平壤消极防御,坐待日军从容进兵。八月十三日至十五日,日本陆军约万人,按预定计划分四路包围了平壤。十六日,日军分三路对平壤发动总攻,战斗在大同江南岸、玄武门和城北牡丹台及城西南同时进行。经过两天激战,平壤被日军攻陷。左宝贵等爱国官兵为国捐躯,叶志超等弃城北逃。

十八日晨,完成护航任务返航的北洋舰队在驶至大东沟附近海面时遇到日军联合舰队。为了偷袭北洋舰队,日军联合舰队司令伊东佑亨竟下令悬挂起美国国旗,以此为掩护,急速驶向北洋舰队。中午时分,丁汝昌判断出这支急驶而来的是日本舰队,命令各舰升火,准备战斗。黄海海战终于爆发了。

日舰共有12艘船,其中包括由"千代田""松岛""桥立""严岛""扶桑""西京丸""比睿""赤城"八舰组成的本队和由"吉野""浪速""高千穗""秋津洲"四舰组成的第一游击队,旗舰为"松岛"号。北洋舰队包括"定远""镇远""济远""经远""致远""靖远""来远""广甲""扬威""超勇"等10艘战舰,"广乙""平远""福龙"也曾一度参战,旗舰为"定远"号。丁汝昌先以"犄角鱼贯阵"迎敌,后见敌舰是"一字竖阵",又下令改为"犄角雁行阵",以"定远""镇远"两舰居中,其余各舰横着排列。但尚未完成队形变换,激战已经开始,所以刚交战时,北洋舰队是以人字阵与日舰对垒。距敌近6公里时,"定远"舰管带刘步蟾即下令开炮遥击,各舰相继发出第一排炮弹,但由于距离太远均未能击中目标。日舰在相距3公里时,发炮轰击,第一游击队四艘战舰向距主力舰较远的右翼"超勇""扬威"两舰集中进攻。"扬威""超勇"中炮起火,"超勇"沉没,"扬威"搁浅,失去战斗力。"定远"舰施放大炮,船身颠簸,站在飞桥上督战的丁汝昌因而被抛到舱面负伤,改由刘步蟾指挥。刘步蟾镇定自若,水兵们顽强抗敌,"定远"等舰猛击敌舰"比睿""赤城"两舰,使它们都退出战斗。

下午,日舰采取首尾夹攻战术,对北洋舰队构成很大威胁。"致远"舰管带邓世昌率舰迎击日本舰队,鏖战中弹药即将用完,而船体受伤严重,"吉野"号又迎面开来,邓世昌便下令加大马力撞向"吉野"号,准备与敌人同归于尽。"吉野"号一边慌忙躲避,一边施放鱼雷。"致远"舰不幸被鱼雷击中,全舰沉没,邓世昌等200余名官兵,除20余名得救外,其余皆壮烈牺牲。见"致远"舰沉没后,"济远""广甲"两舰遂夺路逃走。"济远"舰慌不择路,竟撞沉了搁浅的"扬威"舰。"广甲"舰偏离航线,搁浅在大连湾的三山岛外,次日被日舰击沉。"经远"舰受到日本第一游击队的围攻,全舰将士在管带林永升的指挥下,孤军奋战,发炮攻敌,在炮战中,林永升等200余名官兵仅16人获救,其余皆壮烈殉国。"定远""镇远""来远""靖远"四舰在极端不利的情况下沉着应战,先后击中敌舰"松岛""西京丸""吉野"等,杀死杀伤众多敌人。海战进行了5个多小时后结束,双方互有损失,日舰稍占优势。李鸿章旋下令北洋舰队回威海卫拒守。日军占领朝鲜全境并掌握了渤海、黄海制海权,分陆海两路向中国进逼。

九月二十六日,日本侵华第一军在山县有朋的率领下,从朝鲜的义州向清军的鸭绿江防线发动攻击;第二军在大山岩的指挥下出大同江,在花园口登陆,直犯金州,南攻辽东半岛。二十七日,与马金叙、聂士成交战后,日军攻陷虎山。二十八日清晨,日军进攻九连城,守将吕本元、刘盛休早已逃之夭夭,日本侵略者因而不费一枪一弹即占领这一重镇,后又攻陷安东(今丹东)。同日,花园口也被日军占领,随后日军又侵占貔子窝。十月初七,日本侵略者开始进攻金州，旅顺总兵徐邦道自告奋勇赴金州抗敌。初八，双方在距金州五公里的石门子展开大战。徐邦道因孤力无援，退守旅顺。初九，日军侵占金州，然后兵分三路向大连进犯。大连虽有炮台，配备了最新式的大炮，弹药储存丰富，但守将赵怀益贪生怕死，临阵逃脱，这样，日军于初十不战而得大连，当地的120门大炮及大量炮弹、军用物资全部落入敌手。

二十一日，日军开始进攻旅顺。旅顺尽管拥有30座炮台，近150门大炮，环海布有水雷，驻有30余营军队，但是作为实际统帅的龚照贪鄙庸劣，金州失守前曾一度逃到天津。临时统领姜桂题也是一个无所作为的庸才。因此当日军进攻旅顺时，只有徐邦道率部奋勇抗敌，并于次日在土城子一带沉重打击了日军。二十三日，徐邦道统率的爱国官兵伤亡也不小，而且疲饥交加。在这时刻，黄仕林等人却率部逃走，其部下公然抢劫银号公库，使旅顺陷于一片混乱中。二十四日，日军会攻旅顺，徐邦道寡不敌众，被迫突围。次日，旅顺失陷。日本侵略者进入旅顺后，进行了灭绝人性的大屠杀。他们见人就疯狂地乱砍乱杀，有的被割去双耳，有的被砍掉脑袋，有的被挖去双眼，有的被钉在墙上，有的妇女被奸污后开膛剖腹。这场大屠杀共进行了四天，尸横遍野，血流成河，仅有36名当地人幸免于难。日本侵略者在他们的脸部刺上免杀的记号，让他们来抬同胞的死尸。日本侵略者的残暴本性暴露无疑。

为了乞求和平，十一月二十四日，清政府正式通知日本，决定派张荫恒、邵友濂为全权大臣赴日媾和。但是，日本侵略者并不肯就此收兵，他们又把侵略的矛头伸向了北洋舰队的重要基地威海卫。十二月，日本从国内调派一支军队抵达大连湾，与入辽东半岛的部分日军汇合成新的军团，以大山岩为司令官，共计2万人，由联合舰队25艘军舰、16艘鱼雷艇掩护，准备进攻山东半岛。日军首先进攻成山以抄威海卫的后路。十二月二十五日，日本侵略者攻陷成山和荣成县城后，由陆路向西挺进。山东巡抚李秉衡派兵与敌在枫岭、桥头等地交战，屡战屡败，威海卫后防诸要塞全部落入敌手。光绪二十一年（1895年）一月初五，日军向威海卫南帮诸炮台发起进攻，同时，联合舰队也从海上发起攻击。

当时，北洋舰队尚有两艘铁甲舰、5艘巡洋舰、6艘炮艇、12艘鱼雷艇，战斗力还比较强。但李鸿章等人严禁海军出击，命其死守威海卫，陷于被动挨打的不利局面。从一月初五起，日本联合舰队在伊东佑亨的指挥下，对威海卫发动了多次进攻，南北帮炮台先后被日军占领。北洋舰队因而受到日本陆、海军的夹击。十一日，"定远"舰中鱼雷搁浅。次日，"威远"号也中鱼雷沉没，"来远"舰中雷。十三日，日本联合舰队发动总攻，旗舰"松岛"号受到重创。北洋舰队12艘鱼雷艇擅自逃逸，有的被俘虏，有的被击沉。十四日，日舰又一次发动攻击，"靖远"舰受重伤。总教习美国人浩威、英国人马格禄鼓动北洋舰队的外国人及威海卫营务处提调牛炳昶等，逼迫丁汝昌投降，被丁汝昌拒绝。十五日，日舰再次进攻，"靖远"舰中炮搁浅，其余舰艇的弹药已将用尽，浩威、马格禄等人再次劝降，还挑动士兵逼迫丁汝昌投降。丁汝昌见大势已去，派人炸沉"靖远"舰。"定远"舰管带刘步蟾也派人将"定远"舰炸沉，然后自杀殉国，实践了他自己在开战初立下的"苟丧舰，将自裁"的誓言。十七日，丁汝昌也在绝望中自杀身亡。十八日，"广丙"舰管带程璧光乘"镇北"炮艇把降书递给了日本联合舰队，日本侵略者获得了"镇远""平远""济远""广丙"四舰和六艘炮艇及刘公岛上的全部军用物资。二十三日，日本舰队开进威海卫港，并在刘公岛登岸。北洋舰队全军覆没。

在日军进攻山东半岛的同时，中日双方在辽东也分东、西两路展开了激战。东路大高岭一线，依克唐阿、聂士成率部与日军不断周旋。陈的湘军与聂士成军换防后，同东边道道员张锡銮一起，会同当地民众，分别于二月初二和初五收复了宽甸和长甸。在西线，清军先后5次反攻海城，但均告失败。日军侵入辽东半岛后，从海城、岫岩、盖平分三路出击，清军一路溃败。日本侵略者在占领鞍山等地后，于二月初八大举进犯牛庄。当日军杀进牛庄市区时，守将魏光焘、李光久等正在吸食鸦片，看到日军后迅速逃走了。广大爱国官兵自发地抵御日军，有的据屋后墙角死守，先后有2000人牺牲。次日，牛庄失陷。牛庄失守后，吴大从田庄台逃到石山站。守卫营口的宋庆当晚也统率3万大军逃到田庄台。十一日，日军不战而得营口。十三日，日军猛攻田庄台，宋庆经过激战，敌不过对手，弃城逃走，未及撤离的近2000名官兵惨遭杀害。日本侵略者攻陷田庄台后，纵火焚城，田庄台一市至此遂成为一堆废墟。日本侵略者占领了整个辽东半岛。

马关改变了中国

　　光绪二十年（1894年）九月，英国提出的"联合仲裁"失败后，清政府转而请求美国出面调停中日争端。美国为了从和谈中得到好处，表示愿意出面斡旋。十月初九，美国驻日公使遵照本国训令告诫日本政府，战争要适可而止，否则"如果中国被打垮，英、法、俄、德等国将以维持秩序为名，瓜分中国"，这样不利于日本。在美国劝告下，十一月初一，日本政府通过美国驻华公使转告清廷，同意与中国议和。十一月二十四日，清廷正式派户部左侍郎张荫桓、巡抚邵友濂为议和全权大臣。光绪二十一年（1895年）一月初七，张荫桓、邵友濂同日本全权代表伊藤博文、陆奥宗光在广岛开始进行谈判。日本虽同意清政府遣使议和，但并不是真心诚意地想实现和平。这是因为，一则日本尚未实现攻占威海卫、消灭北洋舰队的图谋；二则认为张、邵二人"全权不足"，不能满足其通过谈判进行勒索的要求。一月初八，双方代表进行第二次会晤，伊藤等按照事先的密谋，无理刁难中国代表。他们以张、邵二人的全权证书手续不完备为借口，反诬中国没有和谈诚意，拒绝开议，并肆意践踏国际外交准则，把清政府拍给中国代表的电报扣留，拒不交出。清政府为了不使和谈破裂，委曲求全，表示可以修改全权证书，日方同样予以拒绝。日本公开点名要李鸿章为清政府全权代表，清政府被迫答应。为尽快媾和，二月十八日，李鸿章以美国人科士达为顾问，带领他的儿子李经方及随员伍廷芳、马建忠等，乘坐德国轮船，赶赴日本马关。二十四日，李鸿章与日本全权代表伊藤博文、陆奥宗光在马关开始议和。李鸿章提出先停战、后议和的要求。伊藤博文见机行事，肆意勒索，遂提出包括占领天津等地在内的四项停战条件。李鸿章见日方的停战条件极端苛刻，只好撤回停战要求，先议和款。会谈结束后，在返回寓所的途中，李鸿章的左眼下部被日本暴徒小山丰六郎用手枪击伤，谈判被迫中断。

那天正是光绪二十一年二月二十日，在风雪漫天之际，战云四逼之中，鼓轮而东，海程不到三天，二十三的清晨已到了马关。日本外务省派员登舟敬迓，并说明伊藤、陆奥两大臣均已在此恭候，会议场所择定春帆楼，另外备有大使的行馆。

威毅伯（李鸿章）当日便派公子荫白同着福参赞先行登岸，会了伊藤、陆奥两全权，约定会议的时间。第二天，就交换了国书，移入行馆。第三天，正式开议，威毅伯先提出停战的要求。不料伊藤竟严酷的要挟，非将天津、大沽、山海关三处准由日军暂驻，作为抵押，不允停战。威毅伯屡次力争，竟不让步。

这日正二十八日四点钟光景，在第三次会议散后，威毅伯积着满腔愤怒，从春帆楼出来，想到甲申年伊藤在天津定约的时候，自己何等的骄横，现在何等的屈辱，恰好调换了一个地位。一路的想，猛抬头，忽见一轮落日已照在自己行馆的门口，满含了惨淡的色彩，不觉发了一声长叹。叹声未毕，人丛里忽然挤出一个少年，向轿边直扑上来，崩的一声，四围人声鼎沸起来，轿子也停下来了，觉得面上有些异样，伸手一摸，全是湿血，方知自己中了枪……

……幸亏弹子打破眼镜，中了左颧，深入左目下。当时警察一面驱逐路人，让轿子抬推行馆；一面追捕刺客，把六之介获住。威毅伯进了卧室，因流血过多，晕了过去。

……日本恐挑起世界的罪责，气焰倒因此减了不少，竟无条件的允了停战。威毅伯虽耗了一袍袖的老血，和议的速度却添了满锅炉的猛火，只再议了两次，马关条约的大纲差不多快都议定了。

虽是小说家言，但曾朴笔下的这段文字恰恰记载了在教科书中看不到的一幕景象。

李鸿章遇刺后，日本政府一度恐惧不安，既担心列强乘机干涉，又怕李鸿章据理采取强硬措施。而为了在谈判中达到割占中国台湾的目的，日本又调兵进犯澎湖列岛。二十九日，澎湖列岛被日军攻陷。陆奥宗光通知李鸿章：日本政府已经同意暂时停战。李鸿章在得到陆奥宗光的通知后神情十分高兴。三月初五，双方签订了不包括台湾和澎湖列岛在内的、为期三周的停战协定。

自三月初七起，议和进入第二阶段——缔结和约的谈判。日方提出了包括要求中国承认朝鲜为完全的独立国；日本割取台湾全岛及附属各岛屿、澎湖列岛、奉天南部地方；赔偿日本军费三亿两库平银；开放北京、重庆等七处为通商口岸等十一款议和条约底稿，条件非常苛刻，并限四日内议复。经过李鸿章的再三乞求，三月十六日，伊藤博文提出了一个修正案，将战争赔款、奉天南部割地和增开通商口岸等要求作了一些缩减。"声明此系文武熟商再三核减尽头办法，请三日内回信。两言而决，能准与不能准而已"，并以"战争持之愈久，则花费必将愈多，今日我方应允之讲和条件，并非到他日亦必须应允之"进行威胁。甚至恫吓说："倘不准，定即添兵。广岛现泊60只运船，可载数万兵，小松亲王专候此信，即日启程。"在日方的催逼和威胁下，三月十八日，清廷被迫电谕李鸿章与日方订约。二十三日，李鸿章与伊藤博文、陆奥宗光签订《讲和条约》（即《马关条约》）十一款及《议订专条》三款。《展期停战另款》二款、《另约》三款、《马关条约》十一款的主要内容是：

第一，中国承认日本对朝鲜的控制；

第二，中国把辽东半岛、台湾全岛及所有附属岛屿、澎湖列岛割让给日本；

第三，赔偿日本军费二亿两库平银，分八次交清。"第一次赔款交清后，未经交完之款，应按年加每百抽五之息"；

第四，日本臣民得在中国通商口岸城邑，任便从事各项工艺制造，又得将各项机器任便装运进口，只交所定进口税；

第五，开放重庆、沙市、杭州、苏州为商埠，日船可以沿内河在以上各口自由航行，载货搭客。

中日之战和《马关条约》对中国产生的影响极为严重。尽管中国军民英勇抵抗外来侵略者，用鲜血和生命谱写出一曲曲英雄壮歌，但是仍无法从根本上扭转败局。北洋水师全军覆灭，湘军的大溃败，既是清朝封建统治者主和投降造成的恶果，又暴露了其极端虚弱的本质。中国人民受到日本侵略者惨无人道的屠杀，国家领土受到强盗铁蹄的践踏。赔款及赔款利息数额巨大，超过清政府每年国库收入的3倍，清政府被迫向列强大举借取外债，中国人民的负担更加沉重。而日本侵略者则以这笔赔款大力发展本国资本主义，逐渐转化为帝国主义国家。条约规定的日本人可在中国投资建厂的权利像一根绳索，捆绑住中国民族资本主义发展的手脚，阻碍了中国近代生产力的发展，而列强对华的资本输出便合法化了。《马关条约》的签订使列强侵华的野心急剧膨胀，各国争相在中国投资，进行资本侵略；列强在中国拼命划分"势力范围"，掀起一股瓜分中国的浪潮。《马关条约》的签订，进一步加深了中国半殖民地化的程度，中华民族的危机空前严重。

第八章　戊戌变法，近代化政治改革的尝试

103天，中国君主立宪制的近代化改革尝试，在希冀中开启，又在闹剧中落下帷幕。它留给世人的，是中华民族不屈的抗争，也是华夏儿女自强的梦想。可以说，正是因为这短短的103天，才鼓舞起了国人推翻封建制度的勇气。

秀才们要造反啦

光绪二十一年（1895年）是三年一度的春闱会试之期。春暮时节，考试已毕。往年的这个时候，赶考的举人们无不呼朋唤友，连日吃酒，热闹非凡；可今年却大不一样，酒楼茶肆的老板们惊讶地发现，这一科的举人们全然无心作乐，而是各个面露凝重之色，整日匆匆忙忙，不知在忙些什么。

在宣武门达智桥胡同的杨椒山祠内，几百个举人正聚在一起，操着南腔北调，激烈地讨论着什么。在这些人中间，有一个三十多岁的中年汉子，看

起来明显比其他人老成许多,此人并不说话,只是听着这些人的争论。少顷,他才开口道:

"各位年兄年弟,都静一静。关于向朝廷上书这件事情,虽然各省举人都有去上,然而终究是各自为政之局,恐怕难以引起今上的重视。愚意以为,不若以十八省举人之名,联名上奏。我等都是国家抡才大典选出的天子门生,如此一来,庶几可以收到奇效啊!"

此言一出,顿时群情振奋。只听各种叫好之词、附和之语此起彼伏。此人面带微笑,顿了一会儿,举了举手示意大家安静下来,又说:"若各位年兄年弟认为此策甚好,在下便斗胆提笔作文,还要烦劳各位共同署名,稍后由卓如送到都察院去。"周围的举子们又纷纷响应。

计策既然已定,这个中年男子也从一片壮怀激烈的气氛中慢慢地走出来,到后院去写上疏。只见他拂开宣纸,提起狼毫笔,饱蘸浓墨,用恭恭敬敬的楷体写下几个大字:"上今上皇帝书"。他深呼了一口气,又继续写下去:"具呈举人康祖诒等,为安危大计,乞下明诏,行大赏罚,迁都练兵,变通新法……"

这个人,就是在中国历史上留下浓重一笔的康有为。

康有为原名康祖诒,字广厦,号长素,咸丰八年(1858年)出生在广东南海一个书香门第。他的高祖康文耀在当地设帐讲学,收徒千余名之多,颇有名望;他的祖父康赞修是道光二十六年(1846年)举人,做过钦州学正,合浦、灵州、连州训导;父亲康达初也是举人出身,后来参加曾国藩的湘军,在江西做过小官。

康有为从小就接受了良好的教育。虽然其父康达初在他11岁那年就去世,但其祖父康赞修却对这个孙子关心有加。早在康有为8岁的时候,就跟随在祖父身边学习。康赞修对宋明理学颇为崇信,对乾嘉汉学则不屑一顾,在他的影响下,康有为自然也对汉学家繁琐考据的功夫不甚在意,而是立下雄心壮志,从小就以"圣人"自许。在祖父的教育下,康有为从小就熟读经史,为以后著书立说打下了扎实的基础。

光绪三年（1877年），康有为19岁，康赞修去世。这对于刚刚成年的康有为是一个很大的打击。悲痛之余，他不得不寻找一位新的老师继续学习。不久他拜岭南学派著名的理学大师、人称九江先生的朱次琦为师。在朱次琦的指导下，康有为对理学有了更深入的了解。

然而不久康有为就感到了不足。这一时期，随着洋务运动的兴起，中国印行了不少讲"西学"的书籍，身处广州的康有为自然对此接触颇多。他逐渐感到，理学"仅言孔子修己之学，不明孔子救世之学"，他决心开创一种更加务实，经世致用的学问。

光绪六年，康有为到西樵山白云洞隐居读书，阅读了大量经世致用和西学书籍。光绪八年（1882年），康有为第一次赴北京参加会试，但未能录取，在返回广州的路上，他到了上海。日益繁华的上海滩让康有为深深折服，他认为这才是中国的出路。在返回广州前，康有为在上海一次购买了三千册图书，其中有相当一部分是翻译成中文的西方科技著作。他决心以此为基础，制定一套全新的学说。

康有为于光绪十三年再一次进京赶考，再次落榜，但这一次他却并非一无所获。借此机会，他写了一篇洋洋洒洒的万言书，要求进献给光绪皇帝。在这封上疏中，康有为综合了他10年来刻苦读书的心得体会，认为当今的世界大势，不能墨守祖宗成法，而应该变法维新，并提出了"变成法，通下情，慎左右"三条纲领性主张。康有为将这封上疏交给了李鸿章，请求后者代为上奏，但李鸿章并没有答应他的要求。

回到广州以后，康有为租下了孔庙，在此创立了万木草堂，一面开馆讲学，一面著书立说。在这期间，他先后写下了《新学伪经考》和《孔子改制考》两书，后来又开始动笔写《万法公理》（后出版时定名为《大同书》）。《新学伪经考》将西汉时发现的古文经认定为伪书，而古文经学自然也就成了伪学。基于这一考证，康有为否定了汉学和宋学的学术争论，并以今文经学"微言大义"的传统为出发点，为变法维新张目；《孔子改制考》则在《新学伪经考》的基础上，进一步阐发了今文经学的"三世说"历史哲学。这一理论原本来源于春秋时期公羊学派，但长期默默无闻，在嘉道年间才由龚自珍、魏源等人重新发掘出来加以论述。康有为在他们的基础上阐发了这一理论，将孔子的理论表述为信奉变化与发展。他写道："所传闻世为'据乱'，所闻世托'升平'，所见世托'太平'。乱世者，文教未明也；升平者，渐有文教，小康也；太平者，大同之世，远近大小如一，文教全备也。大义多属小康，微言多属太平。为孔子学当分二类乃可得之。此为《春秋》第一大义。"

毫无疑问，康有为的理论和学说在广州乃至其他地区的正统学者看来，不啻于是异端邪说，他们纷纷对其进行了猛烈的抨击。但对于一些年轻人来说，康有为的学说却极其富有新意。这些年轻人从小接受了正统的儒家思想，同时又经受着"欧风美雨"的洗礼，自然怀着和康有为同样的心情。他们进入万木草堂学习，在康有为的指点下读书，并且试着从不同的角度观察世界。康有为的渊博学识和个人魅力都深深地吸引了他们，他们和康有为一道，致力于破除儒家经典，开创维新之路。

光绪二十年（1894年），已经36岁的康有为再一次来到了北京，第三次参加科举考试。这一次与他一起来的，还有梁启超。本来这只是一次普通的会试，然而，由于甲午战争的惨败，一切变得都不一样了。

在甲午战争中，清军大败，刚刚成军没几年的北洋水师也全军覆没。面对日军从海陆两路的逼近，清政府只能派出李鸿章赴日本签订和议。在和议中，清廷不但要赔付日方两亿两白银，还要将辽东半岛和台湾划归日方。1895年4月底，这一消息传到了北京，官员百姓大哗，群情激愤。朝中的一些清流派官僚，坚决拒绝签署这一和议，在他们的策动下，大批现任官员纷纷上奏，数量竟达到数百件之多。

这一消息对于刚刚考完试，坐待发榜的举子们来说更是晴天霹雳，他们本是国家栋梁，一个个都有揽辔澄清之志，对于这个丧权辱国的条约自然不能接受，不少台籍举子甚至痛哭流涕，写血书以明志。康有为知道，自己推行变法的机会来了。5月2日，他与梁启超等人在杨椒山祠内召集一些举人开会，商议上书之事，最后商定由他撰写奏疏，并代表十八省举人联名上书都察院。

且由他们闹去

光绪二十一年（1895年）8月，在北京出现了一份名为《万国公报》的刊物。这刊物是双日刊，虽然名字和英美传教士在上海所办的刊物一样，但内容却大不相同。这份新的《万国公报》每册登载一篇论文，有时遇到长篇论文还会分期连载，内容大多是鼓吹变法，向西方学习。到了12月，这份刊物改了名字，叫作《中外纪闻》，改版后的刊物，内容丰富了许多，比原来要多出一倍。不仅选登邸报，刊登外文报纸和外文电讯的中译文，还介绍一些西方资本主义国家的政治经济社会情况，以及先进的科学技术等。这份杂志的出版，引起了极大的争论：守旧派官僚对其大加批判，但相当一部分具有维新思想倾向的士大夫却对此相当欢迎。这份刊物的出版者，正是康有为。

"公车上书"事件以后，康有为的名声迅速在北京一带传播开来。另外一个好消息不久又传来，在刚刚结束的会试中，他被点为进士，并受工部主事之职。此时的康有为已经并不在意这样的职位，随着名声的高涨，他已经把目光投向了更高的地方。

公车上书的浪潮，让康有为看到了将变法维新思想推向全国的希望。为了更好更快地达成这一目标，让变法维新成为当时中国的主流思潮，康有为拒绝了朝廷的任命，而是将注意力转向了开办学会、创办报纸上。他相信，通过这一方式可以吸引更多的人对他的思想和学说有所了解。

光绪二十一年（1895年），康有为在北京率先兴办了《万国公报》，刊物之所以取这个名字是因为可以借助原有刊物之力，便于推广。正如康有为所料，这份刊物有力地推行了维新变法思想，给予当时北京思想界以强烈的震动。据康有为的回忆："报开两月，议论渐明。初则骇之，继而渐知新法之益，吾复挟书游说，日出与士大夫讲辩，并告以开会之故，明者日众。"

不久，随着赞成维新变法思想者人数日趋增多，康有为认为"思开风气，开知识，非合大群不可""合群非开会不可"。于是，11月中旬，在康有为的组织下，又成立了强学会。强学会的人员主要由两部分组成，除了康有为、梁启超等持维新变法思想的知识分子以外，还包括文廷式、杨锐、沈曾植等帝党成员，李鸿藻、翁同龢等帝党元老虽未直接入会，但也在暗中给予了支持。伴随着强学会的成立，《万国公报》也改名为《中外纪闻》，其影响力较以前更为强大。这让朝中的保守派人士大为恐慌，更加猛烈地攻击强学会及康有为等人。

由于保守派人士的攻击和诋毁日益激烈，强学会众人开始担心康有为的人身安全，与此同时，康有为也认为应该南下，在江南地区宣传和推广维新变法思想。于是，康有为南下南京，拜访当时被认为是具有维新思想的两江总督张之洞。出乎康有为意料的是，张之洞爽快地同意了他在上海成立强学会的请求，甚至还赞助1500两白银作为活动经费，并且要求列名其中。受到这样的鼓舞，12月下旬，上海强学会顺利成立，发起者有康有为、梁鼎芬、黄遵宪、汪康年、张謇等人。随即开始出版《强学报》，宣传维新变法思想。

此时的康有为显得比以前更为高调，《强学报》在其影响之下也表现出更为浓厚的政治色彩。它明确地倡导变法维新，并提出了具体的政治主张。

光绪二十二年（1896年）初，御史杨崇伊上书弹劾北京强学会，他攻击强学会"专门贩卖西学书籍"，"植党营私"，"将开处士横议之风"，请求清政府立即查禁。这一奏折得到了慈禧太后的支持。于是，北京强学会被迫关闭，受此牵连，《中外纪闻》也被迫停刊了。这一消息传到上海，张之洞也趁势关闭了上海强学会，《强学报》也便夭折了。康有为的变法维新活动一时陷入了低潮。

正所谓树欲静而风不止。甲午战争以后，正在步入帝国主义阶段的列强看到日本这个后起之秀都能够在对清帝国的争夺中获利甚丰，于是纷纷扑向远东，对清帝国展开了疯狂的侵略。

光绪二十三年（1897年），两名德国传教士在山东曹州被杀，德国趁机占据胶州湾地区。次年，沙俄以帮助清廷抵抗德国为名，将军舰驶入旅顺港，进而侵占辽东半岛，将东三省划为势力范围。稍后，英国也以同样的理由和方式，侵占威海卫和香港新界地区，并将长江地区划为势力范围；法国则占领广州湾作为租界，并将两广划为势力范围。一时间，整个清帝国面临着西方列强的蚕食鲸吞，顿成分崩离析之势，亡国危机就在眼前。

这时候，康有为等人再也坐不住了。光绪二十三年，康有为赶到北京，接连两次给光绪皇帝上书，痛陈了清帝国目前面临的危机局势，要求立刻变法。为了准备维新变法，康有为与梁启超在北京成立了保国会。保国会制定了三十条《保国会章程》，宣称"保国家之政权、土地""保人民种类之自立""保圣教之不失"，并要求在各省府县建立分会。在当时救亡图存的大环境下，保国会的主张得到了大多数人的热烈响应。很快，保滇会、保浙会、保川会相继成立。保国会的成立，同样遭到了保守派官僚的猛烈攻击。他们纷纷上奏，攻击保国会"保中国不保大清""名为保国，势必乱国"，要求查禁保国会。然而这时候的光绪皇帝已经坐不住了，他直截了当地驳斥了这些保守派官僚："会能保国，岂不大善？"

此时的慈禧对维新变法的事情并非一无所知，康有为第五和第六次的上书她都通过光绪帝之手看过了，作为一个经验丰富的统治者，慈禧非常清楚清帝国当前所面临的危机，因此实际上她并不反对康有为的维新变法理论，甚至对某些措施还颇为赞成。然而，她始终认为，改革需要在不危及清廷统治基础和可控制的范围内逐渐进行。这种思想一方面促成了她对光绪变法改革的默认，一方面又为后来变法的悲剧性失败埋下了伏笔。因此当光绪皇帝向慈禧要求改革时，慈禧并没有表示反对，而是放手让光绪去做，自己则移居颐和园修养。

光绪二十四年（1898年）6月8日，康有为拟定《请明定国是疏》，由大学士徐致靖代为上奏，请求光绪帝正式开始变法。3天之后，光绪帝颁布了《明定国是诏》，变法运动开始。

空欢喜一场

光绪二十四年（1898年）兴起的这场变法维新运动，到8月间已经呈现出举步维艰的状况。由于光绪皇帝的缺乏经验，又兼之没有得力的左膀右臂，几乎所有的改革措施都无法顺利施行，即使是各地方面大员，也以各种理由推三阻四，不愿奉旨行事。

此时的光绪皇帝如笼中的猛虎一样心绪不宁，他认识不到自己的施政手段和能力距离要熟练掌握这个庞大的帝国还有一定的距离，而是将一切都怪罪在大臣头上。他的脾气变得越来越坏，甚至让太监宫女都感到战战兢兢。与此同时，在京城西郊的颐和园里，慈禧却在过着悠闲的日子，即使有对新政心怀不满的大臣来向她诉苦，她也淡淡一笑不予回应。虽然如此，但慈禧却并不像表面上看起来那么安生。作为掌握大清朝最高权力的女人，非常明白推行新政的难度有多大，以她对光绪的了解，自然知道光绪仅靠一个人的力量根本无法完成这项运动。

唯一的变数，在于康有为。慈禧虽然看过康有为的文章，但却并没见过这个人。她在思考这个看起来有些离经叛道的书生是否真的有本事将已经死气沉沉的大清帝国扭转乾坤，重获新生。当她发现自己的情报并不足以作出这一判断时，她召见了李鸿章，希望从他那里得到一些消息。然而李鸿章却给出了否定的答案。

李鸿章认为，康有为、梁启超等人都是典型的书生意气，他们虽有满腔热血，却只懂得空谈救国，不懂得中国的官场之道，没有任何政治谋略和经验，更缺乏起码的政治手腕和妥协精神。

慈禧正是想要这样的答案。因为按照慈禧的想法，如果光绪体会到了治国之艰难，他最终会求助于自己，如果这样的话，她的自尊心得到了满足，又能够重新掌控权力。

然而，李鸿章的话只说了一半，而慈禧也不能完全理解这些书生意气可能带来的后果。李鸿章在不看好康有为的同时，他同样不看好光绪帝。因为光绪帝也不过是书生意气，而他既然贵为一国天子，缺点就会被无限的放大。光绪帝自小很少受到慈禧疼爱，又因为选后的事情颇有龃龉，想让光绪向慈禧低头服软实在是千难万难。

事情果然不出李鸿章的预料。很快，光绪皇帝和朝中大臣之间的矛盾就激化了。

1898年9月初，礼部主事王照上疏一封，要求皇帝与皇太后出洋游历东西洋各国。由于清廷旧制，礼部主事不能够直接上奏，王照便将奏疏交给礼部两位尚书，拜托他们代为呈上。此时礼部的两位尚书分别是满尚书怀塔布，汉尚书许应骙，他们并不十分支持变法维新。如今又见到王照这封颇有些异想天开的奏疏，自然懒得搭理。谁料王照是个暴脾气，见两位尚书如此轻慢自己，便忍不住大吵起来。一时闹得不可开交，居然惊动了光绪帝。

光绪皇帝这段时间以来正为新政不能顺利推行的事大为光火，正欲找个借口狠狠整治一下这些和自己为难的大臣。听说此事，便将王照怀塔布许应骙三人召进宫中，厉声责问他们为何不遵守新政规定，如今新政推行，庶民都能上书言事，为何一个礼部主事、堂堂的六品官却做不到？越说越激动的光绪帝干脆将礼部两位尚书、四位侍郎的职务一并革去，而以少詹事王锡蕃、翰林院侍读学士徐致靖暂时代理左右侍郎执行工作。

朝中的大臣见皇上动了真怒，自然不敢多说什么。可是光绪太小看朝中的大臣。这些臣子大多是宗室子弟、皇亲国戚。怀塔布的妻子就是慈禧太后眼前的红人，经常进颐和园陪慈禧聊天解闷儿。被革职在家的怀塔布自然是气闷不以，便授意其妻到慈禧面前告状。怀妻便趁着入宫的时候向慈禧痛哭流涕，将事情经过讲了一遍，并且添油加醋说光绪变法新政，打算重用汉族人，把满族人都赶尽杀绝。慈禧一听这话，心里暗暗责怪光绪胡闹得太过分了。压不住火的慈禧罕见地把光绪叫到颐和园，狠狠地训斥了一番。

然而，此时的光绪已经不同往日了，初尝权力滋味的他已经不愿意再忍受慈禧的指责。他并没有冷静下来仔细思考在处理王照事件中自己是否有不当之处，反而暗暗抱怨慈禧横加阻拦混淆是非。最终，光绪帝很容易就将矛头指向了慈禧。他坚定地认为，正是慈禧的专权，才让新政处处碰壁，因此必须除掉慈禧，才能够把所有的守旧派大臣镇住，新政才能够成功。

越想越觉得有理的光绪当即写了两封手谕，分别给军机四章京和康有为，向他们抱怨了新政推行之难，并说明自己在慈禧的控制下甚为不自由，要求他们几人速想办法云云。这几人接到了谕旨，细读之下，自然明白了光绪帝字里行间的意思。可叹这些维新志士，热血有余，理智不足，看到皇帝的抱怨，便四处想办法"营救"光绪帝。

几个人在一起合计一夜，商量出一个计策：首先，想办法调集兵力，伺机控制颐和园，并软禁慈禧；接下来，借助洋人的力量推行新政。由于当时日本前首相伊藤博文来华访问，可请伊藤博文、李提摩太等人参与政务，管理军事、财税、外交等事项，最终形成"中美英日合邦"的局面。这样则新政能行，而守旧派大臣自然也不敢多言。

计策已定，可还有一件事情需要落实：究竟谁家的兵马可以调动呢？这时候，谭嗣同想到了直隶按察使袁世凯。袁世凯原来参加过强学会，是个维新人士，如今统帅新建陆军，在天津小站练兵。此人正是最佳人选。

很快，光绪皇帝一封急电就将袁世凯从天津小站找到了北京。短短一周时间之内，光绪帝接连三天接见了袁世凯，并加封其为兵部左侍郎。正当袁世凯惊疑不定，不知为何圣眷优隆的时候，9月19日夜，谭嗣同深夜来到袁世凯下榻的法源寺，将围园杀后的计划原原本本地告诉了他。面对谭嗣同的谆谆教导，袁世凯答应得非常爽快，他一口答应调动新建陆军进京实行计划，并拍着胸脯保证道："杀荣禄，如杀一狗耳！"

然而，维新派的苦心终究化为了泡影。一方面，慈禧太后早就通过各种渠道知道了维新派意欲与洋人联手，将主权拱手付与洋人的计划。她顿时明白光绪不可能向自己低头服软。为了不让权力旁落他人之手尤其是洋人之手，她必须重新执掌朝政，于是在谭嗣同夜见袁世凯的同一天清晨，慈禧忽然从颐和园返回紫禁城，直奔养心殿，控制了政局。而另一方面，袁世凯的慷慨激昂只是做戏给谭嗣同看，他对双方的实力对比看得很清楚，自然不会盲目地自取灭亡。第二天早上他一回到天津，就立刻向荣禄通报了事情的来龙去脉。大惊失色的荣禄立刻带兵返回北京，并向已经控制局势的慈禧禀报了此事。于是，维新派的全部计划，就赤裸裸地呈现在慈禧的面前。

慈禧知道全部计划后，又痛又悔。勃然大怒的慈禧再也不听光绪的解释。发下懿旨，以光绪生病，不能临朝视事为由，重新训政，将光绪帝软禁于瀛台。并下诏抓捕康有为梁启超等人。没过几日，徐致靖、军机四章京，以及御史杨深秀、康有为之弟康广仁悉数被捕，而康有为与梁启超事先已经离开了北京，从此流亡天涯。这场持续一百余天，史称"百日维新"的运动就这样宣告失败。

7天后，慈禧下令将谭嗣同、林旭、杨深秀、刘光第、杨锐、康广仁等维新派人士处死，这就是历史上的"戊戌六君子"，也是为维新变法流血的第一批人。大学士徐致靖原本在处死之列，由于李鸿章的暗中营救而幸免于难。

第九章 大清帝国最后的岁月

在慈禧的操纵下，戊戌变法的失败为大清帝国断送了最后一线生机。随之而来的，是国内愈演愈烈的反叛，是西方列强变本加厉的窃掠。任凭晚清政府如何垂死挣扎，也终难逃革命风暴的来临。

扶清灭洋，来自民间的反抗

光绪二十六年（1900年）春夏之交，北京城的居民惊讶地发现，城里忽然多了不少头裹红黄两色头巾，腰缠红黄两色板带，打着绑腿，身背大刀，手持长矛的男性农民，这些人自称为"义和拳"。

义和拳最初产生于鲁西南地区。这一地区位于山东、河南、江苏的交界地带，丘陵起伏，自古以来就是盗匪多发的不平之地。由于黄河古道经过其上，每次黄河决口改道，都会给当地人民带来严重的灾害。清末以来，太平天国的北伐和捻军的叛乱都严重地影响了这里。甲午战争时，此地的清军被调走参加战争，当地的治安情况更加恶化。在这种情况下，曾经在民间秘密流传的大刀会逐渐兴起了。

光绪二十一年（1895年），大刀会兴起于鲁西南的曹县、单县等地。最初它只是为了保卫家园和财产不受土匪的侵扰，而由当地村民自发组织形成的武装团体，参加者都是当地的富裕人家。

而与此差不多同时，在鲁西北地区出现了迷信色彩更为浓厚的"神拳"组织。与大刀会不同，神拳的参加者大多是贫苦农民。

无论是大刀会还是神拳，一开始都没有受到官府的压制，因而得以迅速地发展。然而，随着这些组织的扩张，它们不可避免地与当时同样迅速发展的天主教会组织发生了矛盾，于是暴力和冲突就不可避免了。

大刀会和神拳都宣称维护正统的社会伦理道德观念，自然会和教会的势力发生冲突。光绪二十五年（1899年），由于土地划界冲突问题，大刀会和教民之间发生了一系列的争斗。在争斗的过程中，大刀会将矛头指向了外国传教士。第二年年底，在曹州府巨野县发生了著名的曹州教案，两名德国传教士被不明身份的人杀害，据说凶手是大刀会的人。由此，官府开始打击大刀会。然而老百姓出于对官府的不信任，以及对官府和洋人勾结的痛恨，反而更加支持大刀会的行为。

神拳组织在对待教会势力的态度上，并不比大刀会相差多少。比较著名的就是冠县由阎书勤和赵三多领导的"拳民"组织。光绪二十六年（1900年），冠县梨园屯的玉皇庙被教民占据，改建为教堂，这激起了当地居民的强烈反对。阎书勤和赵三多的拳民示威并包围了正在修建的教堂，终于迫使教会放弃了这一努力。与大刀会受到的待遇一样，神拳也遭到了官府的镇压。

尽管自从曹州教案以来，官府严厉禁止此类反洋教斗争，但事与愿违，山东各处反对洋教的暴动和武装冲突越来越多，并且发展成为与清政府的战斗。例如著名的朱红灯和本明和尚率领的拳民，攻进平原县，并爆发了著名的森罗殿之战。在战斗中，大刀会和神拳逐渐被百姓混为一谈，而这两个组织之间确实也发生了相互融合的迹象，他们将名字改为了"义和拳"，并且打出了"扶（助）清灭洋"的口号。

这时候，山东巡抚张汝梅已经由于镇压不力而被撤换，新上任的山东巡抚毓贤是一个具有强烈排外情绪的守旧派官僚，因而对义和拳的态度要温和得多。他虽然最初也进行了几次对义和拳的镇压，但发现无济于事以后，便采取怀柔政策，除了对义和拳首领严惩不贷以外，对其他普通拳民则收编为民团，企图为我所用。于是，"义和拳"又逐步改名为"义和团"。彼时适逢山东地区遭受旱灾，大量的贫农参加了义和团。结果在毓贤的纵容下，山东地区的义和团运动呈现飞速发展之势，并且向直隶蔓延开来。

义和团运动的蓬勃兴起让西方列强甚为紧张。在洋人的压力之下，毓贤调任山西巡抚，由袁世凯接任山东巡抚。袁世凯坚决反对义和团运动，在他的镇压之下，山东地区逐渐失控的局势有所缓和，义和团不得不向直隶地区移动。而直隶总督裕禄则和毓贤一样，对义和团的态度甚为暧昧。于是从光绪二十八年（1902年）下半年开始，义和团运动扩展到了直隶，并逐渐进入了北京。大清帝国最后的闹剧要开幕了。

借力打力

北京城外闹义和团的时候，慈禧正在为如何除去光绪帝发愁。

自从百日维新失败以后，光绪就被软禁在中南海的瀛台上，这是一个三面环水的岛。到隆冬时分，南海子结冰，不能自由活动的光绪只能带着太监踏冰而行，然而，就这点儿自由也被慈禧无情地剥夺了。慈禧为了防止光绪帝出门，特意叫人将冰块凿碎。苦闷的光绪帝只能以读书打发时间。

光绪对慈禧的抵制和不合作让慈禧颇为不满，因此她动了废帝的念头。由于光绪已经成年，不便控制，慈禧打算故伎重施，再次找一个小孩子作为傀儡。然而，自从戊戌变法以来，西方列强就一直对中国的政局保持着高度的关注。对于列强而言，保持中国政局的稳定，有助于他们更好地从中国攫取权益，而皇帝的更换，无疑会使政局动荡。因此，早在戊戌变法刚刚失败时，英国公使窦纳乐就直截了当地向李鸿章警告，不可对光绪轻举妄动。在这样的压力下，慈禧虽有废黜光绪的想法，但也只能采取比较温和的手段，徐徐图之。于是慈禧决定不直接废黜光绪，而是先行为光绪立嗣，然后再伺机拥立新君即位。慈禧选中的皇储,是端郡王载漪的次子,十五岁的溥俊。

载漪是道光帝第五子惇亲王奕誴的次子,后来过继给瑞郡王奕誌为子,并继承了郡王的爵位。由于在册封的诏书中出现了笔误,将"瑞"误写作作"端",载漪便成了端郡王。他的正福晋是慈禧弟弟桂祥的三女儿。光绪二十六年(1900年)初,年仅15岁的溥儁受诏入宫,被封为大阿哥,实际上就是立其为储。为了给大阿哥继位铺垫,慈禧对外界宣布光绪病得很重。各国公使不相信,要求派法国医生进宫探病,慈禧坚决不允许,在各国公使的极力强求下,才答应把法国医生召进宫来,去给光绪看病。没想到,这位医生看完病以后对人们说:"皇帝血脉正常,根本没有什么病。"

因此,册封大阿哥的决定遭到了所有外国公使的强烈反对。他们当然知道如此一来,光绪的帝位自然岌岌可危。于是众口一词,全部不承认这位大阿哥的身份,这让慈禧非常不高兴。以这一事件为契机,中外关系重新趋于紧张。

这时候,山东义和团的反洋教斗争已经发展得如火如荼。在大阿哥事件前不久,英国圣公会传教士卜克斯刚刚在山东肥城被朱红灯所杀。在西方列强的压力下,毓贤被免职。然而他进京觐见慈禧太后的时候,却向慈禧太后和王公大臣们详述了义和团的好处,认为可以招安义和团收为己用。也许是他的"妙计"起到了作用,慈禧并没有过多降罪于他,而是把他换到山西当了巡抚。

由于毓贤的"引见",原本将义和团视作叛乱贼寇的清廷拿不定主意了。由于光绪皇帝在百日维新中曾经寻求英美日俄等国的帮助,因此,团结在慈禧周围,反对变法维新的一般守旧派官僚本来就对洋人没什么好脸色,接着又赶上了"大阿哥事件",这些大臣对这些西方国家粗暴干涉我国内政的行为更是十分愤怒。再加上光绪二十三年(1897年)以后列强掀起的瓜分中国的狂潮,清廷内部已经弥漫着一股十分强大的排外氛围了。

在这种情况下,毓贤的建议不啻于是给这些盲目排外的群臣打了一针鸡血。端郡王载漪原本就因为儿子没有当成皇帝对西方列强耿耿于怀,闻听义和团之事，自然喜出望外。和他一鼻孔出气的还有庄亲王载勋、载漪的弟弟载澜等满族亲贵。这些人极力怂恿慈禧招抚义和团以抵抗洋人。慈禧被这弟兄几个说得连连颔首，于是随即下了一道谕旨，要求各省巡抚停止镇压义和团，并奖励其反对洋教的行为。

直隶总督裕禄忠实地执行了这道谕旨。他不仅向义和团民发放饷银，还邀请义和团首领曹福田到天津开坛聚众。而此时在山东的袁世凯却没有理睬这道谕旨，反而继续着他严厉打击义和团的一贯策略。由于受到袁世凯的打击，山东的义和团纷纷涌入直隶，到1900年四五月间，天津、涿州、保定已经出现了大量的拳坛和拳厂。

受到清政府鼓励的义和团，把反洋教的范围扩大到了反对一切外来事物。他们四处焚烧教会，抢掠财产，甚至肆意杀人。

杀红了眼的义和团让清政府也看不下去了。五月份，驻扎在涞水县的清军同义和团发生了几次冲突，但是清军均不是义和团的对手。得胜的义和团从此气焰更为嚣张，他们占领了涿州，控制了从卢沟桥到保定的铁路，扒铁轨，烧车站，毁桥梁，弄断电话线。到六月，裕禄不得不请求清廷派兵严厉镇压义和团，清廷只好调来坚决反对义和团的聂士成之武卫军来控制局势。

这个时候的慈禧再也无法稳坐江山。虽然清廷仍然对外做出了镇压义和团的姿态，但私底下却派出了军机大臣协办大学士刚毅和顺天府尹赵舒翘到涿州考察义和团是否能够为我所用。赵舒翘得出的结论是"拳匪不可恃"。刚毅则不这么看，他平素就和端王、庄王等人关系甚好，自然认为义和团"拳民忠贞，神术可用"。赵舒翘无奈，只好和刚毅向慈禧太后汇报说义和团可以因势利导，"抚而用之，统以得帅，编入行伍"。

就在清廷得出义和团可用这一结论的同时，驻京各国公使开始担心日益混乱的局势有可能对北京的使馆造成危险。英国全权公使窦纳乐作为代表，要求外国军队进行支援。5月31日，337名外国水手与陆战队员从停泊在大沽附近的10余艘军舰上登陆，并于当晚抵京保卫使馆区。稍后，又有89名德国与奥匈帝国的陆战队员抵京。"洋鬼子"调集军队进京的消息让清廷大为不满，也激起了义和团更大的怒火。

清廷和义和团终于取得了一致。6月9日，慈禧从颐和园返回紫禁城，开始研究如何指挥义和团之事，并调董福祥的甘军进入北京，城驻扎在永定门内。董福祥和聂士成不一样，他是义和团运动的同情者，因此，他的甘军中不少是义和团成员，甚至他自己也同义和团首领之一的李来中结拜为兄弟。第二天，端王载漪被任命为总理衙门大臣，义和团终于大规模地进入了北京城。

6月13日，义和团进入北京内城，当天烧毁了11所教堂，数以千计的教徒逃入西什库教堂和东交民巷使馆区。不久，义和团烧毁了前门的老德记西药房，附近数千家商铺也化为废墟，甚至前门城楼也被烧毁。此外义和团大开杀戒，将教民全部拉到庄王府前的大院集体屠杀，死者中不乏妇女和儿童。受此影响，禁军、甘军也开始烧杀抢掠，以至于彼此互相残杀。北京城中人人自危，甚至权贵人家也不能幸免，不少支持义和团的大臣趁机公报私仇，肆行劫掠。北京城几乎失去了控制。

大事不妙，赶快求和

当义和团把北京城搅得翻天覆地的时候，各国公使并没有闲着。他们对清廷内部的排外气氛并不是没有察觉，对于清廷和义和团的利益关系也清楚得很。因此，虽然一方面通过外交手段不断敦促清廷镇压义和团，一方面也打算调兵进入北京自行保护使馆。

事情果不出洋人的意料，虽然总理各国事务衙门答应了各国的增兵要求，但人数限制在每国30人。这些公使自然是不管这件事，而是各调了300余人进京。随即，清廷与义和团站在了一方，义和团冲进了北京城，见洋人就杀，所有的洋人都被堵到了西什库教堂和东交民巷。

由于义和团把所有的电线都剪断了，驻天津的各国领事已经无法和北京的使馆联系，虽然义和团进城围困使馆和教堂的消息他们尚未得知，但凭着几个月来对时势的观察，他们也明白大事不好了。于是在各国领事的协调之下，由俄、英、美、日、德、法、意、奥八国迅速组织了 2066 名联军，由英国海军司令西摩尔率领，乘坐火车增援北京。

但是联军没有想到的是，这时候清军已经被命令配合义和团的行动了。因此当八国联军一出天津，行至廊坊一带就遭到了清军和义和团的联合阻击。由于铁路早已被义和团破坏，联军狼狈不堪，只能下车应战，可是这毕竟是一只临时拼凑的部队，而西摩尔又是海军将领，对于陆战是个外行，因此并不是清军和义和团的对手，联军且打且退，从廊坊退回杨村，险些被清军和义和团围困在此。联军伤亡惨重，只好退回大沽口。这一次援救计划宣告失败了。

义和团在这一次战斗中也损失惨重。因为配合他们作战的清军乃是聂士成的武卫军。聂士成本是极度反对义和团，一向主张严厉镇压，他曾经在给荣禄的信中写道"拳匪害民，必贻祸国家。某为直隶提督，境内有匪，不能剿，如职任何？若以剿匪受大戮，必不敢辞"。话虽如此，但在这样的大环境中，却也无可奈何。不过，聂士成还是要了诡计，他的武卫军是清军的精锐部队，装备有重机枪。在与联军的战斗中，聂士成命令义和团为先锋，义和团并不以为意，一口答应。谁知道在联军的机枪扫射下，毫无战术纪律，只知道往前冲的义和团死伤惨重。幸存者见状，又调头往回跑，结果聂士成早已架好的机枪又将义和团的人射杀。这一役，义和团伤亡殆尽。

尽管出现了这样并不愉快的小插曲，但清政府和义和团都将这次胜利看做是一场抗击外敌的重大胜利，史称"廊坊大捷"。这一仗打下来，清廷和义和团更加有理由坚信，洋人并非不可战胜的。于是一边命令聂士成再接再厉，攻打天津紫竹林租界，一边开始围攻北京的西什库教堂和东交民巷使馆区。

北京此时的情况已经乱成一团。6 月 15 日，端王载漪亲率一队义和团进攻西什库教堂。法意士兵迅速回击。两天以后，清军也参加了进攻。义和团以自制的各种火器发动进攻，挖地道、埋地雷，攻势凶猛，但守军却顽强回击，数次打退义和团与清军的进攻。由于清军和义和团的长期围困，教堂内缺少粮食，半个月后，教堂内的人员开始以马匹和骡只充饥，后来又开始吃树皮和野草。西什库教堂被围困长达两个多月，直到8月八国联军进城，才将西什库教堂中的人员解救出来。

西什库教堂没有打下来，而东交民巷也未有大损失。虽然东交民巷的外国兵力要比西什库教堂多一些，但也只有400余人，而义和团和清军的人数达到了数十万人之多。根据记载，在攻打东交民巷之时，使馆区附近的民房顶上，密密麻麻站的都是义和团民，气势惊人。然而，东交民巷仍然顽抗了两个多月，直到八国联军前来增援。

在攻打东交民巷时，端王见久攻不下，于是矫诏调来新建陆军中的山炮营助攻，山炮营所使用的"开花大炮"系从德国进口，威力极大，一颗炮弹重几百斤，只要两三炮，使馆就该夷为平地了。可是山炮营领官张怀芝却不敢轻举妄动，找到顶头上司荣禄，讨要一道发炮的命令。

荣禄知道，要是真的下达了开炮的命令，这炮弹要是真的落在了使馆的头上，那后果可就要由自己来承担；要是表示反对开炮，端王那里也不好交代。这可不是他愿意承担也能够承担得起的。面对张怀芝的要求，他只是含含糊糊地应付，就是不肯把一纸命令写给张怀芝。

张怀芝更不想去承担这个责任，硬是缠着荣禄讨要究竟是否开炮命令，大有不达目的不罢休的顽固。荣禄毫无办法，两难之际只得含混地说了一句："你打吧，反正让人听到炮声就得了。"

张怀芝聪明过人，闻听此言恍然大悟，当即回到营地，号称"炮位不准"，亲自动手调试，瞄准了东交民巷内一块无主空地，然后火力全开，猛烈攻击。

炮声大作一夜，端王那边听得清清楚楚，以为这下可以圆满解决掉东交民巷。结果整整一个晚上，发炮五六百响，没有一个洋人在炮火中受伤，大使馆的建筑更是纹丝未损。

清军如此三心二意，义和团也没好到哪儿去。虽说他们士气很高，但由于极端排外，坚决不使用任何西洋武器，也没有战术纪律，结果做了洋人的靶子，死伤甚众。面对此种情况，义和团首领们不承认是自己战斗力差的缘故，反而认为是洋人邪术厉害。

如此打了几天，洋人未灭，反而使越来越多的义和团涌入北京城。慈禧一见不妙，便打算解散义和团，准备停战。但端王等人却不肯罢休，为了坚定慈禧继续作战的心志，载漪指使军机章京连文冲伪造了一份西方列强给清政府的外交照会，以强硬的语气提出了四条要求：其中包括让慈禧归还光绪全部权力，并要求将清政府的经济和军事权力交由外国人掌握。

慈禧居然对这份照会深信不疑，于是勃然大怒。6月17日，慈禧决定同洋人开战，将义和团编为民团，称为"义民"，由刚毅、载漪、载濂、载澜等人统领。6月21日，清廷以光绪帝的名义，发布了一道谴责洋人和表达抗战决心的诏书，在诏书中宣称对"彼等"开战。

一团散沙，义和团神话的破灭

光绪二十六年（1900年）6月20日清晨，混乱不堪的北京城内已是一片狼藉。这个时候，义和团几乎已经控制了北京城的绝大多数地方，不过时间还早，烧杀抢掠了一天的义和团员很多还在昏睡之中。街上早就没有行人了，两旁街道上的商铺只剩下经过打砸抢后残破的门窗，还有扯碎的旗幡，在夏日的微风中孤零零的摆动着。只有一队队全副武装的清军还在街上巡逻，搜捕可能出现的洋人。

驻扎在煤渣胡同的神机营霆字队枪八队，从胡同口转出来向东单牌楼的方向走去，开始例行的每日巡逻。管队章京恩海走在队伍的前面，右手搭在别在腰间的枪把上面，正在漫不经心地左右观瞧，看大街两边的胡同里是不是有形迹可疑、神色仓皇的人。

恩海所属的神机营是清廷禁军的组成部分，由端郡王载漪统帅。端王爷平生最痛恨的是洋人，刚刚带上队伍，就召集所有士官训话，给他们讲扶清灭洋的道理，最后告诉他们，见洋人就杀，杀得多了，就有资格得到赏赐和提拔。端王还特别指出，重点打击对象是德国公使克林德。

克林德出生在波茨坦，曾经是一名德国军人。1881年，他辞去军职，改做外交官，不久被派往中国。他先在广州和天津当了几年领事，又到美国和墨西哥待了几年。于 1899 年返回中国，担任德国驻华公使。

德国人素以严谨高傲著称，克林德是军人出身，自然这种习性又加强了几分。他对清政府相当轻视，对义和团更是深恶痛绝。早在义和团在山东刚刚兴起的时候，克林德就极力要求清政府严厉镇压。义和团进入北京城后，克林德又毫不留情的下令德国使馆卫队开始了所谓的"猎取团民行动"，并要求其他使馆配合行动。他首先逮捕了一名进入使馆区的义和团民，接着又下令使馆卫队用机枪扫射聚集在使馆区外的团民。

然而，奥匈帝国使馆卫队的机枪不知为何，打出几百发子弹，却没有打死人。气急败坏的克林德展开了进一步的行动。6 月 14 日，当义和团再一次经过使馆区时，克林德毫不留情地下令使馆卫队向义和团民开枪，当场打死 20 人。

克林德的行为无疑激化了义和团与洋人之间的矛盾，以至于义和团将克林德看做是元凶首恶。克林德却不以为意，他仍旧坚持对清政府实行高压政策。6 月 17 日，慈禧太后被端王载漪的假照会所骗，决心对洋人开战。两天以后便照会所有使馆区人员，要求其在 24 小时之内撤离北京。各国公使一听自然大为不满：在现在的这种混乱情况下，撤离北京不啻为自投罗网。于是各国公使联名向总理衙门写信，述说了如上的理由，要求延缓离京的最后期限，并要求在次日九点之前给予答复。

按理说，回函递出去，等着回复就可以了，可是克林德却非常不满意。各国公使开碰头会的时候，他就一直说对中国太客气。因此，他建议所有国家公使一起去总理衙门谈判。其他国家的公使并没有接纳克林德的意见。他们大多认为这样只会让局势变得更糟，目前应该表现出低调的姿态来。克林德拒绝接受这个决议，并且决定次日自己单独赴总理衙门谈判。

克林德满心希望能够有公使改变主意，和他一同前往。但他的希望落空了。第二天早上，他出门的时候，仍然只有孤零零一个人。于是他只好带了翻译柯达士，怒气冲冲地出门了。

克林德和翻译柯达士被正在巡逻的清军士官恩海等人撞见。双方便开火打了起来，克林德身亡。

克林德的死让清廷和西方列强的关系彻底进入了战争状态。第二天，慈禧就颁发了与全世界为敌的"宣战"诏书，同时命令清军协助义和团攻打使馆。各国驻天津领事纷纷向本国告急，要求调集援军。不久，援军从大沽口源源不断地进入租界。

此时，天津的清军和义和团还在忙着攻打租界，他们虽然人数众多，但却各自为政，缺乏统一的作战规划，甚至连天津到大沽口的道路也没有切断。这自然不是日渐得到兵员补充的联军的对手。到7月上旬，联军在租界的人数已达到1.7万余人，并且有统一的部署和指挥，而清军和义和团则伤亡甚众。7月13日，联军展开反攻，围攻天津城，清军不敌，退往杨村一带，聂士成在战斗中中炮身亡。第二天，联军占领了天津。

经过短暂的休整，人数达到1.8万余人的外国联军于8月初向北京进发了。在路上他们几乎没有遇到什么有效的抵抗，义和团毫无战斗力，清军也一触即溃。

8月11日，联军占领通州，两天以后兵分三路攻打北京城。此时北京城内还有10万余名清军和义和团民，但是已全无战意。第二天，英军首先攻入广渠门，其他国家的军队也相继入城。经过3天的巷战，联军彻底控制了北京城。当时还留在城中的5万名义和团民几乎全军覆没，清军伤亡4000余人，联军方面仅仅死伤400余人。

到此为止，义和团的神话已经被完全戳穿了。慈禧和满朝文武已经束手无策，全然不知该如何是好。慈禧愤怒不已，迁怒于端王等人，但终究已经酿成大祸。不得已，只好再次逃跑。8月16日，就在联军即将攻入皇城前的一刻，慈禧带着光绪和内宫女眷，连同一帮文武大臣，踏上了西去的道路。

八国联军夺北京

光绪二十六年（1900年）9月，慈禧和光绪一行人"西狩"，来到了山西首府太原驻跸万寿宫。适逢中秋佳节，自以为安全的慈禧居然全然不顾家国离乱之惨，悠闲地吃着月饼赏着月，把尚陷于战火中的北京城忘在了脑后。

洋人并不会因为攻陷北京城就停止进攻，对他们来说，真正的战争方才开始。早在7月份，德国以克林德事件为借口，纠结了7000人的远征军赴华作战。在德皇威廉二世发布的诏令中，大肆宣扬所谓的黄祸论，借历史上匈奴大王阿提拉入侵欧洲的故事，将中国人看做是阿提拉的后代。他说道："你们知道，你们面对一个狡猾的、勇敢的、武备良好的和残忍的敌人。假如你们遇到他，记住：不要同情他，不要接收战俘。你们要勇敢地作战，让中国人在一千年后还不敢窥视德国人。"经过两个多月的旅途，德军于9月到达已经陷落的北京。在威廉二世的坚持下，德军统帅、陆军元帅阿尔弗雷德·冯·瓦德西被任命为联军总司令，负责协调联军行动。

八国联军侵华期间，大肆烧杀抢掠，犯下累累罪行，特别是德军、俄军、法军，更是如此。

联军穷追猛打，而清军却且战且退。到12月底，清军已经全面退守山西境内，而联军则兵分两路，尾随不舍。到第二年3月，法军已经侵占了山西的门户——娘子关。

俄国人也不甘示弱。趁着清政府忙于同联军作战，无暇他顾，俄国人除了派兵参与联军之外，还单独派兵17万，侵占了库页岛及乌苏里江以东黑龙江以北的大片领地。

面对着八国联军步步紧逼的形势，慈禧已经毫无抵抗之心，她担心联军会将自己视作义和团运动的罪魁祸首，像直隶官员一样处死。因此她脑海中只剩下了继续跑路的想法。10月，觉得太原已经不再安全的慈禧又将临时行宫迁到了西安。

此时的光绪虽然是跟着慈禧一路向西逃窜，但内心却是愤懑难当，一点儿也不想跑。他之前就不主张招安义和团，而应该同洋人和议，但慈禧却无视他的意见，还杀掉了数名主和派的大臣。据清人笔记记载，洋人进城之时，慈禧慌张逃窜，光绪却冷静异常，对慈禧说道："亲爸爸，儿臣以为可以不必逃走。想那洋人本为友邦，对我大清并无恶意，此次出兵，乃是剿灭拳匪，不会对我有碍。儿臣请求亲自去东交民巷，与各国公使面谈，必定安然无恙。"慈禧听了这话，只当光绪胡言乱语，并不理睬。光绪无奈，只好自己回到养心殿，盛装朝服，想要独自去使馆谈判。侍奉太监见光绪如此，大惊失色，连忙报告慈禧。慈禧勃然大怒，亲到养心殿，一把扯去光绪朝服，逼着他换上粗布衣服，不许轻举妄动，随即便拉着他逃出宫去。

光绪并没死心，当慈禧一行人遇到前来护驾的岑春煊时，光绪再次提出了议和的要求。他要求岑春煊护送慈禧"西狩"，自己要返回北京，亲自与洋人议和。岑春煊不笨，知道慈禧断然不会让光绪离开她的身边，于是百般推脱，终于未能成行。

到太原之后，光绪第三次提出了返回北京议和的要求，但仍未获批准。当慈禧决定继续西行至西安后，光绪再也忍耐不住了。在潼关，他愤愤不平地公开表态："朕能走，洋人就不能走吗？这么走下去什么时候是个头啊！就算去了四川，又能怎么样？太后老了，可以去西安躲躲。朕要回北京了，否则战事不了，终究还是要倒霉！"

慈禧和诸大臣面面相觑，无言可对。然而第二天，慈禧仍然带着光绪继续西行。

慈禧深知：和谈并不是不可以，可是看要由谁来谈。早在洋人刚刚入城的时候，没有离开北京的大学士昆冈等人就找到担任海关总税务司的英国人赫德，让他"设法斡旋，以救眉急"，赫德建议由庆亲王奕劻出面，与各国"商议和局大事"。昆冈随即将这个建议传给了还在流亡途中的慈禧。慈禧得信后，立刻下令已经到达宣化的奕劻立刻返回北京主持和谈。10月初，奕劻回到北京，在英军和日军的护送下见到了各国公使。根据奕劻给朝廷的奏折，奕劻不可谓不卖力，他"往拜俄、英、美、法、意、比、日各公使，备述此次拳教相仇，致使各国动兵，并婉谢各国洋兵保护宗社臣民盛意"，十足的奴颜婢膝；可是战争进行得意犹未尽的各国公使根本懒得搭理他，纷纷跟他打官腔道："尚未奉到本国国家训条，无从议办。"只是要求清政府赶紧转变对义和团的态度，"自行实力剿办，勿再贻误"。

收到这一消息，慈禧立刻下发谕旨，宣称"此案初起，义和团实为肇祸之由。今欲拔本塞源，非痛加铲除不可。严行查办，务尽根诛。"并且督促奕劻加紧议和，"事宜从速，夜长则梦多，不可一误再误"。

不久，各国公使礼节性地回访了奕劻，对议和之事仍然绝口不提，只是提出几条要求：首先要求慈禧与光绪下罪己诏；其次清除朝廷内部的顽固派势力；再次要求战争赔款，否则八国联军不会撤军；第四，北京的防务暂时由联军管理，清政府无权参与。俄国公使格尔思更要求清军在东北立刻停战，否则俄军将继续作战。奕劻对这些要求哪敢不听，连忙一一照办。尽管如此，各国公使仍然迟迟不与奕劻谈判。奕劻也明白，他虽然位高权重，但以他的资历和地位还不足以让各国公使坐在谈判桌上。因此他再次向清廷上折，要求速调时任两广总督的李鸿章进京主持谈判。在经过几次三番的讨价还价后。9月底，清廷终于发下谕旨，委任李鸿章为全权大臣，"著准其便宜行事，将应办事宜，迅速办理，朕不为遥制"。

在李鸿章的极力斡旋下，1901年，丧权辱国的《辛丑条约》签订了。这一条约的签订标志着中国半殖民地半封建社会的彻底确立，清政府彻底堕落为西方帝国主义的帮凶。

苦做了替罪羔羊

光绪二十七年（1901年）11月7日，大清帝国的最后一根柱石李鸿章于北京贤良寺驾鹤西去，享年78岁。临死之前，李鸿章"目张口动，欲语泪流"，然而已经没有人知道他想说什么了。他的老部下周馥伏在床前替他擦去眼泪，边擦边痛哭流涕，泣不成声。在周围人的抽泣声中，李鸿章缓缓地闭上了眼睛。

光绪二十六年（1900年）春夏之交，当山东、直隶一带的义和团正闹得热火朝天时，就任两广总督没多久的李鸿章却忧心忡忡地关注着朝中的局势。和陷入疯狂的端王、庄王不同，甚至和韬光养晦的庆亲王、荣禄也不同，以李鸿章为首的东南各省大员坚决反对招安义和团并与洋人开战。这些人包括两江总督刘坤一、湖广总督张之洞、闽浙总督许应骙、四川总督奎俊，以及北方的陕西总督端方和山东巡抚袁世凯。由于他们治下的地区大多数与洋人的势力范围和西方列强关系密切，因此，他们对于世界局势更加清楚，也十分明白利用义和团运动的危险性。在义和团进入北京城的时候，张之洞和刘坤一就曾经联名上奏朝廷，申明洋人已经做好了对清政府战争的准备，并且提到赫德已经对他们发出了警告。随后，在铁路大臣盛宣怀的串联下，这些方面大员通同一气，彼此密议应当如何保持所辖省份的稳定，避免西方列强以战争的名义侵略。

6月21日，清廷发出了向十一国的宣战诏书，诏书传到东南各省，李鸿章将其看做是慈禧和光绪在威逼利诱之下发布的伪诏，断然拒绝接旨。他通过电报通知了盛宣怀这一决定，并经由后者转告各个大员。很快，这些方面大员纷纷响应李鸿章的号召。为了确保这一意见的实施，由盛宣怀牵头，张之洞、刘坤一委派官员与以美国总领事古纳为首的各国领事签订了《东南保护约款》。其中公开宣称保护外国人在长江流域中下游的权益。这一条约签订以后，李鸿章、奎俊、许应骙、端方、袁世凯等人纷纷响应，先后加入。史称"东南互保"。

东南互保的成立让朝廷中的守旧派官僚极其震惊，刚毅痛斥李鸿章为"媚外汉奸"；迷信义和团的山西巡抚毓贤甚至无法相信这一事件的真实性，表示"不胜骇异"，认为这是"奸宄捏造"的假消息。然而，慈禧得知此事后，却以含含糊糊的口气默许了东南互保的存在。

随着战局的发展，清廷愈加发觉事情不妙，曾经急电要求李鸿章和袁世凯进京，当时正是联军攻占大沽口的时候，战局尚未明朗。清廷召他们两位进京，无疑是想借助他们在外交方面的长处从中斡旋。然而这两位却以各种理由百般推脱。李鸿章在接旨以后，连续发了5封电报，明明白白地阐述了自己的态度——进京平可以，不过要先把义和团除去再说，否则一切免谈。

清廷见此情况，迫不得已，只好调李鸿章为直隶总督兼北洋大臣，半强迫性地调他来京。职责所在，李鸿章不得不起身。

7月16日，李鸿章坐船到达上海，先同各国领事见了面，互通声气。此时，参加东南互保的几位大员纷纷上奏，要求赋予李鸿章全权大臣之职。8月底，已经在"西狩"路上的慈禧批准了这一建议。于是李鸿章作为全权大臣，继续北上了。

光绪二十六年（1900年）10月，李鸿章抵达北京，和八国联军展开谈判。果然如李鸿章所料，各国提出的要求，都没超出李鸿章的预想。在随后的谈判中，李鸿章根据国际法据理力争，他提出皇室之前的宣战诏书乃是受到胁迫而写成，而义和团乃是叛逆，和清政府并无关系。因此这场战争并不是清政府与十一国交战，而是外国派兵入华帮助剿灭义和团。基于这一理由，李鸿章坚决不同意割地的要求，只同意赔偿军费及其他要求。经过将近一年的谈判，终于达成了一致，这就是著名的《辛丑条约》。根据这一条约，清政府将向所有参战国赔付总数高达4.5亿两白银，史称"庚子赔款"。除此以外，清政府还被迫建立使馆区和外交部，惩罚参加义和团运动的官员和地区等。义和团运动以这个耻辱的条约为结局正式落幕了。

第十章　封建挽歌，新世界崛起

洋务运动的失败，戊戌变法的终止，标志着封建王朝想要以自我改良的方式迎合世界潮流的梦想彻底破灭。中国的封建社会，在历经了2000多年的风雨之后，已经到了不可逆转的最后时光，清末政府的那些努力，终成为徒劳。随着光绪皇帝与慈禧太后相继离世，大清王朝挣扎了3年之后，在一片革命的浪潮中轰然倒塌。历史，又掀开了全新的一页。

换汤不换药地玩新政

光绪二十六年（1900年）底，《辛丑条约》尚未签订，八国联军还在中国的国土上肆虐的时候，驻留在西安的慈禧忽然以光绪帝的名义发布了一道"预约变法"上谕，上谕中提到："大抵法积则敝，法敝则更，要归于强国利民而已。取外国之长，乃可补中国之短；惩前事之失，乃可做后事之师"，"事穷则变，安危强弱全系于斯"。上谕还要求朝廷百官、驻外使节、各省督抚等各抒己见，提出革新意见。

这道诏令一下，舆论大哗，没想到慈禧太后竟然也要实行新政。一时间朝野内外之人各怀心事，关注着政局的进一步发展。毕竟此时与洋人的和谈还没结束，大清的未来还难以判断。

然而慈禧似乎已经笃定了想法，于光绪二十七年（1901年）3月3日，下令成立了督办政务处，由庆亲王奕劻、李鸿章等人负责。上谕称，这一机构的设立是为了"变通政治，力图自强"，全面统筹规划新政的落实工作。

此后朝廷又数次发布上谕，再三申明"变法"对清帝国的重要性。在8月20日颁布的上谕中居然有这样的话："变法一事，关系甚重……朝廷立意坚定，志在必行"。"尔中外臣工，须知国势至此，断非苟且补苴所能挽回厄运，唯有变法自强，为国家安危之命脉，亦即中国民生之转机。予与皇帝为宗庙计，为臣民计，舍此更无他策"。

晚清的第三次，也是最后一次变法运动——新政，就这样在众人惊疑不定的目光中开始了。

经过戊戌变法和庚子事变之后，慈禧逐渐认识到尽快变法对于清帝国的意义。在戊戌变法的时候，慈禧并未对变法的内容加以反对，只是对康、梁等维新派借助外国人的势力推进维新这一点甚为不满；但在百日维新失败以后，随着整个政局的极端保守化，变法一事就无从谈起。然而八国联军的入侵，将所有的保守派打得粉碎，这样维新变法的最后阻力也消失了，而且在洋人的步步紧逼下，慈禧意识到了只有从政治体制上也学习西方列强的那一套，才有可能和外国人"益加修睦，悉泯前嫌"。

张之洞和刘坤一很快就响应了慈禧的号召，于五六月间联名发出了三个奏折要求变法，内中详细叙述了变法的步骤和具体做法，史称"江楚会奏变法三折"。他们指出，首先要"育才兴学"，开办"文武学堂"，并且废黜八股考试制度和武科考试，并奖励到外国留学；其次，要"采用西法"，比如用洋法练兵、开展览会、铸银元、发印花税票等。看到这个奏折，慈禧自然开心，朱批"按照所陈，随时设法，择要举办"。

无论如何，慈禧的新政开始轰轰烈烈的发动起来。在最初几年间，慈禧主要做了如下几件事情：

第一，鼓励私人兴办工业，并给予一定的奖励。光绪二十九年（1903年）清廷成立商部，负责管理工矿业和铁路，后来又分管农业，由奕劻的儿子载振担任尚书。载振之前曾经公派出国到欧美各国以及日本考察，对资本主义工商业也算略有所闻。载振就职后制定了一部《奖励公司章程》，改变了以往官督商办，将工业资本控制在官方手中的做法。不过这一章程效果实在有限，仅仅是对于投资兴办公司的商人根据投资额的多少赏以不同的官衔，真正降低关税、保护产权等能够切实激起资产阶级投资兴趣的措施则一点也没有。

第二，废除科举考试制度，兴办新式学校，提倡出国留学。从光绪二十八年（1902年）起，清廷就开始逐步废除科举考试制度，先是大力要求各省选派学生赴西洋各国学习专科，第二年又颁布了学生章程，规定了在各级学堂毕业者，同样可授予贡生、举人、进士的头衔，并且通过科举考试者还要进入京师大学堂继续学习。光绪三十一年（1905年），以袁世凯为首，湖广总督张之洞、两广总督岑春煊、两江总督周馥附议，奏请停止科举，推广学校。清廷批准这一奏议，下谕旨从第二年开始，停止所有乡试、会试和各省岁试，历经千年、屡有变更的科举制度，就这样被废除了。

第三，改革军制，将旧式的绿营，兵勇逐步遣散，代之以新建陆军。光绪二十九年（1903年），清廷成立了练兵处，由奕劻主管，但实际负责人是时任直隶总督的袁世凯。袁世凯早年就有在天津小站练兵的经验，对此自然得心应手。光绪三十一年（1905年），北洋军6镇编成，共6万余人。北洋军采用了德国的陆军建制，将陆军分为步兵、骑兵、炮兵、工兵、辎重等不同兵种，并分设左右两翼，每翼有若干营。此外，还配备新式武器，采用"洋操"练兵。后来，袁世凯的练兵之法逐步推广到全国，在各个省份先后都成立了"新军"。不仅如此，各省还设立了武备学堂，并从光绪三十年（1904年）起，每年选送百余人到日本学习军事。

早在《江楚会奏变法三折》中，张之洞和刘坤一就提及学习日本，推行君主立宪制，但当时尚未有太多人响应。新政推行几年后，这一看法得到了越来越多人的支持。从光绪三十年（1904年）起，先后有数名方面大员上奏要求朝廷进行政治体制改革，实行立宪政体。

在这些重臣的压力下，光绪三十一年（1905年），慈禧听从袁世凯的意见，派遣"考察政治大臣"五人出使西洋，实地调查各国宪政情况。不过，五人刚到火车站就被革命党人吴樾的人体炸弹炸死，此事只得推迟。半年以后，清政府又成立了"考察政治馆"，为立宪改革提供智力支持和理论依据。同时，考察政治大臣们分为两批再次出发了。半年之后，考察团先后回国，写成了大量文字报告，陈立宪之种种好处。其中，几位满族亲贵也对宪政持拥护态度，这极大地影响了慈禧的决定。

光绪三十二年（1906年），慈禧颁布谕旨，决定"预备仿行立宪"。预备立宪的工作紧锣密鼓的准备了起来。第二年，将考察政治馆改为宪政编查馆，由奕劻亲自负责；又成立了资政院筹备处。与此同时，全国各地也纷纷成立立宪公会，准备迎接立宪。光绪三十四年（1908年），千呼万唤始出来的《钦定宪法大纲》和《逐年筹备事宜清单》终于颁布了，与此同时还颁布了"臣民权利义务""议院法要领""选举法要领"三个附录。文件中的君权色彩虽然仍旧浓得化不开，但也体现了三权分立的原则，对现代公民的权利和义务都做了规定和限制。文件还决定，第二年实行地方咨议局和中央资政院选举，并以9年的时间筹备宪法。从此以后，整个中国急速地走上了宪政国家的探索之路。

可惜的是，就在这一年，光绪和慈禧先后去世，而后来的接班人未能忠实地执行慈禧的立宪政策，使对清廷还抱有一丝希望立宪党人们大失所望。

光绪的死亡之谜

光绪三十四年十月二十一日（1908年11月14日）傍晚，光绪皇帝于紫禁城中南海的瀛台涵元殿驾崩。第二日未刻，慈禧太后亦于故宫仪鸾殿病逝。在两日时间内，二人双双毙命。因为二人生前的恩恩怨怨，不得不让人怀疑，莫非光绪帝之死还有什么没有解开的秘密？

光绪之死，有3个疑点：

首先，光绪死得突然，但却是静悄悄。在光绪驾崩之时，身边竟然没有一名亲属和臣子，连个太监都没有。

在光绪死前的一段时间内，他的身体确实不好，然而，这个病根应该是从小便落下的。光绪三十四年初，光绪帝第一次患病，御医诊断的症状为：阴阳两亏，标本兼病，胸满胃逆，腰胯酸痛，饮食减少，气壅咳喘，益以麻冷发热。精神困惫，夜不能寐。

一来，从医学角度分析，光绪的病，无非是个呼吸道疾病，虽然身体虚弱，旦夕之间，还不至于有生命之危。二来，从光绪个人角度分析，他的心情还很轻松，并没有感到自己的病情会致人死亡，正所谓人之将死其言也善，如果光绪帝真的有预感自己死期将近，大概会抓紧时间料理后事了。但直到他死后，连个陵寝都没有选择好，弄得群臣手足无措。

其次，光绪之死和慈禧之死，实在是难以置信的巧合。

就在光绪驾崩消息传出的第二天，慈禧仙逝的消息也传了出来，顿时天下震动，中外皆疑。光绪帝年纪轻轻，竟然死在了慈禧的前面，而且前后相差不过一天，说是巧合，怕没有几个人相信，说是处心积虑的谋害，却也证据不足。于是乎，各种流言四起。想到自维新变法开始，二人便长期处于矛盾状态，光绪甚至一度处于慈禧的软禁状态下，如此特殊的政治背景，加上慈禧的个人秉性，让人有充分的理由相信，光绪之死和慈禧有着莫大的关联。

再次，慈禧在此前的政治布局。就在光绪死前的一天，溥仪从醇亲王府被接进紫禁城，同时，还将醇亲王封为摄政王。光绪帝一死，慈禧太后的寝宫仪鸾殿中便传出了懿旨，立溥仪为嗣皇帝，命摄政王载沣为监国。根据清代最重要的官方典籍《清德宗实录》记载，慈禧太后通过光绪皇帝，向内阁发布了两道谕旨，其一，钦奉慈禧端佑康颐昭豫庄诚寿恭钦献崇熙皇太后懿旨，醇亲王载沣之子溥仪，在宫内教养，并在上书房读书。其二，钦奉皇太后懿旨，醇亲王载沣授为摄政王。

似乎慈禧已经预料到了，光绪帝即将死去，这一切都在为他的死做准备，而且布局环环相扣，决然能够避免一场因帝王驾崩而引起的政治动乱。光绪帝被圈禁，对于这一切丝毫不知，反而向全国督抚颁布命令，在民间访求名医，为自己治病。由此而观之，光绪莫非就是慈禧所害？

在徐珂所编著的《清稗类钞》和晚清御史、光绪的近臣恽毓鼎的《崇陵传信录》中，极力宣扬了光绪为慈禧所害的论断，认为慈禧当时也病危，她在预感到自己行将就木之后，害怕将来光绪亲政，会推翻她所有的政策，平反她一手制造的冤假错案，继而损害她的名誉，于是，慈禧派人在光绪的饮食中下毒，将他毒死。

而在溥仪在《我的前半生》中则称，光绪之死，全系袁世凯所为。众所周知，当初维新变法之时，正是因为袁世凯的叛变，才导致了变法的失败。光绪帝最痛恨之人，莫过于他。只是此时袁世凯权倾朝野，光绪帝受制于慈禧，只能等到亲政后，才能够有实力对付他。于是，袁世凯先下手为强，趁着送药的机会，将光绪帝毒死。

此外，还有人认为，光绪之死，慈禧并不知情，一切不过是慈禧的座下大太监李莲英在捣鬼。如英国人濮兰德·白克好司的《慈禧外传》和德龄的《瀛台泣血记》就记载称，李莲英在慈禧身边是红人，仗着慈禧的宠信，对光绪百般无理。眼见慈禧病重，李莲英遂担心光绪亲政会彻底清算自己，于是，李莲英便借着慈禧的名义，将光绪谋害。

光绪被毒杀的消息，就这样不胫而走。明暗相生，正反相依，就在光绪被毒死之说风传之时，很多史籍则记载光绪纯属自然病死。如《苌楚斋三笔》卷六称：早在光绪三十四年二三月间，光绪帝久病未愈，早入膏肓，是时肝气大发,以手扭太监顶戴,以足踢翻电灯,情势日及。在《光绪朝东华录》《德宗实录》《清史稿·德宗本纪二》等正史中也提到,光绪久病不治而死。就连亲自为光绪治病的名医杜钟骏,也在其所著的《崇德请脉记》中从脉象、病状、用药等角度,论证其属于正常死亡。

毒死和正常死亡两种争论,一直持续百年,谁也不服谁,及至大清国灭亡的今天,研究者得以肆无忌惮地研究光绪之死,唯一的突破口,就是在推挤如山的清宫档案中去寻找答案。

从这些档案中,研究者得出了两点结论,第一,光绪从小体弱多病,自幼失于调养。第二,成年之后的光绪,不仅体质没见好转,而且还有腰背酸沉等现象。到光绪二十六年(1900年),光绪皇帝的疾病不断恶化,病已入五脏,气血双亏。到了光绪临终前半年,已经是病入膏肓,宫中御医无药可施,光绪帝只能请民间医生前来诊治。

除了生理上的疾病,在心理上也笼罩着巨大的阴影。光绪成婚之事便由慈禧一手包办,将自己的侄女嫁给他做皇后,而光绪真心喜欢的珍妃,却遭到慈禧的严惩,在八国联军侵华其间,命令太监崔玉贵把珍妃推到宁寿宫外的井中害死。本来光绪的心情就很压抑,而他精神上的最后寄托也被谋杀,光绪一时间精神崩溃,旧病复发,从此一病不起。由此而观之,慈禧即使不是杀死光绪的直接凶手,却也难辞其咎。

近年,清西陵文物管理处在清理崇陵地宫时,发现光绪遗体完整,无刃器伤痕。通过化验,发现光绪死于砒霜中毒。此结论一出,天下震动。

慈禧之死

到了光绪三十四年(1908年),74岁高龄的慈禧进入皇宫已有58年,对大清的统治已48年,十月,慈禧因年纪大了,体力不支,她的精力明显不够用了,此时她也不免有些担心,于是千方百计保养,但尽管如此,她还是病倒了。

她在病倒之后,尽管想不到自己的寿命不久了,但自知年纪大了,既然病倒就十分不利。所以，她一方面依然将朝廷权力握在手中不放，甚至到死前的最后一刻；另一方面必须得考虑自己的身后之事，做一些安排。

慈禧在病重期间，作出了一个重要的决定，就是将醇亲王载沣将近3岁的儿子溥仪迎入宫中。光绪去逝之后，慈禧就在朝廷内外宣示溥仪为入关后第十代皇帝，这是慈禧所立的第三个傀儡皇帝。

在立溥仪登极即位之前，慈禧就下了一道懿旨，曰："现值时事多艰，嗣皇帝尚在冲龄，正宜专心典学，著摄政王载沣为监国，所有军国政事，悉秉承予之训示施行，俟嗣皇帝年岁渐长，学业有成，再由嗣皇帝秉裁政事。"这充分表明，慈禧虽然立了皇帝，但她绝不放弃手中大权，哪怕一点点。

这年十月二十二日，慈禧太后正在中南海仪鸾殿的御榻上，静卧养病。几天来，慈禧的病情加重了，而且是明显加重，御医们绞尽脑汁，用尽医术为她治疗，但也无济于事，应诏赴京的全国各地名医也轮着为慈禧诊断、治疗，开出许多方子，但慈禧的病情却日益严重。

慈禧出生在大清帝国中衰之际。西方资本主义列强对东方的富庶很感兴趣，更想吞掉中国这块土地。他们极力用各种方式来撬开中国的大门。在她6岁那年，英国发动了鸦片战争，中国的大门被隆隆的炮声打开了。列强涌了进来，眼看大清政府面临着危亡。她在宫中正受咸丰宠幸的时候，洪秀全在南方闹起了太平天国革命。没有多久，英法发动了第二次鸦片战争，咸丰内外交困，逃入热河避难。在一个集权专制的政体下，最高统治者皇帝重色轻政，为所欲为，手中的大权自然就会失去。在咸丰纵情声色、不问政事的情况下，肃顺等人乘机想篡权，后妃不甘受人指使，与奕䜣联合，最后使肃顺大败，慈禧垂帘听政，步入了政治舞台。她与慈安、奕䜣制定了对洋人妥协、集中全力镇压太平天国革命的政策，终于外揖洋人，内平太平天国。由此形成了所谓"同治中兴"。但时间不长，中法战争中，中国军民齐心协力，镇南关一战大败法军，法国茹费理内阁倒台。慈禧害怕再发大乱，导致别的国家也来干涉内政，因此同李鸿章等人积极鼓吹乘胜即收，与法国签订《中法新约》，造成了不败而败的局面。10年后，中日甲午战争爆发，中国惨败，被迫签订《马关条约》，丧失主权，也大大加深了半殖民化。民众对洋人的侵略十分愤恨，山东闹起了义和团。慈禧采取利用义和团反洋人的策略，招来了八国联军，结果北京被攻陷，慈禧西逃。自《辛丑条约》签订后，中国进入了半殖民地半封建社会，洋人几乎掌握了大清帝国的命运。

慈禧每每回忆到这些，她都怨恨至极点，但她痛恨的不是自己，而是道光与咸丰，更怨恨肃顺、载垣、端华等人。她怨恨上台时就接的是他们的破烂摊子。她更怨恨奕䜣、慈安、光绪、康有为、梁启超、载漪、载勋等人不尽心尽力，导致国家败落。对自己，慈禧本人不但没有怨恨，反而自豪。她曾经说过："我不逊于任何一个男性统治者！"慈禧认为，她接过这样一个破烂摊子，能将大清帝国维持到这种地步已经够可以的了。历史上有几位能像自己这样，统治的时间长达48年，况且又是在内忧外患的情况下，毫无分裂割据局面，她的确为之自豪。也确实是这样，她统治下的大清帝国，终究还算一个统一的国家。

慈禧不但破坏大清祖制垂帘听政，而且将列祖列宗不得重用太监，更不允许他们参政干政的祖训抛到九霄云外，重用起安德海、李莲英等太监，导致他们在朝中胡作非为、权重一时。但是，也许是慈禧在自豪过后又痛心疾首的缘故，慈禧在临终前留下遗言，即是："以后勿再使妇人预闻国政，此与本朝家法有违；尤须严防不得令太监擅权，明末之事可为殷鉴。"

慈禧的殡葬前后，所烧的纸人、纸马、楼库、器皿、松亭、松轿、衣、帽、鞋、履、衾、被、枕、褥等数不胜数。在出殡前两个月，仅仅一次就在东华门外烧掉一只"大法船"。这只船价值十几万两银子，是用绫罗绸缎扎成的。

慈禧的棺材木料，来自于云南的森林，仅运费就花去了几十万两白银。棺材做完后，先用一百匹布缠裹衬垫，然后刷49次油漆。由几千杠夫抬棺，分几十班轮流杠运，每班128人。在出殡前，杠夫在德胜门外"演杠"整10天，按照正式送葬的要求，抬着一块和棺材重量相同的大厚板，厚板中心放着满满的一碗水，直练到碗中水不溢时，演练才可停止。

出殡的那一天，送葬队伍声势浩大，旗伞飘扬，在最前面走的是64人的引幡队，举着花花绿绿的万民旗、万民伞。在其后是上千人的法架卤簿仪仗队，举着无数个金瓜、钺斧、朝天镫，刀枪如林，幡旗蔽日。跟在仪仗队后面的是由100多人组成的抬着慈禧的巨大棺材的大杠。皇家规矩特别多，还把棺材装饰成轿的模样，称为"吉祥轿"。跟在棺材后边的是十路纵队的武装兵弁。最后面是由数千辆车子组成的文武百官、皇亲国戚的车队。送葬队伍蜿蜒十多里，所路过的地方，不能有任何障碍物，只要是有的，不问大小、多少，一律拆掉。

从北京到东陵，要走六七天。途中不仅有已设可供食宿休息的行宫，而且还每隔一段距离用高级布匹搭起芦殿、黄幄。即使这些临时住所，也是金瓦玉阶，朱碧辉煌。芦殿是供棺枢暂停用的，它先以黄绸围成内城，又以白绫子围成外城，外城之外，还有一道网城。

慈禧葬礼准备了近一年的时间，花了120万两白银，消耗资金是如此惊人。

一语成谶，大势已去

光绪三十四年（1908年）十一月初九，天气冷得出奇。紫禁城太和殿内钟鼓齐鸣，一派雍雍穆穆的景象。年仅3岁的小皇帝溥仪的登基大典正在举行。然而这次登基大典举行得却是前所未有的荒唐。拥立了新皇上的文武群臣不但没有露出开心的神色，反而一个个忧心忡忡。慈禧和光绪的同时驾崩，还没有让这些大臣们从震惊中清醒过来。登基大典上闹出的乌龙，让这些国家柱石们的心头蒙上了一层阴影。

由于溥仪刚刚入宫，他是怀着恐惧的心情面对这一切的。天气的寒冷也让这个小皇帝早就受不了。他一个人孤零零地坐在须弥宝座上，听着震耳欲聋的皇家音乐，看着一群陌生人在自己的脚下手舞足蹈，三跪九叩，终于再也无法忍受这个场面。

正当登基大典举行得热闹的时候，溥仪突然开始哇哇大哭，边哭边喊："我不挨这儿，我要回家！我不挨这儿，我要回家！"说着就要从宝座上跳下来。

溥仪的父亲，议政王醇亲王载沣此时正单膝侧身跪在宝座之下，扶着小皇帝。见溥仪如此折腾，也不敢动弹，只好死死地压着溥仪。动弹不得的溥仪不断地挣扎，哭喊声越来越响，"我要回家"的声音伴随着盛大的钟鼓声在太和殿内回荡。急得满头是汗的载沣只好连连安慰道："别哭，别哭，快完了，快完了！"

对于历来迷信的清廷官员而言，这些话实在是不祥之兆。他们交头接耳，窃窃私语："怎么可以说'快完了'呢？""说'要回家'可是什么意思呵？"

溥仪就这样登上皇位，成为了大清王朝的最后一任皇帝。

由于光绪无子，挑选大清帝国的下一任皇帝的重担便又落在了慈禧的肩头。慈禧虽然深知自己已经不能再像从前一样垂帘听政，但她仍然要挑选一位和自己沾亲带故，关系甚近的皇族接替皇位。根据光绪入宫的前例，自然是还要从奕譞这一支中选择。

此时奕譞早已去世，接替醇亲王爵的是其第五子载沣。慈禧为了笼络载沣，又使出了她熟悉的策略，将宠臣荣禄的女儿认作了养女，并指婚给载沣。本来载沣当时已经定亲，但慈禧坚持如此，载沣只得听从。这样，载沣又成了慈禧的干女婿。载沣和这位大小姐生了两个儿子，溥仪和溥杰。慈禧立储的时候，就挑中了年纪稍微大一点儿的溥仪。

不过，有了前车之鉴的醇亲王府并不愿意把溥仪交出去——溥仪的亲叔叔，现在的光绪帝载湉当初也是这么被送进宫去，在宫里活活地被折腾了三十多年，此时马上就要撒手人寰。都说当皇帝享不尽的荣华富贵，可只有这些天潢贵胄才知道其中的辛酸。

奕譞尚在人世的妻子，载沣的母亲一听说自己视若掌上明珠的大孙子又要被抱进皇宫去，当时就两眼一黑昏了过去。醒来以后死死地抱着溥仪不松手，而溥仪则又哭又叫又喊又闹——整个醇王府一片混乱。所有的人都在盯着年轻的摄政王载沣，载沣也一句话也说不出来，只是无可奈何地苦笑。

溥仪即位之后，由于年纪太小，载沣掌握了大清朝实际的权力。对于这个两代为帝的家庭来说，所谓树大招风，因此不得不韬光养晦，低调做人。

奕譞在光绪即位以后，便辞去了全部职务，希望以此远离政治斗争。然而，光绪长大以后与慈禧的对立还是让奕譞的处境极为尴尬。一方面，他与荣禄等人甚为友善，最后还结为亲家；另一方面他和支持光绪的翁同龢等人关系也很不错。为了不让慈禧对他有任何意见，他甚至放弃了所有原则，在督办北洋海军的建设时，挪用经费给慈禧修造颐和园。载沣亦是小心翼翼，明哲保身。朝中大事，几乎都由庆亲王奕劻和其他军机大臣做主，他则摆出一副与世无争的架势。

载沣虽然低调如此，有一件事情他却始终耿耿于怀。他始终认为，如果不是袁世凯关键时刻倒戈，百日维新就不会失败，而光绪也就不会受到慈禧的百般凌辱，最终郁郁而终。因此，他处心积虑要为哥哥光绪报仇。

然而，载沣要想除去实力已经异常强大的袁世凯，几乎是不可能完成的任务。他只能团结一帮年轻气盛却没有任何政治斗争经验的少壮派满族亲贵来筹划此事，然而这一举动却遭到了庆亲王奕劻和张之洞的坚决反对。

据说，当载沣和几位军机大臣碰头，把自己的计划和盘托出时，所有的军机大臣都吓了一跳。庆亲王更是连说不妥。他认为，袁世凯虽然现在已经被夺了军权，但北洋新军都是他的手下，段祺瑞、冯国璋、王士珍等人都是他一手提拔起来的。如果这些人造反，带兵进京，谁挡得住？

最后，万般无奈的载沣只好同几位军机大臣达成妥协，以袁世凯患"足疾"为由，将其免职，令回原籍。载沣自以为从此可以安然无恙，然而过了不久，革命的风暴席卷全国，已经对清廷彻底失望的袁世凯卷土重来，趁势夺取了政权。

大清朝的政局，愈加动荡了。

清政府在推行新政时，定下了预备立宪的计划，由于慈禧的去世，继续推行这一计划的权力交到了载沣的手里。由于这也是光绪遗诏中所关心的事情，载沣并不敢怠慢。宣统元年（1909年），清廷如期举行了各省咨议局的选举；第二年，资政院也告开院。正当全国人民翘首以盼第一任内阁的建立的时候，载沣却做出了一个愚蠢的决定。

宣统三年（1911年），载沣任命了第一届内阁。这一届内阁有13名成员，居然有9人是满族人，而这9人中又有7人是宗室子弟。内阁总理大臣就是军机大臣庆亲王奕劻。除此之外，清廷还宣布，由于内阁制度为首创，为了慎重起见，本届内阁仅根据内阁办事暂行章程成立，具体国务处理还依照原来的政治模式进行。另外，军事方面的问题也不由内阁总理大臣负责，而是由军咨府大臣载涛负责。

由于这届内阁徒有其表，它被立宪党人和革命党人异口同声地讽刺为"皇族内阁"。载沣的决策失误，也让社会舆论大失所望，认为清廷根本无意立宪，既然和平手段无法解决，就以武力夺取之。很多立宪党人从此倒向革命派，革命的暴风迅速席卷了大江南北。

大清掘墓人

早在光绪二十一年（1895年），康有为等人即将在北京发起"公车上书"之时，在香港的一间洋楼上，十几个年轻人也聚在一起成立了一个叫兴中会的组织。和康有为一心要辅佐光绪、实现君主立宪制不同，这个兴中会在创办伊始，就打出了"驱除鞑虏，恢复中华，创立合众政府"的口号。不久，兴中会决定发动一次起义，打算进攻广州，并以此作为继续革命的根据地。可惜由于事机不密，清政府发现并镇压了兴中会，大多数兴中会成员都不幸罹难，只有兴中会的秘书幸免于难。为了躲避清政府的通缉，他剪掉辫子，穿起西服，以"中山樵"的名字流亡到了日本。他就是孙中山。

孙中山原名孙文，于同治五年（1866年）出生于广东香山县翠亨村一个普通的农民之家。孙文5岁时，大哥孙眉背井离乡去夏威夷"淘金"，后来因经营牧场成为商人，孙家的家境因此好转，而孙中山日后的活动经费也大多来自兄长的支持。

孙中山9岁进入私塾，接受了3年私塾教育。光绪四年（1878年），12岁的孙中山来到夏威夷，进入当地的意奥兰尼书院学习，孙中山学习成绩优异，熟练掌握了英语，并萌发了对基督教的兴趣。光绪九年（1883年），孙中山进入美国公理会教会学校奥阿厚书院继续就学，由于孙眉担心他沉迷于基督教，故而将其送回家乡。然而，此时的孙中山已完全成为了一个"英年洋派"的人物，他回乡之后不仅捣毁神像，还擅自到香港接受了基督教洗礼，并在香港继续读书。

光绪十二年（1886年），孙中山进入广州博济医院附设医学堂学医，次年转入香港西医书院。孙中山在此学习了5年，香港的市容市貌给他留下了深刻的印象，因此他暗暗下定决心，要在中国推广资本主义制度。光绪十八年（1892年），孙中山以第一名的成绩毕业，之后来往于澳门广州等地行医。年轻的孙中山爱好畅谈国事，热衷发动革命，推翻清政府统治，时人闻听皆仓皇失色，躲避不及，只有尢列、陈少白、杨衢云等人赞同之，故此四人被称为"四大寇"。

光绪二十年（1894年），孙中山北上天津，向时任北洋大臣的李鸿章上了一封万言书，书中要求变法改革，提出"人能尽其才，地能尽其利，物能尽其用，货能畅其流"的主张，并要求与李鸿章面谈。可惜正在操心中日冲突的李鸿章根本无暇顾及这个28岁的小伙子，拒绝了他的要求。失望的孙中山从此转而走向武装革命推翻清政府的道路。

然而，孙中山等人组织的第一次革命就失败了，他的好友陆皓东等人都死在了清政府的刀下，他也成为了清廷通缉的政治犯。孙中山并不气馁，他在日本结识了大量政界要人，并希望借助他们的力量来推翻清廷统治。

光绪二十六年（1900年），八国联军入侵中国，孙中山希望能够再次与时任两广总督的李鸿章见面，说服他趁机自立为总统，脱离清朝统治。但后来却发现这只是清政府为了捉拿他而设下的陷阱。愤怒的孙中山转往台湾，希望在日本的支持下在惠州发动起义，因日方改变主意，起义再次失败。

这之后，孙中山远渡重洋到达美国，希望可以得到海外华侨华人的支持，然而由于康有为的保皇立宪思想早已传播至此，孙中山在美国很是吃了一些苦头。不久他又转向欧洲传播革命思想。1904年，孙中山回到日本，并结识了黄兴。经过交谈，他们决定联合彼此的组织，成立一个正式的革命团体。

光绪三十一年（1905年），在日本人内田良平的协调下，孙中山、黄兴、宋教仁、蔡元培、章炳麟、吴敬桓、张继等人在日本成立中国同盟会，将之前的兴中会、华兴会、爱国学社、青年会等组织合并，由孙中山出任总理。同盟会确立了"驱除鞑虏，恢复中华，建立民国，平均地权"的革命政纲，并发行《民报》作为机关刊物。同盟会首次提出了"三民主义"学说，并以此为武器，与康有为、梁启超等保皇立宪党人展开了激烈的论战。同盟会的建立，标志着中国资产阶级民主革命进入了一个新的阶段。

同盟会建立以后，在孙中山黄兴等人的组织下，先后进行了一系列反对清廷统治的起义。

1907年4月，同盟会员、新加坡华侨许雪秋在孙中山的支持下，组织当地会党的力量发动黄冈起义，占领了潮州饶平县黄冈城。然而，在潮州总兵黄金福的镇压下，会党一战即溃，许雪秋等人只好停止了进一步行动的计划，流亡香港，黄冈起义宣告失败。

同样是新加坡华侨的同盟会员邓子瑜随即在惠州七女湖一带召集三合会的力量起义，这支队伍一度击败了清军，占领数个村庄，并与清军的巡防营交战十数日，但由于黄冈起义的失败，这支队伍也自行解散了。

这两次起义失败后不久，孙中山又在钦州、廉州一带发动了一次起义，这次起义依赖的是当地会党首领王和顺的力量。7月下旬，王和顺攻占防城县，然而在与当地清军接触的过程中，王和顺却把希望寄托在说服清军"反正"上，结果计划失败，心灰意冷的王和顺也解散了队伍只身逃至越南，钦州廉州起义再次失败。

不久，孙中山又转移到镇南关一带活动。他通过曾经参加过清军的黄明堂、关仁甫等人收买了一些镇守镇南关的清军。12月2日，革命军夜袭镇南关，一举攻下镇南、镇中、镇北三座炮台，孙中山，黄兴等人立刻亲赴前线指挥。然而，由于革命军缺乏军火，不得不停止继续进攻，坚守关隘，孙中山等人返回越南河内筹集军火。当孙中山返回河内的时候，他们听到了广西提督龙济光攻陷镇南关的消息。

不久，由于清廷的压力，孙中山不得不离开河内，临行前他仍然布置了两次起义的计划。1908年，黄兴重新召集会党成员和越南华侨，重新攻打钦州，这一次他们再次遇到了驻守在此地的清军。黄兴再一次相信了对方"反正"的话，结果被对方以优势兵力包围，黄兴率兵坚持40余天最终不敌。

仅一个月后，在镇南关起义中失败的黄明堂等人偷袭云南河口，并趁势向蒙自和个旧进攻，但被云南总督锡良击退回越南境内。

经过这一系列的起义失败，孙中山和同盟会元气大伤，直到1910年才重新发动起义。这一次，主要依靠黄兴等人在广州发动新军中的革命分子。然而由于事机不密，同盟会成员、炮兵军官倪映典仓促率1000余人起义，结果不敌，倪映典中弹后被捕杀害。

1911年，孙中山、黄兴等人再次决定在广州发动起义，这一次他们花了大力气进行了周密的部署，计划派遣800名"选锋"先期进入广州占领要害部门，接着打开城门，引进起义的新军。然而，这一计划并未得到很好的执行，由于清廷再次察觉了革命党人的起义计划，最终起义仓促发动，仅有160余人参与进攻，最终全军覆没。事后，有人将牺牲者的尸体合葬在黄花岗，共72具，这就是著名的广州黄花岗七十二烈士。

到此为止，孙中山奋斗十余年，所经手的大小起义已有10次之多，然而仍旧未能推翻清廷的统治。

惨淡谢幕

从光绪末年开始，革命党人不断地起义，又不断地被清政府镇压下去。1911年4月，黄花岗起义失败以后，同盟会内部甚至发生了分歧，消极悲观的情绪弥漫在每一个同盟会员的心头。正如黄兴所言："此番以党之全力举事，中外周知，而事机坐误，不能有成。粤省一失，各处都不能发。"

1911年10月10日夜，刚过中秋节，凉风习习，月明星稀。然而驻守武昌的陆军第八镇的驻地上却是紧张不已，如临大敌。近日发现城内有乱党活动的踪迹，并且有可能已经渗透到军营里，因此上级要求各级军官要提高警惕，密切注意有异常举动的士兵。

工程第八营后队二排哨长陶启胜正在查夜，走进营房看他手下的兵都规规矩矩，放心了些。他刚想回自己的住处，却看到班长金兆龙抱着枪在东张西望。别的士兵见陶启胜过来都忙不迭站起来敬礼，只有这个金兆龙不理不睬。

陶启胜怒极，走过去踢了金兆龙一脚，厉声骂道："想造反哪！"他本以为金兆龙会乖乖地站起来认错。谁知道金兆龙一个鲤鱼打挺跳起来，嚷嚷起来："老子今天就是反了。"说完劈面一拳，和陶启胜扭打在一起。

两人打得热闹，周围的士兵面面相觑不知道如何是好。突然，"砰"的一声，一声清脆的枪响，陶启胜应声栽倒，鲜血从他的背部缓缓流出来。所有人都惊呆了，扭头一看，是金兆龙班的士兵程正瀛端着枪口，开火时的一缕青烟还没散尽。

正当大家不知所措的时候，一阵杂乱的脚步声由远及近传来，还有人高声喝道："是哪个人开枪？赶紧出来。"说完，几个身影出现在营房门口。众士兵还没看清楚是谁，只听得又是几声枪响，几个人七扭八歪地倒了下去，依然是程正瀛开的枪。

士兵们好容易才从惊呆中回过神来，去看那几具倒在地上的尸体，原来是前队队官黄坤荣、司务长张文涛、八营代理管带阮荣发等人。顿时"哗"的一下，八营大乱，不少士兵像没头的苍蝇一样到处乱窜。

忽然"嘟嘟"的哨声响起，众士兵惊疑不定，向哨声处望去，却见是另一个班长熊秉坤鸣哨。见众人望向他，熊秉坤跳上一个弹药箱，厉声大叫"反了"，说完拿出一条白毛巾，缠在头上，举枪振臂一呼，向外冲去。众士兵愣了一下，纷纷拿起手中的枪，一窝蜂地随着熊秉坤向楚望台的军械库涌去。

改变了中国历史进程的武昌起义就这么爆发了。

1911年，清廷颁布了"铁路国有"法案，宣布将此前商办的所有铁道收归国有。这激起了民众的不满，正在修建中的渝汉铁路的各股东更是愤怒不能自已。四川很快成立了保路同志会，并掀起了骚乱。清廷为了镇压保路风潮，派遣原本驻扎在武昌的渝汉铁路督办、钦差大臣端方率兵入川。这样一来，湖北的清军力量顿时削弱。

两湖地区的革命团体文学社和共进会见此良机，便准备在武昌和长沙联合举行起义。在同盟会的协调下，两个团体的代表在武昌召开会议，初步定于10月6日于武昌和长沙同时起义。

然而，计划赶不上变化。就在会议召开的当天，新军八镇炮标三营的几个退伍士兵饮酒行令，与执勤的排长发生了争执，事情越闹越大，士兵发生了哗变，直到马队前来镇压方才平息。

因为这一事件，湖广总督瑞澂担心革命党人趁机作乱，因此宣布八月十五（即10月6日）不放假，并且全城戒严，新军官兵一律不得外出，并禁止携带弹药。在这种情况下，革命党人的起义计划自然不能实行，另外由于湖南方面也没有准备充分，因此又延期10天，重新定于10月16日发动起义。

10月9日，共进会领导人在汉口俄租界秘密制造炸弹时不慎引起爆炸，闻声而至的俄国巡捕拘捕多名革命党人，并搜出革命党人花名册与起义文告。俄国方面当即通知了瑞澂。如临大敌的瑞澂立刻下令全城戒严搜捕革命党人。受此打击，文学社领导人当即决定提前发动起义，但由于计划临时更改，起义各方无法联络。只好再次宣告推后进行。与此同时，瑞澂在城内指挥军警大肆捕杀参与起义的新军官兵。到10月10日，起义的领导人已有多名牺牲，眼看起义又要遭受失败。

这时，新军士兵们决心自行发动起义。10月10日晚，武昌北门外，第21混成协炮11营辎重队士兵李鹏升首先点燃了草料库，举火为号，同情革命的新军士兵们纷纷响应，各自向楚望台军械库进发。随后就发生了金兆龙等人起义的一幕。

经过一夜的激战，起义的新军士兵占领了武昌城。汉口、汉阳随即闻风而动，发动起义。10月12日，武汉三镇全部为起义军所掌握。起义士兵迅速成立了中华民国军政府鄂军都督府，改国号为中华民国，一个新的政权成立了。

惊慌不已的清政府连忙调集北洋陆军前往镇压。这时候，听说革命成功喜讯的黄兴等人连忙赶到武昌。双方在汉口和汉阳展开了激烈的争夺，战斗持续了41天，史称"阳夏保卫战"。虽然最终汉口和汉阳重新被清军夺回，但在这41天中，湖南、广东等15个省纷纷通电起义，宣布拥护共和。在清政府所谓的关内十八省中，只有甘肃、河南、直隶、山东四省效忠清朝。

这时候，束手无策的载沣想到了袁世凯。不得已，他只好请袁世凯回来主持大局。1911年11月1日，"皇族内阁"解散，袁世凯任内阁总理大臣。

袁世凯一方面命令北洋新军保持对革命军的压力，另一方面又联络英国公使朱尔典从中斡旋议和之事。在袁世凯的计谋之下，同盟会最终与袁世凯派出的议和代表达成了共识。双方答应由袁世凯劝说清帝退位，而以支持袁世凯担任中华民国大总统为交换条件。

此时的摄政王载沣，隆裕皇太后已经完全做不得主了。虽然对袁世凯出尔反尔的行为切齿痛恨，但也无可奈何。1912年2月12日，隆裕皇太后宣布接受南京参议院通过的《清室优待条件》，并发布《逊位诏书》，在诏书中宣布宣统退位，并委托袁世凯组织临时政府。隆裕与宣统则："帝得以退处宽闲，优游岁月，长受国民之优礼，亲见郅治之告成。"

从这一刻起，大清帝国走到了历史的尽头。